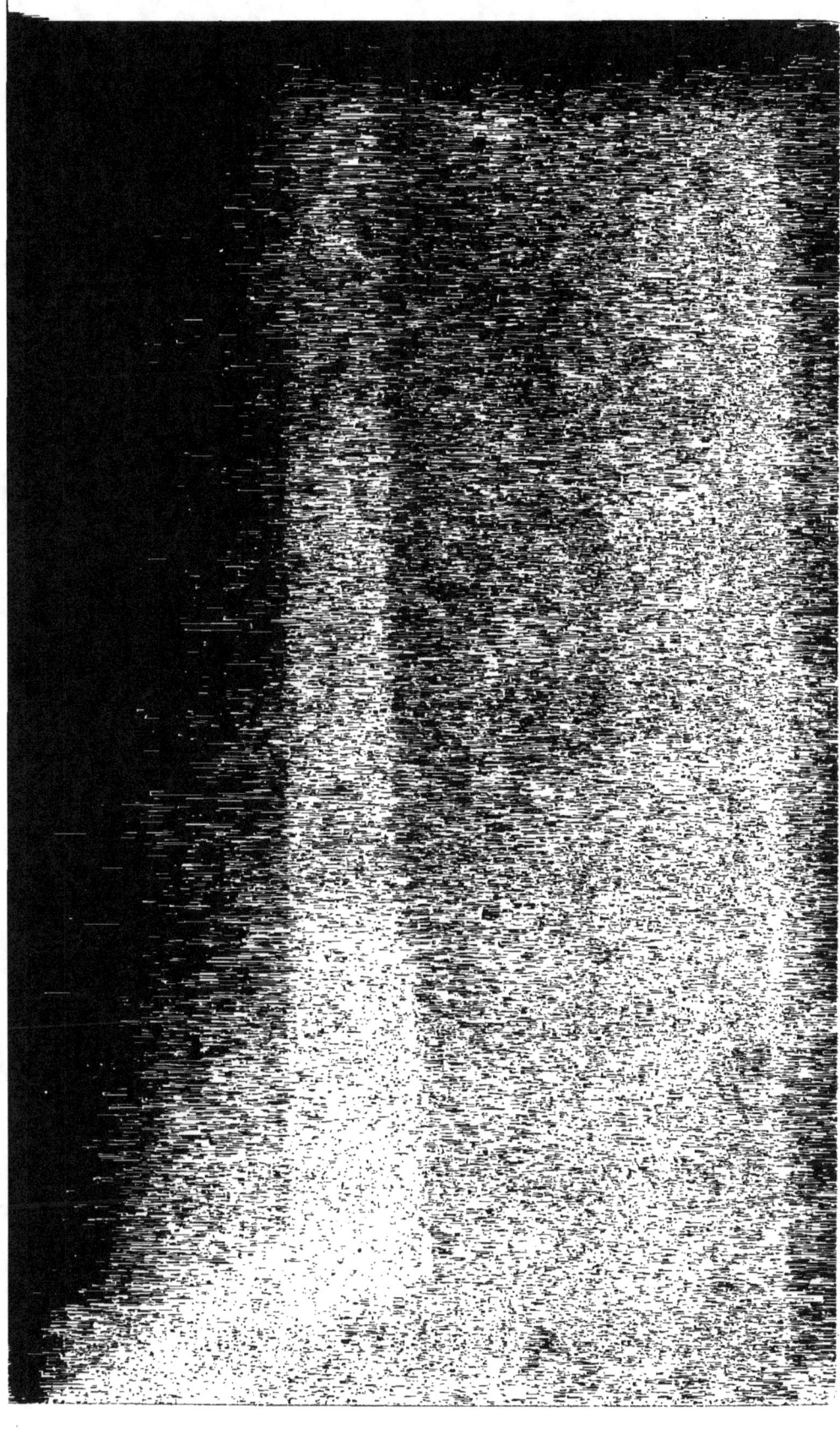

Octave DOIN et FILS, éditeurs, 8, place de l'Odéon, Paris.

ENCYCLOPÉDIE SCIENTIFIQUE
Publiée sous la direction du Dr TOULOUSE

BIBLIOTHÈQUE
DE SOCIOLOGIE APPLIQUÉE
Directeur : TH. RUYSSEN
Professeur à la Faculté des lettres de l'Université de Bordeaux.

Comme toutes les sciences pratiques, la sociologie appliquée a devancé de beaucoup la sociologie pure. Celle-ci n'a revêtu une forme scientifique qu'à dater de la philosophie positive d'Auguste Comte. Au contraire, de toutes les techniques humaines, la technique sociale est certainement l'une des plus anciennes. Certains problèmes pratiques, en effet, — organisation familiale et politique, défense sociale, sort des faibles, éducation, — se sont imposés de tout temps aux hommes vivant en société, et l'on peut dire qu'une certaine sociologie appliquée s'est constituée partout où, réagissant contre l'empirisme instinctif des premières civilisations, des hommes réfléchis ont tenté d'appliquer à la conduite de la vie commune des conceptions systématiques. Or on sait de reste que pareilles conceptions, — les croyances religieuses par exemple, — ont inspiré les réformateurs de la vie en société bien avant l'avènement des méthodes et des théories propres à la sociologie scientifique. C'est ainsi que les essais de réforme pédagogique et les revendications sociales ont devancé de bien des siècles la psychologie de l'enfant et les théories sur le capitalisme et le salariat.

Une bibliothèque de sociologie appliquée mériterait donc de trouver place dans une Encyclopédie des sciences pra-

Les Régies municipales. ★

tiques, quand bien même le génie d'Auguste Comte n'eût pas jeté les bases de la sociologie pure. Mais est-ce à dire que la constitution d'une sociologie théorique soit indifférente à l'établissement de la sociologie appliquée ? Tant s'en faut. Toute technique reçoit de la théorie correspondante un enseignement raisonné sur les fins qu'elle peut atteindre et sur les moyens qu'elle peut adapter à ces fins. Dès à présent, et de si récente date que soit la sociologie pure, on comprend qu'on ne peut plus aborder, par exemple, le problème de la défense sociale sans avoir étudié celui de la sélection sociale ; celui des rapports des sexes sans connaître l'évolution de la femme dans l'histoire ; celui de la socialisation du travail, sans avoir défini la nature de la division du travail social ; celui de l'organisation de la vie internationale, sans avoir délimité la fonction du groupe national dans la société humaine.

Il importe, toutefois, de se garder d'une illusion. Les applications sociales ne découlent pas directement de la science des sociétés comme l'art du teinturier dérive de la science du chimiste, ou l'arpentage de la géométrie. A la connaissance des faits sociaux et de leurs lois se mêle toujours, pour guider le technicien, la conception de certaines « fins » désirables, de certaines « valeurs » à réaliser. Ce qui fait paraître ces fins désirables, ces valeurs dignes d'être réalisées, ce n'est pas la connaissance des statistiques les mieux établies ni des lois les plus rigoureuses, c'est un système général de croyances, religieuses ou philosophiques sur le « mieux être », ou, pour reprendre les termes traditionnels, sur le « bien », sur le « devoir », sur le « progrès ». Sans doute l'existence de faits sociaux régis par des lois définies impose aux théoriciens de l'action des conditions, des limites, grâce auxquelles les programmes proposés par les uns et les autres, en des circonstances données, ne différeront pas autant que diffèrent les postulats théoriques dont procèdent ces programmes. C'est ainsi qu'on voit aujourd'hui des chrétiens sociaux reprendre à leur compte, en matière de prévoyance, d'organisation du travail, de rapports des sexes, des articles de programmes socialistes dont l'inspiration n'est rien moins que chrétienne. Il n'en est pas moins vrai que, dans le détail, un disciple de

Stuart Mill ou de Karl Marx ne pourra jamais s'entendre pleinement avec un disciple authentique de l'Évangile.

Nous ne croyons donc pas, en dépit de théories récentes, que la morale soit près de se résorber dans la « science des mœurs », ni, par suite, la sociologie appliquée dans la sociologie pure. Les postulats moraux adoptés par les techniciens de l'action sociale ne peuvent manquer d'imprimer leur caractère aux programmes systématiques qui règlent cette action. Aussi ne s'étonnera-t-on pas si l'on trouve, entre les volumes qui constituent cette *Bibliothèque*, des divergences théoriques qu'il a paru impossible et sans intérêt d'éviter. Préoccupé d'apporter aux principaux problèmes sociaux de l'heure présente des solutions positives, chaque auteur est responsable des principes philosophiques qui animent sa démonstration et commandent ses conclusions. On s'est seulement attaché à ne répartir la tâche qu'entre des collaborateurs très informés de l'état actuel des questions et également inspirés d'un haut souci de probité scientifique.

Deux mots encore pour justifier la division qu'on a adoptée entre les volumes de la *Bibliothèque de Sociologie appliquée*. Il n'était pas aisé de distinguer nettement des modes d'activité dont beaucoup se tiennent étroitement entre eux. Où s'arrête au juste la « défense sociale » ? Le problème des rapports de l'individu et de l'État ne rentre-t-il pas, à certains égards, dans celui de l'organisation politique, et réciproquement ? Celui de l'organisation des services publics dans celui de la socialisation du travail ?

On ne s'est pas dissimulé ces difficultés et on n'a pas prétendu les surmonter. Comme toute classification de choses organiquement liées entre elles, celle qu'on propose contient une part d'arbitraire. Il a paru, toutefois, qu'on pouvait distinguer, dans l'activité sociale, deux grands aspects, qui correspondent assez bien à deux fonctions essentielles de la vie : la réaction et l'action, la résistance et l'attaque, la défense et la conquête. Toute société, pour vivre, doit se défendre, non seulement contre ses ennemis du dehors, dont la menace n'est qu'accidentelle, mais encore et surtout contre certains facteurs de destruction interne, dont la menace est permanente, tels que le crime, le vice, la maladie, le parasitisme, la misère, l'imprévoyance, etc. En même temps, et d'autant plus librement que la défense est assurée, elle est appelée à parfaire sa propre organisation et peut se proposer des fins positives nouvelles de plus en plus complexes.

De ces deux modes d'activité, on ne saurait dire que l'un a précédé l'autre. Il est vraisemblable même, qu'ils ont toujours été en fonction l'un de l'autre. C'est ainsi qu'on pourrait aisément reconnaître à l'organisation politique, à l'éducation sociale, un caractère défensif. Il n'en est pas moins vrai que, dans l'ensemble, l'organisation sociale défensive prédomine dans les sociétés les plus simples, les plus anciennes, tandis que l'organisation sociale positive prend une place de plus en plus considérable dans les sociétés formées sur le modèle le plus récent de la civilisation européenne. C'est un fait bien remarquable, en effet, le plus immense peut-être de la vie sociale des nations du type européen le plus avancé, que l'activité collective s'y étend sans cesse à des fins nouvelles. La compétence de l'Etat, des communes, des associations de tout genre y croît dans des proportions incalculables. La sphère du droit ne cesse de s'y élargir et d'absorber des éléments auxquels elle était restée jusqu'alors étrangère ; et, par dessus le droit privé, le droit national, on voit, de nos jours, se constituer un droit international, une société juridique des Etats, qui tend à substituer le régime des conventions à la longue anarchie des nations.

Cette considération explique pourquoi on a accordé aux deux divisions de cette Bibliothèque une importance inégale. Les facteurs de destruction contre lesquels les sociétés ont à se défendre ne semblent pas être susceptibles de multiplication indéfinie. S'il en surgit de nouveaux, d'autres aussi disparaissent, par exemple certaines maladies, l'extrême misère, la famine, l'ignorance, le fanatisme religieux, etc. En revanche on a peine à imaginer une limite à l'invention de modes inconnus jusqu'ici d'organisation positive. Les sociétés du type européen qui couvrent l'Europe, l'Amérique, l'Australie et une partie des deux autres continents semblent s'être proposé une tâche commune : multiplier la puissance de l'homme sur les forces de la nature, rendre la vie humaine à la fois plus intense et plus facile, accroître à la fois la valeur de l'individu et la cohésion sociale, intégrer la vie nationale dans une société des nations, enfin mettre en coupe réglée l'exploitation des richesses du globe. Nous n'avons pas pour l'instant à apprécier la valeur de ces buts, à la poursuite desquelles se consacrent des centaines de millions d'hommes. On voudra bien admettre tout au moins qu'il était d'un puissant intérêt de dresser le tableau, même abrégé, de cette activité et de rechercher par quelles voies elle pourrait s'orienter plus sûrement vers les fins qu'elle s'est assignées.

Les volumes seront publiés dans le format in-18 jésus cartonné ; ils formeront chacun 350 pages environ avec ou sans figures dans le texte. Le prix marqué de chacun d'eux, quel que soit le nombre de pages, est fixé à 5 francs. Chaque volume se vendra séparément.

Voir, à la fin du volume, la notice sur l'**ENCYCLOPÉDIE SCIENTIFIQUE**, pour les conditions générales de publication.

TABLE DES VOLUMES ET LISTE DES COLLABORATEURS

Les volumes publiés sont indiqués par un *

I. ORGANISATION SOCIALE DÉFENSIVE

1. **La défense sociale**, par le Dr LEGRAIN, médecin en chef des asiles d'aliénés de la Seine.
2. **La protection des faibles**, par M. Georges RONDEL, inspecteur des services administratifs du ministère de l'Intérieur.
3. **L'exploitation rationnelle du Globe**, par M. P. CLERGET, professeur à l'Ecole supérieure de commerce de Lyon.

II. ORGANISATION SOCIALE POSITIVE

4. **L'individu et l'Etat**, par M. A. GIDEL, professeur agrégé à la Faculté de Droit de l'Université de Rennes.
5. **Les rapports des sexes**, par M. H. HAYEM, privat-docent à l'Université de Genève.
6. **L'éducation sociale**, par M. Gaston RICHARD, professeur de sociologie à la Faculté des Lettres de l'Université de Bordeaux.
7. **L'organisation politique**, par M. J. DELPECH, professeur de droit international à l'Université de Dijon.
8. **La socialisation du travail**, par M. J. PRUDHOMMEAUX, docteur ès-lettres, professeur au Lycée de Sens.
9.* et 10. **L'exploitation collective des services publics. Régies municipales. — Régies d'État**, par M. Emile Bouvier, professeur de science et de législation financières à la Faculté de Droit de l'Université de Lyon.
11. **L'organisation rationnelle de la vie internationale**, par M. Th. RUYSSEN, professeur d'histoire de la philosophie à la Faculté des Lettres de l'Université de Bordeaux.

ENCYCLOPÉDIE SCIENTIFIQUE

PUBLIÉE SOUS LA DIRECTION

du Dr **TOULOUSE**, Directeur de Laboratoire à l'École des Hautes-Études
Secrétaire général : **H. PIÉRON**, Agrégé de l'Université

BIBLIOTHÈQUE DE SOCIOLOGIE APPLIQUÉE

Directeur : **TH. RUYSSEN**
Professeur à la Faculté des Lettres de l'Université de Bordeaux

---

L'EXPLOITATION COLLECTIVE DES SERVICES PUBLICS

I

LES RÉGIES MUNICIPALES

L'EXPLOITATION COLLECTIVE
DES
SERVICES PUBLICS

I

LES
RÉGIES MUNICIPALES

PAR

Émile BOUVIER

PROFESSEUR DE SCIENCE ET DE LÉGISLATION FINANCIÈRES
A LA FACULTÉ DE DROIT DE L'UNIVERSITÉ DE LYON

PARIS

OCTAVE DOIN ET FILS, ÉDITEURS

8, PLACE DE L'ODÉON, 8

1910

Tous droits réservés.

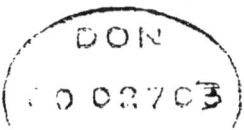

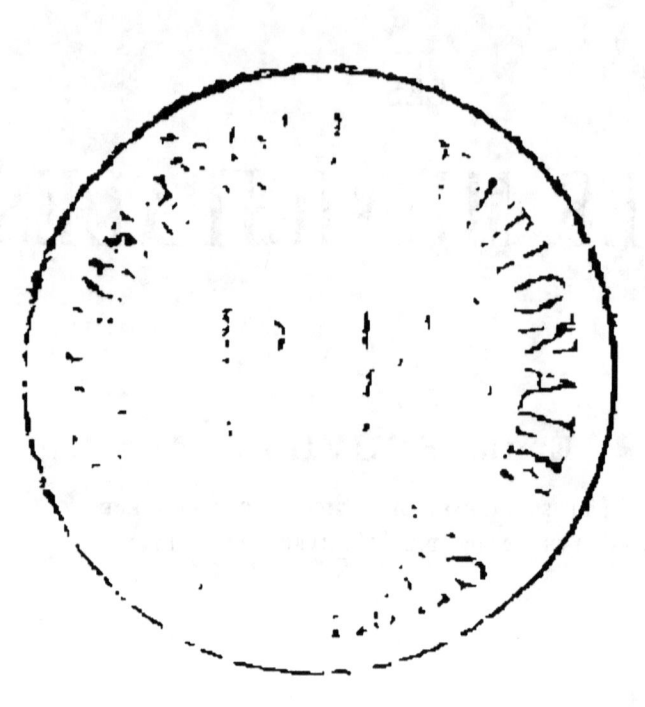

LES RÉGIES MUNICIPALES

INTRODUCTION

§ 1. — Notion de la municipalisation et de la régie

Les finances communales sont à l'heure actuelle l'objet d'études approfondies et elles le méritent. L'accroissement constant des grandes agglomérations urbaines est un phénomène général qui soulève les plus graves problèmes, à la fois d'ordre économique et financier, d'ordre hygiénique et d'ordre social. Il modifie la situation démographique du pays, il crée des besoins nouveaux, il accentue l'influence des villes sur la vie même et l'évolution de l'État. En ce qui concerne spécialement la France, l'organisation financière des communes peut être modifiée par la réforme projetée pour les impôts directs et l'introduction de l'impôt sur le revenu. La pratique des régies directes est de nature à leur procurer un appoint pécuniaire important.

C'est que les communes, par suite de l'extension de

leur activité, ont des besoins d'argent de plus en plus considérables, et il est urgent de leur découvrir des ressources nouvelles. Ce ne sont pas seulement les budgets de l'Etat qui grossissent ; ce sont aussi les budgets locaux. Les dépenses municipales qui augmentent d'une façon particulière sont les dépenses de vicinalité, — d'assistance et hygiène, — d'enseignement, et il faut de toute nécessité y pourvoir. De tous côtés on cherche par quel procédé on y arrivera.

Il semble que l'extension des régies municipales, c'est-à-dire la municipalisation des services publics, peut conduire à la solution du problème. Voici ce que l'on entend par là. Les communes doivent satisfaire les besoins collectifs des habitants et veiller à l'existence et au fonctionnement des services d'utilité générale : éclairage, distribution d'eau, transports en commun, etc. Il y a deux manières principales de les organiser, la concession et la régie.

La concession est un contract par lequel une commune confie l'établissement et l'exploitation du service à un entrepreneur privé, individu ou société, qui s'appelle le concessionnaire. Les conditions et clauses du contrat sont fixées dans un acte qui est le cahier des charges. Le concessionnaire exécutera ou fera exécuter les travaux nécessaires, les entretiendra et percevra des redevances pendant un délai déterminé sur ceux qui en useront. C'est lui qui achète les terrains, installe les canalisations, les usines, en un mot organise le service, moyennant quoi la ville lui abandonne ou lui délègue le droit de percevoir sur les particuliers des taxes ou redevances. Le concessionnaire peut être obligé, d'après le cahier des charges, à verser à la ville une somme fixe annuelle ou une part de ses bénéfices. La concession n'est jamais que temporaire ; elle est consentie pour un temps au bout duquel les installations et le service feront retour à la ville concédante. En outre, le plus souvent, les traités contiennent une clause par laquelle la ville se réserve le droit de reprendre l'exploitation, les usines, le matériel et les approvisionnements, avant l'expiration du terme convenu, à la charge de payer alors une certaine somme au concessionnaire évincé. C'est le prix de rachat de la concession.

L'autre mode d'établissement et d'exploitation est la régie directe. En ce cas la ville agit elle-même. Elle achète les terrains, passe avec des entrepreneurs des marchés pour les constructions ; elle acquitte elle-même le prix des travaux. Après quoi, elle gère le service par ses propres employés et agents, auxquels elle commande, qu'elle dirige et qui reçoivent des traitements et salaires fixes. Les travaux et le matériel sont sa propriété ; elle se constitue entrepreneur et industriel. Comme il s'agit de travaux et de services productifs de revenus, elle perçoit sur les particuliers des taxes et redevances fixées dans un tarif approuvé par l'autorité supérieure. En somme il y a régie toutes les fois que la municipalité conserve la direction absolue de l'entreprise et en supporte directement tous les aléas. Dès que la commune n'est plus maîtresse de l'entreprise, par exemple quand elle ne peut pas fixer les tarifs à sa guise, sans se heurter à un droit contraire (question de tutelle administrative mise à part), il n'y a plus régie (1). » Les deux caractères

(1) Gabriel Louis-Jaray, 1, p. 199. — Conclusions de l'avocat

essentiels de la régie sont le droit de fixer les tarifs et le fait de supporter les risques de l'entreprise.

Dans cette hypothèse les services sont *municipalisés* au lieu d'être *concédés*. On dit, pour désigner cette situation, qu'il y a *municipalisation* des services publics. On s'est servi des expressions *municipalisme*, *industrialisme municipal*, ou même *socialisme municipal*, expression à éviter selon moi, ou *étatisme municipal*, expression bizarre, ou encore *machinisme municipal*. En Anglais le mot *municipal trading* (industrialisme ou commercialisme) est courant et très expressif. On rencontre encore le terme, assez difficile à traduire, de *municipal engineering*, signifiant l'art de l'ingénieur, les travaux du génie civil (architecture, hydraulique, mécanique, électricité) pris en main par une municipalité. Le mot *municipal ownership* signifie simplement propriété municipale.

Une combinaison un peu différente est encore possible. C'est la régie intéressée, opposée à la régie simple. Dans la régie intéressée, la gestion du service est partagée entre la ville et un régisseur, un individu ou une société, qui se charge de l'exploitation. Le régisseur reçoit ou bien une rémunération fixe et un intérêt dans les bénéfices ou les recettes, ou bien un intérêt minimum garanti et un intérêt supplémentaire variant soit avec les recettes ou bénéfices, soit avec les prix de vente, etc. Il devient un mandataire intéressé au bon fonctionnement de l'entreprise ; au lieu du simple traitement fixe, il trouve une participation aux bénéfices ou à quelque autre élément de succès et

général Feuilloley sous Cass., 19 janvier 1909 ; *Moniteur judiciaire* de Lyon, 3 mars 1909.

de réussite. Mais les différences fondamentales avec la concession subsistent : dans la régie intéressée, la ville est maîtresse des tarifs et supporte les risques ; en un mot, c'est toujours elle qui a l'administration de l'entreprise, tandis que cette administration passe aux mains d'un particulier ou d'une compagnie dans la concession.

On a distingué encore le système de l'affermage, qui suppose également remise de l'exploitation à un intermédiaire et laisse à la commune un droit de contrôle moins strict peut-être que le cas de régie intéressée. Le fermage est caractérisé par le paiement à la ville d'une redevance forfaitaire, et l'attribution au fermier du reste des bénéfices, tandis que dans la régie intéressée c'est le régisseur qui reçoit un traitement fixe avec une partie des bénéfices et c'est le budget municipal qui garde la totalité des bénéfices, déduction faite de la rémunération du régisseur. Dans les deux cas il y a répartition des bénéfices ; avec la régie, la proportion est plus faible pour l'intermédiaire, avec le fermage elle est plus forte.

En pratique, l'affermage administratif comporte des modalités qui le rapprochent de la régie intéressée et la distinction est souvent bien délicate à établir. Dans la réalité, les profits d'une entreprise peuvent être partagés entre la commune et la personne, individu ou société, chargée de l'exploitation, dans une mesure qui varie avec chaque espèce. Le nom de la combinaison importe peu : ce qu'il faut retenir, c'est l'idée de collaboration, d'intérêt commun à la bonne gestion, à la productivité et au rendement de l'entreprise, et de partage des bénéfices.

L'exploitation des services publics, le fermage mis à part, peut donc se faire dans trois sortes de conditions : sous forme de concession, où l'exploitant est tout, — sous forme de régie, où la commune est tout, — sous forme de régie intéressée, où il y a collaboration. La municipalisation est l'hypothèse de la régie. La régie intéressée en est une sorte de diminutif ; c'est une municipilisation réduite, et il suffira d'en dire quelques mots à la fin de ce travail. C'est de la régie simple ou régie directe qu'il sera surtout question.

Au point de vue financier, les deux régies procurent des ressources aux budgets locaux. La municipalisation doit être une source de bénéfices pour les finances communales. Mais le côté pécuniaire n'est pas le seul et bien d'autres problèmes se posent.

§ 2. — Comment on peut considérer la municipalisation

L'exploitation des services publics en régie directe soulève de nombreuses difficultés. En particulier elle se heurte chez nous à des résistances énergiques, notamment à la résistance du Conseil d'État.

Il n'en est pas ainsi à l'étranger. Les entreprises municipales, on le verra, sont innombrables autour de nous, en Angleterre, en Allemagne, en Suisse, en Italie, et presques toutes sont prospères. Ce fait positif de l'industrialisme communal a appelé les commentaires et sollicité les constructions théoriques. Au point de vue scientifique, il a été considéré d'après plusieurs conceptions opposées ou tout au moins divergentes.

On l'a envisagé au point de vue économique, et l'on a souvent fait la comparaison, devenue classique, entre l'initiative privée et l'action des collectivités. Certains auteurs acceptent la municipalisation comme un fait, et se contentent d'en chercher l'explication et la théorie. Cette méthode descriptive aboutit à une connaissance complète et scientifique du phénomène, si elle est basée sur une recherche impartiale des circonstances qu'il présente et des causes qui l'ont amené.

En dehors des adeptes de ce système purement objectif, deux groupes d'écrivains se sont occupés du sujet. Les uns l'ont étudié en partant uniquement des principes théoriques de l'équilibre économique, tel qu'il s'établit dans un régime de libre concurrence ou dans un régime de monopole public ou privé. Ceux-là ont fait œuvre de science pure et à peu près sans aucune portée pratique. Mais d'autres n'ont vu précisément que les côtés pratiques de la municipalisation. Ils l'ont défendue ou critiquée en prenant pour bases certains éléments considérés comme fondamentaux : les résultats financiers des entreprises, les prix des produits vendus ou des services rendus, la qualité ou la quantité de ces produits ou services, etc. Beaucoup ont soutenu la supériorité ou l'infériorité d'une entreprise publique sur une entreprise privée, suivant que l'une ou l'autre donne les plus grands profits, ce qui est un point de vue manifestement insuffisant.

En général, ce procédé est celui des adversaires de la municipalisation. Ils mesurent par exemple les effets financiers immédiats des régies, notamment l'endettement des communes. On a remarqué déjà qu'une comparaison de ce genre ne signifie rien : une commune peut prévoir qu'elle exploitera le service des eaux ou tout autre au prix de revient ou même à perte, et vouloir qu'il en soit ainsi. Les régies s'inspirent fréquemment de l'intérêt général et les municipalités consentent des mises de fonds sans espoir de rémunération. Une compagnie ne construira pas une ligne de tramways dont les recettes doivent être inférieures aux dépenses d'exploitation, alors qu'une ville n'hésitera pas à le faire. Elle se résigne à un véritable sacrifice dans l'intérêt général ; elle ne fait plus une spéculation. Les prix de deux produits ou services, supposés d'égale qualité, fournis l'un par une municipalité, l'autre par une compagnie privée, dépendent donc d'éléments nombreux, variés et qui ne peuvent pas toujours être rapprochés ; la comparaison des prix est le plus souvent impossible.

Les considérations économiques ont été ainsi fréquemment agitées et approfondies. Mais la municipalisation comporte d'autres recherches non moins intéressantes. On peut la regarder aussi au point de vue purement juridique, et dégager les conditions légales de l'exercice du commerce ou de l'industrie pour une ville. C'est ce que je me propose de faire dans ce travail. Les communes peuvent-elles, sous l'empire de la loi française, se livrer à des opérations commerciales et industrielles, comment la jurisprudence interprète-t-elle la loi sur ce point ? Telle est la question à examiner, et on pourra se rendre compte qu'elle est importante.

C'est surtout la jurisprudence du Conseil d'État

qu'il convient d'analyser. Le haut Tribunal administratif s'est plus d'une fois placé lui-même sur le terrain économique. Je serai donc forcé de le suivre et d'entrer également, pour les besoins de la discussion, dans le domaine économique et social. Du moment qu'on sort de l'argumentation purement juridique et qu'on veut faire de l'économie politique, on doit accepter toutes les conséquences du procédé. Aussi je présenterai tout d'abord le tableau, au moins sommaire, de la municipalisation à l'étranger ; cet exposé est d'ailleurs du plus haut intérêt. Il importe avant tout de voir les résultats et de s'en tenir à la politique des faits. Puisque le Conseil d'État redoute les conséquences financières des régies et invoque l'incapacité pratique des communes en matière de spéculations, il faut le placer, et avec lui les adversaires des régies municipales, en présence des faits et des résultats pratiques.

§ 3. — Les enquêtes anglaises. L'enquête américaine

Les renseignements sur la municipalisation à l'étranger sont extrêmement abondants. Les statistiques officielles ou particulières, les enquêtes publiques ou privées ont été nombreuses et fréquentes, et faites à des points de vue contradictoires, avec un esprit tantôt favorable, tantôt hostile à l'initiative municipale. Il ne saurait être question de les indiquer toutes, même d'une façon sommaire.

Je mentionnerai seulement les deux enquêtes parlementaires anglaises de 1900 et de 1903. A cette époque une grande campagne fut menée en Angleterre contre le système des régies et aboutit au vote d'une enquête par le Parlement. Elle fut dirigée par une Commission mixte composée de Lords et de députés à la Chambre des Communes. L'enquête fut faite en 1900, puis reprise en 1903, dans un esprit absolument impartial. Les procès-verbaux en ont été publiés ; ils donnent des détails sur tous les aspects de la municipalisation en Angleterre (1).

Mais le document fondamental le plus récent est le compte-rendu de la grande enquête décidée par la *National civic federation*, de New-York.

La *National civic federation*, fondée en 1901, ayant son siège social à New-York, au n° 281 de la 4ᵉ Avenue, est une grande association d'hommes appartenant à des milieux différents, représentant le capital, le travail et les études scientifiques, et d'opinions les plus diverses. Elle a pour objet l'examen des questions d'ordre général, des problèmes touchant aux intérêts sociaux et industriels ; elle veut provoquer la discussion et faire l'éducation de l'opinion publique, tout en représentant plus spécialement les intérêts privés.

En 1905, elle constitua une grande Commission de 150 membres dite « Commission des services publics », pour étudier la municipalisation. Une commission de 21 membres fut elle-même chargée de procéder à une enquête sérieuse aux États-Unis et en

---

(1) On en trouvera le résumé, en français, dans l'ouvrage de M. Ernest BREES, p. 421 et s.

Angleterre ; elle fut composée de partisans et d'adversaires des régies, et aussi des personnes n'ayant pas encore pris position, les trois groupes étant à peu près égaux par le nombre de ceux qui les composaient. Ne pouvant faire porter ses investigations sur des milliers de régies municipales, elle se borna à choisir certaines entreprises, les unes privées, les autres publiques. L'examen des entreprises de tramways fut restreint à l'Angleterre, parce qu'il n'existe pas de tramways municipalisés aux États-Unis ; l'examen des entreprises d'eau fut restreint aux États-Unis, leur nombre et leur ancienneté suffisant à fournir des données complètes.

Les villes et les entreprises choisies aux États-Unis furent :

Régies municipales	Entreprises privées
GAZ	
Wheeling (West Virginia)	Atlanta (Georgia)
Richmond (Virginia)	Norfolk (Virginia)
	Philadelphie (Pensilvanie)
EAU	
Cleveland (Ohio)	New-Haven (Connecticut)
Chicago (Illinois)	Indianapolis (Indiana)
Syracuse (New-York)	Utica (New-York)
ÉCLAIRAGE ET ÉNERGIE ÉLECTRIQUES	
Chicago (Illinois)	Chicago (Illinois)
Allegheny (Pensilvanie)	Pittsburg (Pensilvanie)
South Norwalk (Connecticut)	Geneva (New-York)
Detroit (Michigan)	Toledo (Ohio)

La Commission d'enquête examina aussi 16 « electric plants », 8 publics et 8 privés, de l'État de Massachusett. Les villes et les entreprises choisies en Angleterre furent :

Régies municipales	Entreprises privées
GAZ	
Glasgow	Londres (South metropolitan gas Co)
Manchester	
Birmingham	Newcastle
Leicester	Sheffield
ÉCLAIRAGE ET ÉNERGIE ÉLECTRIQUES	
Glasgow	Newcastle (2 compagnies)
Manchester	Londres (4 compagnies)
Londres (Bourg de Saint-Pancrace)	
Liverpool	
TRAMWAYS	
Glasgow	Dublin
Manchester	Norwich
Liverpool	Londres (London united tramways)
Londres (Réseau sud du Conseil de comté)	Bristol

Le programme des questions à examiner comprenait :

1° Concessions à des compagnies privées (*Franchises of private co.*) ;
2° Surveillance des autorités publiques ;
3° Histoire de la municipalisation ;

4° Effets de l'exploitation publique et privée sur :
- *a* les conditions politiques ;
- *b* les conditions du travail ;
- *c* le caractère des services ;
- *d* le prix des services (tarifs) ;
- *e* le coût (de production) des services ;
- *f* l'organisation des entreprises ;
- *g* les améliorations dans les services et les méthodes ;
- *h* les résultats financiers.

Les commissaires furent accompagnés par des experts, ce qui permit de préciser et même de découvrir beaucoup de points qui autrement seraient restés ignorés.

Cette enquête sans précédent fut aussi complète et aussi minutieuse qu'il est possible de l'imaginer. Les résultats en ont été imprimés et publiés en 3 gros volumes ; ils constituent aujourd'hui un ouvrage fondamental sur la municipalisation (1). Les conclusions définitives de la Commission d'enquête sont résumées dans un substantiel rapport de 8 pages seulement,

(1) Le premier volume contient les conclusions générales et des études d'ensemble (489 pages) ; le second, les résultats de l'enquête aux Etats-Unis (1230 pages) ; le troisième, les résultats de l'enquête en Angleterre (768 pages). En France on en a peu parlé. On trouvera des comptes-rendus et des appréciations dans : Attilio CABIATI, p. 427 et s. ; — Alberto GEISSER, p. 5 et s. ; — Major Léonard DARWIN, compte-rendu dans l'*Economic Journal*, 1908, p. 283 ; — The annals of the american Academy of political and social science, Philadelphie, 1908, 1. 731.

suivi de l'opinion des membres dissidents (*minority report*). La Commission constate que certaines questions figurant au programme de ses travaux ne peuvent être résolues, par exemple la comparaison des prix ou du coût de production ; ces questions avaient été mises à l'étude, mais on a reconnu ensuite l'impossibilité de leur trouver une réponse générale, ce qui est encore un résultat de l'enquête. Les conclusions positives de la Commission américaine sont ainsi formulées :

1° Les services publics, qu'ils soient entre les mains d'une entreprise publique ou privée, sont mieux conduits avec un régime de monopole légal et réglementé ;

2° Les services publics dans lesquels dominent l'intérêt de la santé publique doivent être exploités par les autorités publiques ;

3° Le succès d'une entreprise municipale dépend du degré de capacité existant dans le gouvernement local ;

4° Les concessions à des compagnies privées devraient être à échéance fixe et rachetables à un juste prix ;

5° Les municipalités devraient avoir la possibilité d'aborder le domaine de la *municipal ownership* après un vote populaire et avec une réglementation raisonnable (*under reasonable regulation*) ;

6° Les compagnies privées exploitant des services publics devraient être assujetties à la réglementation et au contrôle des autorités publiques, avec un régime de règles et de comptabilité uniformes et une entière publicité ;

7° La Commission ne prend pas position sur la question générale de l'exploitation publique ou privée.

La question doit être résolue par chaque municipalité d'après les conditions locales.

Ces conclusions un peu hésitantes dénotent la parfaite impartialité de la Commission américaine et le souci qu'elle a eu de découvrir la vérité. Dans tous les cas son œuvre est une des plus consciencieuses et des plus complètes sur la municipalisation.

§ 4. — Plan et méthode

Le plan suivi dans ce livre s'inspire des considérations générales indiquées précédemment. J'étudierai dans une première partie les progrès et le développement de la municipalisation des services publics tant en France qu'à l'étranger, et dans une deuxième partie, la municipalisation au point de vue de la loi et de la jurisprudence françaises. Une troisième partie sera consacrée aux conclusions générales.

La première partie, à raison de la complexité du sujet, comportait deux méthodes possibles.

On pouvait étudier successivement chaque catégorie d'entreprises et considérer successivement les distributions d'eau, puis les tramways, la production et la distribution d'énergie électrique, etc., chacune étant étudiée d'une façon complète à tous les points de vue économique, social, financier, dans ses causes et dans ses résultats. Ce procédé exposait à des redites et à des répétitions nombreuses et fatigantes, et il sacrifiait les conclusions générales. Il aboutissait à des monographies séparées et simplement juxtaposés, mais ne donnait pas de vues d'ensemble.

J'ai préféré prendre pour bases les différents côtés du problème, et, à propos de chacun d'eux, parler des différentes sortes d'entreprises. Ce procédé à l'inconvénient de morceler ce qui est dit des tramways, du gaz, de l'électricité, des différentes législations analysées, etc., mais il est éminemment généralisateur. Il donne des idées d'ensemble et une vue supérieure des résultats de la municipalisation. On pourra d'ailleurs, avec la table alphabétique des matières, grouper tout ce qui concerne chaque sorte d'exploitation.

Je me suis appliqué à partir toujours, conformément à la méthode expérimentale, de ce que j'ai pu constater dans la pratique. Le seul mérite de ce livre, s'il en a un, c'est de reproduire les documents, de signaler des choses inconnues encore de beaucoup en France ou trop peu connues. J'ai pu me convaincre, par les publications, les conférences, les conversations, les documents officiels, que même des personnes autorisées condamnent les régies sans les connaître bien. On les discute sans savoir ce qu'elles sont, sans se douter qu'il en existe un très grand nombre dans les pays les plus avancés, sans soupçonner les effets qu'elles produisent. Si j'arrive à vulgariser quelques notions, j'estimerai n'avoir pas travaillé inutilement. Ce que je dis est souvent irréfutable, parce que c'est le simple exposé des faits. Les faits sont un grand enseignement. Je les ai décrits, j'ai reproduit des chiffres, et je dis au lecteur : Maintenant jugez et concluez.

PREMIÈRE PARTIE

DÉVELOPPEMENT ET PROGRÈS
DE LA MUNICIPALISATION
SES CAUSES — SES RÉSULTATS

CHAPITRE Ier

Développement des régies municipales en France et à l'étranger.

L'intervention des municipalités dans les entreprises commerciales et industrielles est de plus en plus fréquente depuis une trentaine d'années. Autrefois elles ne s'occupaient guère que de police municipale et rurale. En France, spécialement, la loi du 24 décembre 1789, article 50, n'avait confié aux autorités municipales que « la police chargée d'assurer la propreté, la salubrité, la sûreté dans les lieux et édifices publics. » Cette fonction de police, qui subsiste toujours, s'est d'abord étendue peu à peu, puis les communes sont parvenues à la fonction industrielle et commerciale.

Elles y prennent part de deux manières. Elles peuvent donner officiellement leur appui à certaines entreprises privées et les encourager par divers moyens. Les unes allouent des subventions en argent ou autrement : une ville peut constituer une subvention sous forme de concession gratuite d'une entreprise. D'autres consentent des exemptions de taxes municipales ou accordent l'usage gratuit de certains locaux ou emplacements municipaux. D'autres enfin souscrivent des actions ou obligations, etc. Elles peuvent ensuite pratiquer l'exploitation directe en régie pour certains services.

Cette seconde forme de l'activité municipale est assurément la plus intéressante et c'est elle surtout qu'il convient d'étudier. Le développement de l'industrialisme municipal, de ce qu'on a appelé « le socialisme municipal », ou même quelquefois « l'étatisme municicipal », est un phénomène d'autant plus digne d'attention qu'il est général et peut être observé dans divers pays, très différents par l'organisation politique ou locale ou par l'esprit de la population. Il porte particulièrement sur les trois services de distribution d'eau, d'éclairage et de transports en commun, mais il englobe aussi d'autres services très variés.

§ 1. — Distributions d'eau

Le service des eaux était municipalisé en Angleterre dans 292 villes en 1901. En 1904 il existait dans tout le Royaume-Uni 1.045 entreprises d'eau exploitées par des autorités locales et 251 exploitées par des compagnies. On ne comptait en Ecosse que 14 compagnies ; on n'en trouvait pas une Irlande (1).

C'est le rachat des eaux à Birmingham, effectué dès 1874 sous l'impulsion de M. Chamberlain, alors maire de la ville, qui inaugura le grand mouvement municipalisateur contemporain. Depuis lors, il n'est pas de ville un peu importante qui ne gère elle-même directement le service des eaux. A Londres, le service, municipalisé, après une lutte célèbre, par le *Metropolis water act* de 1902, fonctionne depuis 1904. La ville de Glasgow amène l'eau du lac Katrine par deux aqueducs, l'un, construit en 1855, de 37 kilomètres, l'autre, construit en 1885, de 40 kilomètres. Chaque habitant peut consommer plus de 450 litres d'eau par jour. Le travail a coûté plus de 100 millions de francs, sur lesquels 25 millions étaient déjà amortis en 1904 (2). Les efforts « gigantesques » faits par les municipalités anglaises dans ce domaine ont été d'un salutaire exemple pour les autorités locales du continent.

En France, la régie des eaux a reçu une extension considérable ; c'est le service qui est le plus fréquem-

---

(1) *The municipal year book of the United Kingdom*, années 1902 et 1904.

(2) Documents officiels publiés par la *Corporation of Glasgow* (*City improvements department*) à l'occasion de la visite des conseillers municipaux de Lyon en 1906, et communiqués par M. Herriot, maire de Lyon, et par M. Paul Pic, conseiller municipal et professeur à la Faculté de droit de l'Université. — Barbat du Closel, pp. 70-71. — Au 31 décembre 1906, le total des dépenses de premier établissement atteignait 4.066.057 £ ce qui donne effectivement plus de 100 millions de francs.

ment municipalisé chez nous ; il l'est dans les deux tiers des villes de plus de 5.000 habitants. La ville de Grenoble a été l'une des premières à l'exploiter : les travaux d'établissement ont commencé en 1852 ; le fonctionnement a commencé en 1855 avec 31 abonnés (1). D'après un relevé fait en 1892, sur 438 villes françaises de plus de 5000 habitants pourvues d'un service d'eau, 284 avaient recours à l'exploitation directe, et 154 seulement, soit 35 pour cent, étaient desservies par des compagnies ou des particuliers. Depuis cette époque le nombre des villes qui ont leur eau municipale s'est beaucoup augmenté (2).

En Allemagne, la régie directe existe dans 36 villes sur les 40 qui ont de 50.000 à 150.000 âmes, et au total dans 45 villes au moins ; en Italie, dans plus de 140 ; en Belgique, dans 3 grandes villes, à Bruxelles depuis 1853, à Liège depuis 1867, à Gand depuis 1881, puis dans l'immense majorité des petites localités, au nombre d'environ 900 (3) ; en Hollande, en Suisse, où la distribution municipale d'eau fonctionne d'une façon générale et dans des conditions remarquables. Toutes les villes suisses gèrent elles-mêmes le service des eaux et y joignent celui de la force motrice hydraulique (4).

---

(1) H. Capitant, p. 33.
(2) Ces chiffres sont extraits d'un bulletin publié en 1892 par la *Société de médecine publique et d'hygiène professionnelle*, à la suite d'une enquête sur le mode d'exploitation des distributions d'eau. Parmi les régies à ajouter à la liste de 1892, il faut citer celle de Tarare (1900) et celle de Lyon (1902).
(3) Ernest Brees, pp. 21 et 48.
(4) L'*Annuaire financier suisse* de 1908 indique (p. 138 et s), que le service des eaux était municipalisé en 1907 à Aarau,

En Russie même, le service des eaux est exploité directement par les villes de Saint-Pétersbourg, Moscou, Kiew.

Aux États-Unis, sur les 16 entreprises d'eau qui fonctionnaient en 1800, 15 étaient privées. Celles-là sont toutes devenues publiques, à l'exception de l'entreprise dans la petite ville de Morristown (à peine 11.260 habitants). En 1899 on comptait 1.787 entreprises municipales contre 1.539 entreprises privées, et, en 1903, sur 4.000 établissements d'approvisionnement d'eau, un peu plus de la moitié exploités en régie. Sur les 38 villes les plus peuplées de la grande République, 8 seulement ont confié le service à des compagnies (1). Au Canada la proportion est plus considérable encore : elle est de 110 établissements municipaux sur 144.

On peut dire que la municipalisation du service des eaux est un point acquis dans la vie des communes.

Arbon, Baden, Bâle, Bellinzona, Berne, Bienne, Burgdorf, Chaux-de-Fonds, Coire, Delémont, Frauenfeld, Genève, Glaris, Lausanne, Liestal, Le Locle, Lugano, Lucerne, Montreux (service embrassant 7 communes, avec siège à Vevey), Neuchâtel, Olten, Payerne, Porrentruy, Rorschach, Saint-Gall, Saint-Imier, Schaffhouse, Sion, Soleure, Thun, Winterthur, Yverdon, Zürich. — Mais cette énumération n'est pas limitative. Les villes précitées sont celles qui font partie de l'Union des villes suisses, sauf Bellinzona, qui n'en fait pas partie. Cf. Maurice BOURGUIN, p. 490.

(1) *14th annual report of the commissioner of labour 1899* : « *Water, gas and electric light plants under private and municipale ownership* », p. 12. — Enquête de la *National civic federation*.

§ 2. — Services d'éclairage

En Angleterre, 270 entreprises publiques fournissaient le gaz en 1907, contre 482 entreprises privées. Les plus importantes sont celles de Birmingham (avec plus de 600.000 habitants), Glasgow, Manchester et Leicester. A la même date, 249 entreprises municipales distribuaient l'électricité, contre 156 entreprises privées. Au total on notait d'un côté 519 entreprises municipales d'éclairage et 638 entreprises privées. A mesure que l'éclairage public s'étend ou se transforme, les autorités locales s'en emparent.

A Londres, on trouve à la fois des compagnies privées et des services municipaux d'éclairage, établis par les municipalités de plusieurs districts. On sait que Londres est en réalité une agglomération de villes presque indépendantes. Le « conseil de comté », qui est l'assemblée municipale centrale, créée en 1888, n'a pas eu jusqu'à présent, à s'occuper de l'éclairage public ; ce sont les autorités locales qui en sont chargées, c'est-à-dire les conseils municipaux de la « Cité » ou des « bourgs » compris dans le territoire de l'immense ville. Outre l'antique corporation de la Cité, il existe 27 Conseils de bourg (*borough councils*). Ces autorités locales ont, au nombre de 16, municipalisé le service de l'électricité. Ce sont surtout les districts excentriques de Londres, et spécialement ceux de la région nord, qui ont fait la municipalisation. Dans d'autres régions fonctionnent des compagnies, au nombre d'une quinzaine : la « South Metropolitan Company » pour le gaz ; les compagnies de London

City, Westminster, Central, Saint-James, pour l'électricité, etc. (1).

En Allemagne, il existait, en 1904, 357 régies du gaz (2). La municipalisation du gaz y était plus avancée que celle des tramways. La régie de Leipzig, qui date de 1838, est la plus ancienne de toutes les régies communales du continent. Celle de Berlin, qui remonte à 1847, exploite cinq grandes usines municipales. Elle ne constitue pas d'ailleurs un monopole ; le gaz est fourni également aux consommateurs de Berlin par une compagnie anglaise. La régie municipale a fabriqué en 1905-1906 (3) :

Pour la consommation privée . . .	194.739.725 m. cubes
Pour ses propres établissements . .	3.370.392 —
Pour l'éclairage des voies publics . .	13.495.895 —
TOTAL.	211.606.012 —

En Belgique, la régie de l'électricité fonctionnait en 1906 à Bruxelles, Saint-Gilles et Jumet, celle du gaz à Bruxelles, Dinant, Gand, Lierre, Lokeren, Louvain, Saint-Gilles, Saint-Nicolas, Termonde (4).

En Suisse, toutes les usines importantes sont municipales. Les deux plus anciennes, celles de Genève et de Berne, sont municipales depuis 1845 et 1841 ; la plus récente pour le gaz, celle de Frauenfeld, a été

---

(1) Gaston CADOUX, p. 89-93. — *National civic federation*, part. II, vol. 2, p. 229 et s. — James PARKER, p. 52.
(2) A. CRÉHANGE, p. 86. — STRAUSS, p. 277.
(3) Gaston CADOUX, p. 98.
(4) Ernest BREES, pp. 170 et 254.

ouverte le 1ᵉʳ mai 1907 (1). A Fribourg, le gaz, l'électricité et les eaux sont exploités, non pas par la ville, mais par l'État lui-même.

Mais l'État le plus intéressant pour la précocité et le perfectionnement de la municipalisation de l'industrie du gaz est sans contredit le Danemark. En 1892, sur 36 villes danoises éclairées au gaz, 27 le fabriquaient elles-mêmes. Non seulement, elles osèrent dès le début prendre elles-mêmes la charge de leur éclairage, mais elles le firent avec une audace qui fut spécialement heureuse : elles mirent en faveur le système du chauffage et de la cuisine par le gaz (2).

La régie du gaz fonctionne aussi à Stockholm, dans de grandes villes comme Amsterdam, La Haye, dans une grande capitale comme Vienne. En Autriche-Hongrie, en 1904, on comptait 23 usines à gaz municipales sur 96, et parmi les grandes villes qui en possèdent, Prague depuis 1867, Trieste, Cracovie, Vienne,

---

(1) Les villes suisses qui exploitent le gaz en régie directe sont : Bâle, Berne, Bienne, Burgdorf, Chaux-de-Fonds, Coire, Frauenfeld (depuis le 1ᵉʳ mai 1907), Genève, Glaris, Lausanne, Le Locle, Lugano, Lucerne, Neuchâtel, Rorschach, Saint-Gall, Schaffhouse, Sion, Soleure, Thun, Winterthur, Yverdon, Zürich.

La régie de l'électricité existe dans toutes les villes suisses qui exploitent le gaz en régie directe, et en outre à Aarau, Bellinzona, Delémont, Montreux et Saint-Imier. *Annuaire financier suisse*, 1908, p. 138 et s. — V. aussi les *Documents du Congrès international du gaz en 1900*, et ACHARD, p. 133.

(2) GAUCHERON, p. 28. L'auteur, à qui j'emprunte les renseignements donnés au texte, s'est lui-même documenté d'après des rapports publiés par le *Department of labour* des Etats-Unis : *Gas in foreign countries*, vol. XXIX, 1892.

où 11 arrondissements sur 20 sont éclairés en régie, les 9 autres par une compagnie privée, qui est une compagnie anglaise. Dans la même ville encore, après une lutte acharnée avec les compagnies d'électricité, le municipalisme a gagné également ce domaine.

Aux États-Unis, la municipalisation des services d'éclairage ne s'est développée que depuis une dizaine d'années. En 1908, il n'y avait que 25 entreprises municipales de gaz.

Par contre, les entreprises d'électricité ont pris une large extension. En 1899, sur 2.574 entreprises, 460 seulement étaient municipales. En 1902, sur 3.620 entreprises, 815 étaient des entreprises publiques ; sur ce nombre 671 se trouvaient dans des localités d'une population inférieure à 5.000 habitants, et 23 seulement dans des villes dépassant 25.000 habitants. En 1908, le total des entreprises publiques atteignait 1.055 (1).

La France est en retard dans ce mouvement. En 1905, par suite de la jurisprudence restrictive du Conseil d'État, 8 communes seulement avaient mis la main sur cette branche de la production, quelques-unes très petites, comme Rozoy-en-Brie (Seine-et-Marne, 1.300 habitants), et trois villes plus importantes, Tourcoing, Valence et Grenoble. La régie du gaz de Grenoble a été établie en 1866 (2). La ville de Paris a exploité en régie, de 1890 à 1907, le réseau municipal

---

(1) Enquête de la *National civic federation*. — Attilio CABIATI, p. 495 et 505.

(2) H. CAPITANT, p. 40. — Pierre MERCIER, p. 177. — C'est par une délibération du 3 juillet 1866 que le Conseil municipal de Grenoble décida l'exploitation directe pour l'éclairage au gaz.

d'électricité des Halles (1). Elle avait préparé, elle aussi, un vaste projet de régie du gaz : un grand emprunt de 120 millions devait permettre la liquidation de l'ancienne concession et l'installation du nouveau service. La Chambre des Députés adopta deux fois le projet, mais le Sénat, après l'avoir modifié une première fois, le fit échouer définitivement en 1905 (2). Et pourtant l'exemple des villes étrangères était bien encourageant. Les villes anglaises notamment, comme Birmingham depuis 1875, Glasgow, depuis un *act* du Parlement de 1869, Manchester, qu'on a appelée à bon droit « le pionnier des propriétés collectives du gaz », ont fait en cette matière des expériences décisives. Au cours de l'année 1906, le Conseil municipal de Lyon envoya en Angleterre une importante délégation pour l'étude des moyens employés et des résultats obtenus, et « le voyage social » du maire de Lyon et des conseillers municipaux permit de vérifier une fois de plus le bon fonctionnement des régies communales (3).

(1) G. Louis-Jaray, 2, *Questions pratiques*, 1903, p. 106 et 234. — Lacroix de Lavalette, p. 93. — Pierre Mercier, p. 159 et s.

(2) Projet de loi déposé par le Gouvernement et tendant à autoriser la ville de Paris à emprunter une somme de 120 millions et à organiser le service du gaz. Rapport de M. Morlot ; Ch., Doc., 1904, p. 610, Annexe n° 1673. Discussion et adoption par la Chambre, Séances des 20, 24, 25 octobre 1904. Adoption avec modification par le Sénat. Retour à la Chambre. Deuxième rapport de M. Morlot ; Ch. Doc. 1905, p. 497, Annexe n° 2.422. Discussion au Sénat, 21 et 23 février 1905 ; Débats, 1905, p. 274 et suiv. — Voir aussi A. Véber, *L'éclairage*, et Ramelli, p. 83 et suiv.

(3) Paul Pic, Un voyage social en Angleterre, dans les *Questions pratiques de législation ouvrière*, avril 1907.

Depuis 1907, la ville de Paris exploite le gaz en régie intéressée. Un décret du 20 juillet 1907 a consacré ce système pour une durée de 20 années. Mais, par une singulière politique, elle a, presque au même moment, concédé le service de l'électricité à une compagnie avec monopole pour 33 ans ; un décret du 8 septembre 1907 a été rendu sur ce point (1).

§ 3. — Tramways

L'exploitation des tramways a spécialement provoqué, pendant les dernières années, l'action des autorités locales anglaises. Elle y a pris en vingt-trois années, de 1882 à 1905, « un formidable essor ». En 1905, il y avait dans tout le Royaume-Uni 174 entreprises municipales, avec 1.395 milles de lignes, contre 146 compagnies privées, avec 721 milles ; au 31 mars 1906, il y avait 195 réseaux municipaux, et seulement 140 réseaux privés, dont 104 en exploitation. En Angleterre seulement, de rapides progrès ont fait passer les entreprises publiques, entre 1894 et 1906, de 3 à 123 (2). Londres exploite depuis 1894 une partie de ses réseaux de tramways, ainsi que le service de la navigation sur la Tamise. Le groupe des tramways du sud de Londres, s'étendant sur 110 kilomètres,

---

(1) Ces deux décrets n'ont pas été promulgués, à ma connaissance du moins, au *Journal officiel*. Ils sont mentionnés dans le *Bulletin municipal officiel* de la ville de Paris.

(2) Enquête de la *National civic federation*. — André Bussy, p. 172-173. — Le *Municipal year book* donne d'ailleurs les chiffres pour chaque année. — V. aussi, pour les années anté-

est exploité directement par le Conseil du comté, auquel il appartient.

En dehors de l'Angleterre, la ville de Tunis a racheté ses tramways au cours d'une concession qui n'expirait que le 21 juin 1955. La ville a pris possession de tout le réseau le 31 décembre 1901 (1).

L'exploitation des tramways est également municipale dans au moins 10 villes suisses : Bâle, Berne, Bienne, Genève, Lucerne (qui régit aussi, outre les tramways urbains, le tramway de Lucerne à Kriens), Lugano, qui exploite le chemin de fer funiculaire Lugano-Gare, Saint-Gall, Schaffhouse, Winterthur, Zürich (2).

En Allemagne, il existait, en 1908, 43 réseaux de tramways ou petits chemins de fer municipaux, notamment à Brême, Cologne, où la rémunération du capital est de 5 0 0, Francfort-sur-le-Mein, où elle atteint 9,47 0/0, Dresde, Düsseldorf, Mayence, Metz, Münich, où le réseau est de 58 kilomètres,

---

rieures, Lucien Petit, p. 468 ; — L. Roger, p. 92 ; — Gaucheron, p. 177 et s.

(1) V. à cet égard deux arrêts de la Cour d'Alger, 27 avril 1904 et 2 juillet 1906, *Pand. franc. pér.*, 1906, 2, 362, et Circulaire n.º 585 du Comité central de l'*Union des tramways de France* (Paris, 15, rue de Madrid).

(2) « Les tramways de Saint-Gall, dit M. Emm. Kuhne, appartiennent à la ville, à laquelle ils ont coûté 1.093.000 fr., ceux de Zurich sont devenus propriété communale le 1er janvier 1897 pour le prix de 1.790.000 fr. ; enfin en 1899 un vote des électeurs de Berne a également municipalisé les tramways de cette localité. » — Cf. Edgard Milhaud. 1, p. 41. — André Bussy, p. 295 et s. — *Annuaire financier suisse*, 1908, p. 438 et suiv. et 460.

Nüremberg, Königsberg, où l'entreprise municipale de tramways est parmi les plus anciennes : elle remonte à 1895, etc. Dans 15 de ces 43 villes allemandes, à côté des tramways municipaux, il existe des tramways exploités par des compagnies. Berlin n'a encore qu'un chemin de fer électrique municipal d'environ 11 kilomètres, mais la municipalité étudie actuellement l'établissement d'un réseau communal beaucoup plus développé. En attendant, les tramways électriques sont gérés par une société par actions dont les actions sont entre les mains de la ville (1).

A Vienne l'exploitation communale est entrée en vigueur sur tout le réseau de tramways de la ville et s'est même étendue aux omnibus viennois. On rencontre des entreprises municipales de tramways même en Russie, à Saint-Pétersbourg.

La plupart des tramways municipaux sont électriques, et quand la ville produit elle-même son élec-

---

(1) André Bussy, p. 232-233. L'auteur donne la liste des 43 réseaux municipaux allemands, avec des détails sur la longueur des lignes, les associations des municipalités par l'exploitation, etc.

Voici d'ailleurs la liste des 43 villes allemandes exploitant des tramways en régie directe :

Allenstein, Augsbourg, Barmen, Berlin, Bielfeld, Bonn, Breslau, Carlsruhe, Chemnitz, Colmar, Cologne, Coepenick, Crefeld, Darmstadt, Dortmund, Dresde, Düsseldorf, Flensbourg, Francfort-sur-le-Mein, Fribourg en Brisgau, Münich-Gladbach, Graudenz, Hamm, Koenigsberg, Ludwigshafen-sur-le-Rhin, Lübeck, Mayence, Mannheim, Metz, Mulheim-sur-le-Rhin, Münich, Neunkirchen, Nüremberg, Oberhausen, Offenbach, Osnabruck, Pirmasens, Rheydt, Solingen, Trèves, Voelklingen (Sarre).

Les Régies municipales. 2.

tricité, elle la fournit à ses tramways. Si elle construit en même temps des habitations à bon marché et aménage des jardins ouvriers dans des quartiers excentriques, on est alors en présence de trois entreprises municipales qui se tiennent par les liens les plus étroits. Il convient d'ajouter aussi que, si la législation positive du pays le permet, les communes sont souvent associées ou tout au moins concluent des ententes pour l'exploitation de tramways ou petits chemins de fer rayonnant sur le territoire de plusieurs d'entre elles.

Cependant il faut reconnaître que la gestion directe par les villes des transports en commun est moins pratiquée que la gestion directe des autres services publics dans les États de l'Europe continentale, et qu'elle n'existe pas du tout aux États-Unis d'Amérique. Même en Angleterre, le service des transports en commun a été le plus lent à se municipaliser.

Les motifs de cette réserve sont d'abord les entraves qui peuvent provenir des législations positives ou de l'interprétation qu'on en donne. En France, le Conseil d'État interprète la loi de telle façon que la municipalisation des tramways est encore à faire. A part ceci, elle se heurte à des obstacles naturels ou économiques. Les villes peuvent hésiter devant la complication particulière d'une entreprise de ce genre, soit d'après sa nature même, soit d'après les circonstances : les progrès techniques en matière de transports ont fait transformer la traction animale en traction à vapeur ou électrique, ce qui a nécessité des études, des essais, des changements de matériel, et aussi des dépenses parfois considérables. Ensuite une affaire de transports en commun intéresse souvent plusieurs localités et n'a de raison d'être que si elle s'étend sur leurs territoires respectifs. Des ententes communales ont été réalisées en Angleterre, en Suisse, en Allemagne, mais elles ne sont pas possibles d'après la loi belge par exemple, ce qui explique que la concession soit le seul régime en vigueur en Belgique (1). La ville de Liège seule est propriétaire d'une partie de ses lignes de tramways, mais elle ne les exploite pas en régie directe. La nécessité d'une action collective a donc pu retarder l'évolution pour cette catégorie de services publics. Dans les pays neufs, où la loi n'apporte aucune entrave, les autorités locales, de Nouvelle-Zélande par exemple, se signalent par leur initiative. Enfin les accaparements des *trusts* et syndicats financiers peut avoir une influence déterminante. Aux États-Unis, les services de tramways, monopolisés par des *trusts* financiers puissants, ne sont pas encore municipalisés à l'heure actuelle. On ne peut citer que des exceptions infimes (2).

(1) Ernest BREES, p. 286. On ne peut concevoir dans la pratique, dit cet auteur, une entreprise de tramways établie exclusivement sur le territoire d'une commune centrale et s'arrêtant aux confins de celle-ci. Il suffit de considérer, par exemple, l'extraordinaire enchevêtrement formé par les communes de l'agglomération bruxelloise pour se convaincre qu'une pareille entreprise serait irréalisable.
(2) Le professeur Frank PARSONS, commissaire de l'enquête américaine de la *National civic federation*, cite quatre cas de municipalisation, dont deux temporaires : un tramway municipal à Monroe, fonctionnant depuis le 1er août 1906, et un autre petit réseau à Guelph, exploité à raison des réclamations du public et de la *failure* de la compagnie concession-

§ 4. — Autres entreprises diverses

Les villes qui ont pris la charge d'opérations commerciales ou industrielles sont nombreuses et réparties sans distinction dans les divers pays civilisés. Il faut noter toutefois que la municipalisation est peu ou relativement peu développée en France et en Belgique, et d'autre part dans les pays arriérés. Il est regrettable d'avoir à classer notre pays, qui a été si souvent à la tête de la civilisation, et aussi la Belgique, dans la même catégorie que les nations les moins « évoluées ». Aux États-Unis d'Amérique, la municipalisation est retardée par une cause spéciale, l'esprit de corruption qui règne dans toutes les administrations. Les pays de l'Europe centrale et l'Angleterre donnent au contraire l'exemple de l'initiative communale la plus intense.

Il convient de remarquer aussi que les services faisant l'objet de la régie directe sont de la nature la plus diverse et se rapportent à toute sorte d'objets. Les municipalités qui les ont assumés n'ont obéi à

---

naire. — Un tramway sur le pont de Brooklyn a été exploité en commun pendant quelques temps par les cités de New-York et de Brooklyn, puis finalement affermé au chemin de fer aérien, pour que les voyageurs n'aient pas à changer de voiture après la traversée du pont. Enfin Toronto, qui concède ses tramways sous la réserve d'un contrôle public très large, a exploité le réseau d'une façon intérimaire entre deux concessions. *Introduction générale à l'examen des entreprises de tramways*, dans la publication de l'Enquête américaine, t. I, p. 119, note 6.

aucun plan préconçu et se sont dirigées indifféremment vers toutes les opérations dont l'exploitation leur semblait avantageuse à différents points de vue. On peut donc passer en revue, sans classification rigoureuse, tous les cas de *municipal trading*. Le désordre apparent de l'énumération ci-dessous est l'image même de la réalité.

La construction de maisons ouvrières a fait l'objet des préoccupations de nombreuses villes. La plupart des villes anglaises ont abordé « la lutte sociale contre le logis malsain (1) ». Les grandes cités spécialement, Londres, Birmingham, Liverpool, Glasgow, Edimbourg, Huddersfield, Aberdeen, etc., ont construit elles-mêmes et exploitent en régie des maisons ouvrières, des *garden-cities*, des logements pour les classes pauvres. Birmingham et Liverpool ont ainsi détruit un grand nombre de logements anti-hygiéniques. En 1901, 61 villes anglaises déjà avaient construit des logements ouvriers. Le Conseil de comté de Londres, avait, au début de 1906, affecté 500.000 £ ou 12.500.000 fr. à l'édification de 6.800 logements occupés par 36.000 personnes. A la fin de 1905, Glasgow était propriétaire de maisons ouvrières réparties en 40 groupes, contenant 1.990 logements et abritant 12.000 personnes (2).

En Allemagne, certaines villes ont construit elles-

---

(1) Paul Pic, p. 4. — R. Boverat, p. 286.
(2) Paul Pic, p. 5-6. A Glasgow des logements de deux pièces sont loués à des prix variant de 11 £ 11 à 13 £ 10 par an ; des logements de trois pièces sont loués 19 £ 15. Ces prix sont d'ailleurs nets de toute taxe ou impôt.

mêmes des maisons ouvrières, comme Strasbourg. D'autres encouragent les constructeurs par divers moyens, dégrèvements d'impôts, subventions ou prêts aux sociétés coopératives de construction, concessions de terrains, souscriptions d'actions ou obligations, cautionnements d'emprunts, etc. Francfort a souscrit 2.000 actions de 1.000 fr. émises par une coopérative ; Düsseldorf, Hambourg, etc., ont employé des moyens similaires (1).

En Belgique, la ville de Gand a souscrit la majeure partie des actions d'une coopérative de construction. Saint-Gilles et Bruxelles exploitent en régie des habitations ouvrières, de même que Milan, en Italie, qui a voté en 1906 4 millions à cet effet. Venise avait construit en 1907 trente groupes de maisons abritant 1.700 personnes. En Suisse, en Danemark, en Norvège on trouve des faits analogues (2).

En France, la ville de Lyon régit des immeubles de rapport dans un quartier neuf, le quartier Grôlée. Le système d'exploitation est la régie intéressée. Il ne s'agit pas de logements ouvriers, et l'entreprise n'a pas un caractère social ; c'est une entreprise « productive ».

Les assurances n'ont pas été laissées de côté, bien qu'elles aient moins tenté les villes que les grands services publics. Le service de l'assurance contre l'incendie est entrepris en Allemagne par de grandes villes comme : Berlin, Hambourg, Breslau, ou par des syndicats de communes. Certaines caisses publiques

---

(1) Paul Pic, p. 8. — Fochier, p. 193.
(2) Paul Pic, p. 9-10.

d'assurances ont même un monopole (1). En Suisse, un certain nombre de cantons possèdent leurs institutions d'assurances, et la ville de Genève a fait étudier d'une façon très approfondie un projet consistant à ajouter l'assurance-incendie aux services qu'elle régit déjà. Mais somme toute, les exemples à citer sont encore peu nombreux pour la branche assurances.

La municipalisation des services publics a reçu partout une extension vraiment surprenante. En Portugal, Lisbonne, en Espagne, Pampelune, ont des boulangeries municipales. En Italie, il existe des boucheries, des pharmacies, des blanchisseries municipales. Les boulangeries municipales y sont nombreuses ; on peut en signaler notamment à Crémone, Livourne, Mantoue, Palerme, Pise, Ravenne (2). La ville de Catane en a exploité une de 1904 à 1907, mais elle a dû y renoncer, parce qu'elle en avait fait une œuvre non seulement socialiste, mais politique, perdant ainsi complètement de vue le caractère « productif » ou même social de l'entreprise (3). Un grand nombre de cités italiennes ont municipalisé l'affichage, à la fois pour faire une bonne affaire et pour sauvegarder les droits de l'art et aussi les intérêts des particuliers qui demandent des affiches. Les affiches ordinaires placardées par les agences étaient déplorablement exécutées, et il était reconnu que les

---

(1) Maurice Bourguin, Annexe VIII.
(2) Maurice Bourguin, Annexe VIII.
(3) Sur l'audacieuse initiative de Catane pour la fabrication du pain, V. Gaucheron, p. 104 et s., avec l'indication de la bibliographie italienne, et Pierre Mans, *La boulangerie municipale de Catane*, 1907.

affiches artistiques et chères n'étaient jamais toutes collées ou même qu'elles disparaissaient bientôt sous d'autres ; les clients des agences étaient trompés sur le nombre et la durée des réclames. Bologne et Livourne ont donné l'exemple de la municipalisation, suivi par Milan, qui décida en juin 1907 le rachat du service d'affichage, et, par une trentaine d'autres villes, entre autres Rome, la capitale elle-même (1). La loi du 29 mars 1903 sur la municipalisation des services publics a incité les municipalités à agir : c'est le législateur lui-même qui les a poussées dans la voie de l'industrialisme. Non seulement il les a autorisées à aborder le commerce ou l'industrie et il a réglementé leurs opérations, mais il a en quelque sorte stimulé leur activité. Il convient toutefois de faire une réserve sur certaines dispositions restrictives de la loi et qui seront étudiées plus loin (2).

La Suisse à son tour s'est résolument engagée dans le même mouvement, avec une méthode, une volonté et une netteté de vues remarquables. Comme on l'a constaté plus haut, une série de communes ont des tramways municipaux, et, presque toutes se sont approprié les entreprises d'eau, de gaz, d'électricité,

---

(1) Alessandro Schiavi, *La régie directe de l'affichage à Milan*, dans les *Annales de la régie directe*, 1909, p. 90. Les villes italiennes qui ont municipalisé l'affichage sont : Ancône, Bellune, Biella, Bologne, Cagliari, Chiavari, Chieti, Fermo, Fossano, Gênes, Imola, Lecco, Legnano, Livourne, Lucera, Mantoue, Milan, Modène, Parme, Pignerol, Rimini, Rome, Savone, Schio, Sienne, Terni, Trani, Trévise, Varèse, Vérone, Voghera.

(2) V. Troisième partie, chap. ii.

de forces motrices. A Zürich, la municipalisation a même gagné l'exercice de la médecine. La ville fait depuis 1905 l'expérience d'un service médical municipalisé. Chaque habitant paie une taxe annuelle de 4 fr. 50, qui produit un fonds de 500.000 francs, avec lesquels on rétribue 40 médecins à 12.500 francs pour soigner tout le monde gratuitement. « Tous les Zürichois sont dans la situation des membres d'une société de secours mutuels, qui consacrerait ses fonds à payer les frais de maladie de ses adhérents (1) ».

Genève rivalise avec Zürich et a accompli une œuvre municipalisatrice de premier ordre : la ville a créé elle-même, de toutes pièces, son service des eaux et des forces motrices électriques, et elle s'est substituée à des compagnies dans l'exploitation des services d'éclairage et de chauffage par le gaz et d'éclairage électrique (2). Le bâtiment des forces motrices municipales de Zürich compte 5.200.850 mètres cubes d'eau et 9.476.248 mètres cubes d'eau de source par jour (3). La distribution d'énergie électrique pour l'éclairage et les besoins industriels est un service naturellement indiqué pour la municipalisation ; en France, la ville de Grenoble l'a pris en régie directe en 1905 (4).

Les villes allemandes et certaines villes belges font preuve d'une égale activité, qui frappe même les

---

(1) André Mater, p. 591.
(2) Edgar Milhaud, 1, p. 41. — Achard, p. 489 et s.
(3) Jean Sigg, *Le travail dans les services industriels de la ville de Zürich*, dans les *Annales de la régie directe*, 1909, p. 12.
(4) H. Capitant, p. 119 et s.

littérateurs, les voyageurs, comme M. Jules Huret, n'ayant pas pour objectif spécial les recherches d'économie politique ou sociale. « A Cologne, dit M. Huret, comme dans toutes les villes ayant le souci de leurs habitants, l'eau, le gaz, l'électricité, les tramways, les bains sont exploités par la ville elle-même. Le prix de toutes ces choses utiles a énormément diminué depuis la mise en régie. Et cependant on fait encore des bénéfices, et de gros. Les bains par exemple rapportent 25.000 francs au budget et les prix y sont d'un étonnant bon marché (1) ».

En Belgique, les entreprises municipalisées sont peu nombreuses, mais quelques villes, Bruxelles et Gand notamment, les ont adoptées d'une façon très large. Bruxelles a exploité pendant quelques années, à partir de 1846, une boulangerie communale. Plus tard elle a fait des prêts sur constructions et est devenue propriétaire d'un domaine immobilier important, composé de maisons de rapport, dont la valeur est d'environ 30.000.000 francs (2). Elle exploite trois grandes régies, des eaux, du gaz et de l'électricité ; enfin, elle fournit de l'eau aux communes voisines. Bruxelles et les trois grandes villes suisses, Genève, Zürich et Bâle, peuvent être comparées aux grandes villes anglaises comme centres de municipalisation.

La ville de Vienne, sans les égaler, a racheté les moyens de communication, tramways et omnibus,

---

(1) Jules Huret, *Rhin et Westphalie*, p. 177.
(2) Ernest Brees, pp. 369-370. — Du même : L'orientation nouvelle des régies communales, dans la *Revue économique internationale*, mars 1907.

ainsi que les moyens d'éclairage, gaz pour certains quartiers et électricité. Elle a réalisé aussi d'autres réformes pour lesquelles n'existait aucun précédent : entreprise en régie des inhumations, exploitation d'une brasserie municipale. Elle projette enfin la mise en régie directe de la fabrication du ciment dont elle a besoin pour divers grands travaux et la construction de chemins de fer souterrains municipaux (1). Elle deviendra ainsi dans l'avenir un centre important de municipalisation.

L'évolution a même gagné de très petites communes, tant en France qu'à l'étranger. Chez nous, on peut citer les entreprises communales de Yport (1.479 habitants), Villeneuve-la-Guyard (1.608 habitants), Rozoy-en-Brie (1.300 habitants), l'adduction et la distribution d'eau potable par quatre petites communes syndiquées du département de l'Ardèche, ne réunissant ensemble que 2.200 habitants : Darbres, Lussas, Lavilledieu et Saint-Germain. La réussite de ces entreprises démontre que la municipalisation n'exige ni de grands capitaux, ni le milieu d'une agglomération importante.

Mais, c'est l'Angleterre qui tient toujours la tête dans cette évolution de la production. Toutes les grandes villes industrielles anglaises ont, depuis quarante ans et surtout depuis dix ans, résolument assumé la direction de leurs services publics, grâce à l'esprit libéral des pouvoirs publics et en particulier du Par-

---

(1) *Les Annales de la régie directe*, 1909, p. 30. — Rodolphe Broda, *Le socialisme municipal à Vienne*, dans les *Documents du Progrès*, 1909, p. 551.

lement qui leur a accordé toutes les facilités législatives. Elles se sont faites agriculteurs, menuisiers, imprimeurs ; elles fabriquent du savon, des fourneaux et autres appareils de chauffage, des briques, des vêtements, des dynamos ; elles ont abordé l'industrie hôtelière ; elles ont des régies pour les docks, pour les bains et lavoirs municipaux, œuvre d'intérêt de premier ordre tant au point de vue hygiénique qu'au point de vue financier et sur laquelle les renseignements abondent aujourd'hui (1). D'autres ont des parcs, des marchés, produisent des denrées alimentaires, l'huile, la glace artificielle ; quelques-unes cultivent des légumes, et même des fleurs comme Glasgow, ou élèvent des animaux domestiques qu'elles vendent comme de simples marchands. Colchester exploite des huitrières avec un profit annuel de 3.000 £. La municipalisation anglaise se glisse dans les branches les plus imprévues de la production : la direction de brasseries, l'exploitation des bains de mer, — comme à Douvres, — même la loca-

---

(1) R. Boverat, p. 335 et s. L'auteur donne les renseignements les plus intéressants, recueillis à la suite d'une enquête personnelle, sur les bains et lavoirs publics exploités directement par les autorités locales anglaises. — V. aussi les documents officiels publiés annuellement par certaines cités, notamment : *Report of the bath and wash-houses Committee* de la ville de Manchester. La ville a de nombreux établissements de bains, dont le plus ancien est de 1856 et le plus récent de 1906 ; elle accorde de fortes réductions de prix ou même la gratuité aux élèves des écoles, aux pompiers, aux agents de police ; les établissements sont munis des derniers perfectionnements et agrémentés de *dressing rooms, coffee-rooms*, etc. Le Comité de direction y organise le *water-polo*, y donne des fêtes, *swimming galas*, où des spectateurs sont admis, etc.

tion de magasins frigorifiques pour la viande, même l'utilisation des ordures ménagères et le commerce des sous-produits qui en sont extraits. Nelson a créé une usine pour l'incinération des immondices ; Leeds et Saint-Helens fabriquent du mortier et des pavés avec les résidus d'usines du même genre (1). En Angleterre les cimetières sont considérés, à raison des revenus considérables qu'ils procurent aux corporations, comme rentrant dans les entreprises du *municipal trading*. Des laiteries municipales débitent du lait stérilisé, ce qui diminue le taux de la mortalité infantile, et peut arrêter le développement de la tuberculose (2). Brighton et Doncaster possèdent des champs de course qui leur rapportent annuellement de 2.000 à 3.000 £. Brighton et Southborough ont des théâtres municipaux (3). D'autres ont municipalisé l'assurance mutuelle contre l'incendie, par exemple Brighton, Glasgow, Rochdale, Southampon, Walsall, ou la distribution de l'énergie hydraulique, ainsi Birmingham, Glasgow, Manchester ; d'après la loi anglaise, les autorités locales ont le droit d'établir et d'exploiter des téléphones, et elles en usent, notam-

(1) Enquête parlementaire de 1900 sur la municipalisation des services publics en Angleterre; Ernest BREES, p. 421 et s., notamment p. 467 et p. 486.

(2) Le *Municipal year book* pour 1908 fait connaître les localités qui ont établi des dépôts municipaux de lait stérilisé, avec l'année de la fondation : Ashton-under-Lyne (1902), Battersea (1903), Bradford (1904), Burnley (1906), Dukinfield (de 1901 à 1903 seulement), Lambeth (1905), Liverpool (1901), Saint-Helens (1900), Woolwich (1907).

(3) R. BOVERAT, p. 385.

ment Glasgow, Guernesey, Portsmouth. Il faudrait des pages et des pages pour énumérer toutes les entreprises que les villes anglaises ont fait entrer dans leur domaine. Certaines deviennent ainsi des centres d'exploitation collective, « faisant pénétrer plus de communauté dans nos sociétés individualistes et leur donnant une physionomie nouvelle (1) ». Manchester et Glasgow, les deux grandes villes industrielles, sont peut-être les plus curieux « laboratoires de municipalisation. » Glasgow possédait en 1903 des maisons municipales, 13 bains, 481 magasins municipaux, la régie du gaz, des eaux, des tramways, du téléphone, etc. Ce n'est pas seulement la ville la plus peuplée après Londres et la plus industrielle du Royaume-Uni : c'est un véritable champ d'expérience. « Une telle municipalité, a-t-on dit fort justement, devient une organisation économique plus qu'une administration politique ». — « C'est la cité modèle », a-t-on dit encore (2).

§ 5. — ASSOCIATIONS DE COMMUNES ; EXPLOITATION DANS LES COMMUNES VOISINES, SOUSCRIPTIONS D'ACTIONS OU OBLIGATIONS, ETC.

La municipalisation d'un service public peut être opérée de deux façons. Elle peut d'abord être tout à fait localisée, c'est-à-dire comprise dans les limites mêmes de la commune intéressée ; les services publics

(1) Maurice BOURGUIN, p. 301.
(2) G. LOUIS-JARAY, 2, p. 305. — BARBAT DU CLOSEL, *passim*.

exploités en régie ne dépassent pas alors l'étendue du territoire. Mais il arrive aussi qu'ils s'étendent sur le territoire de plusieurs communes contiguës, et ce n'est pas le côté du phénomène le moins intéressant à étudier.

Des communes, grandes ou petites, se sont associées pour exploiter en commun certains services publics. La ville de Genève est associée avec l'État de Genève et la commune de Plainpalais pour le service de force motrice. Elle est associée avec Plainpalais pour l'eau, avec 15 communes voisines pour l'exploitation directe du gaz et de l'électricité. Une association de 7 communes dirige le service des eaux dans la région de Montreux, avec siège à Vevey. Zürich et Höngg exploitent conjointement une ligne de tramways à traction électrique de 3 kilomètres de longueur et dont la direction appartient à un conseil d'administration composé par moitié de conseillers des deux cités (1).

L'une des associations les plus curieuses est la « Compagnie intercommunale des eaux de l'agglomération bruxelloise », société coopérative fondée suivant acte authentique le 11 décembre 1891 par des communes avoisinant Bruxelles et qui sont les actionnaires : Schaerbeek, Saint-Gilles, Ixelles, Koekelberg, etc. En 1908, il y avait 10 communes associées. Le capital souscrit et versé est de 720.000 francs, et divisé

---

(1) André Bussy, p. 297.
(2) Ernest Brees, p. 77 et s. Le conseil d'administration fait imprimer et publier des rapports annuels qui m'ont été communiqués.

en 143 parts. La Compagnie intercommunale distribue l'eau en gros aux communes associées et en vend même à d'autres communes.

En Allemagne, plusieurs réseaux de tramways appartiennent collectivement à plusieurs communes et sont exploités par elles (1).

En Angleterre, les unions intercommunales, *joint boards*, sont également légales et fréquentes ; les villes s'associent pour les distributions de gaz, d'eau, et parfois pour les tramways. Le *Dervey valley water sheme* approvisionne d'eau les grandes cités de Derby, Leicester, Nottingham et Sheffield. Onze villages du district d'Evesham se sont groupés pour établir sur leur territoire une distribution d'eau. Blackpool exploite l'eau en commun avec trois localités voisines. Bien d'autres exemples pourraient être cités (2).

En France même, les villes de Roubaix et Tourcoing sont associées pour l'exploitation en régie du service des eaux. Un décret du 4 juin 1907 a constitué en syndicat les communes de Darbres, Lussas, Lavilledieu et Saint-Germain (Ardèche), dont j'ai déjà

---

(1) André Bussy, pp. 233-235. Ainsi les tramways municipaux de Recklinghausen, Herten et Wanne appartiennent conjointement aux trois communes desservies ; de même les tramways de Recklinghausen, Herne, Bankau ; la première de ces communes est donc associée dans deux entreprises municipales différentes. On peut citer encore l'union des communes pour les tramways électriques de Niedersedlitz, Lockwitz, Kreischa ; les tramways de la Marche desservant Witten, Bommern, Annen, Langendreer, Werne, Lütgendortmund et Laer, appartenant aussi aux localités desservies.

(2) Ernest Brees, pp. 294, 426, 483, etc.

parlé, « à l'effet de mettre à exécution un projet collectif d'adduction d'eau potable et de veiller à la conservation, à l'entretien et au fonctionnement de la captation et de la canalisation générale d'adduction ». Le syndicat, formé à perpétuité avec siège à Lavilledieu, fonctionne de la façon la plus satisfaisante (1).

Les *joint boards*, les syndicats de communes, les associations ou fédérations, etc., peuvent rendre ainsi les plus grands services. Ils présentent tous les avantages de la concentration : économie dans les frais de premier établissement et dans les frais d'exploitation, réduction du personnel, unité de comptabilité, de surveillance, etc. Ils suppriment aussi les difficultés entre communes, ils facilitent l'harmonie des services, le raccordement des exploitations ; en un mot ils sont à encourager. Il est regrettable qu'en France l'intervention des syndicats de communes ne se produise pas plus souvent. Ce ne sont pas seulement quatre ou cinq communes qui pourraient s'étendre pour l'établissement d'un tramway ; quarante ou cinquante pourraient s'associer pour le service de l'éclairage ou de la force hydraulique. Le syndicat des communes de la banlieue de Paris, qui a choisi un concessionnaire pour le service du gaz, a obtenu des avantages auxquels les communes isolées n'avaient jamais pu arriver. En franchissant un degré de plus et en allant jusqu'à la régie, directe ou intéressée, les syndicats tireraient

---

(1) Louis Fayolle, *Les syndicats de communes dans leurs applications pratiques*, Paris, 1908, A. Rousseau. L'auteur donne des renseignements d'après une enquête personnelle.

Les Régies municipales.   3.

encore un meilleur parti de la situation. Cette organisation intercommunale aurait plus d'autonomie encore que l'organisation dépendant d'une seule commune, et aussi plus de stabilité ; il ne suffirait pas de la volonté d'une seule municipalité pour la bouleverser. Le syndicat apparaît ainsi comme un organisme particulièrement apte à la gestion directe des grands services publics.

Une combinaison différente est encore possible. Des villes peuvent devenir entrepreneurs, concessaires et fournisseurs d'autres communes. Ainsi des villes anglaises distribuent l'eau, le gaz ou l'électricité à des municipalités voisines et en-dehors de leurs limites administratives. Liverpool fournit l'eau et Southport le gaz aux populations avoisinantes, Manchester vend l'eau et le gaz aux districts voisins ; la ville s'est même, fait curieux, rendue concessionnaire de tramways sur le territoire de 11 *boroughs* ou *districts* environnants qui ne se sont pas encore résolus à l'exploitation directe. C'est l'exemple le plus typique d'une ville exploitant des services publics au-delà de ses propres limites (1).

Sans pouvoir lui être comparée, la ville de Genève procure de l'eau à 26 communes voisines et la force motrice à 6 communes dont elle n'est pas l'associée, mais le fournisseur.

En Belgique, la Compagnie intercommunale bruxelloise des eaux a combiné les deux procédés : elle est constituée par 10 communes associées et elle vend de l'eau à d'autres. De son côté, la ville de Bruxelles est

---

(1) R. Boverat, p. 99 et 147.

concessionnaire, pour le service des eaux, de plusieurs communes suburbaines. La ville de Gand fournit l'éclairage public et privé aux communes limitrophes de Ledeberg et de Mont-Saint-Amand (1).

Beaucoup de personnes ignorent qu'on rencontre en France des exemples analogues. La ville de Saint-Chamond (Loire), qui a commencé l'exploitation du service des eaux en 1867, fournit de l'eau *depuis quarante ans* à 7 communes voisines. L'opération a été tellement brillante que la ville construit actuellement un second barrage pour étendre le cercle de ses abonnés forains (2).

Enfin des villes étrangères prennent part à des entreprises commerciales ou industrielles en souscrivant des actions. C'est une forme d'encouragement et une manière d'allouer une subvention. Ainsi, en Belgique, la Société anonyme du canal de Bruxelles à la mer compte comme souscripteurs, non-seulement l'État belge et la province de Brabant, mais la ville de Bruxelles et dix autres communes. En Allemagne, la ville de Remscheid possède la majorité des actions de la société des tramways; les tramways électriques de Berlin sont gérés par une société par actions dont les actions sont entre les mains de la ville. J'ai parlé

(1) Ernest Brees, p. 80.
(2) Noms des communes desservies, autres que Saint-Chamond : Izieux, Saint-Martin-en-Coailleux (partie), Saint-Julien-en-Jarez (partie), L'Horme, Saint-Paul-en-Jarez (partie), Grand-Croix (partie), Lorette (partie). — Tous ces renseignements m'ont été fort obligeamment communiqués par M. M. Perrin, architecte-voyer, directeur du service de eaux de Saint-Chamond.

déjà des souscriptions de villes allemandes et de la ville de Gand pour la construction d'habitations à bon marché. La souscription d'actions est également le procédé employé par des cantons suisses, comme le canton de Berne. On doit mettre en effet sur la même ligne l'action des villes, des départements, des provinces, des cantons et même des colonies : il s'agit toujours de l'action des collectivités publiques.

En Angleterre, Manchester a prêté 5.000.000 £, c'est-à-dire la somme énorme de 125.000.000 francs, à la Compagnie du canal maritime de Manchester ; Hull a souscrit 100.000 £ pour un chemin de fer ; Londres a également contribué aux dépenses de construction d'un autre chemin de fer (1).

En France, la loi du 12 avril 1906 permet expressément aux communes les prêts et souscriptions d'obligations ou actions de sociétés pour la construction des habitations à bon marché.

L'activité communale trouve ainsi de nombreux et d'efficaces moyens de se manifester, en-dehors de l'exploitation directe d'une entreprise en régie.

§ 6. — La municipalisation est-elle en décadence ? Les élections de Londres de 1907

Les adversaires de la municipalisation ont prétendu que le « socialisme municipal » subit une crise. Ils ont allégué des faits, et c'est en Angleterre qu'ils les ont cherchés : ils se sont emparés de certains inci-

---

(1) R. Boverat, p. 375-377.

dents qui se sont produits à Londres pendant les dernières années et dont il convient de préciser la portée.

Le développement rapide de la municipalisation en Angleterre a naturellement atteint un grand nombre d'intérêts. Quand il fut question du rachat des eaux à Londres, une énergique campagne fut menée contre les régies, dans le but d'empêcher le rachat. Elle était inspirée par les banquiers et les capitalistes qui voient disparaître peu à peu des sources de bénéfices et de dividendes. Trois puissantes associations surtout dirigèrent le mouvement anti-municipaliste : la Chambre de Commerce de Londres, la *Society of arts* et l'*Industrial freedom league*. L'agitation fut telle qu'une enquête parlementaire fut décidée. L'enquête fut dirigée en 1900 par une commission mixte composée de cinq membres de la Chambres des communes et de cinq membres de la Chambre des Lords. Elle porta sur le *municipal trading* en général.

La campagne anti-municipaliste échoua complètement, puisque le Parlement, par le *Metropolis water act* de 1902, autorisa le rachat des eaux à Londres par le *Metropolitan water board*.

Elle fut reprise en 1902 par le *Times*, avec un caractère nettement tendancieux, et aboutit à une nouvelle enquête parlementaire en 1903. Celle-ci, dirigée également par une Commission mixte, fut consacrée spécialement à l'examen des comptes des « corporations », et démontra pleinement l'excellente gestion et les magnifiques résultats des régies (1).

(1) Ernest BREES, p. xvii et s. L'auteur présente, p. 421 et s., une analyse concise et impartiale des deux enquêtes anglaises.

Le nouvel assaut contre les entreprises communales était encore, sinon provoqué, du moins soutenu par les groupes financiers. Les adversaires loyaux du municipalisme le reconnaissent eux-mêmes : nier cette participation des financiers, dit M. André Bussy, serait nier l'évidence (1). Il y a, dans l'exploitation des tramways, du gaz, de l'électricité, des abattoirs, etc., de beaux profits à recueillir, et bien tentants ; les villes étendent la main pour les saisir : il est naturel, et j'ajoute : il est légitime, que les administrateurs de sociétés et les actionnaires résistent et s'efforcent de conserver ce qui leur a appartenu jusqu'à présent. Aussi est-il extrêmement curieux de constater la présence, au milieu des adversaires de la municipalisation, d'un nombre élevé de directeurs, administrateurs, présidents, vice-présidents de sociétés ou compagnies privées. Les procès-verbaux des enquêtes parlementaires anglaises de 1900 et 1903 sont édifiants à cet égard : tous les témoins ayant des intérêts dans les entreprises privées ont fait des dépositions nettement défavorables à la municipalisation. L'un deux, qui est l'un des chefs du mouvement anti-municipaliste, Lord Avebury, autrefois Sir John Lubbok, était en 1900 : président de l'Association des banquiers anglais, président de l'Association des sociétés de construction, vice-président de la Chambre de commerce de Londres, président de l'Association des Chambres de

---

Cette partie de son livre est au moins aussi précieuse que les renseignements qu'il fournit lui-même sur les entreprises belges.

(1) André Bussy, p. 202.

commerce, c'est-à-dire l'un des représentants les plus considérables d'une foule d'intérêts privés. Un autre, Sir Andrew Noble, président de la Compagnie Armstrong Whiteworth d'Elswick, déclarait ouvertement que « il n'est pas préférable que les bénéfices résultant des services publics aillent aux contribuables, plutôt qu'à des actionnaires, même étrangers à la ville ». Après cette déclaration il n'y a plus à douter : c'est l'aveu formel de l'opposition des intérêts (1). Les

(1) Les témoins qui se sont prononcés catégoriquement contre la municipalisation des services publics ont été notamment :

Sir Benjamin C. Browne, président de la Compagnie R. and W. Hawthorn, Leslie, ingénieurs et armateurs (Ernest Brees, p. 436) ;

M. William Martin Murphy, directeur de Compagnies de chemins de fer, de tramways et d'électricité, président de la Compagnie des Tramways de Dublin, actionnaire de la *London southern tramways Company,* dont il possède pour 40.000 £ d'actions, environ 1 million de francs (pp. 437 et 440) ;

Lord Avebury (p. 441) ;

M. Robert Henry Smith, secrétaire général de la Fédération des Associations de quincailliers, venu pour protester contre la concurrence « très préjudiciable » résultant du commerce municipal de fourneaux, foyers, appareils à gaz et d'électricité. Sur question posée, il reconnaît que « si les quincailliers sont mécontents de cette situation, les consommateurs sont satisfaits, en général, d'être servis à bon compte par les entreprises municipales » (p. 463) ;

M. Georges Livesey, président de l'Association protectrice des Compagnies gazières et de la *South metropolitan gas Company* (p. 469).

M. William Shepherd, entrepreneur, ancien président de l'Association des entrepreneurs de Londres (p. 477) ;

M. Gerald Briggs, directeur de plusieurs Compagnies pour la fabrication de dalles et pavés (p. 494) ;

concessionnaires de services publics ou ceux qui aspirent à le devenir se défendent ; ils s'efforcent de faire leurs affaires et il serait naïf de le leur reprocher. Mais de là à conclure à l'abandon du municipalisme il y a loin, et la légende de l'insuccès des régies anglaises doit être écartée : leur nombre n'a cessé de s'accroître depuis 1900.

Les élections du 2 mars 1907 au Conseil de comté de Londres ont été le grand argument mis en avant par les adversaires de la municipalisation, qui les ont présentées comme un échec pour le système. On peut se rendre compte pourtant qu'elles ne peuvent avoir une telle signification. Elle ne sont qu'un incident de plus dans la lutte entre les partisans de l'industrialisme communal et les défenseurs des compagnies privées et de leurs actionnaires.

Les élections de 1907 se sont faites sur la question de l'électricité. Le Conseil de comté de Londres, qui n'a pas encore dans ses attributions l'éclairage public,

---

Sir Andew Noble (p. 502) ;

Les secrétaires des Chambre de commerce, les ingénieurs attachés aux Compagnies, qui se sont révélés également anti-municipalistes irréductibles.

En Italie, M. Alberto Geisser, qui a publié contre la municipalisation une longue étude, très consciencieuse d'ailleurs, est administrateur de la Société des mines de Monteponi (*La Riforma sociale*, janvier 1909).

Dans l'enquête américaine de la *National civic federation*, les commissaires opposés à la *municipal ownership* furent Mr. Walton Clark, vice-président de la *United gas improvement Company* de Philadelphie, et Mr. Charles L. Edgar, président de la *Edison electric illuminating Company* de Boston (Rapport de la *National civic federation*, t. I, p. 22).

avait fait présenter au Parlement un projet de loi lui conférant les droits nécessaires pour organiser lui-même la distribution d'électricité : il demandait la fourniture en gros de l'électricité sur tout le territoire du comté de Londres, pour arriver aux avantages de la concentration et éviter les gaspillages et les frais d'exploitations morcelées. Le renouvellement du Conseil en 1907 amena une majorité hostile au projet.

Les économistes individualistes crurent triompher. Au lendemain même des élections, M. Paul Leroy-Beaulieu écrivit dans l'*Economiste français* un brillant article célébrant « un grave échec du socialisme en Angleterre » et indiquant « les conclusions à en tirer pour la France » (1). Mais il ne disait rien de circonstances pourtant indispensables à connaître. Le projet consistait d'abord à transporter en grande partie la municipalisation des autorités locales des différentes parties de Londres à l'autorité municipale centrale, le Conseil de comté, et ensuite à absorber les quelques compagnies privées qui existaient. L'exécution en aurait été particulièrement coûteuse, puisqu'il établissait un régime complètement nouveau et supprimait des situations acquises, situations non seulement privées, mais municipales. Le projet soulevait donc une question de nuance dans la municipalisation : il s'agissait de déposséder des entreprises déjà municipales. De là le devis très élevé, se montant à plus de 112.500.000 francs (2). De là aussi une vio-

(1) L'*Economiste français*, 9 mars 1907, p. 329.
(2) James Parker, p. 53. — Gaston Cadoux, L'électricité à Londres, dans la *Revue économique internationale*, 1907, 2, 603.

lente opposition à la fois de la part des compagnies, et de la part de ceux des conseils de bourgs exploitant de petites usines sur leur territoire. M. Paul Leroy-Beaulieu, s'est bien gardé d'expliquer le sens des élections londoniennes ni d'exposer les événements.

On observera donc que les services déjà municipalisés à Londres subsistent intégralement, que l'électricité est municipalisée, comme je l'ai dit, par les autorités locales des quartiers ou « bourgs » de la grande ville ; que le Conseil de comté, même renouvelé, continue à exploiter tout un réseau de tramways, appelé, dit M. André Bussy, à un brillant avenir (1). A cette question posée nettement : « Qu'y a-t-il de changé à Londres aujourd'hui ? », les adversaires de la municipalisation seraient bien embarrassés de répondre.

La majorité du nouveau Conseil a rendu elle-même justice aux exploitations municipales si décriées pendant la période électorale. Elle a fait faire une expertise sur la comptabilité pratiquée par l'ancien Conseil à l'endroit de l'exploitation des tramways. La conclusion de l'expertise est que « les comptes ont été parfaitement tenus et très clairement présentés ». L'expertise discute seulement l'emploi de certains procédés très délicats et sur lesquels on n'est pas d'accord en comptabilité en général, ainsi sur la manière

---

— Le chiffre de 112.500.000 francs (4.500.000 £) est donné par M. James Parker, tandis que M. Arthur Raffalovich prétend, sans donner de justifications, que le projet du Conseil de comté pour l'électricité devait coûter 500.000.000 francs ; *Journal des Economistes*, 1907, 3, 395.

(1) André Bussy, p. 202.

d'estimer la valeur de certains immeubles, de faire figurer certaines sommes au compte-capital, etc. (1). Un rapport du président du comité des finances, déposé à la séance du Conseil du 7 mai 1907, constate aussi que le revenu des logements municipaux laisse un bénéfice moyen, et que les tramways électriques en donnent un considérable (plus de 1.000.000 francs étaient prévus pour 1907-1908). Les entreprises en déficit étaient les tramways à traction par chevaux, destinés à disparaître à bref délai, et le service des bateaux sur la Tamise, moyen de communication de plus en plus délaissé partout par le public (2). Comme leurs prédécesseurs, les membres du nouveau Conseil de comté conserveront les exploitations municipales ; ils en ont manifesté l'intention formelle. Rien n'est modifié à Londres à ce point de vue.

Il est évident d'ailleurs que la progression de la municipalisation en général se ralentira fatalement, même en Angleterre, quand la plupart des services publics auront été acquis dans la plupart des communes, mais on n'en est pas là, et un arrêt ou un ralentissement dans l'extension des régies ne constituerait nullement un échec. En attendant, on doit rester bien persuadé que le *municipal trading* continue de dominer en Angleterre. Les représentants des municipalités anglaises, réunies à Leeds en 1907, se sont prononcés à une grande majorité pour le développement des régies. Bien mieux, M. John Burns, le ministre ouvrier, a présenté au Parlement, dans les pre-

---

(1) L'*Économiste français*, 28 mars 1908, p. 450.
(2) Gaston Cadoux, p. 229.

miers mois de l'année 1908, un projet de loi sur les habitations ouvrières, projet qui, de l'aveu du *Monde économique* français, « dépasse de beaucoup tous les projets antérieurs ». Les autorités locales pourront acquérir des immeubles, démolir et reconstruire les propriétés en mauvais état ; elles pourront édifier des quartiers, faire des emprunts pour la construction d'habitations ouvrières, tout cela sans besoin d'autorisation du Parlement. Et le projet de M. Burns, ajoute le *Monde économique*, sera probablement accepté par le Parlement (1). Enfin le nouveau régime de l'électricité à Londres ne fait que retarder la municipalisation. Le projet primitif du Conseil de comté a été rejeté par le Parlement. Une loi récente prévoit l'union des compagnies pour arriver à une production à meilleur marché, et stipule que les conseils de bourgs auront la même facilité de s'associer. La partie de la loi de beaucoup la plus importante est la disposition autorisant le Conseil de comté à prendre en mains l'entière propriété des compagnies d'électricité en 1931. Ce retard a pour effet de rendre l'électricité plus chère à Londres qu'en aucune autre grande ville au monde (2).

On ne découvre donc aucune crise du municipalisme ; l'Angleterre marche de plus en plus dans ce sens. Les enquêtes de 1900 et 1903 ont été des tentatives de réaction contre les régies et l'autonomie des municipalités britanniques : les tentatives ont échoué et les enquêtes ont au contraire tourné en faveur de la

---

(1) G. Couillault. Lettre d'Angleterre, dans le *Monde économique*, 4 avril 1908, p. 425.
(2) James Parker, p. 55.

municipalisation. Le Parlement n'a pas cessé d'encourager les corporations dans cette voie, ce qui a toujours été sa politique constante. Le résultat des élections de 1907 à Londres est dû à des causes locales et temporaires ; il n'est nullement l'indice d'un mouvement général de protestation contre l'action industrielle et commerciale des autorités locales.

Ailleurs l'évolution se produit d'une façon tout aussi active. Partout des vœux sont émis en faveur de la municipalisation, des projets sont préparés. Je ne les ai pas indiqués pour ne pas surcharger cet exposé, mais ils sont innombrables ; il suffit de parcourir les publications récentes pour s'en convaincre. Je citerai seulement le vœu émis par le Conseil municipal de Lyon et demandant « que le Parlement, suivant en cela l'exemple donné par d'autres pays, vote le plus rapidement possible une loi sur la municipalisation des services publics, afin de procurer aux communes les ressources nécessaires pour mener à bien les œuvres sociales : création de logements ouvriers hygiéniques, de l'enseignement professionnel, etc. (1) ». Si l'opi-

---

(1) Séance du 28 décembre 1908 ; *Bulletin municipal officiel* de la ville de Lyon, 1908, Annexes, p. 349 et s. — A la séance du 5 octobre 1908 (*Bulletin municipal officiel*, 1908, Annexes, p. 148 et s.), le conseil municipal a adopté un avant-projet de construction par la ville d'habitations à bon marché, et, à la séance du 28 décembre 1909 (*Bulletin municipal officiel*, 1909, Annexes, p. 181), un avant-projet de lavoir municipal. — La ville d'Elbeuf a décidé en 1909 la construction d'une usine à gaz et la mise en régie directe du service. — En Suisse, le conseil municipal de Neuchâtel a décidé, le 5 mai 1909, de ne pas renouveler la concession du gaz, arrivant à échéance le

nion publique était hostile à la municipalisation, comme on le prétend, les élections le montreraient et le personnel des conseils locaux serait changé. Il n'en est rien, et l'exemple de Londres en 1907 est la grande ressource des anti-municipalistes. En Angleterre, les corporations créant ou exploitant des services publics sont réélus. Bien mieux, M. Robert Henry Smith, le représentant des quincailliers se plaignant de la concurrence municipale, a déclaré dans l'enquête de 1900 « que des tentatives ont été faites pour élire des candidats soutenant les réclamations des quincailliers, mais qu'elles n'ont pas abouti (1). » On a constaté qu'à Vienne et en Australie, les partis conservateurs, après avoir combattu d'une façon opiniâtre les essais de municipalisme, ont atténué peu à peu leur opposition et l'ont même en grande partie abandonnée devant l'évidence des résultats acquis. A chaque nouveau succès l'opinion publique devient plus favorable.

C'est aux États-Unis que la municipalisation a rencontré jusqu'à présent le plus de résistances, mais pour un motif très spécial, la corruption cynique qui règne dans la gestion des affaires communales. Tout le monde sait que le gouvernement local est déplorable dans cette grande nation : le « système des dépouilles » y est la règle, ainsi que le pillage des

---

31 décembre 1909, et de prendre l'exploitation à son compte ; *Annales de la régie directe*, 1908, p. 175.

(1) Ernest BREES, p. 463. A un autre témoin accusant les municipalités de gérer les municipalités « selon leur bon plaisir », le président de la Commission d'enquête fit observer que les électeurs ont le pouvoir de ne pas réélire les conseillers municipaux et que cependant il les réélisent (p. 471).

finances de la cité. Les partis politiques triomphent dans l'administration locale comme ailleurs, et il est indéniable que le gouvernement municipal est, suivant le mot de M. Bryce, la *conspicuous failure* des États-Unis. Les Américains eux-mêmes avouent que la tendance normale des institutions municipales est la corruption. Le sujet est tellement connu qu'il est inutile d'insister ; tout a été dit. Une démonstration nouvelle de cet état social et politique a été faite encore dans l'enquête de la *National civic federation* : les Américains clairvoyants qui la dirigeaient n'ont pas hésité à dévoiler le mal ; ils l'ont même révélé plus grand encore qu'on ne le supposait (1).

Aussi, dans ce pays qui a un gouvernement d'opinion, l'opinion publique s'est d'abord énergiquement opposée à ce qu'une nouvelle cause de corruption vienne s'ajouter aux autres ; la régie de l'eau a été longtemps la seule qui ait été largement pratiquée, souvent sans profits et à un point de vue social ; les

(1) Les références pourraient être ici extrêmement abondantes, même bornées à la littérature américaine, car ce sont les Américains qui nous renseignent sur leur propre pays. Toute la collection des *Annals of the american Academy of political and social science* de Philadelphie est à parcourir : ce périodique a publié des études et des documents très intéressants sur la municipalisation. On consultera notamment : GODKIN, *Problems of municipal government*, mai 1894. — Henry JONES FORD, *Principles of municipal organization*, mars 1904. — Il faut lire aussi l'enquête de la *National civic federation*, en particulier 2e partie, t. I, p. 558 et s. — Une curieuse comparaison entre l'Angleterre et les Etats-Unis pour la pureté des mœurs politiques est faite par L. LOWEL, *The government of England*, 1908, II, p. 506 et suiv.

distributions d'eau sont fréquemment gratuites (1). Mais ceci est déjà de l'histoire : aujourd'hui une agitation très significative fait prévoir un essor nouveau de la municipalisation, par réaction contre les abus des *trusts* qui ont monopolisé les services publics (2).

Les Américains arrivent à se demander si, au lieu d'ajourner l'organisation des régies par crainte de la corruption et de la politique, il ne vaudrait pas mieux l'inaugurer précisément comme remède. « Des hommes autorisés nous ont dit, écrivait l'un des commissaires de la commission d'enquête, que l'Angleterre avait passé par le régime qui sévit aujourd'hui chez nous, et que la suppression du vieux régime de corruption dans les cités britanniques était dû en grande partie au développement de la *municipal ownership* ; que la propriété municipale avait développé un sentiment public et un type de moralité qui ne tolèrent plus les abus, et que le moyen pour l'Amérique d'assurer l'honneur et le dévouement civils qui règnent dans les

---

(1) Nombre des entreprises municipales aux États-Unis en 1899 d'après le *14th annual report of the commissioner of labor*, précité :

	ENTREPRISES	
	Privées	Municipales
Eau	1.539	1.787
Gaz	951	14
Lumière électrique . .	1.574	460

(2) *Journal des économistes*, février 1907. — Enquête de la *National civic federation*, *passim*, notamment t. I, p. 114 : « A period of corrupt and inefficient administration now afflicts many of our large american cities, » dit le professeur Frank Parsons.

administrations publiques et privées en Angleterre est de développer la propriété publique des services publics (1) ».

C'est du moins le conseil que donnait à la commission d'enquête M. John Burns, le fameux leader progressiste. « Vous pouvez vous demander, disait-il, si vous pouvez faire en Amérique ce qui a été fait en Angleterre. Laissez-moi vous dire que si vous voulez développer l'esprit public, que, selon moi, vous possédez plus que vos détracteurs ne voudraient nous le faire croire, vous ne pouvez mieux faire que de former une nouvelle école d'hommes d'État par les entreprises municipales. Dans le laboratoire de la propriété publique, du creuset social émergera une nouvelle génération d'hommes d'État qui peut résoudre de la meilleure manière vos problèmes de gouvernement (2) ».

La municipalisation n'est donc nullement abandonnée en Amérique ; la question n'est pas résolue.

On constate aussi qu'en Australie la *municipal ownership* est peut-être moins développée qu'ailleurs, mais pour un motif inattendu : c'est que beaucoup d'exploitations, qui d'ordinaire rentrent dans le domaine de l'action communale, sont, en Australie, administrées déjà par l'État. L'État a construit lui-même et gère les tramways des villes, parfois même les distributions d'eau (3). Là le « socialisme muni-

---

(1) Professeur Frank PARSONS, *Introduction générale à la municipalisation* ; Enquête américaine, t. I, p. 117.

(2) Cité par le professeur Frank PARSONS. Voir note précédente.

(3) James HUTCHINSON, membre du Parlement australien, Les Régies municipales.

cipal » s'efface non pas devant l'industrie privée, mais devant le « socialisme d'État ».

Dans d'autres pays, les lois positives constituent un obstacle. En Belgique, la loi défend aux communes de s'associer pour exploiter un réseau de tramways. Une commune peut en avoir un sur son propre territoire, mais elle ne peut pas l'étendre sur le territoire d'une commune voisine. Il faudrait une loi spéciale pour la formation d'une union intercommunale. Les lignes présentant une utilité toute particulière quand elles parcourent plusieurs circonscriptions administratives, le développement de la municipalisation se trouve arrêté. En France, l'interprétation restrictive de la loi par le Conseil d'État est également une cause de retard.

Ainsi la prétendue crise n'existe pas. Partout au contraire la municipalisation, quand elle ne se heurte pas à des obstacles spéciaux et nettement caractérisés, progresse et gagne du terrain ; partout on assiste à l'affirmation d'un phénomène indiscutable et qui s'impose. On est loin des essais décrits en 1891, d'une façon incomplète d'ailleurs, par M. Paul Leroy-Beaulieu (1) ; les circonstances sont complètement différentes de celles qu'il exposait et les choses ont changé du tout au tout. L'industrialisme municipal présente un caractère aussi intéressant qu'incontestable d'universalité. Ce serait une grosse erreur de croire qu'il

Socialisme d'État en Australie, dans les *Documents du Progrès*, 1909, p. 496.

(1) P. Leroy-Beaulieu, *L'Etat moderne et ses fonctions*, 2ᵉ éd., 891, p. 233-234.

est spécial à la France : notre pays est au contraire un des moins avancés sur ce point. Nos jurisconsultes du Conseil d'État et même beaucoup de nos économistes se doutent peu ou ne veulent pas se douter du retard énorme de la France dans l'organisation générale des entreprises collectives que les progrès des transports et de l'électricité font surgir chaque jour. Jusqu'à ces dernières années, le problème de la municipalisation était à peu près méconnu. Des hommes politiques eux-mêmes n'avaient aucune notion de la situation municipale. L'ignorance des notions les plus élémentaires était parfois déconcertante. Au Sénat, pendant l'examen du projet de régie du gaz à Paris, M. Prevet a pu dire : « L'affaire qui nous occupe n'est pas simplement une affaire d'intérêt local, qui vise exclusivement la ville de Paris ; il s'agit d'une question de principe... *C'est la première fois que dans notre pays on installe l'exploitation industrielle administrative* (1) ». Et personne n'a protesté ! Personne n'a répondu en rappelant les régies du gaz existant déjà en France, celle de Grenoble, organisée en 1866 sous le second Empire, les innombrables régies des eaux, celle de Grenoble fonctionnant depuis 1853, celle de Châteauroux, antérieure à 1867 ; celle de Saint-Chamond, créée en 1867 et vendant de l'eau aux communes voisines ; la régie des tramways de Tunis ; la loi du 30 juillet 1880 autorisant un emprunt pour la régie du gaz de Tourcoing, votée par le Sénat lui-même et sanctionnant un projet absolument identique

---

(1) Discours PREVET au Sénat, séance du 23 février 1905 ; *Journ. off.* du 24 ; Débats parlem., p. 286.

au projet proposé pour Paris, enfin et surtout l'abondante jurisprudence du Conseil d'État sur les différentes régies municipales! La France est en retard, ai-je dit, mais pas encore autant qu'on pourrait le croire d'après M. le sénateur Prevet. On reste confondu devant une pareille allégation : une affirmation de ce genre juge une discussion.

La vérité est que la municipalisation constitue certainement un phénomène économique et social d'ordre général : il est commun à tous les pays modernes, doués d'activité et désireux de progrès, il s'impose à l'attention de l'observateur et aux préoccupations de l'administrateur. Quelle que soit l'opinion qu'on puisse avoir sur les avantages ou les inconvénients du système, on doit se rendre à l'évidence et s'incliner devant la matérialité des choses : l'extension des services publics municipalisés est un fait universel. M. Bourguin estime qu' « il fait partie de l'évolution contemporaine comme la concentration industrielle (1) ».

Il convient alors d'aborder la recherche des causes.

(1) Maurice Bourguin, p. 301.

CHAPITRE II

Les causes de la municipalisation.

Le municipalisme a reçu de l'extension non seulement en Allemagne, en Belgique, en Italie, en Suisse, mais encore et surtout en Angleterre. Rigoureusement, on ne peut pas dire qu'il y a pris naissance, puisqu'en 1800 il y avait des régies d'eaux en Amérique, et que dans la première partie du XIXe siècle des villes allemandes ont précédé les villes anglaises sur ce terrain. Mais c'est en Angleterre qu'il a grandi ; ce sont les régies anglaises qui ont servi de modèles. « Fait singulier, et qui surprend d'abord, il est surtout développé dans le pays même d'où vient la pure doctrine libérale qui lui est si hostile, et l'une des premières villes qu'il a atteintes est Manchester, la cité-mère du laisser-faire et de l'initiative individuelle (1) ». Par un contraste curieux, la Grande-Bretagne se trouve être à la fois la terre classique des initiatives individuelles et des industries collectives.

La conséquence immédiate de cette constatation, c'est que l'explication du municipalisme ne doit pas

(1) Lucien Petit, p. 469.

être cherchée dans l'application de doctrines plus ou moins socialistes : on doit lui trouver d'autres causes.

Il a été analysé plus d'une fois et on lui a attribué bien des origines (1). Une idée intéressante est celle de rattacher le mouvement municipaliste à l'organisation des anciennes communes du moyen-âge. Celles-ci étaient des organismes puissants et très forts, tandis que la Révolution, par le développement à la fois de l'individualisme et de la centralisation, a détruit systématiquement la personnalité des communes et en a fait, comme on a dit, « des poussières d'individus. » Aujourd'hui elles s'efforcent de revenir à l'organisation communale d'autrefois, et de reprendre les fonctions dont elles ont été privées depuis la Révolution. La commune, affaiblie, brisée, tend à se reconstituer. Aussi M. André Mater appelle le socialisme municipal « le socialisme conservateur (2). » — Mais c'est là une analyse d'ordre sociologique et il faut voir les motifs pratiques immédiats de la municipalisation. Je crois pouvoir citer en première ligne les préoccupations financières et le désir des villes de se procurer des ressources nouvelles. Les difficultés persistantes dans leurs rapports avec les compagnies concessionnaires

---

(1) Voir notamment A. DES CILLEULS, *Le socialisme municipal à travers les siècles*. L'auteur résume ainsi les causes qui ont, d'après lui, amené le développement de la municipalisation :
    1º Les précédents établis sans qu'on en ait soupçonné la portée ;
    2º L'essor des besoins matériels de la vie civilisée ;
    3º L'accroissement d'influence de la classe populaire ;
    4º Les préjugés répandus en matière économique.
(2) C'est le titre même de son livre. V. l'*Index bibliographique*.

ont été un second facteur qui les ont portées à prendre les services pour elles-mêmes. Enfin les préoccupations d'ordre social ont joué un grand rôle.

Je ne parle pas de quelques circonstances dues au hasard. En 1882, la ville de Huddersfield avait construit une ligne de tramways, mais ne parvenait pas à trouver une compagnie fermière. Elle s'adressa au Parlement, qui, par le *Huddersfield corporation Act*, la mit à même d'exploiter directement ses tramways. Ce fut le signal de la municipalisation des tramways en Angleterre (1). De pareils incidents restent en-dehors de toute généralisation scientifique.

L'idée de rattacher la municipalisation au collectivisme ne peut plus être soutenue aujourd'hui : « elle a été réfutée mille fois (2) ». J'en dirai cependant un mot, car il y a des erreurs tenaces, surtout quand elles sont volontaires. Après avoir ainsi rappelé que les régies des services publics, en général, ne sont pas socialistes, je parlerai des trois espèces de causes qui les ont provoquées : les causes financières, les difficultés avec les compagnies, les causes sociales.

§ 1. — La municipalisation n'est pas une œuvre socialiste

Quand on dit que le mouvement municipalisateur n'est pas une œuvre socialiste, cela signifie deux

---

(1) Ernest Brees, p. 423. — R. Boverat, p. 207.
(2) Ernest Brees, p. 366.

choses : d'abord la cause de ce mouvement ne doit pas être cherchée dans des idées préconçues de socialisme ou de collectivisme, ensuite la municipalisation des services publics n'est pas une première application pratique du socialisme, ni le premier degré d'une future organisation collectiviste.

Sans doute les collectivistes théoriciens ou militants se sont emparés de l'idée de « socialisme municipal » et poussent à l'exploitation directe des services publics par les villes. Ils regardent le « collectivisme municipal » comme un diminutif du collectivisme général d'État et comme un moyen d'y arriver. Ils voient dans les régies collectives « l'amorce de la socialisation de tous les moyens de production et de la consommation ». Pour eux le mot « socialisme municipal » n'est pas un vain mot et ils le conservent soigneusement. Comme le dit le programme municipal voté au Congrès socialiste de Paris en 1900, « par socialisme municipal on ne peut entendre un socialisme spécial, mais seulement l'application des principes généraux du socialisme à un domaine spécial de l'activité politique ». Une commune est un champ d'expérience pour l'essai des conceptions collectivistes. Elle est encore « un excellent laboratoire de vie économique décentralisée ». Pour Bernstein, « elle devient un levier de plus en plus puissant de l'émancipation sociale ». Sous les métaphores, on aperçoit très bien l'idée directrice. Pour Anton Menger, il faut « réaliser le socialisme dans le cadre municipal avant de le réaliser dans le cadre national... L'État populaire du travail doit au début se contenter de transformer la commune, de manière à en former le substrat normal de la propriété et de l'activité économique (1) ». Lors de la discussion de l'interpellation du 20 novembre 1894, à la Chambre des députés, sur l'interdiction d'une pharmacie municipale à Roubaix, M. Jules Guesde manifesta, lui aussi, l'espoir que les municipalités pourraient passer aux mains du parti ouvrier, pour faire la municipalisation, et qu'il y aurait là une merveilleuse propagande par le fait et « une étape dans la voie de la socialisation des moyens de production ».

Sans doute encore certaines municipalités ont considéré plus spécialement les côtés sociaux de leurs entreprises et ont voulu assurer à des classes données d'habitants des avantages particuliers d'hygiène, de salubrité, de bon marché. D'autres ont même pris en main l'intérêt social de la communauté tout entière. Glasgow ne fait pas de la régie du gaz ou des constructions ouvrières une affaire d'argent. La ville de

---

(1) BERNSTEIN, *Socialisme théorique et social-démocratie pratique*, chap. IV. — André MATER, p. 536. — Anton MENGER, *L'Etat socialiste*, trad. franç., liv. III, chap. VI. — Dans le même sens : Georges RENARD et autres, *Le socialisme à l'œuvre*, Paris, 1907. — MARPAUX, L'œuvre des municipalités socialistes, dans le *Mouvement socialiste*, avril-mai 1900, etc., ainsi que de nombreux articles dans la *Revue socialiste* des quinze dernières années. — Adrien VÉBER, *Les Impôts* (Bibliothèque socialiste, 1905), regrette que les Etats modernes tirent la partie la plus considérable de leurs ressources des impôts, « d'une prélibation opérée sur la richesse visible ». Le développement des monopoles exclusivement publics est pour lui une des bases sérieuses « qui paraissent devoir constituer un budget républicain, pouvant amener par étapes successives de véritables réformes démocratiques et sociales ».

Bâle veut exploiter industriellement le gaz et l'électricité, mais dès le début elle a posé en principe que les eaux et les tramways n'étaient pas destinés à lui procurer des profits et devaient être exploités au prix de revient (1). On peut même citer des cas très caractérisés de pratique socialiste. En Italie, la ville de Catane avait créé une boulangerie municipale qui était vraiment une boulangerie collectiviste et qui n'a du reste pas réussi. Si elle a échoué complètement, c'est qu'elle était organisée dans un esprit socialiste et politique, comme instrument de lutte d'une classe contre une autre et d'un parti politique contre un adversaire. Aux États-Unis, nombre de municipalités sont socialistes et distribuent l'eau gratuitement ; dirigées par des politiciens de profession, c'est dans un esprit socialiste qu'elles font toutes les affaires communales.

Mais ce n'est pas là l'explication générale de la municipalisation. On comprend fort bien que le parti collectiviste cherche à s'emparer d'un mouvement qu'il n'a pas créé ; c'est d'une habile politique et rien de plus. Quant aux municipalités dont l'attitude est plus ou moins socialiste, elles constituent des cas particuliers. En se plaçant à un point de vue général, on pourrait établir d'une façon très solide l'indépendance complète de la notion de municipalisation par rapport aux conceptions et aux espérances collectivistes, et montrer qu'il n'existe pas de relation nécessaire de l'une aux autres. Ce serait là une œuvre bien abstraite, philosophique et métaphysique, relative au côté

---

(1) Maurice de Coppet, p. 28.

théorique et spéculatif du sujet ; je ne l'entreprendrai pas. Je préfère exposer simplement les faits.

Ils sont particulièrement éloquents. Tout d'abord les régies municipales ont précédé chronologiquement l'expansion de la propagande socialiste. Elles n'ont pas pu naître de théories ou de systèmes qui au contraire les ont suivies dans le temps. Bien mieux, *la théorie socialiste s'est montrée au début nettement hostile à la municipalisation*. Elle n'y voyait qu'un dérivatif au socialisme intégral et elle s'en méfiait comme d'une mesure d'une timidité déplorable. « La politique communale de la social-démocratie fut pendant longtemps traitée en bâtarde par le mouvement socialiste. Il n'y a pas longtemps encore que, dans un journal socialiste, l'idée d'utiliser, présentement déjà, les municipalités pour l'œuvre de réforme socialiste sans pour cela abandonner l'action parlementaire, fut rejetée dédaigneusement comme une idée *petite-bourgeoise* ». En 1883, dans une brochure datée de la prison de Sainte-Pélagie, M. Jules Guesde flétrissait les théories qui « aboutissent à de pareilles insanités », et déclarait ne « vouloir pas plus de monopole corporatif ou communal que de monopole individuel (1) ».

La conclusion à tirer de ce fait est péremptoire : toute idée de lien entre le socialisme et l'origine de la municipalisation doit être résolument écartée. Il me paraît très important d'établir ce point d'une façon irréfutable et de ne laisser en arrière, avant de

---

(1) Bernstein, *Socialisme théorique et social-démocratie pratique*, et Jules Guesde, cités par André Mater, p. 532 et 536.

poursuivre l'étude de la municipalisation, subsister aucune espèce de doute.

C'est donc après coup seulement que les socialistes ont essayé de mettre la main sur la municipalisation et de l'accaparer, mais après l'avoir combattue. Un autre fait n'est pas moins significatif. En pratique les régies ont été organisées avant l'entrée des socialistes dans les conseils communaux. Les municipalités qui les ont créées ou qui les régissent encore ne sont nullement socialistes, sauf dans quelques villes, en Amérique par exemple. Elles ont apparu partout sous l'influence de préoccupations d'ordre purement pratique, comme on le verra plus loin. Aujourd'hui les conseillers municipaux anglais sont, en immense majorité, des adversaires irréductibles du socialisme. Les deux seules corporations anglaises qui soient socialistes sont celles de West-Ham et de Berdmonsey (1). Mais les corporations de Manchester et de Glasgow, les deux villes où le municipalisme est porté au maximum, n'ont compté jusqu'à présent qu'une infime minorité socialiste. En 1890, il n'y avait à Birmingham qu'un seul conseiller socialiste ; à Manchester et à Glasgow, il y en avait deux. En 1905, la Commission d'enquête américaine de la *National civic federation* a enregistré à Birmingham 5 *aldermen* libéraux (radicaux) sur 18, pendant que 40 des 54 conseillers étaient conservateurs (*tories or unionists*). Le succès tout particulier des régies de Glasgow, dont on a cité si souvent l'exemple, est dû en grande partie à l'ab-

---

(1) Déposition de M. George LIVESEY dans l'enquête anglaise de 1900 ; Ernest BREES, p. 470-471.

sence de toute préoccupation socialiste. La plupart des *aldermen* et des conseillers municipaux qui administrent les grandes villes sont des conservateurs. Les commissaires américains ont pu noter le caractère « relativement aristocratique » des institutions de la cité britannique. L'administration est entre les mains des *well-to-do classes*, c'est-à-dire des hommes ayant à la fois une grande expérience des affaires et une fortune bien au-dessus de la moyenne (1). De cette façon la municipalisation est discutée et décidée non par esprit de parti, mais d'après les mérites qu'elle présente dans chaque circonstance. Il a été impossible de relever, dans l'action des villes anglaises, l'intervention de la puissance publique en faveur d'une classe aux dépens des autres, ni des essais de répartition des richesses par le moyen des services publics (2). Les préoccupations sociales qu'elles peuvent avoir ne sont pas des visées socialistes. De son côté M. Ernest Brees, qui a fait l'historique des principales exploitations communales de la Belgique, a fait voir que la plupart des régies belges sont également antérieures à l'apparition des majorités socialistes et qu' « il n'est pas possible de citer une seule régie dont la création

---

(1) Professeur Frank J. Goodnow, Etude d'ensemble sur *The british municipality* ; Enquête américaine, t. I, p. 52-54 : « The general supervision and management of the city business is in the hands of the well-to-do classes, so the detailed management and daily conduct of those public utilities the operation of which the city as assumed is attended to by men of large business experience and of more than average wealth (p. 53) ».
(2) Barbat du Closel, p. 127.

ait été inspirée par des tendances politiques, socialistes ou autres (1) ».

En Angleterre, c'est le parti radical-bourgeois qui a fait créer à Glasgow les institutions municipales ; c'est le *progressive-party* qui a fait entrer les tramways dans le domaine du comté de Londres. A Vienne, le programme municipaliste a été exécuté par le parti socialiste-chrétien, complètement indépendant du parti socialiste, parfois même en lutte ouverte avec lui. A New-York et à Chicago, il est soutenu par la petite bourgeoisie (2).

La seule influence des doctrines collectivistes a été indirecte : elles ont appelé l'attention de tous sur les avantages de la municipalisation. Les discussions dont « le régime bourgeois et capitaliste » a été l'objet, le bruit fait autour des « revendications socialistes », ont donné l'idée de développer une branche trop délaissée autrefois de l'action communale. En somme le programme socialiste comportait à cet égard un article qui ne lui était pas exclusivement réservé.

Ce sont les adversaires de la municipalisation, économistes ou hommes politiques, qui ont affecté de la présenter comme étant surtout une manifestation collectiviste. Quand, il y a vingt ou trente ans, certaines communes ont voulu sortir de la torpeur administrative et vivre d'une vie plus intense, lorsqu'elles sont venues troubler la quiétude des industries privées, on a déclaré que c'était là du « socialisme municipal ».

(1) Ernest Brees, p. 366.
(2) Rodolphe Broda, Le socialisme municipal à Vienne, dans les *Documents du Progrès*, 1909, p. 551.

Le Parlement français lui-même ne s'est pas toujours placé au véritable point de vue pour examiner la question. Il est obsédé par l'idée collectiviste. Telle est l'unique considération développée en 1894 à la Chambre des Députés lors de la discussion de l'interpellation Jules Guesde sur la pharmacie municipale à Roubaix. Adversaires et partisans de l'action municipale n'ont traité que du collectivisme, ce qui est un point de vue manifestement trop étroit. Le débat a complètement dévié et s'est établi une fois de plus sur le problème général du socialisme. On a parlé beaucoup du collectivisme et très peu de la pharmacie municipale, qui n'a été qu'un prétexte à discussion. D'un côté et de l'autre on a fait le procès et l'apologie d'une société collectiviste, alors que c'est une question complètement différente (1). Dans l'enquête parlementaire anglaise de 1900, le directeur d'une compagnie, M. George Livesey, opposé à la municipalisation, alléguait qu' « elle est un acheminement vers le collectivisme et par cela même est désastreuse au premier chef (2) ». Les adversaires de l'action communale parlent couramment de « la régie socialiste » (3). Pour eux, le mot est accompagné d'un qualificatif obligé : c'est l'épithète homérique. Pour moi, c'est une erreur fondamentale. Une régie n'est pas forcément socialiste. Les régies anglaises ne le sont pas. Une municipalité peut même distribuer

---

(1) Interpellation Jules Guesde, séance du 20 novembre 1894 ; *Journ. Off.* du 21 ; Débats parlem., p. 1908.
(2) Ernest BREES, p. 471.
(3) Ed. BOURDON, p. 300.

gratuitement de l'eau, du lait stérilisé, sans être socialiste. Les régies dans les villes russes, autorisées et surveillées par un gouvernement absolu et une administration soupçonneuse, ne peuvent pas non plus être qualifiées de socialistes. Qu'on regarde dans un pays libre comme l'Angleterre ou dans une autocratie comme la Russie, on n'aperçoit pas plus de collectivisme d'un côté que de l'autre.

C'est à tort qu'on insiste sur le « socialisme municipal » ou même, ce qui est une locution bizarre, « l'étatisme municipal ». Ces termes inexacts, contre lesquels on ne saurait trop protester, n'expriment pas du tout la situation vraie. Le « municipalisme » n'est pas le « socialisme municipal », ni dans les mots, ni dans le fond des choses.

Il faut rejeter d'abord les expressions employées, parce que la terminologie est devenue ici un moyen de discussion et une arme de combat. Ceux qui parlent de « socialisme » font de ce terme un procédé de lutte contre la municipalisation ; c'est un argument invoqué par ceux qui connaissent la puissance des mots, un nom destiné à faire de l'effet, à frapper l'esprit des masses. L'expression anglaise *municipal trading* est bien plus juste ; elle indique le caractère principalement commercial du phénomène étudié. L'expression « industrialisme communal ou municipal » a la même signification.

En laissant de côté les mots et en examinant la réalité on aperçoit fort bien qu'on peut être partisan des entreprises communales sans être nullement collectiviste. Dans la *Revue des Deux Mondes*, M. Paul-Dubois les définit comme étant « l'application des principes du socialisme au cadre local et au domaine spécial de l'activité des grandes villes (1) ». Ailleurs, on a parlé de la municipalisation comme d'une thèse « demi-collectiviste (2) ». Toutes ces appréciations, même atténuées, me paraissent absolument fausses : le municipalisme n'est que l'application des principes du commerce et de l'industrie, ce qui est tout-à-fait étranger au socialisme. En 1888, quand le conseil municipal de Paris discutait le régime à établir pour la distribution de l'électricité, c'est M. Maurice Binder, appartenant à la droite et notoirement hostile aux idées socialistes, qui réclamait l'exploitation de l'électricité par la ville, et c'est M. Vaillant, un socialiste pourtant, appuyé par M. Levraud, autre socialiste, qui se prononçait pour le système de la concession (3). A Roubaix, l'administration municipale a été entre les mains des socialistes de 1892 à 1900 ; cette municipalité socialiste, contenant 28 conseillers socialistes contre 8 opposants, a eu deux occasions de prendre deux importantes entreprises en régie et elle ne l'a pas fait. Sans discussion, elle a opté pour la concession des théâtres municipaux, avec une subvention de 25.000 francs et sans stipulation d'aucune part dans les recettes ou bénéfices pour la commune. Elle a même passé un contrat de concession avec une compagnie pour les tramways, d'une durée de cin-

---

(1) Paul-Dubois, p. 137.
(2) Duprat, Compte-rendu de l'ouvrage de Lord Avebury, dans la *Revue international de sociologie*, 1907, p. 147.
(3) Conseil municipal de Paris, Séances des 21, 23 et 26 mars 1888.

quante ans et avec abandon de tous les bénéfices à la compagnie. C'est la minorité qui a lutté pour essayer d'imposer des conditions plus dures au concessionnaire (1). La seule manifestation municipaliste a été le projet de pharmacie rejeté par le Conseil d'État (2).

Au lieu de « socialisme municipal », on dirait mieux « coopératisme municipal ». Une commune qui exploite certains commerces ou industries fait de la coopération ; elle ressemble à une société coopérative comprenant tous les habitants. Le coopératisme tend, lui aussi, à supprimer les intermédiaires et à suppléer au défaut d'initiative individuelle. C'est au mouvement coopératiste en même temps qu'à une réaction contre le système des concessions, bien plutôt qu'au mouvement socialiste, qu'il conviendrait de rattacher la croissance de la municipalisation (3). Dans tous les cas, il est certain que la municipalisation et le socialisme constituent deux évolutions distinctes et séparées. Celui-ci n'est pas l'origine des exploitations en régie directe ; la vérité est que la pression du facteur collectiviste ne s'est produite qu'après coup et a été beaucoup moindre qu'on ne l'a cru. Les entreprises anglaises notamment ont été avant tout des conceptions utilitaires, antérieures à la propagande socialiste et aux efforts bien connus du parti Fabien : les Fabiens, qui ont voulu faire du municipalisme leur chose, n'ont fait que s'emparer de

---

(1) Pierre MERCIER, p. 150-152.
(2) Voir plus bas, Deuxième partie, chap. II.
(3) MONTET, p. 4-5. — Pierre MERCIER, p. 3.

ce qui existait déjà ; la distance est grande entre les régies britanniques et ce qu'on a appelé le « socialisme municipal ».

Après avoir montré ce que la municipalisation n'est pas, je dois montrer ce qu'elle est. La recherche positive des causes qui l'ont fait naître et s'étendre achèvera, en faisant voir qu'elle a grandi en-dehors des influences socialistes, de dissiper toute idée de lien entre les deux conceptions.

§ 2. — Causes financières

L'idée première de l'industrialisme communal a été une préoccupation financière : les municipalités, ayant besoin d'argent, ont pensé au commerce et à l'industrie. Ce besoin d'argent vient lui-même de deux causes : la concentration de la population dans les villes et les rôles nouveaux des communes modernes.

La concentration de la population dans les grands centres urbains et son afflux des campagnes vers les villes ont nécessairement développé tous les services publics ; il a fallu plus d'administration, plus de services, plus de personnel qu'autrefois. L'augmentation de la population urbaine a multiplié les besoins collectifs, besoin d'hygiène, d'enseignement, d'assistance, de vicinalité, etc. De là, une activité croissante de la part des assemblées municipales ; de là aussi un pressant besoin d'argent (1).

---

(1) R. Boverat, p. 15. L'auteur a insisté surtout sur cet élément du mouvement municipalisateur.

D'autre part, on considère aujourd'hui que la commune moderne, quel que soit le nombre des habitants, doit avoir des fonctions plus nombreuses et plus importantes que la commune de jadis ; il est conforme aux idées actuelles que les autorités locales s'ingèrent dans une foule de services dont elles avaient été écartées ou dont elles s'étaient écartées jusqu'à présent.

L'établissement industriel, a-t-on dit, acquiert un caractère d'établissement public. Le temps n'est plus où les conseils municipaux devaient s'occuper uniquement de la sécurité et du bon ordre sur le territoire de la commune. L'attention se porte sur des besoins sociaux dont on ne se souciait pas il y a un siècle, et auxquels les communes ont maintenant le devoir et l'obligation de donner satisfaction ; pour y arriver il faut de l'argent. Les préoccupations d'ordre social existent d'abord en elles-mêmes, on verra plus loin qu'elles constituent, comme telles, un motif distinct de municipalisation. Mais elles ont aussi de l'effet comme causes de dépenses ; elles agissent par répercussion au point de vue financier. Il ne s'agit même pas pour les communes d'augmentations plus ou moins sensibles sur les articles des budgets antérieurs, et que des économies plus ou moins rigoureuses pourraient compenser. Ce sont des principes nouveaux qui apparaissent. Il s'agit de *catégories* de dépenses nouvelles et incompressibles, correspondant à la notion admise aujourd'hui sur le rôle de l'organisme communal. Les économies, même les plus minutieuses, ne peuvent faire face à des catégories entières de besoins : il faut découvrir des ressources également nouvelles.

Elles ne peuvent être cherchées du côté des impôts. Les impôts municipaux ont atteint ou vont atteindre une limite extrême. En France, la productivité des centimes additionnels, en particulier, est forcément bornée, et de plus ils viennent s'ajouter aux impôts directs, dont l'inégalité et la mauvaise répartition sont bien connues. D'une façon générale d'ailleurs, l'exagération des impôts tend à la destruction de la richesse et paralyse l'activité économique ; des impôts trop lourds feraient disparaître la matière imposable elle-même.

Il a donc fallu se tourner du côté du commerce et de l'industrie, et c'est ce qui explique que l'exploitation industrielle ou commerciale des services publics par les autorités locales ait, sinon pris naissance, du moins reçu un développement considérable et systématique en Angleterre, patrie traditionnelle de la libre concurrence et de l'initiative privée, mais aussi pays d'esprit pratique (1). Des villes anglaises, nettement anti-collectivistes, ont organisé elles-mêmes des entreprises « reproductives », au grand étonnement de certains publicistes qui ont cru voir dans ce phénomène « une anomalie étrange (2) ». En réalité, il n'y a anomalie que pour ceux qui ignorent la situation vraie ou qui ne veulent pas comprendre l'évolution qui se produit avec une persistance fatale. L'esprit utilitaire des Anglais les a conduits directement à la réforme utile ; ils ont aperçu du premier coup

---

(1) Lucien Petit, p. 469. — Louis-Jaray, 2, p. 304. — R. Boverat, p. 33-34.

(2) Paul-Dubois, p. 135.

d'œil ce qui était bon à prendre et à incorporer dans les finances locales. C'est par besoin d'argent autant que par souci des améliorations sociales, — deux choses inséparables aujourd'hui, — que M. Chamberlain proposait en 1875 la régie de l'eau et du gaz à Birmingham. Il s'agissait de transformer en cité moderne une ville malpropre, laide et insalubre, presque en totalité « sordide », et les impôts n'y aurait pas suffi : les régies sont venues suppléer à leur insuffisance.

L'expérience de Birmingham ayant réussi, — la seule régie de l'eau donna un bénéfice annuel de 32.000 £ (800.000 francs), — c'est l'espoir de pareils profits qui porta les autres villes à la renouveler. La municipalisation n'était pas inconnue auparavant ; on en trouve, on l'a vu, des exemples bien antérieurs. Mais on n'avait pas encore remarqué tout le parti qu'on pouvait en tirer ; sa puissance était restée virtuelle, et il fallut, comme presque toujours, un fait particulier et bien caractérisé, l'initiative hardie de M. Chamberlain, pour déterminer un mouvement d'ensemble. C'est pourquoi j'ai dit que les entreprises de Birmingham avait été l'origine, non pas de la municipalisation elle-même, mais du grand mouvement municipalisateur.

C'est donc ce besoin d'argent qui a tout d'abord conduit les conseils communaux aux exploitations commerciales et industrielles.

Il ne faudrait pas objecter que certaines entreprises municipales sont exploitées au prix de revient, c'est-à-dire sans aucun bénéfice pour les villes, et même que d'autres se résolvent en perte quand les fournitures faites aux consommateurs sont gratuites, ainsi les fournitures d'eau en Amérique. N'y a-t-il pas contradiction, pourrait-on dire, à parler de bénéfices pécuniaires prévus et espérés, et en même temps de fournitures gratuites ou au prix coutant ? Celles-ci ne sont-elles pas l'indice d'un mouvement nettement socialiste ? — Je réponds sans hésiter par la négative. Les tentatives socialistes de municipalisation ont été et restent l'exception. Certaines municipalités non socialistes considèrent que quelques services publics doivent être exploités gratuitement ou au prix de revient, d'après la nouvelle idée qu'on a du rôle des municipalités, et cela accroît encore leurs besoins financiers. Elles se rabattent alors sur d'autres entreprises pour trouver des ressources. J'ai cité la ville de Bâle qui, sur quatre services publics en gère deux au prix de revient et deux commercialement ; les deux premiers constituent des entreprises sociales, mais non pas socialistes. La politique sociale ne doit pas être confondue avec la politique socialiste.

Il n'y a ainsi nulle contradiction entre les deux faits signalés, et la municipalisation apparaît toujours comme déterminée avant tout par une cause financière. Les communes se heurtent aux mêmes difficultés que l'État lui-même. Ce sont les nécessités fiscales qui poussent l'État vers les monopoles de l'alcool, du pétrole, vers le rachat des chemins de fer, etc. Ce sont des nécessités identiques qui poussent les villes à se faire marchandes de gaz ou d'électricité, de briques, de fourneaux, de pavés, etc. Aujourd'hui c'est « dans les affaires » qu'on gagne de l'argent. Les villes font des affaires ; elles sont entrées dans le commerce et dans l'industrie, puisque c'est là la source de la fortune ; elles ont préféré ce moyen, pour faire face à leurs dépenses sans cesse grandissantes, à une nouvelle augmentation d'impôts déjà très lourds. Ainsi que le disait un témoin dans l'enquête anglaise de 1900, « le comité du gaz de Leicester vend tout derrière un comptoir comme un quincailler ordinaire (1) ».

Le caractère financier des régies municipales apparaît tout particulièrement quand elles agissent en-dehors de leurs limites administratives; il est beaucoup plus accusé encore que si les autorités locales travaillent exclusivement pour leur cité. Les distributions d'eau ou de gaz à des communes voisines, le prolongement d'une ligne de tramways sur le territoire d'une autre circonscription, c'est le *municipal trading* au sens propre du mot. Alors les préoccupations d'ordre social deviennent secondaires : le côté spéculateur et commercial des opérations apparaît avec une netteté frappante. C'est donc bien « au point de vue financier qu'il faut se placer pour découvrir l'origine et saisir le sens de ce courant rapide qui entraîne les villes vers une organisation nouvelle (2) ».

On a remarqué avec raison que le développement de la municipalisation n'a fait que suivre la marche ascendante des dépenses communales. Cette coïncidence a été signalée souvent et elle est incontestable. Mais elle prête à deux interprétations.

On en a quelquefois conclu, même en Angleterre,

---

(1) Ernest Brees, p. 463.
(2) Lucien Petit, p. 473.

que le fonctionnement des régies municipales accroît les dettes municipales, fait monter les dépenses et par conséquent les impôts. Lord Avebury, l'adversaire anglais de l' « étatisme municipal », a exprimé avec insistance sa conviction à cet égard, à la fois dans sa déposition dans l'enquête parlementaire de 1900 et dans ses publications. Si les municipalités, dit-il, persistent à s'embarquer dans les entreprises commerciales, je suis persuadé qu'elles augmenteront les impôts. Pour lui, il existe un lien étroit entre : municipalisation, accroissement des dépenses, accroissement des dettes, et le premier fait est la cause déterminante des deux autres (1).

Mais il n'est pas démontré que cette « conviction » soit fondée. Lord Avebury exprime une opinion ; il procède trop souvent par simple affirmation, et il a fait preuve, bien qu'il s'en défende, d'une partialité évidente contre les entreprises municipales ; ses exagérations ont été relevées même par ceux qui combattent la *municipal ownership*. M. Levasseur, dont la modération est bien connue et qui n'est pas partisan de l'industrialisme communal, remarque que son livre « est une thèse (2) ». Lord Avebury

---

(1) Ernest BREES, p. 441. — Lord AVEBURY (autrefois Sir John LUBBOCK), p. 6, 36, etc. — Voir dans le même sens : Eug. d'EICHTHAL, *La formation des richesses et ses conditions sociales actuelles*, 1906, p. 399, note 1. — G. LOUIS-JARAY, 2, p. 337. — PAUL-DUBOIS, p. 145.

(2) Voir l'*Economiste français* du 26 janvier 1907, p. 113. M. Levasseur, sans critiquer « la thèse » de Lord Avebury, a eu soin, après avoir analysé son ouvrage *On municipal and national trading*, d'ajouter quelques développements du pro-

veut expliquer l'augmentation des dépenses municipales par le développement des services municipaux, alors que c'est le contraire qui est vrai : les services municipalisés se développent parce que les dépenses municipales augmentent. La preuve en est dans le fait que les dépenses et les dettes municipales ont progressé en France comme en Angleterre et dans la même période, c'est-à-dire à une époque où le

fesseur américain Bemis, dont l'autorité est, elle aussi, considérable, et qui contredit directement les conclusions de Lord Avebury.

Ce livre n'a véritablement pas eu une bonne presse, même en Angleterre. M. E. Cannan en a fait bonne justice dans l'*Economic journal*, mars 1907. Le professeur Cabiati remarque de son côté, dans la *Riforma sociale*, 1908, p. 519, qu' « il n'ajoutera certainement rien à la renommée de son auteur ». C'est un résumé de tous les arguments connus contre la municipalisation. Malgré son titre, *National trading*, il ne traite que des chemins de fer comme entreprises industrielles de l'Etat. Dans un court chapitre, de 24 pages dans la traduction française, il prétend résoudre la formidable question des chemins de fer en la réduisant à la comparaison des horaires et de la vitesse des trains, et de la politesse plus ou moins grande des employés. « Nos employés, dit-il p. 138, sont calmes, courtois et obligeants ; ils cherchent à aider les voyageurs ; à l'étranger ils leurs donnent des ordres ». C'est amusant, mais ce n'est pas sérieux. Ailleurs il dit, pour établir que les conseils locaux gèrent mal leurs entreprises : « Tout le monde a remarqué l'indolence et le détachement avec lesquels les balayeurs des rues, employés par les paroisses et les conseils de quartiers, s'acquittent de leur travail. Leur but semble être d'en faire le moins possible, et, en voyant ce qui se produit sous les yeux mêmes du public, on peut deviner ce qui se passe ailleurs (p. 64). » Comme le dit le professeur Cabiati, la critique « mostra la corda in modo comico ».

« socialisme municipal » était beaucoup moins avancé chez nous que chez nos voisins. La dette des communes françaises, qui était en 1836 de 966.980.657 francs, était en 1906 de 4.060.007.024 francs (1) ; les dépenses municipales sont passées de 111.916.030 francs en 1836 à 495.043.897 francs en 1877, d'après les estimations les plus réduites (2). Voilà deux faits

(1) *Bulletin de statistique et de législation comparée,* publié par le Ministère des Finances, 1909, 1, 189.
(2) Montant des dépenses locales pour l'ensemble du Royaume-Uni, d'après Lord AVEBURY, p. 1 :

	£	francs
1868	36.000.000	907.200.000
1902-1903	152.000.000	3.830.400.000

Montant des dettes municipales anglaises, d'après Lord AVEBURY, p. 36 :

	£	francs
1883-1884	193.000.000	4.863.600.000
1903-1904	469.000.000	11.818.800.000

Montant des dépenses ordinaires des communes en France, sans compter les dépenses de la ville de Paris, sans compter non plus les amortissements d'emprunts qui comprennent des comptes d'ordre pour un chiffre important, d'après le *Dictionnaire des finances* de Léon SAY, v° *Budget communal* :

	Dépenses ordinaires	Dépenses extraordinaires	Total
1836	83.830.926 fr.	28.085.104 fr.	111.916.030 fr.
1862	256.954.948	165.334.365	422.288.313
1877	354.270.224	140.773.673	495.043.897

Si l'on comptait les amortissements d'emprunts, le chiffre des dettes communales serait encore bien plus élevé et l'argument bien plus fort. Ainsi il faudrait ajouter 181.738.104 francs aux dépenses extraordinaires de 1877, ce qui donnerait le montant total de 676.782.001. On voit que j'ai réduit les évaluations au minimum.

Le budget de la ville de Paris était de :

qui réfutent singulièrement l'assertion que les régies grèvent les budgets locaux. Il sort une objection positive opposée à la simple affirmation de Lord Avebury ; ils constituent une preuve et une démonstration.

Il est hors de doute que l'extension des régies directes accroît à la fois les dettes et les dépenses locales. On ne comprendrait même pas qu'il n'en fût pas ainsi. Toute exploitation demande des capitaux : elle nécessite des constructions d'usine, des canalisations, des installations de toute sorte ; il faut organiser l'entreprise ou la racheter à ceux qui l'ont organisée ; il y a des frais obligatoires de premier établissement et des frais d'exploitation ; on a besoin d'un fonds de roulement. C'est naturellement l'emprunt qui les fournit ; de là l'augmentation des dettes locales. Comment pourrait-il en être autrement ? Il faudrait un miracle pour que les villes pussent se passer d'emprunter, et il est vraiment naïf de le leur reprocher. Ce sont au contraire les municipalistes qui exposent volontiers le total des emprunts muni-

```
1849  ............  44.000.000 fr.
1860  ............  104.000.000
1880  ............  229.000.000
```

Il est dommage que les années choisies par les statistiques ne concordent pas pour les différents budgets considérés. On peut cependant se rendre compte que l'adjonction des dépenses de la ville de Paris augmenterait encore le chiffre des dépenses municipales dans une proportion importante.

La dette des villes allemandes s'est également accrue. Voir Arthur RAFFALOVICH, renseignements publiés dans l'*Economiste français* du 10 août 1907, p. 193, d'après l'ouvrage allemand de W. KLOSE, *die Finanzpolitik der preussischen Grossstaedte.*

cipaux ; ils s'en servent comme preuve du développement atteint par les régies, et le montant des capitaux engagés dans ces entreprises est un argument qui revient souvent dans les appréciations des hommes d'affaires anglais. Ils ne manquent pas, après avoir détaillé les emprunts locaux, d'ajouter qu' « ils sont affectés à des entreprises rémunératrices (1) ».

C'est qu'en effet il ne suffit pas de constater l'élévation de la dette ; il faut voir ce qu'elle représente. D'abord elle correspond à des entreprises productives ; c'est le crédit à encourager, le crédit à la production. Toute la question est de savoir si les capitaux engagés sont rémunérés d'abord, et ensuite amortis ou en voie d'amortissement. Aussi bien l'augmentation est plus apparente que réelle : elle est compensée par un actif, et un actif certain, qui réside dans les éléments matériels et moraux des installations : si les entreprises municipalisées arrivaient à une liquidation, il y aurait lieu de vendre les bâtiments, les machines, la clientèle, etc., ce qui produirait un actif en argent, remboursant la dette au moins en partie. Dans l'enquête parlementaire anglaise de 1903, on a cité l'usine à gaz municipale de Bradfort comme pouvant être vendue pour une somme correspondant à trois ou quatre fois le montant de la dette hypothécaire (2). La dette d'une commune qui ne

---

(1) Voir par exemple la déposition de M. Samuel Butler Provis, secrétaire permanent au *Local government board*, dont la juridiction s'étend à toute l'Angleterre et au Pays de Galles. Ernest BREES, p. 421-432.

(2) Déposition de M. Edward Robertshaw Hartley, con-

municipalise pas ne représente au contraire rien du tout ; elle est le crédit funeste, le crédit à la consommation, et correspond souvent à un gaspillage ; elle est une cause d'appauvrissement. La dette municipale anglaise est donc en grande partie productive, tandis que la dette municipale française est en grande partie une pure charge, un poids mort pour les finances locales.

Quant aux dépenses, elles sont augmentées en même temps que les recettes. C'est *le budget* qui est augmenté et non pas seulement les dépenses ; la colonne des recettes s'allonge comme la colonne des crédits. L'exploitation apporte des éléments nouveaux de part et d'autre et on n'aperçoit aucune raison d'en faire grief à l'organisation des régies.

On s'explique alors d'une façon rationnelle que la progression des dettes et des dépenses locales ait été plus rapide en Angleterre que partout ailleurs. Comme le dit Lord Avebury, elle vient de la progression même de la municipalisation. Mais au lieu d'y voir une conséquence désastreuse, il convient de la considérer comme un phénomène normal et qui n'aurait pas pu ne pas se produire.

Telle est la cause première de la municipalisation. Les profits des entreprises lucratives sont considérés comme devant aller à la collectivité, au lieu de rester entre les mains d'un nombre restreint de personnes.

---

seiller municipal de Bradfort ; Ernest Brees, p. 527. — Cf. le même, p. 352-353.

§ 3. — Difficultés avec les concessionnaires

Un autre fait, tout aussi général que les besoins financiers, eut aussi de l'influence sur les progrès de la municipalisation : c'est la fréquence des difficultés entre les villes et les compagnies ou particuliers concessionnaires de services publics. C'est encore là un fait d'expérience devant lequel on est obligé de s'incliner. Les exemples abondent ; on en connaissait déjà beaucoup ; l'enquête poursuivie par la *National civic federation* en a révélé d'autres encore. Elle a mis en lumière le désir des communes de se libérer des lourds tributs que leur imposaient les compagnies privées à monopole. Les premières concessions, faites autrefois au cours du XIXe siècle, ne comportaient aucune limitation. Les traités avec les compagnies de gaz, par exemple, par lesquels les municipalités s'étaient enchaînées pour des demi-siècles, sacrifiaient scandaleusement l'intérêt public. Ce sont là des considérations juridiques et non plus seulement des considérations financières. Les compagnies ont abusé de leurs prérogatives.

Bruxelles et Schaerbeek se sont trouvées, à certains moments, dans des situations inextricables par suite de procès contre leurs concessionnaires. On pourrait, a-t-on dit, consacrer un volume entier aux démêlés que les communes de Belgique ont eus avec les compagnies gazières (1). La lutte de la ville de Londres

---

(1) Ernest Brees, p. 341-345.

contre les compagnies d'eaux a duré de 1851 à 1904. A Vienne, c'est par voie de procès que la compagnie anglaise concessionnaire du gaz a obtenu la prolongation de ses droits pour certains quartiers, ce qui a restreint la sphère d'activité des usines municipales (1). Aux États-Unis, les sociétés concessionnaires ont constitué des *trusts* qui agissent à leur gré, tiennent les cahiers des charges pour non avenus et tyrannisent souvent les administrations locales.

En France, ce sont les procès qui ont conduit la ville de Grenoble à s'emparer du gaz en 1866 (2). Les démêlés de la ville de Paris avec la Compagnie parisienne du gaz sont célèbres ; les auteurs et les hommes politiques de toute opinion ont signalé souvent les « admirables tours de main », les « procédés scandaleux » par lesquels la Compagnie a traîné la ville devant les tribunaux pendant des années (3). L'antagonisme entre le conseil municipal de Paris et la Compagnie générale des Omnibus a été d'un égal intérêt ; l'histoire en a été faite par le *Correspondant*, organe qui n'est certainement pas révolutionnaire (4).

---

(1) Rodolphe BRODA, Le socialisme municipal à Vienne, dans les *Documents du Progrès*, 1908, p. 553.

(2) H. CAPITANT, p. 37-38.

(3) Eugène BRÈS, p. 18. — GAUCHERON, p. 32 et suiv. — Edmond LABBÉ, notamment p. 23. — Adrien VÉBER, Rapport à la Chambre des Députés ; Doc. parlem., 1902, p. 333 ; Annexe n° 483. — MORLOT, Rapports à la Chambre, Doc. parlem., 1904, p. 610 ; Annexe n° 1673. et 1905, p. 497 ; Annexe n° 2422. — Voir aussi la discussion au Sénat, séances des 21 et 23 février 1905, et les ouvrages de A. CRÉHANGE, *Le gaz à Paris*, et Adrien VÉBER, *L'éclairage*.

(4) Voir le *Correspondant*, 10 octobre 1907, p. 73 et suiv.

Partout l'interprétation des cahiers des charges est une source intarissable de procès ; le Conseil d'État est appelé d'une façon continuelle à fixer les droits respectifs des villes et des concessionnaires ou à réprimer les prétentions exagérées de ceux-ci. L'un prétend imposer, par sa seule volonté, un minimum de consommation à chaque abonné ; un autre veut s'attribuer sous un prétexte quelconque un privilège et presque le monopole des travaux communaux ; un autre encore persiste à donner un éclairage défectueux et à n'avoir que des approvisionnements insuffisants (1). Et bien d'autres cas pourraient être extraits des recueils du jurisprudence.

(1) Ed. BOURDON, *Contrats d'utilité générale*, p. 151 et suiv. Voir notamment, Cons. d'État, 19 juin 1863 ; Recueil de Lebon, 1863, p. 495 (concessionnaire d'eau qui prétend exiger de chaque abonné un minimum de consommation de 2 hectolitres par jour) ; — 26 janvier 1860, *Affaire* Bonin ; Lebon, 1860, p. 67 (concessionnaire affirmant, sous prétexte que la ville l'a chargé de certains travaux de raccordement, avoir un privilège et presque le monopole des travaux communaux) ; — 21 février 1890 ; Lebon, 1890, p. 187 (concessionnaire voulant empêcher un usinier d'utiliser l'eau d'une rivière, alors que les clauses du marché réservent aux particuliers le droit de se procurer de l'eau individuellement par les moyens qu'ils jugeront convenables) ; — 31 mai 1907, *Affaire* Deplanque ; Lebon, 1907 p 514 ; S. 1907, 3, 113 (concessionnaire persistant à donner un éclairage défectueux et à n'avoir que des approvisionnements insuffisants). Les espèces à citer seraient innombrables. — Voir encore Cons. d'État, 25 novembre 1898, *Pand. franç. pér.*, 1900, 4, 17 et la note de M. Émile BOUVIER ; Lebon, 1898, p. 705 ; — 28 novembre 1902, *Affaire* Ville de Saumur ; Lebon, 1902, p. 705 ; — 10 janvier 1905, *Pand. franç. pér.*, 1905, 4, 97 ; — Cass. 8 juillet 1907, D. P. 1908, 1, 451 ; S. 1908, 1, 505 ; — 30 juillet 1908, D. P. 1908, 1, 453.

Il faut ajouter d'ailleurs, pour parler en toute justice, que les villes ont voulu, elles aussi, abuser de leurs contrats, ce qui est tout aussi blâmable et a suscité d'autres litiges. Enfin les traités de concession sont souvent obscurs ou ambigus ; rien n'est plus difficile qu'une bonne rédaction sauvegardant tous les intérêts, ceux de la commune, des habitants et du concessionnaire lui-même. De là, des contestations fatales. Que ce soient les municipalités ou les compagnies qui interprètent les conventions à leur gré, ou même qui les méconnaissent et s'efforcent de les tourner, le mal est le même.

Il est démontré ainsi que le système de la concession comporte, entre autres conséquences, la possibilité de nombreux procès, et ces procès ont rendu souvent nécessaire la régie directe. L'expérience démontre surabondamment qu'il y a incompatibilité entre service public et gestion privée. Les cahiers des charges les mieux établis deviennent rapidement, en raison de l'évolution industrielle, une arme contre l'intérêt général qu'ils avaient pour but de défendre.

On a pu s'en rendre compte par « la lutte du gaz et de l'électricité », lutte célèbre et souvent décrite. Les communes s'étaient généralement engagées, en consentant les premières concessions aux compagnies gazières, « à ne pas favoriser d'entreprise concurrente ». Quand apparut l'éclairage électrique, elles accordèrent des permissions de voirie aux compagnies d'électricité. Les compagnies de gaz soutinrent et firent admettre par le Conseil d'État qu'elles bénéficiaient d'un monopole pour toute espèce de lumière et d'éclairage, et obtinrent ainsi des villes des indemnités formidables, tout en leur refusant l'éclairage électrique. C'est en 1902 seulement que le Conseil d'État a, par une interprétation ingénieuse des contrats, obligé les compagnies gazières à fournir les nouvelles espèces de lumière et par conséquent la lumière électrique, sous peine de perdre leur monopole (1). Mais c'est encore là une occasion de difficultés.

La concession est donc une source de procès. On n'a pas vu seulement, comme le dit M. Paul Leroy-Beaulieu, « la jalousie funeste des municipalités contre les compagnies privées » (2), mais aussi l'attitude plus ou moins hostile de ces compagnies concessionnaires qui ont réduit les villes à la suppression des concessions. Ces prétentions excessives des compagnies, et plus récemment les abus commis par les *trusts* financiers, ont été ainsi un facteur décisif du mouvement municipaliste. La municipalisation n'a été, dans nombre de cas, qu'une réaction contre le système de la concession ; les abus de toute espèce auxquels se sont livrés les concessionnaires « ont plus fait pour l'exploitation directe que tous les plaidoyers en sa faveur (3) ».

(1) Cons. d'État, 10 janvier 1902, S. 1902, 3, 17 et la note de M. Hauriou.
(2) Paul Leroy-Beaulieu, *L'État moderne et ses fonctions*, 1891, p. 229.
(3) Ernest Brees, L'orientation nouvelle des régies communales, dans la *Revue économique internationale*, mars 1907.

§ 4. — Causes économiques et sociales

Il faut mentionner enfin les préoccupations d'ordre économique et d'ordre social. Un concessionnaire agit toujours, et il serait naïf et injuste de le lui reprocher, dans son intérêt personnel. Pour lui, cet intérêt passe avant l'intérêt général du public, d'autant plus que, la concession étant limitée dans le temps, il doit non seulement faire un bénéfice immédiat, distribuer des intérêts et des dividendes, mais encore arriver, à l'échéance, à l'amortissement du capital souscrit ou emprunté. Les vices inhérents aux concessions se sont révélés en cas de concurrence aussi bien qu'en cas de monopole.

C'est ainsi qu'à Paris le régime de la libre concurrence pour les transports avait donné les plus déplorables résultats de 1830 à 1855. Généralement avec ce système les rues passantes et les quartiers riches ou très peuplés sont bien desservis, tandis que les quartiers neufs et peu habités, pour lesquels les moyens de communication doivent précisément précéder et aider le peuplement, sont privés de transports, comme les quartiers pauvres d'ailleurs. La concurrence, appliquée au service du gaz à Paris et à Londres dans la première moitié du xixe siècle, n'a pas mieux réussi. Les compagnies posaient des canalisations parallèles dans les mêmes rues et se faisaient une concurrence acharnée, dont le public ne profitait même pas. A Paris, quatre tombèrent en faillite avant 1855 ; à Londres elles s'entendirent pour la fixation des tarifs et les relevèrent jusqu'à 50 0/0 (1).

La concurrence en matière de services publics n'est pas souhaitable, parce qu'elle est un élément de gaspillage économique. Au lieu d'une installation ou en a plusieurs pour le même service ; chaque compagnie a ses canalisations, ses usines, son matériel, son personnel. A Paris, on voyait autrefois quatre compagnies ouvrir le sol du boulevard et pour quatre canalisations là où une seule aurait suffi. Les frais pour un service donné sont majorés, et les produits ou services fournis au public coûtent très cher, inconvénient évité par la concentration d'une entreprise.

Il faut compter aussi avec les rivalités des concessionnaires concurrents, les procès, les incidents désagréables pour le public, aux dépens de qui tout se passe, le défaut de raccordement des lignes ou la différence des horaires pour les tramways, la mauvaise qualité de l'eau, etc.

On aboutit ainsi, par conviction, à la concentration industrielle et à la grande production. On y arrive encore d'une autre façon, par l'expérience. Les quatre sortes de grandes entreprises, distribution d'eau, transports en commun et les deux sortes d'entreprises d'éclairage, au gaz et à l'électricité, deviennent rapidement, lorsqu'elles ne le sont pas dès l'origine, des monopoles rigoureux. Les villes ont pu faire la concession sous cette forme, mais même si elles ont

(1) Ed. Labbé, p. 16 et suiv. Les Régies municipales.

réservé la possibilité de la concurrence, celle-ci ne peut fonctionner. En vain quelques-unes ont cherché les avantages de la concurrence par des concessions multiples à plusieurs compagnies rivales ; les monopoles se sont toujours constitués. M. Paul de Rousiers a pu étudier non pas le monopole concédé à une compagnie pour tel ou tel service, mais *le monopole constitué contrairement à la volonté des villes*, l'histoire d'un *trust* financier s'emparant d'un service public et le monopolisant ; il est démontré que les *trusts* de services municipaux constituent des monopoles inévitables (1).

En 1888, le conseil municipal de Paris avait organisé la distribution d'électricité par la création de plusieurs *secteurs*. Les compagnies concessionnaires ne se faisaient pas précisément concurrence, puisque chacune exploitait un secteur. Et cependant il a fallu arriver au monopole : depuis l'établissement du nouveau régime de l'électricité en 1907, c'est une compagnie unique qui est concessionnaire avec monopole. A Lyon, il y avait autrefois deux compagnies de tramways ; elles ont fusionné. Dans la même ville, il existait une compagnie du gaz et une compagnie d'électricité ; un accord est intervenu entre elles. Le phénomène s'est manifesté en grand aux États-Unis. A Chicago, la coalition des concessionnaires a abouti

---

(1) Paul de Rousiers, *Les industries monopolisées aux Etats-Unis*, et aussi, Les services publics et la question des monopoles aux Etats-Unis, dans la *Revue politique et parlementaire*, octobre 1898, p. 81. — C. Colson, *Cours d'économie politique*, liv. VI, p. 492.

au *Chicago gas trust*. La ville avait concédé la fourniture de gaz à plusieurs compagnies avec l'intention de les mettre en concurrence les unes avec les autres. Mais elles ont fusionné et établi un *trust* municipal. La ville l'a anéanti plusieurs fois; il s'est toujours reformé et on est arrivé à cette conclusion qu'il est impossible de l'éviter. Les compagnies du gaz de New-York se sont unies et ont constitué un *trust* plus ou moins déguisé, « nouvel exemple, dit M. de Rousiers, de la tendance universelle au monopole du gaz ». Partout il s'est produit des ententes entre les compagnies que les villes avaient voulu mettre en concurrence ; cette concurrence, qui devait assurer le progrès et le bon marché, a servi à édifier d'inébranlables monopoles. Les monopoles de fait se constituent *malgré la volonté* des villes, ce qui est bien plus grave que les monopoles constitués *par leur volonté*.

La libre concurrence n'est pas un état stable ; par une évolution naturelle elle se résout en monopole. En matière de services publics elle n'est ni souhaitable ni possible.

Mais alors apparaissent tous les inconvénients des monopoles privés appartenant à de puissantes organisations financières. Les scandales américains en ont dévoilé plusieurs qui sont particulièrement dangereux. Des *trusts* municipaux ont réussi à s'emparer de l'administration de certaines villes en fondant des comités politiques, en subventionnant des fonctionnaires, en tyrannisant toute une population. Les agissements du *gas ring* de Philadelphie, tels que les rapporte Bryce dans son grand ouvrage sur la *République américaine*, sont instructifs à cet égard (1). Ils paraîtraient un véritable roman s'ils n'étaient rapportés dans un livre aussi sérieux que celui de Bryce, et pourtant ils ne sont que l'expression de la vérité au pays des dollars. On reproche souvent aux municipalités qui exploitent des régies de multiplier inutilement le nombre des employés et de créer des emplois superflus : c'était le procédé favori du *gas ring*, qui entretenait des électeurs influents et des fonctionnaires comme « employés » ; les services publics de l'eau, du gaz ou tout autre service étaient des prétextes pour payer un salaire à ces « coopérateurs ». Comme il fallait cependant récupérer ces frais, le *trust* entraîna la ville dans une dépense de trois millions et demi de dollars en six années. La concession avait coûté cher à la ville. Le gaz de Philadelphie a ainsi donné lieu à un des cas les plus extraordinaires de corruption politique ; il a fourni, comme le remarquait l'un des membres de la commission d'enquête de la *National civic federation*, « l'un des chapitres les plus intéressants et les plus dramatiques dans l'histoire du gouvernement municipal (2) ». La commission, qui était composée exclusivement d'Américains, n'a pas cherché à dissimuler le mal. Aux États-Unis les conseils municipaux ou les assemblées qui en tiennent lieu, comme d'ailleurs les comités ou conseils des régies, sont composés de politiciens qui vivent de la poli-

(1) James BRYCE, *La République américaine*, trad. franc. dans la collection Boucard et Jèze, t. IV, p. 42 et suiv.
(2) James BRYCE, p. 67 et p. 49, note 1. — Enquête de la *National civic federation*, 2e partie, t. I, p. 588 et suiv. — Attilio CABIATI, p. 495.

tique et de l'administration municipale et qui doivent en vivre, tandis qu'en Angleterre ce sont des hommes d'affaires. Que les services en Amérique soient entre les mains des compagnies ou des municipalités, la politique est au fond de tout et surtout la corruption (1). Etant donné le manque de scrupules de tous les agents municipaux en Amérique, ce ne sont évidemment pas eux qui doivent être pris pour types de directeurs ou de fonctionnaires de régies ; ceux d'Angleterre, d'Allemagne ou de France ne leur ressemblent heureusement pas.

Ainsi les *trusts* de services publics ont soulevé de légitimes protestations et provoqué un fort mouvement d'opinion. La commission d'enquête américaine, après avoir fait longuement elle aussi, l'histoire des « Philadelphia gas works », a pu donner une longue bibliographie de publications qui s'y rapportent et sont la manifestation du sentiment public (2). Dans tous les pays, après avoir d'abord redouté la toute-puissance des « municipalités commerçantes », on s'est aperçu enfin que le public est soumis, avec le système si vanté des monopoles privés, à de plus grandes exigences encore et à plus de vexations qu'en cas de régie, et qu'un simple particulier ne se défendra pas mieux contre une puissante société anonyme que contre une commune. Une petite ou moyenne commune est même moins puissante qu'une grande compagnie de gaz, d'électricité, de tramways, etc., éta-

---

(1) A. Cabiati, p. 541.
(2) Enquête de la *National civic federation*, 2ᵉ partie, t. I, p. 664.

blie dans plusieurs communes. Les villes importantes, la ville de Paris elle-même, arrivent à peine à traiter d'égal à égal avec les grandes sociétés. D'autres ont dû recourir à l'association pour se défendre. En 1898, 28 communes du département de la Seine formèrent une association sous le nom de *Union des communes de la banlieue de Paris,* ayant pour but d'établir la situation de chaque commune vis-à-vis de la Compagnie générale des eaux et d'engager contre elle une action collective devant la juridiction compétente en vue de la suppression des abus. Par décret du 31 décembre 1903, 55 communes des départements de la Seine et de Seine-et-Oise furent constituées en syndicat « à l'effet de poursuivre et de contrôler l'exécution des clauses des traités passés entre chacune d'elles et les concessionnaires pour la distribution du gaz. » Dans la suite, 6 autres communes s'agrégèrent au syndicat, ce qui porte à 61 le nombre de celles qui en font partie (1).

L'opinion publique, enfin émue, a demandé de toute part que l'on prenne souci de l'intérêt général. L'exagération de l'intérêt personnel des concessionnaires est favorisée par les monopoles dont ils profitent : ils se bornent à « exécuter froidement », le mot est de M. Ernest Brees, les clauses du cahier des charges. Quelquefois ils n'habitent pas la localité, et résident même très loin à l'étranger. Des sociétés anglaises étaient ou sont encore concessionnaires du gaz à Berlin, à Vienne, de l'eau à Anvers. Une société lyonnaise

---

(1) Fr. TALLIBART, *Le syndicat des communes de la banlieue de Paris pour le gaz,* 1907.

a été concessionnaire du gaz à Grenoble, de 1837 à
à 1850 ; ses démêlés avec les abonnés furent célèbres
et exaspérèrent la population qui voulut à tout prix se
débarrasser du « joug lyonnais ». A Florence, une
compagnie lyonnaise, en vertu d'une concession de
1843, reprise et complétée par des conventions de
1854 et 1881, fournit le gaz à la ville et aux particuliers ; les prix et la qualité du produit ont fait l'objet
de plaintes fréquentes (1).

En Autriche-Hongrie, la ville de Cracovie a racheté
le gaz en 1886 pour éliminer la compagnie allemande
qui l'exploitait. Ou bien, c'est un spéculateur ou un
entrepreneur, un industriel, un homme d'affaires s'occupant d'opérations les plus diverses et siégeant dans
les conseils d'administration de toute sorte de sociétés,
habitant la capitale et qui, de là, fonde des sociétés
et exploite des tramways, des eaux, etc., sur tous les
points du territoire. Comment ces concessionnaires
auraient-ils la notion des besoins locaux, le sens des
intérêts de chaque ville ? Forcément, pour eux, l'intérêt général passe au dernier plan ; il n'existe pas à
leurs yeux. L'éclairage de la ville de Vienne, qui a été
transformé par la municipalisation, a été l'objet de
« la risée universelle » tant qu'il a été dirigé par la
compagnie anglaise.

De là les motifs sociaux et économiques de la municipalisation. Les habitants demandent avant tout un
service meilleur et à tarifs plus bas que dans la concession. Ce motif, qui a été particulièrement mis en évidence dans l'enquête américaine de la *National civic*

---

(1) R. dalla Volta, p. 244.

federation, apparaît comme dominant pour les entreprises de tramways. Ainsi, à Liverpool, la compagnie privée concessionnaire s'opposait à ce que la ville étendît son enceinte en annexant des communes voisines, parce qu'elle avait des lignes suburbaines sur lesquelles les prix de transport étaient plus élevés que dans l'intérieur de la ville : elle ne voulait pas qu'elles fussent transformées en lignes urbaines (1). Les municipalités ont aussi le désir légitime d'obtenir la coordination de tous les services l'amélioration du plan des réseaux. Dans les villes allemandes, la municipalisation a eu souvent pour but l'électrification du réseau ; le but pécuniaire a été rarement envisagé ; c'est le côté social, l'intérêt public qui a été le grand motif.

Les tramways sont liés aussi à la question des logements ; ils intéressent la distribution des richesses et l'organisation du travail. Le tracé des lignes, le nombre des voitures, les horaires des services peuvent décongestionner un quartier, riche ou pauvre, faciliter le peuplement d'un autre, faire hausser ou baisser les loyers. Ils permettent aussi de répartir la population ouvrière dans des conditions nouvelles et avantageuses. Comme on l'a dit dans l'enquête parlementaire anglaise de 1900, « les tramways tiennent étroitement à la question sociale (2) » : il est indispensable qu'on fournisse aux ouvriers et aux

---

(1) Enquête de la *National civic federation*, 2ᵉ partie, t. II, p. 388-400.

(2) Déposition de M. William Jeeves, town-clerk de Leeds, Ernest Brees, p. 464.

petits employés le moyen de se loger en-dehors des villes ou tout au moins dans les faubourgs en leur permettant de voyager à bas prix ; il existe un rapport entre les tarifs réduits et les salaires.

On s'est même demandé si les tramways ne devraient pas être gratuits dans les cités très populeuses et d'une vaste superficie, comme les voies publiques elles-mêmes (1). L'État et les villes ont construit des routes et aménagé des rues dont les frais ont été immenses ; ce n'est pas par millions, mais par milliards qu'il faut chiffrer le coût de la voirie, et elle est abandonnée au public sans rémunération. L'usage des rues et des routes est gratuit ; pourquoi a-t-on dit, n'en serait-il pas de même pour les moyens de locomotion ? Tous les moyens de transport doivent être des facteurs de la production et de la vie sociale en général ; ils ne sont pas un but en eux-mêmes. Dans tous les cas les tarifs influent sur les conditions du travail et produisent des effets sociaux considérables. Le « rôle social du tramway » doit attirer l'attention des économistes, des réformateurs, des administrations, et les municipalités l'ont compris.

Le *Municipal year book* pour 1899 contenait ce passage suggestif : « Aucune branche d'entreprises municipales n'a fait d'aussi rapides progrès, durant cette dernière année, que celle de l'exploitation des tramways. Presque sans exception toutes les grandes villes (anglaises) ont municipalisé les tramways ou sont à la veille de le faire. L'expiration des contrats

---

(1) Sidney Webb, *The London programme,* cité par Augustin Renoir, p. 673.

de bail avec les compagnies coïncide avec l'inauguration de nouvelles méthodes de traction, et, avant peu d'années, les facilités de transport rapide dans les grands centres seront complètement révolutionnés. Aussi beaucoup de corporations municipales, impatientes de placer les tramways le plus tôt possible sous leur action, n'attendent pas l'expiration des concessions et effectuent le rachat des lignes concédées. Il est reconnu maintenant que le service des tramways ne peut donner le maximum d'avantages aux populations que lorsqu'ils sont exploités aussi bien qu'appropriés par la commune ».

On ne peut songer en effet sans étonnement que le prix des places, dans les tramways et omnibus de Paris, est encore de 15 et 30 centimes sur la majorité des lignes, alors que le tarif pour les tramways municipalisés est de 10 centimes en moyenne sans distinction de classes de voyageurs, et qu'à Edimbourg et à Glasgow il est de 5 centimes (*a half penny*). A Paris un ouvrier est souvent obligé, faute d'une place libre à 15 centimes, de payer 30 centimes ; s'il prend le tramway deux fois en une journée, une dépense de 60 centimes grève lourdement son budget. Les tarifs élevés des omnibus et des tramways ont soulevé universellement les plaintes du public à Paris, en Angleterre et dans les villes allemandes, et ont été cause déterminante de *municipal trading*.

La légitime recherche du bon marché et de la réduction des prix a été en effet un facteur agissant non moins énergiquement que les autres. En-dehors des compagnies de tramways, les autres concessionnaires ont généralement fait payer très cher les produits vendus ou les services fournis. En Australie, l'eau est exceptionnellement chère dans la cité minière de Broken-Hill, la seule ville australienne, paraît-il, où l'eau se trouve entre les mains d'une compagnie privée (1). En Belgique, les habitants de Schaerbeek ont, jusqu'en 1902, payé le gaz 20 centimes le mètre cube à une compagnie, alors qu'il en coûtait 13 à Bruxelles avec la régie (2). A Paris, il a été longtemps à 30 centimes. C'est en 1903 seulement que le prix a été abaissé à 20 centimes, et encore avec le concours financier de la ville, « au moyen d'une combinaison scandaleuse, dit un homme modéré, par laquelle elle couvrait la différence, dont le montant total s'est élevé à 85.000.000 francs pour les trois dernières années de la concession, au moyen d'un emprunt qui grèvera les budgets futurs pendant 35 ans (3) ».

A Liverpool, le gaz a été pendant quinze ans de 3 d. plus cher les 1000 pieds cubes, par le fait d'une compagnie, qu'à Manchester, où il est municipalisé. C'est encore pour cause de bon marché que l'on réclame l'institution de boulangeries et de boucheries municipales, en-dehors même des considérations d'hygiène, les frais généraux étant excessifs sous le régime de l'exploitation privée, à raison du nombre des petits détaillants.

Les administrations locales ont pu avoir encore le souci d'améliorer la situation du personnel, de réduire le nombre des heures de travail, de relever les

---

(1) Hutchinson, dans les *Documents du Progrès*, 1909, p. 497.
(2) Ernest Brees, p. 343.
(3) Colson, *Cours d'économie politique*, liv. VI, p. 503.

salaires, de développer l'hygiène. Etant donné le nombre des travailleurs de toute sorte participant au fonctionnement des services publics, ces préoccupations sociales acquièrent une immense portée pratique.

Une cause très générale a été la considération de la santé publique et de tout ce qui concerne l'hygiène. En cette matière les préoccupations financières passent au dernier plan ; rien ici ne doit être abandonné à l'initiative privée, la tentation du gain pouvant produire des effets désastreux. Aussi, l'une des conclusions formelles de la Commission d'enquête américaine est que tout service touchant à la santé publique doit-être régi par les autorités publiques (1). De là un domaine immense ouvert à la municipalisation.

Le service des eaux présente un côté social de premier ordre. Les distributions d'eau, les installations de bains, douches, piscines, sont nécessaires au point de vue de l'hygiène publique. L'eau est l'élément le plus essentiel de l'hygiène, et la consommation ne doit en être restreinte sous aucun prétexte. Livrer de l'eau à un prix tel que les consommateurs soient portés à la ménager, à l'économiser, c'est commettre un véritable crime social. Un tarif élevé au profit d'une société privée constitue un impôt plus lourd et plus inique que l'impôt qui frappait le sel dans l'ancien régime. Servir de l'eau qui n'est pas de bonne qualité, c'est condamner à mort un nombre donné d'individus, le rapport entre la pureté de l'eau et les ravages de la fièvre typhoïde paraissant

---

(1) Enquête de la *National civic federation*, t. I, p. 23.

aujourd'hui démontré. Voilà pourquoi les villes ont voulu, et c'était leur devoir absolu, se procurer de l'eau saine, abondante et à bon marché. Quelques-unes sont allées jusqu'à la distribuer gratuitement.

Les installations de bains, douches, etc., sont parmi celles qui intéressent le plus la santé publique. Les villes anglaises et allemandes ont des services de bains municipaux, créés spécialement dans un but d'hygiène publique et de salubrité générale, et qui ont admirablement réussi.

Il suffira de citer enfin la grosse question des habitations ouvrières et des logements économiques ou à bon marché. Elle a été, elle aussi, un motif d'ordre social qui a donné à la municipalisation un essor déjà ancien. L'œuvre sociale des villes italiennes pour les constructions avait précédé, et de longtemps, la loi de 1903 sur la municipalisation des services publics ; elle avait commencé, peut-on dire, dès qu'avait été réalisée l'unité italienne en 1859 (1). Des villes australiennes ont bâti des logements pour leurs ouvriers ; Adélaïde, la capitale de l'Australie du Sud, a construit pour les ouvriers âgés tout un quartier spécial où ils habitent, pour un loyer peu élevé, dans des maisons appartenant à la ville et cultivent des jardins qu'elle leur procure également à très bas prix (2). L'œuvre sociale des villes anglaises dans la lutte

---

(1) Ch. BEAUJEAN, La législation italienne en matière d'habitations populaires ou économiques, dans la *Réforme sociale,* 1908, 2, 141. — Jules CASALINI, Il problema delle abitazioni popolari a Torino, dans la *Riforma sociale,* 1908, p. 613 et 739.

(2) HUTCHINSON, dans les *Documents du Progrès,* 1909, p. 501.

Les Régies municipales. 7

contre l'insalubrité de l'habitation a fait l'objet de trop de descriptions pour que j'en essaie une à mon tour. Leur activité sur ce terrain, spécialement l'activité des différents Conseils de Londres, a été merveilleuse. Les propriétaires particuliers et les sociétés de construction dressaient des plans sans aucun souci de la moralité, des lois de l'hygiène ou des besoins des habitants ; tout a été dit sur les « maisons maudites », le logis malsain, sur « le taudis et ses causes », sur les *jerry-buildings* ou constructions de pure spéculation où s'entasse dans la promiscuité toute une population, sur les *slums* ou ruelles étroites et surpeuplées (1). Dans l'enquête parlementaire anglaise de 1900, Mr David S. Waterlow, membre du Conseil du comité de Londres et président du Comité des habitations ouvrières, a signalé les agissements des sociétés de construction, qui accaparent les endroits bien situés et délaissent les autres. Il a donné la nomenclature d'une longue série de terrains, mis plusieurs

---

(1) Augustin Renoir, notamment p. 597. — Paul Pic, L'habitation ouvrière et la législation française, Rapport au Congrès de l'*Alliance d'hygiène sociale* (Lyon, 1907). — Du même : Un voyage social en Angleterre, dans les *Questions pratiques de législation ouvrière*, 1907, p. 116. — Turot et Bellamy, *Le surpeuplement et les habitations à bon marché*, Alcan, 1907, qui demandent que les communes interviennent plus fréquemment, que la loi les encourage à intervenir, qu'elle les y oblige même. — Georges Cahen, Les habitations ouvrières et l'intervention des pouvoirs publics, dans la *Revue politique et parlementaire*, 1906, 2, 31. — C'est M. E. Cheysson qui a fait une conférence au Congrès de l'Alliance d'hygiène sociale à Nancy, le 23 juin 1906, sur « le taudis, ses dangers, ses remèdes. »

fois en vente, et n'ayant pas trouvé d'acquéreurs, parce qu'il fallait y élever des maisons ouvrières. Quand le terrain est mal situé, aucun entrepreneur ne veut y bâtir, et ainsi la municipalité est bien obligée de le faire (1).

La municipalisation ici s'impose. Les constructions d'habitations économiques, l'aménagement des jardins ouvriers, des « cités-jardins », sont une œuvre essentiellement collective et municipale. Ceci n'est ni la condamnation ni l'exclusion de l'initiative privée ; le mal est tellement grand et le travail à accomplir tellement immense que tous les efforts peuvent utilement s'unir. Mais la municipalisation peut beaucoup ; c'est un remède particulièrement efficace et dans tous les cas indispensable. Les villes se doivent d'intervenir dans les questions concernant les logements, au triple titre de leurs fonctions de sécurité, d'hygiène et de salubrité, enfin d'assistance (2). Dans les locaux humides, sans air, sans lumière, étroits, où couchent six et quelquefois dix individus par chambre, les maladies de toute sorte, et la tuberculose plus que les autres, prenaient des proportions effrayantes (3). Les

---

(1) Ernest Brees, p. 480.
(2) Augustin Renoir, p. 596.
(3) Le nombre de décès, spécialement par tuberculose, est en rapport avec les conditions des logements, surtout avec leur exiguité. A Paris, on relève 104 décès pour 100.000 habitants à Plaisance, quartier ouvrier, et 10,8 seulement aux Champs-Elysées et dans le faubourg du Roule. D' Romme, *Revue scientifique* du 21 février 1903. — A Lyon, la proportion des décès par tuberculose, qui est au second arrondissement, quartier en majorité bourgeois, de 24 pour 10.000 habitants,

villes anglaises ont du s'interposer pour changer la situation, et c'est ainsi que Birmingham, Glasgow, Liverpool, qui en quarante ans a démoli 22.000 maisons insalubres, Edimbourg, Huddersfield, Aberdeen, etc., Londres enfin, ont été amenées à ce côté si intéressant de la municipalisation.

Les villes belges et allemandes, Düsseldorf, Francfort, Hambourg, Strasbourg et d'autres, ont coopéré aussi à l'œuvre des logements salubres et à bon marché. Des villes suisses, Genève, Zürich, Bâle, ont fait dans ce domaine les créations les plus utiles. En France, la loi du 12 avril 1906, qui a prévu formellement la participation des communes à cette œuvre d'hygiène et de moralité, a été inspirée directement par des préoccupations sociales.

Telles sont les principales considérations économiques et sociales qui ont contribué au développement de l'initiative municipale. Il y en aurait d'autres à indiquer dans le même ordre d'idées et on pourrait aussi donner des détails plus circonstanciés sur celles qui sont indiquées ici. Mais elles ont été exposées dans bien d'autres ouvrages, et ce qui précède suffit pour démontrer le rapport étroit entre les préoccupations sociales de notre époque et l'action directe des municipalités.

s'élève à 41 au troisième arrondissement, quartier en grande majorité ouvrier. Drs Lacomme et Dupin, *Topographie de la tuberculose à Lyon*.

CHAPITRE III

Effets et résultats de la municipalisation.

§ 1. — Effets généraux.
Résultats sociaux.

Les tentatives de municipalisation ont été, dans l'ensemble, couronnées de succès ; elle ont donné des résultats sociaux et financiers considérables. Les régies directes communales ont produit, d'une façon générale, des effets pécuniaires très satisfaisants pour les budgets locaux. Sans doute elles n'ont pas toutes réussi ; il y a ou il y a eu des régies en déficit ; la régie des eaux à Liège, la régie des théâtres à Lyon, même certaines régies anglaises, de même qu'il y a eu des compagnies concessionnaires en faillite et qu'il y en a encore qui ne distribuent aucun dividende. Aucune combinaison humaine ne peut prétendre à la perfection. On peut énumérer les exemples, même nombreux, d'échec ou de demi-succès ; ce n'est pas un argument contre la *municipal ownership*, pas plus que les faillites ou certains scandales financiers ne sont une objection contre le fonctionnement des société anonymes, ou les incendies un motif contre l'usage du feu. Il importe de considérer l'ensemble, et l'ensemble des entreprises communales est productif au point de vue financier.

Du reste, il serait tout à fait inexact de s'en tenir au côté pécuniaire. Il n'y a pas un but unique de la municipalisation ; il n'y a pas non plus un résultat unique. Certaines municipalités ont principalement un objectif financier et veulent avant tout faire des bénéfices. D'autres visent un but social, ce qui permet d'expliquer les fournitures gratuites ou les services exploités au prix de revient. D'autres enfin veulent avoir le double profit, et font payer les services organisés socialement par les services fonctionnant commercialement. On ne doit pas s'étonner de rencontrer des régies qui ne gagnent rien. Le professeur Frank Parsons, l'un des commissaires de l'enquête américaine, estime que, dans la comparaison des entreprises publiques et privées, quatre groupes de faits doivent être étudiés : le groupe économique, comprenant les faits financiers, le groupe du travail, le groupe politique, le groupe social. « On doit, dit-il, analyser ces divers faits et groupes de faits d'après leur importance relative. On donne généralement trop d'attention au côté purement financier de la question. Les faits financiers sont importants, tiennent beaucoup de place et doivent être considérés avec soin, mais il y a d'autres choses encore plus importantes que les finances. La pierre de touche de toute institution, d'une méthode ou d'un régime se trouve dans les effets produits sur le bien public, les rapports avec la morale, l'humanité, le gouvernement, la civilisation et le progrès. A ce point de vue vital, la conclusion principale doit porter non sur des résultats financiers, mais sur des résultats humains, non sur l'argent, mais sur l'humanité. Le produit moral et le produit social de nos institutions sont d'une plus grande portée que le produit pécuniaire (1). »

Un premier avantage de la municipalisation a été de supprimer la plus grande partie des procès auxquels donne lieu la concession des services publics. Toute la catégorie des procès qui s'élevaient entre les villes et leurs concessionnaires n'existe plus, l'une des parties ayant disparu. Quant aux procès avec les particuliers abonnés, le nombre en est notablement réduit ; l'expérience démontre qu'ils sont beaucoup moins fréquents entre les abonnés et les villes qu'ils ne l'étaient autrefois entre les abonnés et les compagnies concessionnaires. A ce point de vue il y a gain incontestable. Les habitants ont généralement bien accueilli les régies directes, dont le fonctionnement leur a donné satisfaction sur beaucoup de points. En Angleterre, les accusations portées contre les gestions municipales l'ont été souvent sans preuves, ainsi que les enquêtes parlementaires l'ont démontré (2). Les récriminations du public seraient d'ailleurs un faible argument contre le système : le public, ne se rendant pas compte des difficultés d'exploitation, ne voyant

(1) Professeur Frank PARSONS, Introduction générale à l'étude de la municipalisation, Enquête américaine, t. I, p. 114.

(2) Voir par exemple des cas où des témoins, mis en demeure de prouver certaines allégations, ont été dans l'impossibilité de le faire. Ernest BREES, p. 474, 494, etc.

que son intérêt immédiat, souvent même ses fantaisies et ses caprices, a partout une tendance constante à se montrer exigeant. Il est toujours disposé à blâmer ses fournisseurs quels qu'ils soient. Il serait banal de rappeler les plaintes continuelles contre les compagnies de chemins de fer, de tramways, du gaz, contre toutes les entreprises possibles. Les habitants des villes ne peuvent pas se passer de distributions d'eau ou de gaz, de moyens de transport, et dès qu'on leur en donne, ils se plaignent de la ville ou de la compagnie. Il semble dans tous les cas que les plaintes soient moins vives et moins fréquentes contre les régies. C'est un premier résultat.

Il y a gain aussi au point de vue social, et ici on ne saurait trop vanter les mérites du régime municipaliste ni la portée des résultats obtenus. Les résultats correspondent aux causes et préoccupations économiques et sociales signalées précédemment. Les habitants ont obtenu des services mieux organisés, et l'intérêt général a reçu de multiples satisfactions qu'il réclamait en vain aux compagnies à monopole. Comme l'a dit le professeur américain Bemis, « la municipalité affranchit les communes de l'influence des gros capitalistes, dont on se débarrasse moins facilement que des politiciens véreux. » Les laiteries municipales ont enrayé la propagation de la tuberculose et abaissé le taux de la mortalité infantile. A Saint-Helens, par exemple, la mortalité infantile était de 182 pour 1000, la moyenne dans le Royaume-Uni étant de 170; aussitôt après que la municipalité eût entrepris de stériliser elle-même le lait qu'elle achète à tous les laitiers, la mortalité descendit à 157 pour

1000 (1). A Birmingham, grâce aux travaux municipaux de construction et d'assainissement, la mortalité générale est descendue de 53 pour 1000 à 21 pour 1000.

Ainsi les résultats de l'œuvre municipale des constructions saines et à bon marché ont dépassé toutes les espérances, et encore ils ne sont pas complets à l'heure actuelle. Des quartiers ont été démolis, d'autres assainis, ce qui a diminué la mortalité et les maladies. Sans doute ces résultats coûtent pécuniairement fort cher; il est à la fois facile et injuste d'en faire un reproche aux municipalités : les améliorations acquises pour l'hygiène et la santé publique sont d'un bien autre prix. Peu importe les dépenses; il faut s'y résigner dans un intérêt supérieur; il n'y a pas que les questions d'argent dans la vie, même dans la vie municipale. C'est évidemment à coup de millions que l'on attaque les ruelles sombres et étroites, les maisons contaminées, les bâtiments immondes, les quartiers mortels. Des centaines de millions ont été consacrés à ce but en Angleterre, et il serait criminel de les regretter. A Londres seulement, il a été dépensé en vingt-deux ans près de 4 millions de livres, soit près de 100 millions de francs. Lord Avebury fait grief au Conseil de comté d'avoir acheté certains terrains et de les avoir cédés à la Commission des habitations avec une estimation inférieure au prix d'achat, ou même pour rien, en en fixant la valeur à

---

(1) Déposition de M. William JEEVES, dans l'enquête anglaise de 1900; Ernest BREES, p. 468.

Les Régies municipales.

zéro (1). Mais ce fait démontre simplement l'existence et l'énormité des difficultés qu'il s'agit de vaincre. Les propriétaires à déposséder se montrent exigeants, car, chose curieuse, les locaux insalubres rapportent beaucoup ; ils sont loués souvent garnis, ce qui est un nouveau facteur d'insalubrité, et les loyers sont élevés ; le rachat des terrains et des maisons constitue une forte dépense. Et il faut en conclure encore que, dans ces conditions, une société ou association privée n'aurait pas pu faire les constructions demandées, à moins de procéder, elle aussi, par esprit philanthropique et à perte, si l'entreprise devait se faire à perte. Une fois de plus, l'action municipale apparaît comme nécessaire. Encore faut-il ajouter que l'œuvre d'assainissement n'aboutit pas fatalement à un déficit; les logements économiques entièrement achevés et occupés ont procuré au Conseil de comté un profit de 522 liv. st. en 1904-1905, et de 2.318 liv. st. en 1906-1907 (2). Le bénéfice n'est pas grand, mais il n'est pas le but souhaité ; les effets au point de vue de l'hygiène, de la sécurité et de la moralité sont les premiers à chercher ; s'il y a un excédent de recettes, il arrive par surcroît.

---

(1) Lord Avebury, p. 64-65 : Terrain acheté 2.875 liv. st. et cédé à la Commission des habitations pour 1.432 liv.; ancienne brasserie achetée 200.000 liv. pour la construction d'habitations ouvrières et cédée pour 45.000 liv.; terrain d'une valeur de 1.250 liv. et compté pour zéro à la Commission.

(2) Augustin Renoir, p. 670. — Sur le budget du Conseil de comté de Londres, voir un article, tendancieux il est vrai, de M. A. Raffalovich dans le *Journal des Economistes*, 1907, 3, 392.

Les tramways, dont le rôle social est si important, ont bénéficié également de l'avènement des régies. Des quartiers délaissés ont été desservis, le prix des transports abaissé, le nombre des voitures multiplié, le confort augmenté. Les améliorations ont même profité aux classes riches, le développement des lignes dans un quartier permettant aux propriétaires de louer plus cher. En-dehors de ces résultats sociaux généraux, la municipalisation a pour les tramways un autre effet social étroitement lié au côté financier et dont je parlerai plus loin en traitant des résultats pécuniaires. Elle empêche la spéculation dont ce genre d'entreprises a été particulièrement l'objet en France, où elles ne sont pas municipalisées, et elle évite au public de véritables désastres financiers.

Les services d'eau et d'éclairage ont été à leur tour transformés et perfectionnés. La commission d'enquête de la *National civic federation* a publié des statistiques desquelles il résulte que le taux de la mortalité par la fièvre typhoïde est moins élevé dans des villes où l'eau est municipalisée que dans d'autres où elle est fournie par des compagnies (1). A un

---

(1) Taux de la mortalité par la fièvre typhoïde, sur 100.000 individus, d'après l'enquête américaine, 2ᵉ partie, t. I, p. 223 :

	SERVICE DES EAUX MUNICIPALISÉS		
	Chicago	Syracuse	Cleveland
1905	16,5	17,1	14,9
1906	18,1	9,2	20,2
moyenne	17,3	13,2	17,6
	COMPAGNIES PRIVÉES		
	New-Haven	Indianapolis	
1905	42,8	30,2	
1906	52	34,2	
moyenne	47,4	32,2	

point de vue moins capital, mais qui a encore de l'importance, les secours contre l'incendie ont été multipliés par les municipalités commerçantes ; en Amérique le tarif des primes d'assurance contre l'incendie a diminué dans les villes où l'eau est municipale, tandis qu'il a été relevé dans celles où fonctionnent des compagnies privées. Aujourd'hui, d'ailleurs, tout le monde admet la distribution de l'eau par les villes à titre de monopole ; c'est le service public pour lequel il ne subsiste plus de dissentiment, même parmi les adversaires de la municipalisation en général.

En ce qui concerne la situation des employés et ouvriers occupés par les régies, il résulte de l'ensemble de l'enquête américaine que les salaires payés par les municipalités, en Angleterre aussi bien qu'en Amérique, sont sensiblement égaux aux salaires donnés par les compagnies ; la supériorité des entreprises publiques porte sur la réduction des heures de travail. Ainsi, à Glasgow, quand la municipalité racheta les tramways, les salaires étaient de 19 s. par semaine avec 14 heures de travail par jour ; elle abaissa immédiatement l'horaire à 10 heures et porta les salaires à 24 s. 6 (1). A Genève les avantages de la municipalisation pour le personnel ont été vraiment inattendus, et l'on verra plus loin que les résultats financiers n'en ont pas été moins productifs pour les finances municipales (2). A Lyon, le personnel

---

(1) A. Cabiati, p. 527 et s., qui a résumé les renseignements fournis par l'enquête américaine.

(2) Le salaire des chauffeurs pour le gaz a été porté de 5 francs à 7 fr. 20 ; la journée de travail, qui était de 12 heures

municipal est aujourd'hui recruté au concours et les salaires ont été sensiblement relevés (1).

En un mot, il conviendrait de reprendre ici tout ce qui a été dit précédemment sur les mobiles du *muni-*

du temps de la concession, a été réduite en 1900 à 10 heures et le 1ᵉʳ avril 1909 à 8 heures.

« A l'Electricité, le salaire des manœuvres d'usine, qui était de 0 fr. 30 l'heure au moment de la reprise, varie aujourd'hui, suivant les états de services des travailleurs considérés, de 0 fr. 50 à 0 fr. 60, atteignant dans quelques cas exceptionnels 0 fr. 65. Le salaire est compté sur 12 heures, dont 10 $^1/_2$ de travail effectif. Le salaire de la journée oscille donc entre 6 fr. et 7 fr. 20, et dans quelques cas 7 fr. 80. Le salaire des ouvriers, qui était au temps de la Compagnie de 0 fr. 50 à 0 fr. 55 l'heure, varie aujourd'hui entre 0 fr. 55 et 0 fr. 75, dans quelques cas 0 fr. 77 — soit pour la journée (12 heures dont 10 $^1/_2$ de travail effectif) : 6 fr. 60, 9 fr., 9 fr. 30. Pour les ouvriers à la pose, le salaire a été relevé de 0 fr. 60 à 0 fr. 70, 0 fr. 73, 0 fr. 75 et dans quelques cas 0 fr. 77. Le salaire de la journée est compté sur les dix heures de travail effectif.

« Les heures de travail supplémentaire sont payées à un tarif plus élevé Lorsqu'elles sont fournies la nuit, la majoration est de 100 pour cent, le dimanche, de 50 pour cent. — Rien de tel du temps des Compagnies.

« Les jours fériés — il y en a cinq dans l'année — les ouvriers, quoique ne travaillant pas, reçoivent leur salaire ordinaire. S'ils travaillent, ils reçoivent, en plus de ce salaire payé d'office, le montant d'une journée payée au tarif du dimanche. L'ouvrier payé d'ordinaire 8 francs en reçoit 20. » Edgard Milhaud, Résultats de la municipalisation du gaz et de l'électricité à Genève, dans les *Annales de la régie directe*, 1909, p. 141.

(1) L'amélioration porte d'ailleurs sur la condition du personnel municipal lyonnais tout entier. Voir plus bas, troisième partie, chap. ii.

cipal trading, mais il est inutile de multiplier les répétitions. Le mal existant avant la municipalisation a été décrit ; les bienfaits apparaissent après ; à chaque grief mis en avant correspond un effet social connexe.

§ 2. — Réduction des tarifs
Difficulté d'une comparaison avec les tarifs privés.

Un effet capital du mouvement municipaliste pour le grand public a été l'abaissement des tarifs par les villes commerçantes. Des enquêtes et des statistiques nombreuses ont démontré *la loi de la réduction générale des prix par la municipalisation* ; le souci des profits pécuniaires n'empêche pas les villes de bien gérer les services publics ni d'envisager surtout l'intérêt des consommateurs, tandis que les compagnies doivent avant tout compter avec leurs actionnaires. A Glasgow, la mise en régie de l'eau et du gaz a diminué de près de 50 pour cent le prix de vente.

Dans l'ensemble, les régies anglaises sont arrivées à fournir l'eau, le gaz, l'électricité et les moyens de transport avec un rabais de 20 pour cent sur les compagnies (1).

D'une façon générale les prix sont inférieurs à ceux que faisaient payer les concessionnaires. Pour le gaz, les enquêtes parlementaires anglaises ont établi qu'il est vendu meilleur marché par les villes que par les compagnies (2). On constate, tout en remarquant,

---

(1) Ernest Brees, p. 495.
(2) Voir notamment les dépositions, dans l'enquête de

comme il sera dit plus loin, que la comparaison doit être faite avec circonspection, que le prix moyen de vente en Angleterre est de 3 s. à 3 s. 6 les 1.000 pieds cubes pour les compagnies et de 2 s. à 2 s. 6 pour les régies municipales ; quelques villes le fournissent à un prix équivalant à 0 fr. 10 le mètre cube. En Suisse le prix du gaz ou de l'électricité fournis par les municipalités est sensiblement égal au prix demandé par les compagnies (1). Mais on observe aussi des diminutions de tarifs consécutives à la municipalisation. A Genève, le prix du mètre cube de gaz, qui était de 30 centimes du temps de la concession, est aujourd'hui de 22 centimes, sans compter les rabais accordés pour les fortes consommations. Le prix de l'électricité a été également réduit dans des propor-

---

1900, de MM. Courtenay E. Boyle, Edward Oxford Smith, James Wilson Southern, et de M. Edward Robertshaw Hartley, un socialiste anglais, dans l'enquête de 1903. Ernest BREES, p. 422, 446, 452, 528.

(1) *Annuaire financier suisse*, 1908, p. 147-150. Voir quelques chiffres :

	PRIX DU GAZ PAR M³		
	Eclairage fr.	Cuisine fr.	
Aarau	0,21	0,21	Rabais 5 à 25 0/0 suivant consommation.
Bâle	0,20	0,15	Rabais suivant consommation.
Berne	0,25	0,20	Id.
Chaux-de-Fonds .	0,20	0,20	Compteurs gratuits.
Fribourg	0,25	0,20	
Genève	0,22	0,22	Rabais suivant consommation 25 0/0 pour industrie.
Lausanne . . .	0,25	0,20	
Schaffouse . . .	0,25	0,20	Rabais de 3 à 15 0/0.
Zürich	0,225	0,175	Rabais suivant consommation.

tions notables. Enfin le régime des compteurs, à gaz ou à électricité, a été amélioré, ce qui intéresse tous les consommateurs, surtout les petits ; les frais de location des compteurs constituent une charge fixe d'autant plus lourde que la consommation est plus petite, et toute mesure qui l'allège est essentiellement démocratique. La ville de Genève a diminué de 50 pour cent l'ancien prix de location des compteurs (1). Toute comparaison des prix, tarifs et redevances avant et après la municipalisation est particulièrement démonstrative des bons effets du régime.

En matière de tramways, les tarifs municipaux de transport sont plus bas que les tarifs des entreprises privées, non seulement d'une façon absolue, mais par rapport à ce qu'ils étaient à l'époque des concessions. En Angleterre, la tendance invariable des corporations a toujours été, avant toute autre réforme; la

---

(1) Edgard MILHAUD, Les résultats de la municipalisation du gaz et de l'électricité à Genève, dans les *Annales de la régie directe*, 1909, p. 133. L'auteur indique les réductions de tarifs qui ont été accordées pour l'éclairage électrique immédiatement après la reprise du service par la ville.

PRIX DE L'HEURE

Par lampe de :			Tarif pendant la concession	Tarif actuel (municipalisation)
			fr.	fr.
50 watts, dite de	10	bougies	0,05	0,04
69 — —	16	—	0,07	0,055
88 — —	20	—	0,085	0,07
100 — —	24	—	0,10	0,08
125 — —	32	—	0,125	0,10
188 — —	60	—	0,18	0,15
300 — —	100	—	0,35	0,25
Par kilowatt heure			1 franc	0,80

réduction des prix de transport. En Allemagne, l'abaissement des prix est bien connu ; c'est un fait acquis. Les anciens tarifs pratiqués par les concessionnaires ont généralement été ramenés par les villes à 10 pfennigs (0 fr. 125), avec correspondance à volonté sans surtaxe. Ces réductions ont été critiquées quelquefois, parce qu'elles ont été l'occasion d'une sensible diminution de recettes pendant une période transitoire ; elles ont été, a-t-on dit, consenties trop tôt (1). Mais le bon marché attirera la clientèle et avec le temps les recettes recommenceront à monter. Il s'agit d'ailleurs de savoir si le point de vue pécuniaire est tout, ou s'il n'y a pas lieu de procurer au public, en vue d'un devoir social à accomplir, des moyens de transport à bon marché.

Les distributions municipales d'eau se font aussi à très bon compte. Un certain nombre de villes, surtout en Amérique, poussant jusqu'au bout le principe de salubrité et d'hygiène, fournissent l'eau gratuitement. Sans aller aussi loin, les villes en général ont fixé les tarifs à des taux facilement accessibles à tous. A Lyon, le service municipal des eaux fonctionne régulièrement et ne donne lieu à aucune plainte ; il accorde d'importants avantages aux petits logements. Le minimum d'abonnement annuel est de 12 francs pour les logements d'une valeur locative de 300 francs et au-dessous, avec attribution d'un volume d'eau de 100 litres par jour. Pour les usages industriels, le prix annuel le plus bas est de 30 francs pour un débit de 250 litres par jour. Des tarifs spéciaux existent

(1) André Bussy, p. 137 et 292.

relativement aux fournitures d'eau pour constructions, remplissage de réservoirs, installations temporaires comme expositions, établissements forains, etc. (1) A l'époque où la Compagnie générale des eaux était concessionnaire de la ville, il n'existait pas, pour l'usage domestique, d'abonnement inférieur à 36 francs par an à robinet libre ; l'abonnement à 2 hectolitres par jour, avec un robinet de jauge, était de 44 francs

---

(1) Renseignements donnés par le *Règlement et tarif* du service municipal des eaux de la ville de Lyon. Le tarif des fournitures d'eau pour usage domestique est le suivant :

Logements d'une valeur locative annuelle	Nombre de personnes composant le ménage	Volume d'eau attribué par jour	Prix annuel au robinet libre pour un seul robinet
De 300 fr. et au-dessous	de 1 à 9	100 litres	12 fr.
De 301 fr. à 500 fr	de 1 à 9	150 —	18 »
De 501 fr. à 800 fr	de 1 à 9	300 —	36 »
De 801 fr. et au-dessus	de 1 à 3	300 —	36 »
Id. Id.	de 4 à 6	400 —	48 »
Id. Id.	de 7 à 9	500 —	60 »

L'eau pour usage industriel est servie au robinet de jauge ou au compteur conformément au tarif suivant :

Volume d'eau attribué par jour	Prix annuel
250 litres	30 fr.
375 —	45 »
1/2 mètre cube	60 »
1 —	110 »
2 —	170 »
20 —	1000 »
60 —	2525 »

Au-dessus de 30 mètres cubes, le prix annuel est de 30 francs le mètre cube.

au minimum. La municipalisation de service a donc profité aux consommateurs, sans que les réductions de tarifs aient empêché la ville elle-même de faire des bénéfices considérables.

A Saint-Chamond (Loire), les plus petits abonnements jusqu'à ce jour s'élèvent à 28 francs pour les habitants de la ville même et à 42 francs pour ceux des communes voisines, contre la délivrance de 4 hectolitres d'eau par 24 heures ; il y a peu de villes où l'eau soit aussi bon marché pour un débit aussi important. Ce qui manque, ce sont les abonnements à très bas prix pour les petits consommateurs. Aussi, dès que le deuxième barrage en projet sera construit, la régie s'arrangera pour consentir des débits inférieurs à 400 litres, en s'engageant même à faire les frais d'établissement de la prise d'eau, depuis la canalisation nourricière jusqu'à la façade des maisons (1).

Le bon marché des produits et services est donc une règle de l'action communale. On peut trouver évidemment des exceptions, et Lord Avebury n'a pas manqué d'en citer, pour le gaz notamment. Mais ce n'est pas à quelques résultats particuliers qu'il suffit de s'arrêter. Quand Lord Avebury compare le prix du gaz à Sheffield, où une compagnie l'a diminué, et à Nottingham où la régie l'a augmenté, j'oppose immédiatement la comparaison entre Bruxelles et Schaerbeek, ou entre Manchester et Liverpool, où le résultat inverse s'est produit. On pourrait multi-

---

(1) Renseignements communiqués par M. M. Perrin, directeur du service des eaux de la ville de Saint-Chamond.

plier à l'infini ces parallèles. La thèse de Lord Avebury sur les prix est contredite directement par les deux enquêtes parlementaires anglaises et par le professeur américain Bemis, dont les preuves et le raisonnement sont pour le moins aussi sérieux. Ce sont les résultats généraux, les grandes enquêtes, les statistiques étendues qu'il faut considérer. Or, il est reconnu que les municipalités ont une tendance à faire payer moins cher leurs services, ne serait-ce que parce qu'elles paient un intérêt modique au capital emprunté. La moyenne des prix payés par le consommateur est plus élevée dans le cas des sociétés particulières que dans le cas de régies ; telle est la constatation résultant de l'expérience et des statistiques. La loi générale, qu'il ne faut jamais perdre de vue, est la diminution du coût pour le consommateur. La concurrence des villes abaisse le prix des produits et des services. Si des compagnies ont opéré des réductions, c'est souvent sous la menace ou par appréhension du rachat : la crainte de la municipalisation est le commencement de la sagesse des tarifs (1).

On doit observer d'ailleurs la plus grande prudence dans le rapprochement des prix. Dans tout ce qui précède, il a été question de l'abaissement des prix payés par les consommateurs, considéré en ce qui

(1) « We were told by leading men in England... that the companies behave well now, because they know their works will be municipalized if they do not », a écrit le professeur Frank Parsons, l'un des commissaires de l'Enquête américaine, dans une Introduction générale sur la municipalisation, t. I, p. 117.

concerne les consommateurs eux-mêmes et l'avantage qu'ils y trouvent. A ce point de vue, on peut citer des chiffres ; on se demande alors si le public obtient de bons produits à de bonnes conditions, et s'il a intérêt à l'existence d'une régie.

Mais la comparaison des prix de vente, considérée en ce qui concerne les producteurs, devient très délicate et presque impossible. On se place alors au point de vue économique absolu et le problème se pose ainsi : étant donné un mètre cube de gaz par exemple, à quel prix est-il vendu par une compagnie ou par une municipalité ? Si les réponses données par les partisans et les adversaires des régies directes ont été jusqu'à présent si divergentes, la divergence vient peut-être de ce qu'on ne s'entend pas. La question posée est trop nette parce qu'elle est trop abstraite ; elle est dégagée de tous les éléments qui la compliquent en pratique. Une compagnie exploite un service d'une façon exclusivement commerciale ; elle ne connaît que le *doit* et l'*avoir* ; elle veut couvrir ses frais, amortir et faire un bénéfice net. Une municipalité au contraire peut décider d'exploiter avec un très léger bénéfice, limité d'avance, de façon à faire profiter le public des bons résultats. Elle peut exploiter aussi au prix de revient, ou même exploiter sciemment à perte si elle pense que le côté social d'une entreprise doit prédominer. Une compagnie à monopole — les entraves et règlements administratifs mis à part, — élevera les tarifs à leur maximum, c'est-à-dire jusqu'au point mathématique où l'entreprise donnera son maximum de rendement avec le maximum de consommation ; elle ne sera arrêtée que par la crainte qu'un tarif exagéré ne restreigne la consommation et le rendement. Une ville pourra négliger une pareille préoccupation et vendre délibérément au-dessous du prix de monopole. Les considérations sociales ou autres viennent compliquer ici l'application des lois de l'économie politique sur la fixation des prix.

Ce n'est pas tout. Une compagnie privée, fondée sur une idée de spéculation et un espoir de gains, ne tentera une entreprise que là où les conditions économiques du marché font espérer un bénéfice. Et même, avec le développement des grandes sociétés modernes, le milieu doit procurer de gros bénéfices, de façon à pouvoir rémunérer largement l'entreprise. Une ville au contraire se chargera d'un service, même s'il laisse entrevoir des mécomptes, dans les cas où l'intérêt des habitants en exigera la création. Le fait s'est produit plus d'une fois pour les constructions de logements ouvriers.

Une compagnie, pressée par la perspective de la fin de la concession, doit amortir son capital et faire des bénéfices dans un temps donné. Parfois l'intérêt du capital engagé est lourd. Elle doit donc relever ses tarifs si elle ne veut pas arriver à l'échéance avec un passif de faillite, tandis qu'une ville a pour elle la perpétuité des personnes morales (1). C'est un être qui ne meurt pas, et dont les entreprises ne sont pas bornées par le temps. Elle peut spéculer à longue échéance, d'autant plus qu'elle a pu se procurer des capitaux à bon compte. Elle est donc en mesure de

---

(1) Cf. A. Cabiati, p. 436. — A. Geisser, p. 10.

fournir un produit, supposé d'une certaine qualité, à un prix plus bas que ne le ferait un entrepreneur particulier. Les villes sont, à cet égard, dans des conditions plus favorables que les compagnies ; elles sont seules en mesure de faire des prix d'attente.

Enfin on doit tenir compte des conditions particulières à chaque entreprise. Les tarifs pour le gaz varient forcément suivant que le gazomètre est éloigné ou à proximité des mines de houille, suivant le coût du transport, suivant que les résidus ou sous-produits peuvent ou non être utilisés sur place, suivant les habitudes du public concernant le chauffage et la cuisine, etc. A Wheeling (Etat de West Virginia) on trouve du gaz naturel. Les prix peuvent ainsi différer considérablement d'une ville à une autre. C'est pourquoi j'ai eu soin, même en me plaçant au point de vue du consommateur, de ne donner des exemples que pour des villes où les conditions économiques, sociales ou géographiques étaient sensiblement identiques, Bruxelles et Schaerbeek, Liverpool et Manchester ; ces deux dernières ont la même situation géographique dans le voisinage des bassins houillers ; elles sont semblables pour la superficie et la population. Mais il n'en est pas toujours ainsi et il faut tenir compte des différences.

Le prix de l'eau dépend aussi de facteurs nombreux : éloignement ou proximité des sources ou des lacs et par conséquent longueur et frais de construction des aqueducs ou canalisations, pureté de l'eau et frais de filtrage, de stérilisation, etc. A Syracuse (Etat de New-York), l'eau arrive dans la ville par une pente naturelle ; à Indianapolis, il faut l'élever au moyen de pompes. L'établissement d'un service dans la première de ces villes a donc exigé un effort moindre et comporte un tarif plus réduit que dans la seconde.

Quant aux entreprises de lumière et d'énergie électrique, les éléments constitutifs des prix deviennent encore plus complexes. Le professeur Cabiati estime avec raison qu'un long chapitre ne serait pas de trop pour traiter la formation du prix dans l'industrie électrique.

Le problème posé d'une façon absolue, pour les prix d'un produit vendu par une compagnie ou par une ville, ne comporte donc véritablement pas de réponse. Quand on demande si les villes fournissent à meilleur marché que les compagnies, les uns affirment, les autres nient. On ne doit pas vouloir comparer des éléments qui ne sont pas comparables; les chiffres sont des abstractions, et il faut voir ce qu'ils expriment : ici ils ne peuvent exprimer les mêmes choses. Dire qu'un produit est livré par une ville à 12 francs et par une compagnie à 15, *ou inversement*, c'est en réalité ne rien dire si toutes les conditions de production et de consommation sont différentes. La même observation devrait être faite d'ailleurs pour la comparaison des tarifs entre deux villes ou entre deux compagnies.

C'est là une remarque qui paraît élémentaire, et que cependant beaucoup d'auteurs ont négligée quand ils ont cité des chiffres qu'ils présentaient comme arguments décisifs. La Commission d'enquête de la *National civic federation* avait d'abord inscrit la comparaison des prix dans son programme, mais elle s'est heurtée à des obstacles insurmontables quand elle a voulu la faire. Ce qu'elle cherchait, c'était même la comparaison des prix en Angleterre et aux États-Unis : c'est ce qui l'aurait intéressée. Mais elle a dû y renoncer, un motif nouveau venant encore s'ajouter à ceux qui ont été énumérés ci-dessus : la différence de nature des deux peuples, qui les porte à traiter différemment certaines choses. Aussi le rapport général de la Commission se contente de signaler la difficulté; il ne contient aucune conclusion sur ce point délicat (1).

Ce qu'il est possible de comparer utilement, ce sont les prix pour une même entreprise à des époques successives, avant et après la municipalisation. On obtient un résultat et des chiffres qui signifient quelque chose quand on montre qu'à Glasgow par exemple la municipalisation a réduit le prix de l'eau et du gaz d'environ 50 pour cent, ou bien qu'à Lyon elle a abaissé le minimum du prix d'abonnement. Mais alors on revient au point de vue du consommateur, et à cet égard il semble démontré, comme je l'ai dit, que la municipalisation a produit une réduction générale des prix.

Il ne convient pas non plus de comparer les prix de revient dans les régies et dans les sociétés, ni enfin les bénéfices réalisés par les unes ou les autres. Toutes les considérations énumérées ci-dessus se retrouvent :

(1) Enquête de la *National civic federation*, t. I. p. 21. La Commission avoue qu'il est difficile de donner une réponse positive et d'une application universelle relativement à « the success or failure of municipal ownership compared with private ownerschip. »

Les Régies municipales.   8

conditions différentes de production, facilités d'avoir la matière première, durée limitée des concessions opposée à la perpétuité des communes, etc. Un autre motif vient d'ailleurs s'y ajouter : les procédés de comptabilité employés ne sont par les mêmes. On connaît la comptabilité des régies, puisqu'elle est publique ; les communes ne peuvent pas dissimuler la véritable situation de leurs entreprises, tandis que les comptes des sociétés, tels qu'ils sont publiés, sont incomplets. « On prétend communément que les régies produisent à moins bon compte que les sociétés concessionnaires. Mais c'est là une opinion qui, pour toute courante qu'elle est, n'a guère été contrôlée. Pour l'étayer, une comparaison rigoureuse serait nécessaire entre régies et sociétés concessionnaires ; or les éléments font défaut pour la faire avec exactitude, voire avec une approximation satisfaisante (1). » Rien n'est plus difficile par exemple, a-t-on dit encore, que de connaître les conditions techniques d'une concession de gaz, le nombre et le genre des abonnés, le prix de revient du gaz, les salaires du personnel, etc. (2).

Les résultats d'une entreprise sont susceptibles d'être groupés de façons bien diverses dans une comptabilité. Telle dépense peut être portée, suivant l'esprit de la direction, au compte d'exploitation ou au capital de premier établissement. On achète par exemple 50.000 francs de matériel. Une municipalité fera figurer cette somme aux dépenses annuelles d'ex-

---

(1) Alexandre Dandois, p. 77.
(2) Ernest Brees, p. 335.

ploitation pour 5.000 francs pendant dix ans, ce qui diminuera les bénéfices. Une société l'incorporera au contraire au capital de premier établissement, et cet artifice fera ressortir un capital engagé plus élevé et par contre des bénéfices annuels plus considérables. La manière de faire figurer dans les comptes les divers amortissements nécessaires donne lieu également à bien des combinaisons. Une comptabilité correcte et vraie doit faire voir si une partie du capital social a été remboursée, tandis que les sociétés dissimulent parfois la situation. D'une façon générale les administrateurs d'une société ont un double intérêt à augmenter le capital engagé, à réduire dans les écritures le chiffre des dépenses annuelles d'exploitation et à faire apparaître des bénéfices importants. Ils y trouvent un avantage immédiat puisqu'ils sont intéressés sur les bénéfices, et d'autre part ils augmentent ainsi le prix à payer par la ville en cas de rachat anticipé de la concession. L'augmentation artificielle du capital social est un fait bien connu, relevé non seulement pour les compagnies françaises, mais pour les compagnies belges, anglaises ou américaines. En Belgique, la loi sur les sociétés oblige les administrateurs à faire figurer au bilan les amortissements nécessaires, mais toutes les habiletés sont mises en œuvre pour éluder cette obligation (1). Ces différences

---

(1) Professeur Frank Parsons, Introduction générale sur la municipalisation, dans l'Enquête américaine de la *National civic federation*, t. I, p. 115-116. L'auteur cite, note 3, le fait de la Sheffield gas company qui s'est arrangée pour que la ville, en cas de rachat de la concession, paie l'entreprise

de comptabilité, on le comprend, rendent les comparaisons impossibles. Une société pourra toujours se vanter de ses profits, tandis que ceux d'une municipalité auront en regard, à raison des procédés de comptabilité, une modestie dont abusent les adversaires du *municipal trading*.

La publicité joue ici un grand rôle. Les concessionnaires ont soin de ne pas publier leurs comptes d'une façon complète et on s'en est plaint plus d'une fois. L'insuffisance de leur comptabilité est manifeste, et les données pour apprécier leur gestion manquent presque totalement. Ils ont soigneusement caché, a-t-on remarqué, « les détails de leurs opérations, ainsi que les éléments de leur prix de revient; leurs bilans et leurs comptes de profits et pertes, bien entendu ceux qui se publient officiellement, ne fournissent que des renseignements incomplets (1) ». On ne peut pas vérifier l'exactitude des chiffres portés pour les dépenses d'exploitation. En Amérique, elles dissimulent des appointements exagérés à des administrateurs ou à des employés, qui sont quelquefois des employés fictifs, c'est-à-dire des personnages politiques à rémunérer.

Dans les régies au contraire tout est public, surtout

15.000.000 francs de plus qu'elle ne vaut en réalité. — Alexandre Dandois, p. 5 et s., et notamment p. 19. L'auteur étudie en détail les divers amortissements portant sur la dépréciation du matériel ou le remboursement du capital; il donne des exemples de bilans et fait comprendre les différentes manières dont la répartition des recettes et des bénéfices peut être opérée.

(1) Alexandre Dandois, p. 77.

en Angleterre avec le soin que les *committees* mettent à tout imprimer, ou encore en Belgique avec la représentation proportionnelle dans les conseils locaux, qui donne lieu à la surveillance de la majorité par la minorité. Dans ces pays la comptabilité des régies est examinée constamment avec minutie par une foule d'intéressés. On est frappé de la distance qui sépare les bilans et les comptes publiés par les compagnies et les comptes et statistiques de toute sorte publiés par les régies anglaises, belges ou suisses. Les comptes-rendus des services industriels, fournis par des villes comme Genève, Glasgow, Manchester, sont absolument clairs et complets : ils n'omettent rien et présentent les éléments financiers sous plusieurs formes. Ce n'est pas seulement la comptabilité en partie double ; ce sont des chiffres groupés sous quatre ou cinq aspects différents, donnant les moyens d'un contrôle intégral. Que les procédés de comptabilité soient unifiés, que la publicité soit complète, que tous les facteurs du prix de revient soient mentionnés, alors on verra si vraiment les régies sont en état d'infériorité. Si les sociétés concessionnaires refusent de se prêter à ces réformes, il sera permis de dire qu'elles craignent la lumière et leurs défenseurs ne pourront plus soutenir que le prix de revient dans les régies est plus élevé que dans l'industrie privée ; un argument principal des détracteurs des régies aura vécu. Si, au contraire, elles fournissent tous les détails qu'on leur demande, on découvrira la vérité et on pourra faire des comparaisons sérieuses (1).

(1) Alexandre Dandois, p. 80.
Les Régies municipales. 8.

En attendant, les résultats financiers d'une régie doivent être envisagés à un point de vue spécial : on ne peut que très difficilement les rapprocher des résultats d'une exploitation privée, et la différence des prix ne serait pas un indice de supériorité ou d'infériorité. Il faut voir les résultats pécuniaires d'une régie en eux-mêmes : procurent-ils, oui ou non, un bénéfice à la ville qui a besoin d'argent et la régie municipale est-elle bien gérée, tout est là. Il ne s'agit pas de savoir si une compagnie gagnerait davantage, mais si la ville gagne et si elle administre bien son patrimoine industriel.

Telles sont les conditions dans lesquelles on peut aborder l'examen des résultats financiers de la municipalisation pour les principaux services.

§ 3. — Résultats financiers. Distributions d'eau.

En 1889, la ville de Genève et la commune de Plainpalais faisaient, avec le seul service des eaux, un bénéfice net de 137.135 fr. 25. Il a été, en 1908, de 521.874 fr. 25, ainsi qu'il ressort du tableau suivant (1) :

---

(1) Ville de Genève, *Compte-rendu des services industriels*, 1908, p. 282-283. — Dans les développements qui suivent, il est question de *recettes, recettes nettes, produit d'exploitation,* etc. Voici ce que l'on entend par là. Les *recettes* ou *recettes brutes* sont les produits de l'exploitation tels qu'ils entrent dans la caisse de l'entreprise. On en déduit les *dépenses d'ex-*

Recettes brutes d'exploitation . . . . 1.195.422 fr. 80

Dépenses :

    Dépenses d'exploitation. 307.011 fr. 75
    Intérêts 161.009   35
    Amortissements . . . 205.527   45

                              673.548 fr. 55 673.548 55

Solde à répartir, soit bénéfice net . . .   521.874 25

Total égal aux recettes . . . . 1.195.422 fr. 80

Les bénéfices réalisés par le service des eaux sont entièrement versés au budget de la ville de Genève. Une seule exception est faite pour les bénéfices réalisés sur la vente de l'eau dans la commune de Plainpalais, à qui une partie en est réservée. Pour 1908, la part de Genève a été de 503.369 fr. 35, et la part de Plainpalais de 18.504 fr. 90.

En 1907, Bâle a retiré du service des eaux un profit net de 341.829 francs, consacré entièrement à l'amor-

ploitation, et la différence entre les recettes et les dépenses d'exploitation donne les *recettes nettes* ou *produits d'exploitation*, appelés aussi quelquefois le *produit brut d'exploitation*. Sur ce dernier produit brut ou recettes nettes on prélève l'intérêt du capital, l'amortissement, les sommes versées à la réserve ou au fond de dépréciation ou de renouvellement du matériel, les impôts à payer s'il y a lieu, etc., et il reste le *bénéfice net*. C'est ce dernier bénéfice absolument net que l'on doit s'efforcer de faire ressortir dans l'analyse des résultats financiers. Malheureusement les procédés de comptabilité diffèrent suivant les pays ou même les localités ; les budgets de prévision ou les comptes définitifs ne sont pas présentés partout de la même façon, ce qui empêche souvent de dégager le *bénéfice net* proprement dit.

tissement et Zürich un profit net de 560.000 francs en chiffres ronds (1).

La régie de Bruxelles fonctionne depuis 1853. Au 31 décembre 1907, le capital de premier établissement s'élevait à 21.802.959 fr. 18. La recette nette

---

(1) Produit net des régies municipales des eaux en Suisse pour 1907, d'après l'*Annuaire financier suisse* de 1908 :

	Produit net		Sommes consacrées en outre à l'amortissement ou au fonds de réserve
Aarau	567 Fr.		17.000
Arbon	18.321 Fr. 21		
Bade	15.347	»	6 0/0
Bâle.			341.829
Bellinzona. . . .	5.000	»	
Berne	181.457	»	1,15 0/0
Bienne.	142.500	»	15.000
Burgdorf	18.224	»	
Chaux-de-Fonds. .	76.775	»	2,25
Coire	21.985	»	8.000
Frauenfeld . . .	9.756	»	9 000
Glaris	10.276	»	
Liestal.	4.448	»	1,25 0/0
Le Locle	20.205	»	
Lugano.	312	»	4.500
Lucerne	74.363	»	40.874 / 47.098
Neuchâtel	33.799	»	16.170
Payerne	18.637	»	2.000
Porrentruy . . .	27.641	»	
Rorschach. . . .	20.166	»	21.000
Saint-Gall	35.000	»	4,99 0/0
Saint-Imier . . .	3.134	»	
Schaffhouse . . .	15.000	»	
Sion	4.680	»	3.000
Soleure.	15.698	»	5.000
Thun	31.908	»	
Winterthur . . .	38.623	»	
Zürich	559.458	»	

de l'année 1907 a été de 1.113.773 fr. 92. En déduisant l'intérêt du capital de premier établissement, environ 550.000 francs, il restait un bénéfice absolument net représentant à peu près 2,50 0/0. En 1903, le rendement avait été de 3,12 0/0 (1). La compagnie intercommunale des eaux, constituée par les communes de l'agglomération bruxelloise distribue régulièrement des dividendes aux communes actionnaires. En 1904, elle leur a distribué 31.000 fr., et en 1908, 36.000 francs, à raison de 5 0/0 (2).

(1) Ernest BREES, p. 72. Au 31 décembre 1903, le capital de premier établissement s'élevait à 19.842.914 fr. 10 et la recette nette à 1.208.579 fr. 82. En déduisant l'intérêt du capital de premier établissement, 589.334 fr. 54, il restait un bénéfice absolument net de 619.245 fr. 28, soit un rendement très rémunérateur de 3,12 0/0.

Le bilan du service des eaux bruxelloises de 1853 à 1907 se présente ainsi :

Années	Frais de premier établissement	Bénéfices
1853.	fr. 39.881 08	fr. 1.625 »
1860.	5.948.267 32	106.585 73
1870.	6.906.378 55	262.679 92
1881.	11.320.961 18	1.018.840 01
1882.	11.499.462 22	866.968 08
1890.	13.534.048 88	1.146.670 75
1898.	17.500.326 06	1.633.587 41
1900.	18.135.542 82	982.797 03
1901.	18.735.870 01	1.121.747 71
1902.	19.208.756 01	1.164.961 63
1903.	19.842.914 10	1.208.579 82
1904.	.	1.275.188 22
1905.	.	1.051.038 62
1906.	.	1.137.754 65
1907.	21.802.959 18	1.113.773 92

(2) Rapport du conseil d'administration pour l'exercice 1908 (17e année), 1909, p. 48.

En Angleterre, les bénéfices nets, déduction faite de tous frais d'amortissement, ont été pour l'exercice 1897-1898 (1) :

Aberdeen.	Liv. st.	2.110
Birmingham	—	28.654
Glasgow	—	39.772
Huddersfield	—	2.995
Hull	—	7.067
Leeds	—	8.095
Sheffield	—	13.843

Par contre, le service des eaux à Manchester présentait, au 31 mars 1908, un déficit de 45.227 £ ramené au 31 mars 1909 à 23.982 £ par suite des bénéfices de l'année 1908-1909. Le « Waterworks Committee », prévoyant un nouvel excédent de recettes pour 1909-1910, compte que le déficit tombera à 12.371 £ le 31 mars 1910 (2).

Dans beaucoup d'autres villes anglaises, comme en Amérique d'ailleurs, on ne constate pas de bénéfice sur la distribution d'eau parce qu'elles n'en veulent pas faire et considèrent surtout le côté social et hygiénique du service.

Le service des eaux exploité en régie accusait un revenu net de 500.000 francs à Florence en 1898, de 34.775 francs à Udine (3).

En Amérique, dans les trois villes soumises à l'enquête de la *National civic federation*, les bénéfices

---

(1) Extrait du *Municipal year book for 1899*.

(2) Rapports du *Waterworks Committee*, 1909, et du *Finance Committee* sur les prévisions de l'exercice 1909-1910.

(3) Totomiantz, *Revue d'économie politique*, 1902.

des régies municipales d'eau ont été, en 1905, de (1) :

Chicago	doll. 1.681.512,14	env. fr.	8.975.700
Cleveland	— 61.185,62	—	312.000
Syracuse	— 31.515,15	—	160.700

A Lyon, les recettes de la régie des eaux n'ont cessé de monter. Elles sont passées de 2.016.005 francs en 1902 à 2.570.800 francs en 1907 (dernier résultat connu) (2). Ce qui est particulièrement instructif, c'est la comparaison, pour les bénéfices retirés par la Ville de ce service, entre la période de la concession, antérieure à 1902, et la période de la régie directe.

---

(1) Enquête de la *National civic federation*, 2ᵉ partie, t. I, p. 402, 415 et 425.

(2) Extraits du budget de la ville de Lyon, d'après le *Bulletin municipal officiel* de la ville ; Annexes, 1904, 2, 168 ; 1905, 2, 184 ; 1906, 2, 181 ; 1907, 2, 398 ; 1908, 2, 320. On remarquera que les prévisions de recettes sont calculées, dans chaque budget, sur les résultats effectifs du dernier exercice connu, c'est-à-dire conformément à la règle fondamentale de la pénultième année. C'est le résultat effectif de 1903 qui a fourni le chiffre des prévisions pour 1905, le résultat effectif de 1904 a fourni le chiffre des prévisions pour 1906, et ainsi de suite.

PRODUITS DU SERVICE DES EAUX

Années	Prévision	Recettes effectives
1902	fr.	fr. 2.016.005
1903	1.970.100	2.063.000
1904	2.000.100	2.138.000
1905	2.061.600	2.348.000
1906	2.151.600	2.475.000
1907	2.349.600	2.570.800
1908	2.451.600	. . . .
1909	2.552.600	. . . .

En 1898, avant la régie, la Compagnie des eaux lui allouait une redevance de 376.000 francs, mais avait perçu 328.644 francs pour la fourniture de l'eau des rues, places et bâtiments publics. Le bénéfice pour la ville était ainsi de 47.356 francs. En 1902, après la régie, les frais d'exploitation ont été de 616.191 francs ; en comptant l'annuité de rachat, 1.300.000 francs, les recettes nettes ont été encore de 99.814 francs. Elles ont été en 1907 de 541.000 francs (1). Si l'on déduit en outre l'amortissement et les intérêts du capital engagé, on trouve un bénéfice net incomparablement supérieur à celui de 1898. La progression est frappante et les résultats ne peuvent se discuter. Le budget de la ville est de 29.000.000 francs en chiffres ronds.

A Saint-Chamond, les recettes brutes, qui étaient autrefois de 50.000 francs, ont été en 1907 de 226.404 fr. 65, et sont prévues au budget de 1909 pour 232.000 francs. Le budget de la ville est de 523.400 francs pour une population de 14.430 habitants. Les droits d'octroi donnent environ 150.000 fr.; les eaux en première ligne et ensuite l'octroi constituent les deux grosses recettes de la ville. Les bénéfices nets annuels sont d'environ 200.000 fr. (2).

---

(1) Edouard HERRIOT, maire de Lyon, p. 37. Les frais d'administration et d'exploitation ont été en 1907 de 611 029 fr. La progression des recettes nettes depuis 1904 a été de :

1904.	335.000 francs.
1905.	503.000 —
1906.	596.000 —
1907.	541.000 —

(2) Les recettes du service des eaux formant le principal élément des finances de la ville, le budget du service est con-

A Tarare (Rhône), la ville a commencé la construction d'un barrage en 1900 et la distribution de l'eau aux particuliers le 1ᵉʳ janvier 1904 ; le fonctionnement de la régie est donc récent. Le nombre des abonnements était, en 1909, de 530 et s'augmentait chaque jour ; ils ont rapporté 20.000 francs en 1908, dont la moitié environ a été un bénéfice net (1).

fondu avec celui de la ville. Les recettes prévues pour 1909 sont :

Budget, chap. xiv : Produit des eaux	232.000 fr.
— — xxv : Avances pour canalisations	1.800
	233.800 fr.

Le chapitre xxv est relatif aux avances faites par les abonnés ne se trouvant pas sur le parcours des voies canalisées, et remboursables en 12 annuités par la remise à ces abonnés de la moitié du montant de leur abonnement. Voici maintenant les dépenses prévues pour l'exploitation :

Budget, chap. ii : Personnel	11.590 fr.
— — xix : Entretien des canalisations (budget primitif et budget additionnel)	13.410
Divers	100
Remboursement de canalisations	5.000
	30.000 fr.

Les sommes consacrées à l'amortissement sont également confondues dans les dépenses générales d'amortissement de la ville. Le chapitre lxxix du budget des dépenses pour 1909 prévoit une annuité de 145.502 fr. 98 pour amortissement d'un emprunt antérieurement fait au Crédit foncier.

(1) Renseignements communiqués par le directeur du service des eaux de la ville de Tarare.

§ 4. — Services d'éclairage et force motrice

Autrefois, la compagnie chargée du service de l'électricité ne payait à la ville de Genève aucune redevance annuelle; la compagnie concessionnaire du gaz lui versait 30.000 francs par an. En 1908, les recettes d'exploitation et les bénéfices nets pour les services publics de Genève ont été de (1):

	Recettes	Bénéfice net
Force motrice. . .	1.478.964 fr. 20	152.611 fr. 40
Électricité	1.835.475 20	692.380 30
Gaz	2.918.045 15	575.449 05

Les bénéfices des autres villes ont été également considérables : la petite ville d'Aarau a pu consacrer 143.000 francs à l'amortissement pour l'installation de l'électricité, et conserver encore un bénéfice net de 34.000 francs. Voici du reste quelques chiffres (2).

	Gaz	Électricité
Bâle.	852.328 fr.	320.481 fr.
Bellinzona . . .	. . .	56.680
Berne	264.796	122.344
Bienne.	150.000	69 000
Lucerne	46.686	53.949
Saint-Gall . . .	150.000	30.000
Schaffhouse. . .	10.000	25.000
Winterthur . . .	118.000	(déficit)
Zürich.	1.001.245	294.498

(1) Le bénéfice net est calculé comme pour le service des eaux (*Suprà,* § 3), c'est-à-dire indiqué après déduction non seulement des dépenses d'exploitation, mais encore des sommes consacrées aux intérêts et aux amortissements.

(2) D'après l'*Annuaire financier suisse* de 1908.

Les sommes consacrées au paiement des intérêts, aux amortissements, aux versements au fonds de réserve ou de renouvellement, ne sont pas comprises dans ces bénéfices nets. Ainsi Lucerne a employé :

	Pour l'amortissement	Pour le fonds de réserve
Gaz.	31.059 fr.	49.247 fr.
Electricité	23.400	138.764

Par contre le service de l'électricité à Winterthur s'est soldé, dans cette même année 1908, par un déficit de 15.507 francs.

Pour le gaz, la régie de Bruxelles procure des bénéfices nets variant entre 1.500.000 francs et 2.200.000 francs par an. Elle fonctionne depuis 1876. En 1903, la ville avait encaissé au total, par suite de la seule exploitation du gaz, et sans compter la valeur de l'éclairage public fourni gratuitement à la ville par la régie, 44.056.473 fr. 62, alors que le capital de premier établissement n'était que de 30.323.564 fr. 68 (1). La régie de l'électricité, après avoir été en

---

(1) Ernest BREES, p. 198. — Cf. les renseignements communiqués par le directeur des finances de la ville de Bruxelles et cités dans les rapports de M. Morlot à la Chambre des députés. Docum. parlem. 1904, p. 615, et 1905, p. 498. — D'après le rapport présenté au Conseil communal au nom du Collège et de la Section d'éclairage, le compte pour l'exercice 1908 est de :

Recettes	7.336.903 fr.	65
Dépenses	5.150.770	94
Différence en faveur du compte communal.	2.186.132	71
Augmentation de la valeur des magasins	163.454	85
Excédent des produits.	2.349.487	56

déficit pendant les trois années de début, a donné depuis 1897 des bénéfices qui ont augmenté avec une progression régulière et sans recul (1). La régie du gaz de Gand, qui n'a commencé que le 1er octobre 1900, a donné en 1902 un bénéfice net de 368.790 fr. et en 1907 de 510.918 fr. 24. La vente des sous-produits est considérable : en 1907, 39.750 tonnes de coke ont été vendues pour 916.053 francs, 2.757 tonnes de goudron ont été vendues pour 70.811 francs. Mais l'électricité ne donne pas de bénéfices ; le bilan du service se soldait, au 31 décembre 1907, par un déficit de 44.970 fr. 22 (2). A Saint-Gilles, près de

---

(1) Ernest Brees. p. 266-267. Les bénéfices indiqués ici sont absolument nets, c'est-à-dire obtenus après déduction non seulement des dépenses d'exploitation, mais encore de l'intérêt et de l'amortissement des capitaux engagés :

Année		Montant	
1897	. . . .	36.876 fr.	27
1898	. . . .	137.129	94
1899	. . . .	263.547	92
1900	. . . .	327.980	97
1901	. . . .	329.973	42
1902	. . . .	437.387	05
1903	. . . .	578.961	24

Le compte de 1907 est ainsi présenté dans le rapport au Conseil communal :

Total des recettes	2.661 070 fr.	50
Total des dépenses	1.149.399	08
La différence en faveur du compte communal est de.	1.511.671 fr.	42
Il y a lieu d'y ajouter l'augmentation de la valeur du magasin.	5.677	28
	1.517.388 fr.	70

Ce compte ne donne pas le bénéfice absolument net.

(2) Rapport sur l'administration et la situation de la ville

Bruxelles, la régie du gaz a versé à la caisse communale :

1902.	17.869 fr. 27
1903.	116.963 10
1904.	142.219 12
1905.	157.742 98
1906.	167.677 37
1907.	194.806 67
Total	797.278 51

Pendant la même période de six années, la régie consacrait 332.971 fr. 35 à l'amortissement industriel de l'entreprise, ce qui donne un total de bénéfices accumulés, du 1er janvier 1902 au 31 décembre 1907, de 1.130.249 fr. 86 (1). La régie de l'électricité a eu comme résultats dans la même commune (2) :

---

de Gand en 1907, présenté au Conseil communal par le Collège des Bourgmestres et Echevins, p. 915 et 933.

(1) Comptes et rapports officiels sur les services en régie de la commune de Saint-Gilles-lez-Bruxelles, 1908, p. 45. Ces documents très complets donnent des détails intéressants sur la vente et le prix des sous-produits, les conditions d'exploitation, l'achat des matières premières, etc.

Voici par exemple les prix et les quantités de charbon distillé :

Charbon distillé :

En 1902 : 24.972.000 kg. à 20 fr. 766 les 1000 kg.	518.568 fr. 22
En 1906 : 28.809.500 kg. à 19 fr. 377 les 1000 kg.	558.249 96
En 1907 : 30.913.450 kg. à 21 fr. 8299 les 1000 kg.	674.837 95

(2) *Comptes et rapports officiels*, 1908, p. 67.

	1906	1907
Bénéfice sur électricité . .	72.233 fr. 37	55.395 fr. 70
— installations .	6.861 48	12.039 06
— total	79.094 fr. 85	67.434 fr. 76

En Angleterre, les régies municipales du gaz ont donné comme produit net en 1900 (1) :

Bolton	£	33.748
Leicester	—	28.334
Manchester.	—	73.965
Salford	—	45.513

En ce qui concerne spécialement la régie du gaz à Manchester, la marche de l'entreprise a été la suivante depuis vingt ans (2) :

		Profit net
31 mars 1885.	£	50.963
— 1890.	—	42.023
— 1895.	—	90.438
— 1900.	—	73.964
— 1905.	—	64.455

Pour l'exercice finissant au 31 mars 1908, la régie a versé 58.572 £ au fonds d'amortissement et 50.000 £ à la caisse de la ville (3). Les comptes concernant la régie de l'électricité sont les suivants (4) :

---

(1) L. ROGER, p. 59. Voir aussi les ouvrages de MONTET et de R. VERMAUT.
(2) R. BOVERAT, p. 147.
(3) Rapport du *Gas committee* pour 1907-1908, p. 5.
(4) Rapport de l'*Electricity committee* pour 1907-1908, p. 3.

		1906-1907	1907-1908
Recettes brutes	£	346.545	384.602
Dépenses d'exploitation	—	184 801	219.358
Recettes nettes	—	161.744	165.244
Intérêts, amortissement, etc.	—	135.477	145.701
Bénéfice net	—	26.267	19.543

La Commission d'enquête de la *National civic federation* a recueilli des renseignements analogues pour les villes où elle a étudié le fonctionnement des régies (1).

La régie de Berlin rapporte régulièrement un béné-

---

(1) Enquête de la *National civic federation*, 2ᵉ partie, t. II, p. 242-245 et p. 381 ; les chiffres se rapportent à l'exercice finissant le 31 mars 1905 :

Gaz :

		Birmingham	Glasgow
Recettes brutes	£	873.489	800.177
— nettes	—	214.743	179.765
Profit net	—	51.526	24.144

		Manchester	Leicester
Recettes brutes	—	686.726	282.599
— nettes	—	202.374	114.586
Profit net	—	66.068	43.467

Électricité :

		Liverpool	Glasgow
Recettes nettes	—	163.392	124.301
Profit net	—	50.775	58.118

		Manchester	St-Pancrace
Recettes nettes	—	184.346	35.866
Profit net	—	42.871	9.677

fice net annuel de plus de 4.000.000 *M*, c'est-à-dire plus de 5.000.000 francs. En 1903, elle a produit une recette totale de 27.638.782 *M*, laissant au budget municipal un bénéfice net de 4.270.000 *M* (1).

Pour 1900, les bénéfices nets ont été pour les principales villes d'Europe (2) :

Amsterdam	1.462.816 fr.
Berlin	8.078.418
Berne	264.992
Cologne	1.538.230
Copenhague	1.478.231
La Haye	1.022.075
Leipzig	966.800
Prague	614.151
Stockolm	1.063.000
Vienne (pour 11 ar. sur 20) .	3.596.659

Pour l'exercice 1903-1904, le bénéfice net total donné par la régie de Berlin a été de 4.270.666 *M*, soit 5.338.332 francs (3).

Il est à remarquer que la consommation du gaz n'a pas diminué devant la concurrence de l'électricité; elle a même continué à progresser malgré les installations électriques. A Glasgow par exemple, la pro-

---

(1) Discours de M. Strauss au Sénat, séance du 21 février 1905; Déb. p. 278. A la même séance M. Strauss a indiqué également les résultats financiers de la régie du gaz à Genève pour 1901, 1902 et 1903.

(2) Rapport de M. Morlot à la Chambre des députés ; *Docum. parlem.*, 1904, p. 615. Le rapport contient un intéressant tableau indiquant le prix de revient par mètre cube, le prix de vente et les bénéfices nets.

(3) PELLAULT DE SAINT-AGNAN, *Le budget de Berlin*, Paris, 1904, p. 47.

gression la plus importante s'est produite de 1890 à 1900, pendant la période où précisément fut inauguré l'éclairage électrique ; elle nécessita même la construction d'usines entièrement neuves (1). De leur côté, les régies d'électricité, bien qu'étant encore dans la phase de début, semblent en général prospérer, ainsi qu'il résulte des chiffres cités. L'exercice 1896-97 accusait déjà, d'après le *Municipal year book* de 1898, les excédents de recettes suivants :

Blackpool	£	829
Bradford.	—	6.226
Edimbourg	—	3.373
Hull	—	1.981
Manchester. . . .	—	16.812

Le *Municipal year book* pour 1906 faisait ainsi le recensement des régies municipales anglaises :

Années	Nombre des entreprises recensées	Entreprises déficitaires	Entreprises en bénéfice
1903	150	64	86
1905	189	64	125

Je ne veux pas multiplier les chiffres pour ne pas surcharger cet exposé. Ceux qui précèdent suffisent pour démontrer la productivité des entreprises publiques d'éclairage. L'enquête de la *National civic federation* a fourni également quelques données pour les régies américaines, présentées, il est vrai, d'une façon moins claire que pour les régies anglaises (2).

(1) GAUCHERON, *op. cit.*, p. 51 et suiv., et particulièrement p. 54. L'auteur donne les détails les plus intéressants sur les œuvres municipales d'éclairage électrique.

(2) Enquête de la *National civic federation*, 2ᵉ partie, t. I, p. 560 et suiv. pour le gaz ; p. 803 et suiv. pour l'électricité.

Je n'ajouterai qu'un mot relativement à deux entreprises françaises. La régie du gaz à Grenoble donne des bénéfices constants, mais la ville, avec des scrupules peut-être excessifs, dans tous les cas avec une loyauté parfaite, en dissimule une partie en portant en compte des dépenses d'amortissement que l'on a jugées exagérées. Ceci explique que le chiffre des bénéfices nets soit moins élevé aujourd'hui qu'autrefois (1).

Le réseau d'électricité de Paris, créé à titre de simple expérience et d'étude, avait donné des bénéfices qui se sont élevés à 326.598 francs en 1899 et à 222.587 francs en 1904. Les frais de premier établissement et d'installation avaient été complètement amortis en 1905, de sorte que la ville se trouvait dès cette époque propriétaire des machines, canalisations et appareils de toute sorte nets de toute charge (2).

(1) H. Capitant, p. 84. Résultats de la régie du gaz à Grenoble :

Années	Recettes brutes	Recettes nettes	Bénéfice net
1880	570.711 fr. 75	243.932 fr. 54	124.901 fr. 10
1890	925.033 98	407.720 89	157.462 89
1903	1.223.311 83	403.456 20	80.084 85

(2) Renseignements fournis par un *Mémoire administratif* présenté au conseil municipal de Paris, et cité par Lacroix de Lavalette, p. 106. Les bénéfices nets annuels ont été de :

1893	59.300 fr. 44
1894	117.659 64
1895	138.852 92
1897	248.856 29
1899	326.598 80
1900	245.640 30
1903	222.445 10
1904	222.587 08

§ 5. — Tramways.

Les résultats financiers des exploitations de tramways ont été fort discutés, et l'on a prétendu souvent que ce genre d'entreprises ne donnait que des mécomptes, que par conséquent les villes devaient s'abstenir d'y prendre part. Mais la conclusion serait trop hâtive et il y a bien des remarques à faire.

A une époque déjà ancienne, en 1897-1898, Glasgow arrivait, avec son réseau municipal, à 31.434 £ de bénéfice net ; Huddersfield à 1.178 £ de bénéfice en 1897, à 827 £ en 1898, à 125 £ en 1899. On pourrait trouver d'autres exemples.

Depuis lors, les résultats ont été moins bons ; ils ont même été souvent mauvais de 1898 à 1905. Deux faits capitaux se sont produits dans cette période.

Le premier a été le développement des préoccupation d'ordre social et du souci de l'intérêt général. L'exploitation des transports en commun, comme l'exploitation du service des eaux, a été considérée très souvent par les municipalités au point de vue des avantages que le public doit en retirer, plutôt qu'au point de vue exclusivement commercial. C'est l'extension des réseaux, le confortable des voitures, l'abaissement des tarifs, l'intensité de la circulation, et aussi l'amélioration de la condition du personnel, qui ont surtout appelé l'attention. Le montant du profit net a naturellement été atteint par les effets de cette politique sociale.

On a assisté ensuite à la transformation de l'industrie des transports : inauguration de la traction électrique, changement de matériel, développement des anciens réseaux. Il a fallu compléter ou même refaire complétement les installations, ce qui a augmenté le capital engagé et par suite les charges des exploitations.

Aujourd'hui, si l'on considère d'abord les résultats pécuniaires, on voit que la situation redevient bonne. Comme les entreprises électriques, les entreprises de tramways déficitaires tendent à réaliser des bénéfices à mesure qu'elles s'éloignent de la période du début. Huddersfield, qui, après les bénéfices de 1898, avait connu des bilans véritablement désastreux, a changé sa perte en profit depuis 1904 ; le même phénomène s'est produit en 1905 pour Farnworth, Southport, Warrington et Yarmouth. En 1903-1904, la régie de Liverpool a versé à la caisse municipale, comme bénéfice absolument net, 27.109 £ et en 1904-1905, 25.320 £ (1).

---

(1) Voici le bilan de 1903-1904, rapporté par GAUCHERON, p. 182 :

Capital engagé . . . . £		1.916.258
Recettes brutes		548.188
A déduire : Dépenses d'exploitation . . .	361.987	
Charges du capital (intérêts et amortisssements) . . .	104.875	521.079
Versé au fonds de dépréciation .	54.217	
Bénéfice absolument net versé à la Caisse municipale.		27.109

Pour les autres années et notamment pour l'exercice se terminant au 31 mars 1905, v. l'enquête de la *National civic federation*, 2e partie, t. II, p. 475 et s., et spécialement p. 514.

Les tramways de Manchester, qui s'étendent sur plus de 250 kilomètres tant dans l'intérieur de la ville que dans la banlieue, et dont l'établissement a coûté 45.000.000 francs en chiffres ronds (exactement 1.776.629 £ au 31 mars 1908), ont apporté au budget municipal une somme absolument nette de 50.000 £, soit 1.255.000 francs, en 1904, première année où le réseau a été exploité intégralement par la corporation. C'était déjà un résultat merveilleux pour un budget local, mais il l'est plus encore aujourd'hui : 55.000 £, du chef des tramways, ont alimenté les finances de la ville en 1907-1908, alors que cependant les versements au fonds de réserve et de dépréciation et au fonds d'amortissement ont considérablement augmenté (1).

(1) *Manchester corporation tramways; visit of the municipal deputation of Lyons,* 24 mai 1906, documents officiels publiés par la ville de Manchester à l'occasion de la visite des conseillers municipaux de Lyon (24 mai 1906). Ces documents m'ont été obligeamment communiqués par M. Paul Pic, conseiller municipal et professeur à la Faculté de droit de l'Université de Lyon. J'en extrais les renseignements suivants :

Population de la ville et de la banlieue . habitants		750.000
Nombre de voyageurs par an		133.923.932
Moyenne du prix de trajet par voyageur . .	fr.	0,1235
Moyenne des recettes d'exploitation par semaine.	—	318.125
— . — par kilomètre.	—	0,85
Nombre d'employés.		3.700
Montant de la somme payée en salaires par semaine		118.750
En 1907-1908, le nombre des voyageurs transportés a été de.		151.477.138

D'après le rapport du *Tramways committee* pour l'exercice

Le réseau des lignes sud de tramways appartenant au Conseil de comté de Londres et exploité par lui a donné en 1904-1905, un bénéfice net de 66.564 £, dont la plus grande partie a été affectée aux fonds de réserve et de dépréciation. Le profit absolument net, la « balance » à porter au compte de profits et pertes n'a été finalement que de 7.054 £, à cause de la prudence extrême qui inspire l'établissement des bilans et l'emploi des fonds disponibles. De l'avis de tous, l'affaire est appelée au plus brillant avenir ; pour l'année 1907-1908, on prévoyait un bénéfice net de 41.788 £, soit plus de 1.000.000 francs (1).

finissant au 31 mars 1908, les résultats financiers ont été les suivants pendant les deux dernières années :

	1906-1907			1907-1908		
	liv. st.	s.	d.	liv. st.	s.	d.
Recettes	712.975	11	3	760.994	3	11
Dépenses d'exploitation	454.692	13	7	500.022	16	0
Produit d'exploitation	264.980	11	3	260.049	18	10
Comptes de banques, intérêts, etc.	1.910	12	7	2.103	9	9
	266.891	5	10	271.153	8	7
Déduction des intérêts, impôts, etc.	119.852	4	3	124.255	4	0
Profit net, à répartir ainsi :						
Fonds de réserve, de renouvellement et de dépréciation	87.827	3	5	87.790	1	9
Versement au budget municipal	55.000	0	0	55.000	0	0
Divers	4.211	16	2	4.108	2	10
Profit net	147.038	19	7	146.898	4	7

(1) Rapport de M. A. F. Buxton, président du Comité des finances du nouveau Conseil de comté à Londres, présenté à la séance du 7 mai 1907, traduit et cité par G. Cadoux, p. 229. — D'après l'enquête de la *National civic federation*, 2ᵉ partie,

Le réseau de la corporation de Glasgow est encore plus florissant à l'heure actuelle. Le profit net a été, en 1904-1905, de 272.482 £, consacrés presque entièrement, jusqu'à concurrence de 221.792 £, au fonds de dépréciation ; le versement au budget municipal est de 25.000 £, c'est-à-dire plus de 127.000 francs par an (1). C'est l'exemple classique d'un tramway municipal qui a réussi.

Ces quelques chiffres suffisent pour faire comprendre la situation financière des régies anglaises de tramways. Il faut ajouter, en ce qui concerne la gestion, que le coût d'établissement moyen par kilomètre construit et exploité paraît être de 395.782 francs pour les réseaux privés, et de 447.636 francs pour

---

t. II, p. 514, les recettes nettes de l'exercice finissant au 31 mars 1905 ont été de 227.304 £, et le profit net de 66.564 £, employé ainsi :

Fonds de dépréciation	£	22.308
— réserve	—	35.000
Divers	—	2.202
Balance pour le compte profits et pertes	—	7.054
Total	—	66.564

(1) Enquête de la *National civic federation*, 2e partie, t. II, p. 514. Les produits d'exploitation ou recettes nettes ont été, en 1904-1905, de 419.518 £, et le profit net de 272.482 £, employé ainsi :

Fonds de dépréciation	£	221.792
— réserve	—	24.799
Versement au « Common good »	—	25.000
Divers	—	891
Total	—	272.482

les réseaux municipaux. Les corporations semblent donc construire plus cher que les compagnies. Par contre, il est à peu près démontré qu'elles exploitent mieux et à meilleur marché que les sociétés privées, et cependant la moyenne de leurs tarifs n'atteint pas la moyenne des tarifs des entreprises privées : elle serait de 1 d. 05 le mille au lieu de 1 d. 21. Tel est du moins le résultat d'ensemble indiqué par M. André Bussy, qui a exposé en détail les rendements bruts et nets des tramways anglais et présenté, à la suite d'une enquête personnelle, des conclusions tout à fait intéressantes (1). Il y a lieu d'ailleurs, pour l'appréciation des chiffres cités ici, les uns favorables, les autres défavorables aux entreprises municipales, de tenir compte des remarques faites précédemment sur la valeur des comparaisons entre les régies et les sociétés.

On remarquera encore, dans tous les comptes et bilans des affaires des tramways en Angleterre, les sommes énormes placées aux fonds d'amortissements, de réserve, de dépréciation ou de renouvellement du matériel. On est étonné, à la lecture des documents officiels, de la différence qui existe entre les chiffres considérables des recettes nettes ou produits d'exploitation, — sans parler même des recettes brutes, — et les chiffres extrêmement réduits de ce que les comités techniques ou financiers considèrent comme le produit absolument net passé au compte de profits et pertes. On aperçoit ainsi quel soin ont les membres des corporations, en véritables

---

(1) André Bussy, p. 180-191.

hommes d'affaires, de mener les régies municipales suivant les principes commerciaux, comme des entreprises industrielles, — et aussi quel souci ils ont de l'intérêt public. Ils entretiennent avec la plus grande attention le « fonds de renouvellement et de dépréciation », ou les réserves, parce qu'ils veulent faire des améliorations continuelles, chercher les modifications conformes au bien général ; ils ne se bornent pas à la considération exclusive du point de vue pécuniaire. S'ils s'en tenaient au côté finances, et s'ils voulaient faire rendre aux entreprises de tramways « tout ce qu'elles peuvent rendre », ils seraient en mesure d'inscrire chaque année dans les budgets locaux des bénéfices qui étonneraient par leur importance. Ainsi on doit rester persuadé, tout au constatant le montant déjà très élevé du rendement, qu'il n'est pourtant qu'un minimum, et un minimum voulu : les considérations sociales l'emportent sur les considérations financières.

Les mêmes motifs, et en particulier la prédominance de l'intérêt social, expliquent que les tramways restent, en Suisse et en Allemagne, des entreprises municipales moins rénumératrices que les autres. A Genève, ils sont exploités en régie intéressée ; deux compagnies gèrent le service : la Compagnie genevoise des tramways électriques et la Compagnie Genève-Veyrier. Tandis que les autres services publics donnent des bénéfices approchant de 600.000 francs pour plusieurs d'entre eux, les tramways ne donnent qu'environ 30.000 francs de bénéfice net (1).

(1) Résultats financiers de l'entreprise municipale de

DÉVELOPPEMENT DES RÉGIES

Les villes allemandes, de leur côté, ont racheté les tramways moins pour faire des bénéfices que pour diriger l'exploitation dans le sens de l'intérêt commun. Voici quelques chiffres se rapportant aux entreprises les plus prospères pour l'année 1906 :

	Recettes M	Produit d'exploitation M
Francfort-sur-le-Mein.		2.988.662 92
Fribourg-en-Brisgau.	455.514 fr. 95	171.141 28
Metz	631.743 85	334.385 09
Münich	6.406.903 »	2.817.870 »
Nüremberg	2.724.866 32	1.474.964 37

Le profit a été de :

Francfort	1.162.323 82
Fribourg (1)	21.900 »
Metz	122.207 58
Münich (2)	385.541 10
Nüremberg	482.517 35

tramways pour 1908, d'après le *Compte-rendu des services industriels*, 1909, p. 282-283 :

Recettes	438.446 fr. 10	
Dépenses d'exploitation	354.780	95
Intérêts	12.614	15
Amortissements	40.777	20
Bénéfice net	30.273	80
Total égal	438.446	10

(1) En 1905, le profit net avait été de 37.000 M. A Fribourg les frais d'exploitation ont du reste une tendance à baisser.

(2) Pour la ville de Münich, le produit d'exploitation a reçu l'affectation suivante (André Bussy, p. 243) :

Les résultats sont certainement avantageux, d'autant plus que les municipalités, dans les villes citées, ont soin d'opérer sur le produit d'exploitation de larges prélèvements et de faire ressortir ainsi un profit vraiment net (1). Mais il n'en est pas partout de

	M
Intérêts des sommes avancées en compte-courant	55.876 33
Contribution pour la surveillance des dépôts	16.037 26
Redevance à l'ancienne Cⁱᵉ	1.002.796 38
Fonds de renouvellement (6 0/0 des recettes d'exploitation).	384.414 21
Intérêts du capital	496.907 73
Amortissements	355.440 54
Redevance pour l'usage des voies publiques.	120.856 45
Total	2.432.328 90
Ce qui laisse un bénéfice net de . .	385.541 10

(1) Voici par exemple le compte très curieux et très instructif concernant les tramways municipaux de Francfort (André Bussy, p. 258, renseignements donnés d'après des documents originaux, spécialement le rapport municipal et les documents fournis par le directeur du service) :

	M
1. Dotation à la caisse de pension du personnel.	79.050
2. Pensions aux veuves et orphelins d'employés.	16.230
3. Rente à l'ancienne Compagnie . . .	327.623 90
4. Etablissement, entretien et pavage de la voie terrestre.	235.166 66
5. Part versée aux dépenses générales des entreprises industrielles municipales	69.578 44
6. Pour couvrir en partie le déficit des tramways suburbains	90.300
7. Intérêts (3,8 0/0) et amortissement	
A reporter :	817.949 00

même. Certaines entreprises, celles de Düsseldorf et de Koenigsberg notamment, sont en déficit. Quand les villes allemandes, poussées par des préoccupations d'intérêt général, ont pris les tramways à leur compte, elles ont commencé par diminuer peut-être trop vite les anciens tarifs, ce qui a causé quelques déceptions. Elles ont été obligées de relever les prix pendant ces dernières années (1).

En France, les municipalités, en fait, n'exploitent pas les tramways. Auraient-elles intérêt à le faire?

On répondra par l'affirmative si l'on consulte l'ensemble des résultats financiers à l'étranger. La ré-

```
                              Report :    817.949 00
         (1,5 0/0) du capital emprunté. . .    668.390 10
    8. Versements pour l'exploitation. . .      65.000
    9. Versements aux réserves et pour le re-
       nouvellement . . . . . . .              275.000
                                             1.826.339 10
    Profit net . . . . . . . . . .           1.162.323 82
```

Les n°s 5 et 6 montrent que la ville fait vivre les services municipaux en déficit avec les bénéfices des autres. D'autre part les n°s 4 et 8 ne devraient pas figurer à ce compte; ils devraient faire partie des dépenses d'exploitation.

(1) En Belgique les tramways de Liège, et en Italie les tramways de Milan procurent aux municipalités des bénéfices considérables, se montant pour Liège à 400.000 ou 500.000 fr. par an. On observera qu'ils ne sont pas exploités en régie directe, et c'est pour cela que les résultats qu'ils donnent ne figurent pas au texte. Ils font l'objet d'une sorte de régie intéressée dans laquelle les bénéfices sont partagés entre la commune et l'exploitant. On peut juger, par les sommes que ce régime mixte produit déjà pour les finances municipales, de ce que rendrait la régie directe des tramways. — Voir plus bas, 3e partie, chap. III, les détails sur la régie intéressée et sur les résultats financiers des tramways de Milan.

ponse sera la même si l'on s'inspire principalement de l'intérêt général des habitants.

Mais la négative a été soutenue au point de vue financier et on a fait un raisonnement très simple. Les sociétés de tramways, en France, ne gagnent pas d'argent. La rémunération du capital-obligations, dit M. André Bussy, est d'un peu plus de 3,50 0/0 pour les grands réseaux et de 4 0/0 pour les petits. Mais elle n'a atteint, pour le capital-actions, qui est le plus considérable, que 3,07 0/0 en 1905 et 3,37 0/0 en 1906; c'est la moyenne du dividende voté par les assemblées générales. Or le taux de revient des emprunts municipaux oscille entre 4 et 3,50 0/0. Les sociétés dans leur ensemble rémunèrent moins leur capital-actions, qui est le principal, mais davantage leur capital-obligations que les villes ne rémunèrent leurs emprunts. Les villes, dit-on, n'ont donc pas intérêt à emprunter pour construire et exploiter des tramways : elles devraient payer des intérêts plus élevés que le taux de rendement des entreprises (1).

Le raisonnement, à supposer que les chiffres soient exacts, est spécieux ; il fait impression au premier abord. Mais il ne me paraît nullement décisif.

Tout d'abord il ne tient aucun compte du point de vue social. L'intérêt général peut exiger la municipalisation d'un service public ; si l'existence de cet intérêt est démontrée, les villes devront municipaliser même si elles ne doivent pas avoir de bénéfices, même si elles doivent subir une légère perte. Dans telles

(1) André Bussy, p. 162-164.

circonstances, l'intérêt social peut, à lui seul, dicter la solution.

Mais je laisse ce point de vue de côté et je n'examine ici que le point de vue financier. Alors on remarquera que l'industrie des tramways a subi une crise par suite des transformations techniques. La crise a été visible de 1898 à 1905 ; peut-être dure-t-elle encore et est-elle plus persistante qu'on ne l'a cru. Si cela est vrai, il en résulte que les tramways ne gagnent pas d'argent *à l'heure actuelle*; il est téméraire d'en conclure qu'ils n'en gagnent pas d'une façon absolue. Toute crise est passagère, et l'on ne voit pas que l'industrie des tramways soit d'une nature ou d'une essence répugnant aux bénéfices ; elle n'est pas vouée fatalement aux pertes ni même au prix de revient. La preuve en est dans les bénéfices réalisés par de nombreux réseaux, dont plusieurs sont cités par M. Bussy lui-même (1). Si l'on trouve des entreprises en déficit, on en trouve d'autres en bénéfice, et même en grand bénéfice : la Compagnie des omnibus et tramways de Lyon a distribué en 1906 un dividende de 9,50 0/0.

---

(1) Dividendes de l'exercice 1906, en 0/0 du capital (André Bussy, p. 159) :

Réseaux de Belfort, Bordeaux, Cannes, Clermont, Paris et département de la Seine, Versailles	5 » 0/0
Réseau de Limoges	5 20 —
Réseau d'Amiens	5 30 —
Réseau de Fontainebleau	5 50 —
Réseaux de Marseille, Le Havre, Nancy, Toulon, Orléans	6 —
Omnibus et tramways de Lyon	9 50 —

On peut donc classer les entreprises de ce genre en deux catégories : celles dont les comptes et bilans annuels accusent un profit net élevé ou tout au moins rémunérateur, et celles dont les comptes et bilans accusent des gains presque nuls ou même des pertes. L'exemple des premiers constitue un argument très fort pour la municipalisation. Il s'agit d'expliquer la situation des autres.

On peut le faire, je crois, par l'énormité des frais grevant ces entreprises, d'une façon tout artificielle d'ailleurs, et absorbant les bénéfices. Souvent les économistes classiques ont dénoncé la cherté des industries d'Etat et le gaspillage des administrations publiques ; ils auraient pu relever tout aussi bien l'exagération des frais de premier établissement ou des frais d'exploitation dans certaines sociétés. Une concession de tramways est souvent l'objet de cessions et rétrocessions avec bénéfice ; l'individu qui l'a obtenue le premier, et qui est généralement un spéculateur, la vend à une société ou la cède à quelqu'un qui à son tour en fera l'apport à une société. Comme ces cessions laissent aux intermédiaires un profit apparent ou dissimulé, mais toujours certain, et qu'en outre il faut payer des droits d'enregistrement (1), l'exploitant doit supporter de doubles ou même de triples frais. Le capital social étant augmenté, la rémunération sera fatalement plus faible. Il est arrivé qu'une ligne ou un réseau ont été concédés à deux personnes, en vertu d'une convention intervenue entre elles et la ville ;

---

(1) Le droit perçu par la régie de l'enregistrement est de 2 0/0 pour les cessions de concessions.

par un nouveau traité, les concessionnaires ont rétrocédé la concession à la « Compagnie des tramways électriques » ; puis les deux conventions ont été remplacées par un troisième traité entre la Compagnie et la ville. Aussi le capital social, qui était à l'origine de 1.000.000 francs, a été porté à 2.800.000 francs après le second traité et à 3.000.000 francs après le troisième (1). L'exploitation doit donc rémunérer un capital-actions de 3.000.000 francs alors qu'un capital de 1.000.000 francs, prévu primitivement, était probablement suffisant pour l'importance de l'affaire. On peut dire que la rétrocession est la règle et le prix attribué par les sociétés aux concessionnaires qui font l'apport est souvent assez élevé, ce qui grève les entreprises dès leurs débuts et pour de longues années avant même qu'elles aient fonctionné (2). « Le bénéfice annuel rétribuant le capital se trouve réduit du quantum attribué aux parts de fondateurs : le dividende net ne permet plus de capitaliser la valeur en l'orientant à la hausse; si le cours monte encore, ce n'est que par l'effet de la spéculation (3). »

Le placement des titres occasionne ensuite d'autres

---

(1) *Annuaire de la Compagnie des agents de change de Lyon*, Lyon, 1908, A. Rey, p. 104.

(2) Des apports de concessions seules, ou de concessions d'installations et de matériel, ont été payés par exemple : 1.800.000 francs et 500 actions de 500 francs entièrement libérées (*Annuaire des agents de change de Lyon*, p. 59); — 100 actions de 500 francs libérées (pp. 94-95); — 2.600.000 fr. dont 1.300.000 francs en espèces (p. 109); etc.

(3) E. Thaller, De la réforme de la loi des sociétés par actions, dans la *Revue politique et parlementaire*, janvier 1903, p. 117.

dépenses portées en compte. Dans certains bilans, on trouve un article : « Frais d'émission d'actions, » distinct de l'article « Frais de premier établissement ; » ce sont encore des charges (1). Les « frais de construction », « frais de premier établissement », « installation et construction de la ligne », etc. sont portés dans les bilans pour des sommes très-élevées. Dans certains cas, tant en France qu'à l'étranger, le paiement des apports en espèces et en titres et les autres frais préalables ont atteint jusqu'à 50 % du capital engagé. Il n'est pas surprenant que, quand les villes ont dû reprendre ces mauvaises affaires, comme cela s'est produit en Angleterre ou en Allemagne, elles n'aient pas pu les rendre immédiatement productives. On ne s'étonnera pas davantage de la dépréciation des titres. Des actions de 500 francs, émises parfois à 550 ou 590, ont été atteintes ensuite par une baisse formidable, ce qui a causé des pertes incalculables dans la grande masse des actionnaires (2).

(1) On trouvera des exemples de « Frais d'émissions d'actions, » portés au bilan d'une société, d'une façon distincte, pour 90.000 francs, au bilan d'un autre pour 150.000, d'une troisième pour 83.000, etc., dans l'*Annuaire des agents de change de Lyon*, p. 94, 130, 139.

(2) La baisse constante des actions peut être constatée pour un certain nombre de sociétés d'après la moyenne annuelle des cours :

Sociétés			Cours moyen annuel			
Cie centrale de tramways électr. (Angoulême et Perpignan)			1900	497,64	1907	153,31
Cie des tramw. électr. de Besançon			—	211,03	—	40.10
—	—	Brest	1898	649,20	—	256.37
—	—	Dijon	1895	557,79	—	224,75
—	—	Douai	1899	419,03	—	191.97

Ainsi au début le capital engagé est excessif et les frais de mise en train exagérés. Ces premiers désavantages sont aggravés pendant le fonctionnement de l'entreprise par les frais d'exploitation, figurant également dans les comptes pour des chiffres qu'il est impossible de vérifier et de discuter. Ces comptes ne sont pas tenus, on l'a vu, avec la publicité qui accompagne les comptes des régies. Mais ce qu'on en voit permet de discerner au moins une partie de la situation vraie. Il arrive parfois que les bénéfices vont à un entrepreneur, gros actionnaire, qui a pu être le promoteur de l'affaire ; il fait partie du conseil d'administration et il fournit tout le matériel sans exception, ou il exécute des travaux pour le compte de la compagnie ; il gagne sur les fournitures et les travaux alors que les autres actionnaires ne touchent rien. Ou bien, à côté de la société concessionnaire il existe une société de construction, ayant le rôle de fournisseur ou d'entrepreneur avec un capital réduit au minimum, et où l'on retrouve les mêmes personnes dans le conseil d'administration (1). De temps en temps le conseil d'admi-

Sociétés.		Cours moyen annuel		
Société Grenobloise de tramw. élect.	1899	534,15	—	344,09
Compagnie des tramw. de Nîmes.	—	380 »	—	279,34
Cie des tramw. électr. d'Oran . .	—	519,49	—	321,45
Cie de l'Ouest électr. (Le Mans et Rennes)	1898	309,69	—	219,35
Cie des tramw. électr. de St-Etienne	1902	164,48	—	111,02

La plupart de ces titres sont invendables, et l'on pourrait en citer d'autres qui ne sont même plus cotés.

(1) « Nous faisons allusion au pouvoir dont dispose une société par actions d'extraire de son sein les éléments d'une

nistration décide « le renouvellement du matériel, » le prolongement de la ligne, la construction de nouveaux bâtiments, ce qui fait des travaux et des frais. Le régime légal qui existe en France pour les sociétés anonymes, et qui a fait l'objet de tant de critiques autorisées, est insuffisant pour éviter les abus. « La protection donnée aux actionnaires par la loi de 1867, dit M. Thaller, est plus nominale que vraie ; ceux-ci, appelés à délibérer en assemblée générale, votent à l'aveugle toutes les mesures qu'on leur propose ; le moyen de vérifier la sincérité des comptes leur échappe absolument (1) ».

Tout ceci est particulièrement vrai pour les sociétés anonymes de tramways. Les bénéfices existent, mais il disparaissent, et ils ne sont pas perdus pour tout le monde ; ce qui en démontre l'existence, c'est que les administrateurs, qui sont le plus souvent des spéculateurs, gardent les titres de sociétés qui sont censées

---

autre société avec laquelle elle entreprendra des relations artificielles par le ministère de deux conseils d'administration composés des mêmes hommes ou de compères. » E. THALLER, De la réforme de la loi des sociétés par actions, dans la *Revue politique et parlementaire*, janvier 1903, p. 119.

(1) E. THALLER, *Traité élémentaire de droit commercial*, 3e édit., n° 495. — Dans l'article cité à la note précédente, M. Thaller s'élève avec vivacité contre « les trop fréquents escamotages ou tours de passe-passe » déterminés par la tenue des assemblées générales, contre « les râfles périodiquement exercées sur la fortune publique par des lanceurs d'affaires » qu'il qualifie d'une épithète énergique, contre « l'action directrice d'un tout petit groupe d'hommes, peut-être d'un seul individu, traitant l'entreprise comme leur chose et tenant à leur entière merci les milliers d'actionnaires qui gravitent autour d'eux, » etc.

ne rien gagner. Certaines affaires de tramways qui distribuent 3 % rapportent au moins le double en réalité. D'autres présentées comme déficitaires donnent des bénéfices, mais ils sont absorbés par différents moyens avant de pouvoir arriver aux actionnaires. Des services d'intérêt public, qui devraient être gérés et exploités en vue du bien collectif, deviennent l'occasion de toutes les combinaisons financières. C'est l'exemple le plus typique de l'accaparement de l'utilité générale au profit de simples particuliers; de trop nombreuses affaires de tramways ne sont que des affaires de spéculation, où l'on voit trop clairement la transformation de l'intérêt commun en intérêt privé.

M. André Bussy a raisonné d'après l'aspect extérieur des choses. Son raisonnement est irréprochable, étant donné son point de départ, c'est-à-dire les comptes et bilans publiés par les compagnies. Mais, peut-on dire en reprenant la formule de Bastiat, il y a « ce qu'on ne voit et ce qu'on ne voit pas. » Ce qu'on voit, ce sont les bilans en déficit, les dividendes minimes, les actions au-dessous du pair; ce qu'on ne voit pas, ce sont les dépenses et les frais que les villes auraient évités, si elles avaient construit elles-mêmes leurs tramways et si elles les exploitaient. Elles n'auraient eu à payer ni les apports de concessions, ni les placements de titres, et elles auraient engagé un capital proportionné à l'importance de chaque service. Il ne suffit donc pas, pour juger les entreprises de ce genre, d'indiquer le dividende moyen, 3,35 0/0 par exemple, ni de se demander ensuite si les villes pourraient emprunter à meilleur marché. On doit se demander surtout si, à supposer les tramways exploités en régie, le rendement annuel moyen ne serait pas supérieur à 3,35 0/0. En admettant même que certaines entreprises aient été mauvaises en elles-mêmes et condamnées d'avance, un plus grand nombre d'autres auraient été rémunératrices. De l'aveu même de M. Bussy, « les villes qui construisent leurs tramways peuvent trouver des prêteurs moins exigeants que les obligataires des sociétés privées, et par suite réaliser sur la rémunération du capital des économies qui sont inconnues aux entrepreneurs privés (1). » La municipalisation pratiquée dès l'origine aurait procuré aux villes des ressources pécuniaires appréciables, tout en évitant au public de véritables désastres financiers, et ce dernier résultat aurait été un effet social considérable, à ajouter à tous ceux que j'ai signalés précédemment. L'intérêt général aurait été sauvegardé à tous les points de vue, aussi bien en ce qui concerne les villes qu'en ce qui concerne les particuliers, tandis que souvent les entreprises privées ont été conduites contrairement à l'intérêt général.

Les tramways doivent ainsi être assimilés aux autres services publics, même si l'on envisage les résultats financiers. Seulement la situation créée par certaines compagnies a pour conséquence de rendre le rachat difficile et aléatoire pour cette catégorie d'entreprises. La plupart des réseaux étant construits, c'est en effet par le rachat qu'il faudrait procéder en France, comme cela a été le cas en Allemagne. Mais

---

(1) André Bussy, p. 167.
Les Régies municipales.

l'opération serait coûteuse. C'est un point que j'examinerai dans la seconde partie de ce travail.

§ 6. — Résultats financiers généraux

Les renseignements d'ordre financier sur les entreprises municipales diverses sont plus difficiles à obtenir que les renseignements concernant les grandes entreprises. Il en est ainsi notamment pour la distribution d'énergie électrique, dont les résultats sont parfois confondus avec les résultats de l'éclairage électrique. Les affaires de ce genre sont relativement récentes, et elles n'ont pas reçu encore le développement auquel elles sont appelées dans l'avenir; les villes négligent de publier les comptes qui s'y rapportent. Voici cependant ceux que fournit la ville de Genève (1).

Les recettes brutes du service de force motrice ont été de 1.101.637 fr. 25 en 1907, et de 1.178.964 fr. 20 en 1908. L'augmentation, de 77.326 fr. 95, est produite par le développement régulier de l'emploi de l'énergie électrique et l'augmentation sensible des recettes de l'électro-chimie. Les autres chiffres sont, pour l'année 1908 :

Dépenses d'exploitation. . . .	490.237 fr.	75
Intérêts	372.163	25
Amortissements	163.951	80
Bénéfice net.	152.611	40
Total égal aux recettes . . .	1.178.964	20

(1) *Compte-rendu des services industriels*, 1908. p. 267 et 282.

Le bénéfice net est réparti entre la ville de Genève, l'Etat et la commune de Plainpalais, au prorata des capitaux engagés par chacune de ces administrations. Le bénéfice de 1908 a été réparti ainsi :

État	38.242 fr. 65
Genève	97.214 20
Plainpalais	17.154 55
Total égal	152.611 40

D'une façon générale, l'ensemble des services industriels de la ville et des communes voisines a produit pendant les deux dernières années :

	1907	1908
Recettes	7.189.128 fr. 55	7.566.353 fr. 45
Bénéfice net à répartir	1.867.683 90	1.872.588 80

La seule ville de Genève a retiré pour son compte en 1908 :

Eaux	503.369 fr. 35
Force motrice	97.214 20
Electricité	514.605 95
Gaz	493.364 70
Tramways	30.273 80
Total	1.638.828 »

Le total avait même été en 1907 de 1.640.121 fr. 75.

De son côté, la ville de Manchester, avec un budget de 1.335.717 £, en retire 144.250 de ses services industriels. Ceux-ci doivent verser en effet annuellement « in aid » :

Electricity committee	. . .	£	12.000
Gas —	. . .	—	50.000
Markets —	. . .	—	7.250
Tramways —	. . .	—	75.000
Total —	. . .	—	144.250

Les entreprises industrielles et commerciales de Bradfort ont donné, de 1902 à 1905, le résultat moyen annuel que voici :

	Recettes	Dépenses	Produit d'exploitation.
Eau . . . . £	165.227	34.742	130.485
Gaz.	293.278	229.536	63.742
Electricité . .	86.452	49.470	36.982
Marchés . . .	28.819	18.097	10.722
Tramways . .	200.352	141.003	59.349
Cimetières . .	5.013	4.077	936
Bureaux de conditionnement.	8.289	6.571	1.718
Total. .	787.430	483.496	303.934

Le capital représenté par les installations, le matériel, etc. est estimé à 8.683.830 £. La dette totale de la ville s'élevant à 8.016.056 £, le bénéfice net laissé par les entreprises industrielles, en cas de liquidation, serait de 667.774 £, soit environ 16.700.000 francs (1).

En Allemagne, le principe en matière financière est que les administrations locales doivent demander leurs ressources aux revenus du domaine et n'avoir recours à l'impôt que dans le cas d'insuffisance de ces

---

(1) La statistique pour la ville de Bradfort est donnée par André Mater, p. 596, d'après le *Municipal Journal*, n° 656.

revenus (1). La règle n'est pas la même en Angleterre ou en Suisse, mais cependant les bénéfices industriels ont permis de diminuer les impôts, ou tout au moins de ne pas les augmenter, dans une large mesure. Ainsi à Genève, en 1905, sans les recettes des services industriels, les impôts auraient dû être augmentés de 28 francs par tête, et chaque habitant aurait payé 50 fr. 25 au lieu de 22 fr. 25. « La population de la ville étant, au recensement de 1908, de 60.651 habitants, la recette de 1.135.458 fr., provenant uniquement du gaz et de l'électricité, représente un revenu patrimonial indivis de 18 fr. 90 par habitant, soit pour une famille de 5 personnes un revenu de 94 fr. 50. Le total des contributions communales a été en 1908 de 1.402.545 fr., soit, en moyenne, par habitant, de 23 fr. 35. Sans les recettes des régies communales du gaz et de l'électricité, pour faire face aux mêmes besoins, les contributions auraient dû être augmentées de 1.135.458 fr., soit, par tête, de 18 fr. 90. Les contribuables de la ville de Genève doivent aux services municipaux du gaz et de l'électricité un allégement fiscal de 81 0/0. Si l'on fait intervenir les services industriels, c'est une recette nette de 503.369 fr. que l'on doit ajouter aux précédentes. Les services réunis versent à la ville 1.638.828 fr., représentant un revenu moyen de 27 fr. 30 par habitant, et un allégement de 117 0/0 (2). »

En 1898, grâce aux bénéfices nets des exploitations municipales, Halifax a opéré sur les charges publi-

---

(1) RAMELLI, p. 20.
(2) Edgard MILHAUD, *Annales de la régie directe*, 1909, p. 143.

ques un dégrèvement de 12.500 £, Boston de 20.000, Leicester de 27.334, Salford de 32.513, Manchester de 52.000 (1). Pour l'ensemble des villes suisses, on est frappé de la minime proportion des impôts par rapport au total des recettes municipales (2).

Les municipalités anglaises ont également pris l'habitude de consacrer une partie de leur bénéfices industrielles à des dégrèvements en faveur des contribuables, « agissant en cela comme une société qui rembourse une partie des actions ». On a calculé que, en 1904-1905, elles ont ainsi évité aux contribuables anglais le paiement de la somme énorme de 656.270 £ ou 16.406.750 francs d'impôts (3).

---

(1) Eugène Brès, p. 68.

(2) Voici des exemples, extraits d'un tableau contenu dans l'*Annuaire financier suisse* de 1908, p. 132, d'après le compte d'administration pour 1907 (dernier résultat connu). Dans ce tableau, le montant des recettes est assez élevé, parce qu'il comprend les recettes d'exploitation des services industriels.

Villes	Recettes	dont impôts	Produit net des régies
Bâle	14.893.837 fr.	9.063.871 fr.	543.843
Berne	6.801.385	2.280.440	568.598
Bienne	1.362.569	687.400	406.798
Coire	1.533.811	338.690	26.716
Lausanne	4.897.361	2.278.603	256.720
Lucerne	1.919.685	1.161.682	136.654
Neuchâtel	2.367.208	809.169	37.423
Saint-Gall	2.802.468	1.229.947	187.500
Schaffhouse	2.057.707	564.290	50.000
Winterthur	2.892.728	1.443.613	141.296
Zürich	16.383.941	7.680.517	1.855.201

(3) André Mater, p. 578. L'auteur donne, d'après le *Municipal year book* pour 1908, le tableau des échanges opérés en

La même preuve serait fournie par les budgets des très petites communes qui ont abordé, elles aussi, la municipalisation. On a publié les résultats de la régie des services fusionnés des eaux et du gaz à Villeneuve-la-Guyard (1.600 habitants). Cette modeste commune a contracté à cet effet un emprunt de 25.500 francs; la régie lui rapporte comme bénéfice net 2.300, 4.400, 4.800 francs, etc., suivant les années (1). En Suisse, pendant que la ville de Genève encaisse plus de 1 million et demi de francs avec les régies, Thonex se contente de 299 fr. 75, Cologny de 294 fr., Veyrier de 154 fr. 10, Vandœuvres de 127 fr. 80, produits du service du gaz pour lequel ces communes sont associées avec Genève. En Belgique, les communes associées de la Compagnie intercommunale des eaux touchent régulièrement des dividendes. Le système de la régie peut donc être tenté d'une façon profitable par les petites communes isolées ou les associations de communes aussi bien que par les grandes villes.

1904-1905 entre les produits des entreprises municipales et les produits des impôts :

Recettes des services consacrées aux dégrèvements d'impôts	Impôts consacrés aux déficits des services
£ 209.444	36.383
— 104.633	153.998
— 488.590	2.380
— 64.704	38.617
— 31.371	11.094
— 898.742	242.472

De là, une réduction de 656.270 £ sur le montant des impôts.

(1) A. Saussoy, pp. 129-132. — Pierre Mercier, p. 172.

L'ensemble de tous ces chiffres démontre en somme que les municipalités ont pleinement atteint le but financier qu'elles poursuivaient. En Angleterre, on estime que les exploitations de piers et de ports sont les seules entreprises municipales qui se soldent réellement en perte (1). Déjà en 1877, dès la première édition de son grand ouvrage, le *Traité de la science des finances*, M. Paul Leroy-Beaulieu, examinant le budget communal, prévoyait l'extension du domaine industriel des municipalités. A cette époque, il ne faisait pas d'objections à l'organisation des régies et estimait que les villes devaient en tirer d'abondantes ressources. « C'est surtout, disait-il le produit du domaine industriel des communes, si nous pouvons parler ainsi, qui aura dans l'avenir une grande tendance à s'accroître... Que ces grandes industries, qui pourvoient les villes des moyens d'éclairage et de lavage, soient constituées en monopole municipal ou qu'elles soient exploitées par une compagnie fermière, la ville en retire ordinairement plus que l'intérêt de ses avances ». Il écrivait encore : « Ce sont surtout les villes qui pourraient se procurer des ressources abondantes par une bonne exploitation de leur domaine. Il y a deux services, celui de l'éclairage par le gaz et celui des eaux, qu'elles peuvent facilement, sans grands inconvénients pour le public, constituer en monopoles et affermer à des compagnies pour une période d'années limitée (2) ». Son opi-

---

(1) *Enquête parlementaire* de 1900 : Ernest BREES, p. 433.
(2) P. LEROY-BEAULIEU, *Traité de la science des finances*, 1re édition, 1877, t. I, p. 100 et pp. 679-680.

nion s'est modifiée dans un ouvrage postérieur : *L'État moderne et ses fonctions,* et aujourd'hui il déplore « les colossales dépenses locales » dont l'augmentation serait due aux progrès de la municipalisation. Il y a plus de trente ans, il prévoyait ainsi l'avenir financier de la ville de Paris : « Quand la concession de la Compagnie du Gaz et celle de la Compagnie des Eaux prendront fin, la ville de Paris pourra tirer 80 millions de son domaine. Quand, de plus, vers le milieu du XXe siècle, tous les emprunts actuellement contractés auront été amortis, la ville pourra peut-être suffire à toutes les dépenses avec les recettes de son domaine foncier et surtout industriel, en y ajoutant le produit d'impôts directs modérés. » Et quand la fin de la concession du gaz est arrivée, il a combattu le projet de régie directe. Au lendemain des élections pour le Conseil de comté à Londres, il disait : « La France a été récemment sur le point de s'engager *dans une débauche d'entreprises municipales...* C'est l'attitude inébranlable du Sénat qui a arrêté le mouvement, en arrêtant court le projet de régie municipale du gaz à Paris (1) ».

Ce sont ses prévisions premières qui se sont réalisées et les villes ont généralement recueilli, comme on l'a vu, d'importants bénéfices de leurs exploitations en régie. Sans doute toutes n'ont pas réussi dans leurs tentatives. Il y a des régies en déficit, la régie des eaux à Lyon, la régie des théâtres à Lyon, quelques régies de tramways en Allemagne, comme il y a eu des compagnies concessionnaires en faillite. Les statis-

---

(1) *L'Economiste français,* 9 mars 1907, p. 329.

tiques qu'on pourrait mettre en avant de part et d'autre se balanceraient et n'auraient pas grande portée; aucune entreprise humaine ne peut prétendre à la perfection. Ce qu'il importe de retenir, c'est que la généralité des régies municipales est productive au point de vue pécuniaire, et que les résultats financiers viennent s'adjoindre avantageusement aux résultats économiques et sociaux.

Voilà pourquoi la municipalisation a rencontré, quoi qu'on en dise, une faveur si marquée auprès du grand public; l'opinion générale lui est nettement acquise. Il subsiste des résistances énergiques et brillament soutenues; la défense des intérêts privés est opiniâtre. Elle a pour elle des hommes de grand talent et d'autorité considérable, Lord Avebury en Angleterre, M. Paul Leroy-Beaulieu en France; elle s'exprime dans des périodiques anciens, bien rédigés, ayant une clientèle de longue date. Les puissants moyens de combat dont elle dispose expliquent qu'elle se prolonge, mais on aura beau faire, elle n'empêchera pas l'évolution de s'accomplir ni la municipalisation de triompher. « L'entreprise par les municipalités des services publics industriels n'est, en somme, plus discutée en Angleterre que par des théoriciens irréductibles ou par des capitalistes intéressés, les uns, assez souvent, soutenant les autres (1). » Il faut lire les procès-verbaux des enquêtes anglaises et de l'enquête américaine sur la municipalisation. On est émerveillé des résultats de toute sorte qui ont été constatés; ce sont les faits eux-mêmes qui parlent et il n'y a qu'à

---

(1) Augustin Renoir, p. 734.

s'incliner. On y découvre aussi l'esprit des administrateurs et des techniciens, conseillers municipaux, ingénieurs, commerçants, qui tous discutent les entreprises en hommes d'affaires, et la manière dont ils envisagent et analysent les régies, même s'ils ne leur sont pas favorables. Quelle leçon pour les économistes français qui croient avoir résolu la question quand ils ont parlé du « collectivisme démagogique » ou du « péril socialiste, » qui d'ailleurs n'existe pas !

Les adversaires de l'action municipale, obligés de reconnaître les faits et spécialement les magnifiques résultats atteints par les corporations anglaises, ajoutent aussitôt que les villes auraient d'autres moyens de se procurer des ressources, si elles veulent absolument tirer profit des services publics. Des contrats de concession bien rédigés avec des concessionnaires bien choisis leur assureraient, dit-on, un profit net certain ; elles obtiendraient des exploitations privées, sous la forme de taxes, impositions ou redevances, plus qu'elles n'obtiendront des exploitations directes. Ou bien elles n'ont qu'à établir des impôts sur l'usage des voies publiques, sur le mètre cube de gaz consommé, etc.; le profit sera le même et elles n'auront ni l'aléa, ni le souci de l'exploitation (1).

Que l'administration municipale soit simplifiée par cette combinaison, que les conseils municipaux se débarrassent ainsi d'une foule de complications, cela ne fait aucun doute. Une organisation communale qui comprend des régies devient un organisme complexe.

---

(1) Paul Dubois, p. 142. — André Bussy, p. 195.

Plus elles se multiplient, plus la situation du maire, des adjoints, des commissions, des chefs de service, devient délicate ; la surveillance et la direction des services exigent beaucoup d'attention et beaucoup de peines, et elles susciteront toujours les récriminations plus ou moins justifiées du public. La seule Commission des travaux du Conseil de comté à Londres a exécuté en régie, en une année, pour 662.000 £ de travaux, et il y en avait d'autres en cours pour 1.352.000 £ ; or on ne fait pas pour plus de 50.000.000 francs de travaux sans qu'il en coûte des efforts. En même temps, elle employait en moyenne 3.382 ouvriers. Il est évidemment beaucoup plus simple de ne rien faire et l'administration débarrassée des régies devient singulièrement plus facile.

Mais il faut voir aussi comment les administrateurs et surtout le public paieraient cette tranquillité d'esprit et cette simplification des rouages administratifs. De quelque manière avantageuse que soit rédigé un cahier des charges, la situation ne sera jamais la même qu'en cas de régie directe. Le partage des bénéfices avec le concessionnaire, qui ne doit pas être confondu avec la régie intéressée, peut séduire au premier abord, mais il ne donne pas satisfaction complète. Il ne comporte pas les avantages de la régie intéressée, dans laquelle la ville a une action plus grande et un pouvoir de surveillance et de direction. Le partage stipulé au profit d'un établissement public « est toujours un mauvais système, à raison de la difficulté pour une administration de contrôler les bénéfices ; les démêlés récents de la ville de Paris avec la Compagnie des Omnibus l'ont bien démontré ; fatalement la ville est amenée à jouer un rôle de dupe (1) ». D'ailleurs la loi française du 15 juin 1906, article 9, interdit le partage des bénéfices avec les concessionnaires en matière d'énergie électrique.

Quant aux impôts, taxes ou redevances qui pourraient être établis, ils n'égaleront jamais les bénéfices réalisés par les municipalités elles-mêmes avec la régie. Il suffit, pour s'en convaincre, de consulter les chiffres indiqués précédemment. Jamais des villes comme Manchester, Genève, Bruxelles, Lyon, n'auraient pu obtenir de leurs concessionnaires ce qu'elles ont obtenu de l'exploitation directe. J'ai indiqué notamment la différence pour le service des eaux à Lyon. Il faut y joindre l'exemple des abattoirs. En 1893, il y avait à Lyon une compagnie générale des abattoirs qui exploitait le marché aux bestiaux et deux abattoirs ; elle payait à la ville, comme redevance, 143.000 francs. En 1902, la régie ayant été inaugurée, la ville a réalisé un bénéfice de 504.733 francs ; cependant les dépenses du service avaient été réduites et les quantités abattues avaient considérablement augmenté (2). Ce sont là des résultats matériels que personne ne peut contester.

---

(1) Lacroix de Lavalette, p. 137. -- V. aussi, comme exemple de difficultés s'élevant en pratique sur le partage des bénéfices entre une ville et le concessionnaire, Cons. d'Etat, 14 février 1908, Lebon, 1908, p. 150 (procès pour la détermination des bénéfices sur lesquels devait porter le partage entre la commune de Nanterre et la Compagnie des eaux de la banlieue de Paris).

(2) Victor Augagneur, maire de Lyon, La régie directe des services publics, dans les *Questions pratiques de législation ouvrière*, 1904, p. 111.

Je ne parle pas des préoccupations d'ordre social ou d'intérêt public. On pourrait admettre qu'un cahier des charges fort bien rédigé obligeât un concessionnaire à en tenir compte. Mais il y a autre chose. Des impôts et des redevances présenteraient l'inconvénient énorme de faire payer les services publics beaucoup plus cher par le public, le concessionnaire s'efforçant d'en rejeter la charge sur le consommateur pour ne pas diminuer ses propres bénéfices. Et cette considération ramène le débat sur son véritable terrain. La concession même la mieux comprise, avec le cahier des charges supposé parfait, crée toujours un intermédiaire qu'il faut rémunérer, qui veut gagner de l'argent et qui a le droit d'en gagner; il fait des prélèvements sur le public et sur la ville. Il importe d'ailleurs d'avoir un concessionnaire sérieux, c'est-à-dire capable au point de vue technique et solvable, et pour l'avoir, la ville doit lui accorder ou bien une longue concession, c'est-à-dire se lier pendant un très long temps, ou bien ne pas le ruiner d'avance en exigeant de trop fortes redevances. Il ne s'agit donc pas de rogner outre mesure ses bénéfices; du moment qu'on admet son existence, on doit lui laisser la possibilité d'en avoir. Ou bien alors il faut s'en passer, comme les villes ont une tendance à le faire aujourd'hui, et faire entrer directement dans la caisse municipale les profits qui sont entrés jusqu'à présent dans les caisses privées. Même si les recettes nettes sont alors moins élevées et si le budget local encaisse moins qu'avec la pratique de la concession, ce qui n'est pas le cas ordinaire, le public paiera moins aussi pour les fournitures dont il a besoin.

La municipalisation présente enfin un dernier avantage financier : elle consolide le crédit des villes en leur assurant la confiance du monde financier. Il y a deux raisons de ce fait. La première est que les recettes des régies donnent aux finances municipales plus d'élasticité ; elles sont en général une abondante source de revenus. L'autre a été déjà indiquée : les entreprises en régie constituent pour les villes un actif certain, consistant dans les installations, les bâtiments, le matériel, etc. ; tandis que les emprunts des autres ne représentent qu'un passif sans élément correspondant. Aussi on a constaté qu'en Angleterre et en Belgique les communes qui sont entrées dans la voie de la municipalisation ont un crédit de premier ordre, et qu'il en est tout autrement pour celles qui continuent à confier leurs services publics à des concessionnaires. Ce point a été traité dans l'enquête parlementaire anglaise de 1900 (1).

Il résulte de ce qui précède que la municipalisation est de nature à modifier la composition du budget

---

(1) Ernest BREES, p. 354. Le résultat de la municipalisation sur le crédit municipal a été contesté par Lord Avebury, p. 42, qui cite les titres du Conseil de comté de Londres comme dépréciés ; or le Conseil ne peut pas exploiter, précisément, toutes les entreprises industrielles qu'il voudrait. De son côté, M. A. Raffalovich, après avoir donné le même exemple (*Journal des économistes*, 1907, 3, 403), ajoute que les villes anglaises et allemandes, la ville de New-York, et même Copenhague et Stockholm, « ont rencontré un marché de plus en plus rétif » quand elles ont voulu emprunter. Il semblerait donc qu'on est en présence d'un phénomène général indépendant de la municipalisation. New-York est une des villes où elle est le plus en retard.

municipal. Si l'on met à part les « ressources diverses », les éléments du budget pour les collectivités publiques sont de deux sortes : les impôts et les revenus du domaine. Il en est ainsi en France pour l'Etat et les communes. Dans notre organisation financière, générale ou locale, les impôts tiennent la plus grande place, tandis que les exploitations industrielles ne donnent qu'un faible contingent de recettes. Le développement des régies directes pourrait changer la proportion et orienter les budgets municipaux dans une nouvelle direction. Les contribuables ne peuvent guère espérer des diminutions d'impôts, mais peut-être sont-ils en droit de compter qu'ils ne subiront pas d'augmentations. Avec une pratique plus large de la municipalisation, les finances locales seraient, en France comme en Allemagne, basées avant tout sur les produits du domaine, domaine industriel, domaine commercial, domaine agricole et rural dans les campagnes. Une transformation de ce genre aurait des conséquences non seulement financières mais sociales considérables.

L'expérience des régies municipales semble donc jugée : les résultats d'ensemble sont favorables. Les avantages pécuniaires qu'elles contiennent sont un moyen d'arrêter l'augmentation des impôts. C'est là précisément ce que tout le monde devrait comprendre. Pour éviter la surcharge des contributions, la création d'impôts rapidement progressifs et toutes les propositions d' « impôts de nivellement », qui alors manifesteraient une tendance nettement collectiviste, les capitalistes devraient se réfugier dans la politique municipaliste ; ils devraient en être les plus zélés défenseurs. Tous les esprits conservateurs, au lieu de se cantonner dans une résistance inexplicable devant les faits, devraient être partisans à outrance des entreprises « reproductives » tentées par les villes. Ne vaut-il pas mieux, pour ceux qui appréhendent les progrès du collectivisme, et dont leur résistance fait le jeu, se rattacher aux exploitations municipales organisées au point de vue commercial et financier? N'ont-ils pas, en-dehors même des motifs développés jusqu'à présent, un intérêt évident à les favoriser? S'ils craignent le socialisme, qu'ils acceptent les idées nouvelles et les transformations nécessaires. Ou alors qu'ils trouvent mieux que le municipalisme, et qu'ils apportent aux villes les recettes qui leur manquent *et qu'elles doivent se procurer.*

DEUXIÈME PARTIE

LES RÉGIES MUNICIPALES, LA LOI ET LA JURISPRUDENCE

CHAPITRE Ier

Du droit pour les communes de faire le commerce ou d'exploiter une industrie.

§ 1er. — Le principe de la capacité

Les adversaires de la municipalisation ont souvent invoqué le point de vue juridique pour soutenir leur thèse. La discussion a été dirigée sur la capacité juridique des communes. On s'est demandé si, en droit français, une commune peut légalement prendre part à l'exploitation industrielle ou commerciale de certains services et notamment les exploiter elle-même en régie.

On a dit que ce problème est obscur et que les limites légales de la municipalisation sont, par suite du silence des textes, très difficiles à déterminer. Sauf dans des cas spéciaux, indiqués d'ailleurs plus loin, nos lois ne disent rien sur la compétence communale en matière de commerce ou d'industrie. Il existe des solutions isolées ; c'est le principe général qui n'est pas expressément formulé.

C'est de ce silence de la loi qu'on a prétendu précisément tirer argument contre les communes commerçantes. Elles ne peuvent faire, a-t-on dit, que ce que la loi leur permet, et jamais la loi ne les a autorisées d'une façon générale à faire le commerce, à construire des immeubles, à fabriquer du gaz, à régir des tramways. Bien mieux, l'article 61 de la loi municipale du 5 avril 1884, déterminant quelles sont les délibérations règlementaires des conseils municipaux, déclare que « le conseil municipal règle par ses délibérations les affaires de la commune », et ne parle pas du tout des exploitations industrielles ou commerciales. On en conclut qu'il ne peut pas régler des affaires d'ordre quelconque, mais qu'il ne doit s'occuper que des services que la loi lui confie. Ceci est d'autant plus vrai, ajoute-t-on, que les articles 133 et 134 de la loi de 1884, énumérant les recettes du budget communal, loin de prévoir les recettes d'exploitation ou de régie, prévoient au contraire les produits des concessions d'eaux, indiquant ainsi la volonté du législateur d'imposer la concession (1).

Cette argumentation, à mon avis, ne supporte même pas l'examen. Il est tout d'abord arbitraire de conclure du silence général de nos lois à l'incompétence communale en matière juridique quelconque.

---

(1) Pour l'exposé complet de cette argumentation, v. H. Nézard, p. 303.

Le grand principe de droit, posé par l'article 1123 du code civil, est que *tout ce qui n'est pas défendu est permis*. C'est la règle pour la capacité des personnes physiques ; on verra plus loin que c'est également la règle pour la capacité des communes, bien qu'elles soient personnes morales.

L'exemple de la pratique à l'étranger est déjà un puissant motif de décider. Si nos lois positives étaient obscures ou ambiguës, on pourrait les interpréter par la méthode du droit comparé et avec l'aide des législations étrangères. Un grand avantage du droit comparé est de permettre l'interprétation d'une loi nationale, quand elle a besoin d'être interprétée et commentée, ou même complétée si elle est muette sur des difficultés nouvelles ou des besoins imprévus. Quand on cherche le sens et la signification d'une loi positive, il est bon de s'occuper de ce que font les peuples voisins, de rapprocher les droits positifs existants, de tendre à une direction commune et à des conclusions identiques ou tout au moins voisines. Chaque législation nationale doit être interprétée, grâce au droit comparé, de façon à se rapprocher des législations étrangères. Il ne s'agit pas de toucher aux textes en vigueur en les modifiant ; il s'agit seulement de les appliquer et de leur faire produire, dans cette application, des effets sensiblement analogues aux effets produits par les textes en vigueur à l'étranger. C'est la manifestation d'une tendance au nivellement des lois et des institutions juridiques, l'évolution vers un droit commun qui correspond à une tendance au nivellement dans la vie sociale et l'évolution commune des peuples civilisés. Il serait donc faux de prétendre même que les exemples de l'étranger n'ont pas de valeur au point de vue purement juridique.

Tel est, en droit, le résultat de la méthode comparative ; telle est aussi la conclusion du bon sens et des nécessités pratiques. Notre législation nationale ne peut pas être une anomalie au milieu des autres ; elle ne peut pas se trouver en retard.

Or, l'ensemble des lois étrangères, on l'a vu, donnent aux municipalités la faculté de faire le commerce et de tenter les chances d'une industrie ; quelques-unes même, comme la loi italienne, les poussent dans cette voie. On constate l'existence d'un mouvement général dans ce sens. Si donc il pouvait y avoir doute sur la signification de la loi française, l'interprétation devrait être donnée conformément aux solutions des lois étrangères. Notre loi nationale ne doit pas résister à un grand courant législatif international, ni même rester en-dehors. Elle ne doit ni s'isoler, ni se singulariser. Elle doit prendre part à une évolution qui est considérée universellement comme un progrès.

Mais il n'est même pas besoin d'aller jusque-là, ni de forcer l'interprétation des textes. La loi française n'est ni obscure, ni ambiguë sur le point examiné ; elle est muette, ce qui n'est pas la même chose. Elle ne formule expressément aucune règle sur le droit des communes de faire le commerce, ceci est exact. La conséquence est qu'il suffit de s'en référer aux principes généraux. Le silence de la loi, tous les jurisconsultes le savent, c'est pour tout le monde la faculté d'agir. Depuis quand serait-il nécessaire que la loi accordât formellement une faculté à une personne, physique ou morale, pour que cette faculté existât ? Par quel renversement du droit lui demanderait-on d'organiser la capacité des personnes ? Un principe élémentaire est qu'elle organise les incapacités. On énumère les cas où il y a incapacité : on n'énumère pas les hypothèses où les personnes sont pleinement capables. Le silence général de la loi, c'est donc la pleine capacité pour les communes de se livrer au commerce ou à l'industrie.

C'est la solution admise en Belgique, dont la législation est basée sur les principes du code civil. La pratique et les jurisconsultes belges admettent unanimement que les communes sont aptes à faire tous les contrats de droit civil ou administratif : vente, achat, échange, louage, prêt, contrat de concession, etc. On a vu que la ville de Bruxelles a pratiqué ou pratique encore la plupart de ces actes juridiques. La validité d'un contrat de société passé par une ville a seule été discutée, mais elle est reconnue maintenant : la Compagnie intercommunale des eaux de l'agglomération bruxelloise en est une application, puisqu'elle a été fondée par des communes associées. Les villes belges sont également actionnaires de sociétés de tramways ; elles ont même acquis parfois la majorité des actions dans les entreprises, autre manifestation de l'activité juridique (1). Etant donné que la législation belge est sur ce point la même que la nôtre, toutes ces solutions ont une autorité particulière.

Les textes spéciaux qu'on a invoqués en sens con-

---

(1) Ernest Brees, p. 80. — André Bussy, p. 38.

traire n'ont en réalité aucune portée. La loi municipale du 5 avril 1884 ne contient aucune prohibition ; elle ne défend rien. Comme on l'a dit avec beaucoup de raison, il serait puéril d'insister sur l'argument puisé dans l'article 133 qui fait figurer dans le budget ordinaire le produit des concessions ; la loi autorise les communes à concéder ; elle ne les y contraint pas (1). Elle a parlé de concession, parce que, au cours du XIXe siècle, la concession a été en fait le mode ordinaire d'exploitation des services publics. Les textes cités n'ont pas pour but de dresser la liste des affaires d'intérêt communal, ni de délimiter les attributions des communes ; ils ont pour but de réglementer certaines délibérations et d'établir le principe libéral de l'autonomie communale à la place des limitations de la loi antérieure du 24 juillet 1867, qui soumettait à l'approbation de l'autorité supérieure l'exécution des délibérations du conseil municipal. Mais il y a mieux. On peut précisément tirer du régime légal actuel des délibérations des Conseils municipaux la preuve de leur liberté d'action. Depuis la loi du 5 avril 1884, article 61, toutes leurs délibérations sont exécutoires par elles-mêmes ; c'est là le droit commun pour leurs décisions. Ce n'est que dans des cas exceptionnels qu'elles sont soumises à approbation de l'autorité supérieure, et la création d'une industrie municipale ne figure pas dans les exceptions énumérées et qui sont limitatives (2). Elle reste donc sous l'empire du droit commun. Aussi aujourd'hui,

---

(1) H. Nézard, p. 303.
(2) André Mater, p. 576.

adversaires et partisans de l'action communale avouent que la loi de 1884 s'est abstenue de définir la sphère d'action du corps municipal et les matières sur lesquelles il lui appartient de statuer. « Ce n'est point à l'aide des textes de loi qu'il faut résoudre la question, dit M. Hauriou... La compétence administrative du conseil municipal n'est pas fixée d'une façon limitative et restrictive par la loi. Au contraire, la loi reconnaît qu'il existe des besoins locaux, un ordre public local, et qu'en principe les pouvoirs municipaux sont compétents pour donner satisfaction à ces besoins (1) ». En présence des termes de l'article 61, disant que le conseil municipal s'occupe des « affaires de la commune », il est plus conforme aux principes juridiques de prendre l'expression dans un sens large, c'est-à-dire dans le sens de la capacité, que dans un sens restrictif, c'est-à-dire dans le sens de l'incapacité. L'interprète et l'administrateur doivent même être très heureux de rencontrer une disposition aussi vague, permettant d'appliquer aux conseils municipaux le principe fécond de la pleine capacité juridique. On peut remarquer que l'article 145, 2° les autorise à faire des dépenses « facultatives », relatives par conséquent à des objets non expressément prévus par la loi.

Dans tous les cas elles peuvent gérer les biens

(1) Maurice Hauriou, Note dans S. 1901. 4, 45. — Dans le même sens. H. Nézard, p 303 ; — André Mater, Le municipalisme et le Conseil d'Etat, dans la *Revue d'Economie politique*, 1905, p. 346 ; — Romieu, Conclusions dans l'affaire Descroix-Deservik ; Conseil d'Etat, 1ᵉʳ février 1901 ; Lebon, 1901, p. 105.

communaux. La gestion du patrimoine fait incontestablement partie de leurs attributions légales, et leur domaine avec toutes les exploitations qui en dépendent, ainsi que la mise en valeur de leurs capitaux, rentre dans la gestion patrimoniale. — Mais, dit-on, « l'exploitation municipale se présente sous une double face : ce que l'on pourrait appeler la condition de fond et la condition de forme. La condition de fond, c'est la légalité de l'exploitation, sa possibilité dans le domaine théorique ; la condition de forme, c'est l'organisation en régie, c'est-à-dire la possibilité dans la pratique de réaliser une fonction reconnue d'ailleurs compatible avec l'action communale ». La commune a la capacité d'être propriétaire d'un théâtre, elle a le droit d'intervenir dans les services de transports, d'éclairage, etc., mais elle n'a pas le droit de les entreprendre elle-même en régie ; la loi l'oblige à les gérer par voie de concession. Elle a un patrimoine comprenant les biens précités, mais elle doit les administrer d'une certaine manière (1).

Cette distinction est de pure imagination ; elle a été créée en-dehors de la loi et lui fait dire beaucoup de choses subtiles et compliquées. Comment supposer que la loi, qui garde le silence, ait voulu consacrer une théorie aussi complexe ? Le Conseil d'État a pu sanctionner cette théorie, mais par une interprétation arbitraire de la législation. C'est un véritable sophisme de sa part de reconnaître la capacité d'une commune pour posséder certains biens et de

---

(1) G. Louis-Jaray, 1, p. 198. — Léon Michoud, p. 168. — Pierre Mercier, p. 15.

nier sa capacité pour les gérer **directement**. Cette prétention est contredite d'ailleurs par **un argument** d'une logique irréfutable. Toutes les concessions accordées à des compagnies privées ont pour caractère essentiel d'être temporaires. A l'expiration des concessions, aucun obstacle juridique ne s'oppose à l'exploitation en régie : c'est la loi elle-même qui substitue la commune concédante aux droits du concessionnaire. La plupart des traités passés avec les compagnies d'éclairage au gaz contiennent la clause qu'après un certain délai la concession prendra fin et que l'usine fera retour à la ville ; cette clause a toujours été approuvée par l'autorité supérieure. D'autre part, les traités prévoient une faculté de rachat anticipé, qui est même réglé avec détails par le décret du 6 août 1881 en ce qui concerne les tramways, et, dont les communes ont le droit d'user. Dès lors, pourquoi ne pourraient-elles pas faire d'emblée, dès le début de l'exploitation, ce qu'elles seraient parfaitement capables au point de vue juridique de faire après vingt, cinquante, quatre-vingt dix ans d'exploitation par un entrepreneur privé (1) ? Il n'existe aucune incompatibilité entre l'acte de commerce et la puissance publique. La preuve en est que l'État, qui est par excellence la personnalité de puissance publique, exploite des chemins de fer, qu'il fabrique des tapisseries à la manufacture des Gobelins, de la porcelaine à la manufacture de Sèvres et qu'il la vend dans un magasin de détail, dans une grande artère de

---

(1) André Bussy, p. 49. — Maurice Hauriou, 1, p. 496. — Paul Pic, 2. n° 672, p. 511, note 2. — E. Thaller, n° 181.

Paris, à côté des magasins des autres fabricants. On ne comprendrait pas que la solution changeât pour les autres collectivités (1).

Le silence des lois positives françaises ne fournit donc pas l'arme qu'on a prétendu trouver contre les initiatives municipales. Par cela même que le droit d'action des municipalités n'est pas restreint, il existe pleinement et l'on reste en présence de la maxime fondamentale de l'article 1123 du Code civil que la capacité est la règle et l'incapacité l'exception.

L'application de cette maxime, qui est une des bases du droit français, est corroborée par tout un ensemble de textes, indiqués plus loin, qui ont expressément reconnu aux communes le droit d'exercer un commerce ou une industrie ou une régie lucrative, souvent même sous le régime du monopole. Les cas très nombreux où diverses lois ont statué ainsi d'une façon formelle et indiscutable constituent un ensemble impressionnant et qui ne peut s'expliquer que par le principe de la capacité juridique. Cette capacité est entière et en-dehors de toute discussion. Elle ne peut être restreinte que par des dispositions législatives expresses. Quand on se demande si une municipalité peut faire un acte juridique quelconque ou une entreprise donnée, on ne doit pas rechercher si un texte le lui permet, mais au contraire *si un texte le lui défend*. Ainsi l'article 25 de la loi du 21 germinal an XI ne lui permet pas l'exercice de la pharmacie, l'exploitant devant être propriétaire du fonds de pharmacie et muni d'un diplôme, ce qui ne peut être

---

(1) Pierre MERCIER, p. 71.

le cas pour une commune personne morale. L'interdiction est absolue pour toute personne morale, et la jurisprudence ne reconnaît pas à une société le droit d'exploiter une pharmacie. La loi du 16 juillet 1889 réserve les téléphones à l'État. L'article 9 de la loi du 15 juin 1906 sur les distributions d'énergie interdit également à une commune le partage des bénéfices avec un concessionnaire. Si l'on peut ainsi opposer un texte, la restriction à la capacité doit être admise. Mais si le texte n'existe pas, la capacité reste intacte.

La conséquence est que les communes sont aptes à faire tous les actes juridiques et toutes les entreprises *non prévus par la loi*. Aussi je ne puis comprendre les hésitations dont certaines entreprises ont été l'objet. Le Conseil municipal de Lyon s'est donné la peine de discuter ce qui est pour moi un de ses droits incontestables, le droit de construire des maisons à bon marché (1). Cette hésitation inexplicable n'est que le résultat des préjugés courants ; elle apparaît comme une survivance de la tutelle étroite dans laquelle ont été tenues les administrations municipales au cours du xixe siècle et doit céder devant une connaissance plus approfondie des principes du droit.

Telle est la solution générale de la loi française sur le droit des communes de faire le commerce ou d'exploiter une industrie.

(1) Conseil municipal de Lyon, séance du 5 octobre 1908, *Bulletin municipal officiel de la ville de Lyon*, 1908, Annexes, p. 148 et s.

§ 2. — Les cas spéciaux prévus par les textes

Des dispositions spéciales et expresses de nos lois, en nombre considérable, indiquent certains cas où l'intervention d'une commune dans des opérations commerciales ou industrielles est possible ou même obligatoire.

I. — Il convient tout d'abord de mettre à part les hypothèses où une régie municipale existe comme moyen de percevoir un impôt. Ainsi il a été jugé qu'une commune peut exploiter un entrepôt, par le motif que l'existence d'un tel établissement se rattache à la perception des droits d'octroi, et qu'en agissant ainsi la commune ne fait qu'assurer la perception de ces droits dans les meilleures conditions possibles (1). Dans le même ordre d'idées, des arrêtés du gouverneur général de l'Indo-Chine ont établi le monopole de la vente du sel (2) et de l'alcool (3) dans la colonie. Ce sont là autant de modes de perception de certain impôts, et l'idée de commerce ou d'industrie doit être laissée de côté.

---

(1) Cass. 23 mars 1831 ; D. P. 1831, 1, 149.
(2) Cons. d'Etat, 16 février 1906, *affaire* Piganiol ; Lebon, 1906, p. 143 ; — Demorgny, *Les principales réformes financières en Indo-Chine de 1897 à 1899*, Paris, 1899, p. 266. Le sel ne peut-être vendu en Indo-Chine que par les préposés de la régie ou par les particuliers agréés par elle.
(3) Cons. d'Etat, 25 mai 1906, *affaire* Bernhard ; Lebon, 1906, p. 456 ; — Demorgny, *loc. cit.*

II. — La police municipale et rurale est également un domaine très vaste dans lequel les communes peuvent exercer leurs droits ; tout ce qui le concerne rentre dans la compétence communale. Ainsi les villes ont créé des hospices et hôpitaux, des ouvroirs municipaux, etc. Elles ont des cimetières. Depuis une déclaration royale du 10 mars 1776, reproduite par le décret du 23 prairial an XII, elles doivent acquérir des terrains pour l'établissement des cimetières, et en fait aucun cimetière particulier ne subsiste en France. Toutes les communes sont autorisées, depuis 1889, à créer des chambres funéraires moyennant une redevance (1).

Une loi de 1873 décide que la ville de Paris percevra une taxe de balayage « comme en matière de contributions directes », ce qui implique que la ville entreprendra elle-même en régie les opérations de balayage, et la loi du 5 avril 1884 ajoute que le même système pourra, en vertu d'un décret rendu dans la forme des règlements d'administration publique, c'est-à-dire le Conseil d'État entendu, être généralisé à toutes les communes qui en feront le demande (2).

Toutes les attributions des municipalités en matière de police sont extrêmement larges et les exemples de textes les prévoyant légalement seraient innombrables à citer.

III. — De la police il convient de rapprocher les

---

(1) Décret 27 avril 1889, art. 5; Loi de finances 17 juillet 1889, art. 29.
(2) Loi 26 mars 1873; Loi 5 avril 1884, art. 133, 13º.

œuvres d'assistance. Souvent le législateur a entendu faire œuvre d'assistance et a autorisé la commune à créer un service public pour les indigents ; autorisation dans ce cas veut pratiquement dire encouragement de la part du législateur. C'est ce qu'à fait la loi du 15 juillet 1893 pour l'assistance médicale gratuite.

M. André Mater cite le cas de la ville de Dijon, qui, devant l'impossibilité légale d'établir une pharmacie municipale, résolut de subventionner des pharmaciens, s'ils consentaient à se charger d'un service public, comme de délivrer des médicaments aux indigents. A la suite d'une délibération du conseil municipal du 2 septembre 1896, trois pharmaciens acceptèrent, paraît-il, de délivrer des remèdes au prix coûtant pour les indigents, et au même prix, légèrement majoré, pour les ouvriers (1).

Une commune peut légalement intervenir dans les œuvres d'assistance en général. Une ville accorde valablement une subvention à un orphelinat ayant pour but de recueillir les jeunes orphelins pauvres, de les entretenir gratuitement, de leur donner une instruction primaire, etc. (2), ou aux associations se rattachant à l' « Œuvre des enfants à la montagne », ayant pour objet d'envoyer des enfants indigents ou peu aisés passer les vacances à la mer ou à la campagne. La ville de Paris a pu subventionner une société philanthropique de fourneaux économiques,

---

(1) André MATER. p. 360.
(2) Cons. d'Etat, 19 juin 1885, *affaire* Orphelinat de Notre-Dame d'Aix ; Lebon, 1885, p. 594.

vendant des aliments au-dessous de leur valeur réelle et avec perte (1). Les établissements charitables subventionnés sont en fait ou des établissements reconnus d'utilité publique ou de simples associations déclarées.

Enfin la loi du 12 avril 1906 prévoit les prêts et souscriptions d'actions ou obligations de sociétés pour la construction des habitations à bon marché. Une ville — ou un département — peut aujourd'hui « prendre résolument l'initiative de la constitution d'une *société paravent* dont elle souscrira la majeure partie des titres (actions entièrement libérées jusqu'à concurrence des deux tiers du capital social, obligations en nombre illimité) et qui, en réalité, sera une filiale financière de la municipalité. Elle peut aussi, lorsqu'une véritable société privée sera fondée, aider au lancement de l'affaire, soit en garantissant, pendant quelques années, dix ans au plus, un minimum d'intérêt aux obligations et même aux actions, soit (ce qui paraît préférable), en cédant à la société des terrains à bâtir pour la moitié de leur valeur réelle (2). »

---

(1) Cons. d'État, 19 mai 1882, *affaire* Société philanthropique; Lebon, 1882, p. 505.
(2) Paul Pic, 1, p. 20. — L'art 6 de la loi du 12 avril 1906 détermine ainsi la participation des communes ou des départements à cette œuvre d'hygiène sociale :
« Les communes et les départements peuvent employer leurs ressources en prêts, en obligations ou... en *actions*, sous réserve :
1° Que les maisons ne puissent être aliénées au-dessous du prix de revient ou louées à des prix inférieurs à 4 0/0 de ce prix. Ce revenu sera considéré comme un revenu net de toutes charges et notamment de l'amortissement en trente années pour les maisons individuelles et soixante années pour les maisons collectives. — 2° Que les emplois de fonds soient

IV. — Toutes les questions d'organisation purement fiscale, de police et d'assistance ont un caractère surtout administratif. Voici maintenant des cas dans lesquels des lois ou règlements leur ont reconnu expressément le droit d'exploiter des régies, et où le caractère industriel et commercial apparaît plus nettement, sans que toutefois la séparation soit absolue avec les services surtout administratifs.

Des textes précis parlent d'entreprises confiées aux soins des municipalités, soit à titre de monopoles, soit en concurrence avec des entreprises privées :

1° Plusieurs lois spéciales ont consacré, en termes formels, le droit pour les communes d'exercer un commerce ou une industrie, et le leur ont même ré-

---

préalablement approuvés par décision du Ministre du Commerce (aujourd'hui du *Ministère du Travail*), après avis du Comité permanent du Conseil supérieur des habitations à bon marché, aux délibérations duquel participera, pour ces affaires, le directeur de l'administration départementale et communale du Ministère de l'Intérieur.

« Sous réserve d'approbation dans les mêmes formes, les communes et les départements pourront faire apport aux sociétés susvisées de terrains ou de constructions, pourvu que la valeur attribuée à ces apports ne soit pas inférieure à leur valeur réelle, établie par expertise.

« Ils peuvent de même : 1° Céder de gré à gré aux sociétés susvisées, dont ils ne prennent ni actions, ni obligations, des terrains ou constructions, sans que le prix de cession puisse être inférieur *à la moitié de la valeur réelle* établie par expertise ; 2° Garantir, jusqu'à concurrence de 3 0/0 au maximum, le dividende des actions ou l'intérêt des obligations desdites sociétés, pendant dix années au plus, à compter de leur constitution... »

servé à titre de monopole si elles le veulent. On peut citer ici :

Le droit d'établir un marché, d'après le décret-loi du 28 mars 1790 ;

Le droit d'établir et d'exploiter des abattoirs, d'après le décret du 24 février 1811 et l'ordonnance du 15 avril 1838 ;

Le monopole du pesage, jaugeage et mesurage publics, dans l'enceinte des marchés, halles, ports ou autres établissements municipaux, établi par le décret-loi des 15-18 mars 1790 et règlementé pas des textes postérieurs (1) ;

Le monopole des bureaux de conditionnement pour les soies, laines ou cotons, à combiner d'ailleurs avec les droits des Chambres de commerce, prévu par la loi du 21 août 1900 ; à Lyon, Saint-Étienne, Calais, etc., il est détenu par les Chambres de commerce, et par les municipalités à Aubenas, Privas, Roubaix, etc. (2) ;

Le monopole des pompes funèbres ; la loi du 28 dé-

---

(1) Décret-loi des 15-18 mars 1790 ; décret du 27 brumaire an VII ; — arrêté du 7 brumaire an IX (28 octobre 1800), dont l'art. 4 notamment porte : « Dans l'enceinte des marchés, halles, ports ou autres établissements municipaux, le pesage et le mesurage seront faits par des employés municipaux. En dehors de ces enceintes apparentes, la profession de peseur et de mesureur reste libre ; » — loi du 29 floréal an X (19 février 1802).

(2) Certaines Chambres de commerce affectent les bénéfices souvent considérables de la condition à des œuvres sociales. C'est ainsi que la Chambre de commerce de Lyon prélève annuellement, sur ses bénéfices, 120.000 francs pour subventionner la caisse de retraite des ouvriers en soie. Paul Pic, 2, n° 651, note 1.

cembre 1904, qui le leur attribue « à titre de service public », spécifie qu'elles peuvent l'exercer en régie ou par entreprise (1).

Dans tous les cas de ce genre, les municipalités ne sont pas forcées de recourir au monopole; elles en ont la faculté si elles le jugent à propos. Mais le point certain est que ces industries leur sont incontestablement ouvertes.

2° Il en est de même pour un certain nombre d'autres que des lois prévoient sans en faire des monopoles communaux.

Ainsi il est reconnu unanimement qu'une commune peut être concessionnaire de mines et les exploiter elle-même. Dans la région lyonnaise une ordonnance de 1829 a concédé un gisement minier à la commune de Romanèche. Mais l'exemple le plus connu est celui des mines de Rancié (Ariège), concédées en 1833 aux huit communes qui composent l'ancienne vallée de Vic-Dessos. En réalité et en fait, la propriété des communes, personnes morales administratives, a succédé aux communautés d'habitants ou groupes d'ouvriers de ces communes, lesquels étaient propriétaires de ces mines dans l'ancien régime. Comme on l'a

---

(1) Loi 28 décembre 1904, article 2 : « Le service extérieur des pompes funèbres, comprenant exclusivement le transport des corps, la fourniture des corbillards, cercueils, tentures extérieures des maisons mortuaires, les voitures de deuil ainsi que les fournitures et le personnel nécessaire aux inhumations, exhumations et crémations, appartient aux communes à titre de service public. Celles-ci peuvent assurer ce service soit directement, soit par entreprise, en se conformant aux lois et règlements sur les marchés de gré à gré et adjudications en matière de travaux publics ».

remarqué, on trouve là une application déjà ancienne de la célèbre formule : *La mine aux mineurs*. Il suffit de constater ici, en droit, le principe de la capacité pour les communes de demander et d'obtenir des concessions de mines (1). Un auteur peu suspect, Gaudry, qui écrivait en 1862, spécialiste du droit administratif, observe qu'en fait il est douteux que l'administration consente à accorder souvent à une commune une concession de mines ; mais il ajoute immédiatement que « cependant ce serait à l'autorité de décider, et *sur ce point rien ne pourrait entraver sa libre décision* (2) ».

Une ville peut également exploiter une tourbière dont elle est propriétaire (3).

---

(1) Ordonnance du 8 novembre 1829, concédant un gisement minier à la commune de Romanèche (Saône-et-Loire). — Ordonnance du 31 mai 1833 et loi du 15 février 1892, concernant la mine de Rancié. Sur cette dernière, v. Féraud-Giraud, *Code des mines*, t. I, n° 293 ; — Frézoul, Les mines de fer communales de Rancié, dans la *Revue des mines*, 1893, p. 65 ; — Fuzier-Herman, Répertoire général alphabétique du droit français, v° *Mines, minières et carrières*, n°s 545 et 549 ; — *Pandectes françaises*, Répertoire, v° *Mines, minières et carrières*, n° 395 ; — Henri Rouzaud, *Histoire d'une mine aux mineurs ; la mine de Rancié depuis le Moyen Age jusqu'à la Révolution* ; — Alfred Renouard, Une mine exploitée par les mineurs, dans le *Journal des économistes*, 1890, 4, 432 ; — Villot, Étude administrative sur les mines de Rancié, dans les *Annales des mines*, 1896.

(2) Gaudry, *Traité du domaine*, 1862, t. III, p. 311.

(3) Ordonnance 26 décembre 1814 ; Décret 14 août 1896 ; — *Pand. franç. Rép.*, v° *Mines, minières et carrières*, n° 3.038, 3.061 ; — Cons. d'État., 21 mars 1860, *affaire* Ville de Hesdin ; Lebon, 1860, p. 235 ; D. P., 1860, 3, 77.

Les eaux minérales de Cauterets appartiennent à un syndicat de communes qui en ont organisé la régie ; elles sont copropriétaires de l'établissement thermal de Cauterets (1). Du reste l'article 4 du décret du 21 juin 1907, rendu en exécution de la loi du 15 juin 1907 réglementant le jeu dans les cercles et les casinos des stations balnéaires, thermales et climatériques, reconnaît formellement que des sources, établissements de bains, casinos, cercles, etc., peuvent appartenir à un syndicat de communes, ce qui implique qu'une commune elle-même peut en être propriétaire (2).

Elle peut aussi être propriétaire des théâtres et des salles de spectacles quelconques. Le droit lui en est reconnu d'une façon incontestable par l'article 2, 4° de la loi du 11 frimaire an VII (1er décembre 1798), qui prévoit parmi les recettes municipales « le produit des maisons, salles de spectacles et autres bâtiments appartenant à la commune. »

La loi du 30 juillet 1880 a autorisé un emprunt émis par la ville de Tourcoing en vue de la régie municipale du gaz ; elle spécifie qu'une partie de l'em-

---

(1) Décret 10 juin 1893 ; — Conseil d'État, 18 mars 1904, *affaire* Président de la commission syndicale de la vallée de Saint-Savin ; Lebon, 1904, p. 229 ; — *Revue du droit public et de la science politique*, 1904, 2, 284 ; S. 1906, 3, 87 ; — 3 juillet 1908, *affaire* Ville de Cauterets ; Lebon, 1908, p. 724.

(2) Décret 21 juin 1907, article 4 : « Lorsque les sources, établissements de bains, casinos, etc., appartiendront à un syndicat de communes, l'avis sur la demande d'autorisation des jeux sera donné par le comité du syndicat, auquel il appartiendra également, s'il y a lieu, d'établir le cahier des charges, etc. ».

prunt sera affecté « aux travaux de l'usine à gaz et de la canalisation (1) ».

Une loi du 3 février 1851 permet aux municipalités d'établir ou de subventionner des bains publics gratuits ou à prix réduits, et prend même diverses mesures pour les encourager à entrer dans cette voie. Par exemple elle permet l'allocation de subventions de l'État aux communes qui prendraient l'initiative de la création d'établissements modèles pour bains et lavoirs publics gratuits ou à prix réduits (2). Aussi les exemples d'intervention municipale en cette matière sont nombreux : la ville de Paris gère elle-même des bains-douches et des piscines municipales ; la ville de Rouen a pu subventionner un établissement de bains pour les ouvriers (3) ; la ville de Lyon a accordé une subvention annuelle de 20.000 francs à une société de bains rapides par aspersion, sans monopole et ayant un but plus ou moins charitable (4). Reims, Roubaix, Lille et Montpellier exploitent en régie des bains municipaux.

---

(1) *Journal officiel* du 31 juillet 1880, p. 8.931.
(2) Maurice HAURIOU, 1, p. 197. — *Pandectes françaises*, Répertoire, v° *Assistance publique*, n° 1295. — Cons. d'État, 14 juin 1866, *affaire* Bérard ; Lebon, 1866, p. 648 ; — 8 avril 1869 ; Lebon, 1869, p. 338 ; D. P., 1870, 3, 91.
(3) Cons. d'État, 2 février 1906 ; Lebon, 1906, p. 91 ; *Revue de science et de législation financières*, 1906, p. 60, et la note : S. 1907, 3, 1 et la note de M. M. Hauriou ; *Pand. franç. pér.*, 1906, 4, 44 ; — 4 avril 1906, *affaire* Ville de Paris ; Lebon, 1906, p. 314. — Pour la ville de Rouen, v. Cons. d'État, 13 mai 1901, *affaire* Depeaux, Lebon, 1901, p. 464.
(4) Cons. d'État, 16 février 1906, *affaire* Société française des

La loi du 14 mars 1904 autorise les municipalités à créer des bureaux de placement gratuits.

Une commune peut encore, d'après la loi du 11 juin 1880, dont les termes sont formels, recourir à l'exploitation directe d'un chemin de fer d'intérêt local ou d'un tramway. L'article 9 déclare que, « à l'expiration de la concession, le concédant est substitué à tous les droits du concessionnaire sur les voies ferrées ». Ce concédant, c'est-à-dire la commune (ou le département), peut donc exploiter comme le faisait le concessionnaire, puisqu'il en a les droits ; il n'est pas forcé de recourir aussitôt à une nouvelle concession. L'article 10 prévoit également « la substitution de l'exploitation directe à l'exploitation par concession ». Enfin le décret du 16 juillet 1907 portant règlement d'administration publique pour l'exécution de la loi de 1880, et qui a abrogé et remplacé celui du 6 août 1881, suppose aussi une commune qui exécute les travaux de construction sans les remettre ensuite à un exploitant (1). A la séance de la Chambre

---

chalets de bains hygiéniques; Lebon, 1906, p. 147 ; S. 1908, 3, 55.

(1) Loi du 11 juin 1880, article 9 : « A l'expiration de la concession, le concédant est substitué à tous les droits du concessionnaire sur les voies ferrées qui doivent lui être remises en bon état d'entretien ». — Article 10 : « Toute cession totale ou partielle de la concession, la fusion des concessions ou des administrations, tout changement de concessionnaires, *la substitution de l'exploitation directe à l'exploitation par concession*, l'élévation des tarifs au-dessus du maximum fixé, ne pourront avoir lieu qu'en vertu d'un décret délibéré en Conseil d'Etat, rendu sur l'avis conforme du Conseil géné-

des Députés du 20 novembre 1902, M. Coutant, député d'Ivry, interpellait le gouvernement sur l'inexécution du cahier des charges par les compagnies exploitant les tramways parisiens ; il demandait leur déchéance et la municipalisation des services. M. Maruéjouls, ministre des Travaux Publics, répondit qu'en effet il ne voyait qu'un remède, « celui qu'a indiqué M. Coutant, la municipalisation de tous les services », mais qu'il ne croyait pas opportun de l'ap-

---

ral, s'il s'agit de lignes concédées par les départements, ou du Conseil municipal, s'il s'agit de lignes concédées par les communes ».

L'article 1er du décret du 16 juillet 1907, relatif aux projets qui doivent précéder l'exécution des travaux, dit qu'ils doivent être remis au préfet en deux expéditions. L'un, dit le paragraphe 5, est rendu après approbation au concessionnaire ou « à la commune, si c'est elle qui exécute les travaux ». Le paragraphe 6 ajoute : « Lorsque les travaux sont exécutés par la commune pour être remis ensuite à un exploitant, les projets sont communiqués à ce dernier avant toute approbation, pour qu'il puisse fournir ses observations ». Le paragraphe 5, conclut M. André Bussy, p. 46, vise le cas où la commune construit sans avoir l'intention de s'adresser ensuite à un exploitant privé, c'est-à-dire le cas où elle construit pour elle-même. — Autrefois on avait voulu déduire du décret du 6 août 1881, parlant des formes que doit revêtir le contrat de concession et ne parlant pas du tout de la régie directe, que le système de la concession devait être nécessairement employé pour la construction et l'exploitation. « Conclusion erronée, dit M. Berthélemy, et que rien n'autorise à admettre ». H. Berthélemy, *Traité élémentaire de droit administratif*, 4e édit., p. 681. Aujourd'hui le texte du décret de 1907 supprime toute hésitation sur la possibilité de l'exploitation directe.

pliquer dans les circonstances du moment (1). La législation française sur les tramways, même de l'avis des défenseurs des compagnies, consacre le droit des villes de construire et d'exploiter elles-mêmes ces entreprises, comme le fait d'ailleurs la ville de Tunis (2).

§ 3. — Conséquences juridiques de l'exploitation en régie

L'exploitation en régie d'un service public par une municipalité entraîne certaines conséquences de droit qu'il est intéressant d'indiquer. La municipalisation est accompagnée d'actes de commerce ; elle soumet les villes qui l'ont décidée à plusieurs des règles régissant les personnes, individus ou sociétés, qui entreprennent le commerce ou l'industrie.

I. — D'une façon générale les communes qui prennent des services publics en régie font des actes commerciaux. Le commerce n'est pas toujours fait par des individus ; les personnes juridiques publiques, telles que les communes précisément, peuvent faire des actes de commerce (3). On est conduit alors à se demander s'il faut leur étendre les règles du droit commercial. La question serait la même pour les départements qui géreraient eux-mêmes des entreprises.

---

(1) Chambre, séance du 20 novembre 1902 ; *Journ. off.*, Débats parlem., pp. 2679.

(2) André Bussy, pp. 48-49. — G. Louis-Jaray, 1, p. 207, note 2.

(3) Lyon-Caen et Renault, t. I, n° 210.

L'intérêt qu'elle présente existe d'abord au point de vue même de l'application des règles commerciales, et aussi au point de vue des garanties données aux individus : le droit commercial appliqué aux services publics peut leur offrir des garanties contre les actes arbitraires ou dommageables des administrateurs. M. Thaller remarque que l'existence d'un monopole, de droit ou au moins de fait, n'empêche pas une entreprise de relever du droit commercial ; c'est ce qui arrive pour les chemins de fer concédés à des compagnies, pour la Banque de France, etc. (1). Cette considération écartée, l'application aux communes du droit commercial en général doit être précisée.

Les communes peuvent faire des actes de commerce ; mais elles n'acquièrent pas pour cela la qualité de commerçantes. Cette qualité est incompatible avec le but principal dans lequel elles existent et qui est la défense de tous les intérêts et besoins locaux. D'après l'art. 1er du code de commerce, sont commerçants ceux qui exercent des actes de commerce « et en font leur profession habituelle », ce qui n'est pas le cas pour les communes ; elles conservent toujours leur caractère politique et administratif. MM. Lyon-Caen et Renault posent une très exacte distinction : les personnes morales publiques peuvent faire des actes qui doivent être considérés comme commerciaux, mais elles ne peuvent être considérées elles-mêmes comme commerçantes (2). Les effets de la municipalisation se résument donc dans cette double formule :

(1) E. Thaller, n° 181.
(2) Lyon-Caen et Renault, t. I., p. 220, note 2.

1° Les communes font des actes de commerce ;
2° Elles ne deviennent pas commerçantes.

On peut parler, pour la commodité de l'exposé et pour employer un terme significatif, des « municipalités commerçantes » et des « municipalités industrielles », mais on ne doit pas donner à ces expressions plus de portée qu'elles n'en ont en réalité. Elles sont exactes en ce sens qu'elles désignent les municipalités qui font des actes de commerce ou des opérations industrielles, mais elles ne signifient nullement que, dans cette hypothèse, les communes acquièrent la qualité de commerçantes.

Il résulte de la formule ci-dessus, en ce qui concerne l'application des règles du droit commercial, qu'on devra appliquer aux communes les règles relatives aux actes de commerce, mais non les règles relatives à la qualité de commerçant. Ceci conduit aux solutions suivantes :

En premier lieu, les contestations soulevées par les actes de commerce des communes entraîneront la compétence commerciale. Ce point sera développé plus loin (*Infra*, n° III).

Ces actes pourront être prouvés au moyen des preuves consacrées par le droit commercial, et notamment par la preuve testimoniale. Le droit d'exiger la communication des livres peut soulever, il est vrai, quelques doutes, parce que les administrations publiques ne tiennent pas de livres de commerce. On touche ici à la seconde série de solutions.

Les communes ne pouvant pas être commerçantes, les services publics ne peuvent pas tenir les livres de commerce habituels ; dans l'état actuel de la législation, elles sont enfermées dans les cadres de la comptabilité publique.

Enfin les voies ordinaires d'exécution, la faillite et la liquidation judiciaire, leur restent totalement étrangères. Tous les biens des communes, meubles, immeubles, créances, revenus, sont insaisissables, et la compensation n'est pas opposable aux personnes morales publiques en général. Il n'y a donc pas place pour la procédure de faillite ou de liquidation judiciaire.

Telles sont les conséquences de la double formule indiquée. « Les raisons d'écarter de l'État (et il faut en dire autant des communes) pris dans ses divers services, dit M. Thaller, les règles du droit commercial, tiennent à l'organisation actuelle de la législation et non à la nature des choses. On se représenterait la mise en vigueur d'un régime différent, qui détacherait dans l'avenir les services industriels de l'État ou des communes des principes rigides du droit administratif, et alors la règle du code de commerce italien, art. 7, d'après laquelle l'État, les provinces et les communes peuvent se soumettre par leurs actes aux lois commerciales, serait également applicable en France » (1).

II. — Les municipalités industrielles et commerçantes — cette expression étant entendue comme il a été dit — sont soumises ensuite à l'ensemble de la législation industrielle et ouvrière, ce qui comporte

---

(1) E. THALLER, n° 187.

notamment l'application de deux catégories de lois d'une importance capitale.

1° Toutes les dispositions législatives et réglementaires sur la réglementation du travail sont applicables aux entreprises municipales comme aux entreprises des particuliers : réglementation du travail des femmes et des enfants, réglementation spéciale à certaines industries, loi sur le repos hebdomadaire, etc. On ne comprendrait d'ailleurs pas qu'il en fût autrement.

2° Il en est de même pour la loi du 9 avril 1898 et les lois subséquentes concernant la responsabilité des accidents du travail, notamment la loi du 12 avril 1906 étendant cette responsabilité à toutes les exploitations commerciales. Ni la loi de 1898, ni celle de 1906 ne font de distinction en ce qui concerne la qualité des chefs d'entreprises assujettis et soumis au risque professionnel. L'article 20 de la loi de 1898, modifié par la loi du 22 mars 1902, le dit même expressément (1). Le Comité consultatif des assurances contre les accidents du travail, consulté plusieurs fois par le ministre, s'est toujours prononcé dans ce sens. Quant aux jugements et arrêts statuant sur des cas

---

(1) En ce sens : AUBRY et RAU, *Cours de droit civil français*, 5ᵉ édit., t. V, p. 450, n° 372 *bis*, texte et note 48. — BAUDRY-LACANTINERIE et WAHL, *Du louage*, 3ᵉ édit., t. II, n° 1847. — Jules CABOUAT, *Traité des accidents du travail*, t. I, n° 270. — G. FRÉREJOUAN DU SAINT, *Code annoté de la législation ouvrière*, nᵒˢ 602, 610 et 621. — LOUBAT, *Traité sur le risque professionnel*, 3ᵉ édit., 1907, nᵒˢ 354 et s. — Léon MORGAND, *La loi municipale*, 6ᵉ édit., 1902, t. II, n° 1315. — Paul PIC, *Traité élémentaire de législation industrielle*, 3ᵉ édit., 1909, n° 1083, note 2.

de responsabilité des communes envers des ouvriers, ils sont aujourd'hui innombrables (1).

Le principe est certain : le risque professionnel est étendu aux ouvriers des entreprises et exploitations de l'État, des départements et des communes. Des discussions sont possibles alors sur des points subsidiaires, c'est-à-dire sur les cas d'application du principe. On peut se demander si telle entreprise exploitée en régie par une commune tombe sous le coup des lois de 1898 et de 1906.

Ainsi les entreprises ayant uniquement pour but l'assistance et la charité par le travail n'y sont pas soumises (2). La responsabilité du risque professionnel suppose le mobile du gain ; c'est ce mobile qui constitue l'exploitation industrielle ou commerciale, même s'il n'est pas le mobile unique ; s'il coexiste avec d'autres, si l'on rencontre le mélange d'un but lu-

---

(1) Avis du Comité consultatif des assurances contre les accidents du travail, des 29 novembre et 20 décembre 1899 et du 7 mars 1900; D. P. 1900, 4, 19 ; *Bulletin de l'Office du travail*, 1900, p. 61 et 338. — Circulaires du ministre des Travaux publics du 28 septembre 1899 et du ministre de la Justice du 10 juin 1899 et du 22 août 1901.

Pour la jurisprudence, v. notamment : Trib. Seine, 7 juillet 1900 ; *Gaz. Pal.*, 1900, 2, 497 ; — Bordeaux, 19 février 1901 ; S. 1904, 2, 145 : — Nancy, 3 janvier 1902. *Gaz. Pal.*, 1902. 1. 488 ; *Recueil de documents sur les accidents du travail*, réunis par le Ministère du travail et de la prévoyance sociale. 1902, p. 79 ; — Poitiers, 16 juin 1902 ; *Recueil* du Ministère du travail, t. II, p. 239 ; S. 1904, 2, 145 : — Paris, 20 mai 1904 ; S. 1907, 2, 169 ; — Cass. civ., 9 décembre 1908, *Gaz. Pal.* 6 janvier 1909 ; *Recueil* du Ministère du travail, 1909, p. 298, etc.

(2) Poitiers, 16 juin 1902, cité à la note précédente.

cratif avec un but d'assistance ou un autre, les lois de 1898 et de 1906 sont applicables aux communes. Le Comité consultatif des assurances a émis l'avis que la loi de 1898 régit les établissements municipaux d'assistance par le travail (1).

Les services organisés par l'administration municipale dans l'intérêt général de la salubrité ont donné lieu à controverse. Il a été jugé que :

1° La ville qui assure elle-même le service de ses égoûts ne fait œuvre ni d'industrie ni de commerce. Les lois de 1898 et de 1906 restent donc étrangères au cas d'un accident survenu à un ouvrier au service de la ville, pendant qu'il procédait au nettoiement d'un égoût (2). Il n'en serait autrement que si la ville avait adhéré à la législation des accidents, conformément à la loi du 18 juillet 1907 ;

2° Le service de l'enlèvement des boues, immondices et débris de toute sorte, assuré en régie par la ville elle-même, ne constitue pas une industrie assujettie à la loi de 1898 ; en particulier il ne rentre pas dans les entreprises de transports. Il en est ainsi même si la ville vend, comme engrais agricoles, les terreaux formés par le mélange des matières que recueille son service de nettoiement ; elle ne se livre pas, en cela, à des actes ayant le caractère d'une entreprise commerciale, la vente des produits du nettoiement n'a, pour elle, d'autre but que de diminuer, à l'aide des recettes qu'elle en retire, les dépenses

---

(1) Avis précité du 20 décembre 1899.
(2) Trib. civ. Boulogne-sur-Mer, 26 juin 1908, *Revue générale d'administration*, 1909, 1, 337.

élevées que lui impose cette partie de son administration (1). L'enlèvement des boues présente un caractère assez indéterminé ; on peut y voir ou simplement une mesure ayant pour objet la propreté de la commune et la salubrité publique, ou une entreprise commerciale, soit comme entreprise de transports, soit comme opération de spéculation. Aussi la discussion n'est pas close et la jurisprudence n'est pas encore fixée pour ce genre de service. D'après M. Loubat, l'entreprise de balayage des rues et de l'enlèvement des immondices, ou encore l'entreprise des vidanges, tombent sur le coup de la loi de 1898 (2) ;

3° L'industrie des pompes funèbres est une entreprise de transports assujettie à la loi de 1898. Dès lors une commune qui l'exploite en régie est soumise aux conséquences de la loi relativement au personnel qu'elle y emploie. Il importe peu qu'elle assure ainsi l'exécution d'un service public, du moment que le travail entrepris par elle rentre dans la catégorie de ceux qui entraîneraient la responsabilité d'un chef d'entreprise ordinaire, et que d'ailleurs son exécution par la commune n'est pas étrangère à l'idée d'un bénéfice à réaliser (3).

---

(1) Bordeaux, 29 juillet 1908 ; *La Loi* du 18 décembre 1908. — Dans le même sens : Trib. civ. Boulogne-sur-mer, 22 novembre 1907 ; *Recueil* du Ministère du Travail, n° 33, t. X, 1909, p. 38.

(2) Loubat, *Traité sur le risque professionnel*, n°s 161 et 359 (boues et balayage), et n° 164 (vidanges).

(3) Loubat, précité, n°s 160 et 362. — Rennes, 22 février 1909 ; *Sommaires de la jurisprudence française* (Recueil Phily), 1909, p. 544, n° 2959.

Toutes ces solutions peuvent donner lieu à des controverses qui n'altèrent en rien le principe : les entreprises municipales, ayant un caractère industriel ou commercial en totalité ou même en partie, sont assujetties aux conséquences du risque professionnel dans les conditions prévues par la législation du travail. Il en résulte que les communes ont intérêt à se garantir par une assurance contre les risques auxquels elles sont exposées.

III. — Les règles de compétence sont également les mêmes pour elles que pour les entrepreneurs particuliers.

La question de la compétence pour l'ensemble des procès concernant les communes a soulevé de vives controverses. Dans l'état actuel de la jurisprudence, le contentieux des services publics communaux (ou départementaux) est déclaré administratif par sa nature propre. L'arrêt fondamental du Conseil d'État, du 6 février 1903, rendu, sur les conclusions de M. Romieu, à propos d'une action intentée contre un département, a posé la solution de principe pour tout le contentieux départemental et communal (1). Mais quelle que soit l'opinion qu'on puisse avoir sur la question générale, on doit reconnaître que, en cas

(1) Cons. d'État, 6 février 1903, *affaire* Terrier, dite *des vipères*: Lebon, 1903, p. 94 : S. 1903, 3, 25 et la note de M. Hauriou (contestation entre un département et un chasseur de vipères sur l'allocation des primes de destruction promises par le conseil général). V., note suivante, un extrait des conclusions du commissaire du Gouvernement Romieu.

de municipalisation des services publics, la compétence administrative est formellement écartée. Au contraire les divers tribunaux de l'ordre judiciaire sont incontestablement compétents pour connaître des procès concernant les régies commerciales ou industrielles. Dans ses conclusions très étudiées, le commissaire du Gouvernement Romieu a établi une distinction, dans les procès communaux, entre ceux qui intéressent les services publics proprement dits, dépendant de la fonction purement administrative de la commune, et ceux qui intéressent les entreprises concernant le patrimoine, faites par la commune agissant sensiblement dans les mêmes conditions qu'un particulier. Les premiers appartiennent, d'après la jurisprudence actuelle, aux tribunaux administratifs, les autres doivent être jugés par les tribunaux judiciaires, qui seront les tribunaux civils ou les tribunaux de commerce suivant les cas (1).

(1) Conclusions de M. Romieu, commissaire du Gouvernement, dans l'affaire précitée, Conseil d'Etat, 6 février 1903, Lebon, 1903, p. 96. Après avoir cité diverses espèces, le commissaire du Gouvernement établit la distinction suivante :

« La doctrine qui se dégage de l'ensemble de ces décisions nous paraîtrait pouvoir se formuler ainsi : « Tout ce qui concerne l'organisation et le fonctionnement des services publics proprement dits, généraux ou locaux, — soit que l'administration agisse par voie de contrat, soit qu'elle procède par voie d'autorité, — constitue une *opération administrative*, qui est, par sa nature, du domaine de la juridiction administrative, au point de vue des litiges de toute sorte auxquels elle peut donner lieu », ou encore sous une autre forme : *Toutes les actions entre les personnes publiques et les tiers ou entre ces personnes publiques elles-mêmes et fondées sur l'exécution,*

Les litiges relatifs aux régies font partie du second groupe : ils donnent lieu à la compétence judiciaire.

Par suite la commune qui se trouve à la tête d'une entreprise commerciale ou industrielle devient justiciable des tribunaux de commerce. MM. Lyon-Caen et Renault admettent la compétence commerciale en général quand les communes font des actes de commerce. Il en est ainsi notamment pour une municipalité exploitant elle-même un théâtre, en ce qui concerne toutes les contestations provenant de l'exploitation théâtrale (1).

D'autre part la compétence consacrée par la législation industrielle pour les actions intentées à la suite d'accidents du travail trouve également sa place ici. L'autorité judiciaire est seule compétente pour sta-

---

l'inexécution ou la mauvaise exécution d'un service public, sont de la compétence administrative et relèvent, à défaut d'un texte spécial, du Conseil d'État juge de droit commun du contentieux de l'administration publique générale ou locale.

« Il demeure entendu qu'il faut réserver, pour les départements et les communes, comme pour l'État, les circonstances où l'administration doit être réputée agir dans les mêmes conditions qu'un simple particulier et se trouve soumise aux mêmes règles comme aux mêmes juridictions. Cette distinction entre ce qu'on a proposé d'appeler la gestion publique et la gestion privée peut se faire, soit à raison de la nature du service qui est en cause, soit à raison de l'acte qu'il s'agit d'apprécier. Le service peut en effet, tout en intéressant une personne publique, ne concerner que la gestion de son domaine privé : on considère, dans ce cas, que la personne publique agit comme une personne privée, comme un propriétaire ordinaire, dans les conditions du droit commun ».

(1) E. Thaller, n° 181. — Lyon-Caen et Renault, t. I, n° 210, note 4. — Trib. comm. Troyes, 13 mars 1905 ; S. 1906, 2, 286.

tuer sur les demandes d'indemnité formées en vertu de la loi du 9 avril 1898, même si ces demandes sont dirigées contre une commune. Ce ne sont donc pas les tribunaux administratifs, mais les tribunaux judiciaires qui doivent être saisis si un cantonnier par exemple réclame à une commune une indemnité pour accident (1).

Il faut même ajouter que la loi du 22 mars 1902, modifiant et complétant l'article 18 de la loi du 9 avril 1898, dispense du mémoire préalable les instances engagées contre les communes (ou les départements) à raison du risque professionnel.

Dans une affaire d'accident survenu avant la loi de 1898, le Conseil d'État avait déjà admis la compétence judiciaire pour une action en dommages et intérêts réclamés par la veuve d'un ouvrier tué en remisant des fourrages dans un parc appartenant à l'État. L'arrêt statuait sur un procès contre l'État, mais les raisons de décider étaient les mêmes que pour les procès communaux (2).

IV. — Les ouvriers et employés des entreprises commerciales et industrielles des communes bénéficient des dispositions diverses de la législation ouvrière, notamment du droit de grève et de la possibilité

---

(1) E. Thaller, n° 186. — Loubat, *Traité sur le risque professionnel*, n° 362. — Cass. (Chambre civile), 9 décembre 1908 ; *Gaz. Pal.*, 6 janvier 1909 ; *Recueil* du Ministère du Travail, 1909. p. 298.

(2) Cons. d'État, 24 mai 1884, *affaire* Linas c. l'État ; Lebon, 1884, p. 436.

de se constituer en syndicats professionnels d'après la loi du 21 mars 1884. Toutes les controverses sur le droit de grève et le droit de se syndiquer, relativement aux fonctionnaires, ne trouvent pas place ici, puisqu'il s'agit non pas de services administratifs se rattachant à l'exercice de la puissance publique, mais de services ayant un caractère industriel et commercial. Un ordre du jour, voté par la Chambre des députés à la suite d'une interpellation, le 22 mai 1894, était ainsi conçu : « La Chambre, considérant que la loi de 1884 s'applique aux ouvriers et employés *des exploitations de l'Etat*, aussi bien qu'à ceux des industries privées, invite le Gouvernement à la respecter et à en faciliter l'exécution (1). » Cette solution s'étend naturellement aux ouvriers et employés des exploitations communales.

Aussi bien ne faudrait-il pas tirer argument de la possibilité des grèves contre l'existence des régies municipales. Les grèves n'ont rien de spécial aux régies ; quand elles se produiront, elles en troubleront momentanément le fonctionnement comme elles troublent le fonctionnement d'une industrie privée. Elles touchent autant les compagnies que les municipalités. Une grève des employés de tramways municipaux se comprend tout aussi bien que la grève des employés de tramways exploités par une société et cette dernière grève aura à son tour pour le public les mêmes inconvénients que la première ; on n'aperçoit vraiment

---

(1) Interpellation JOURDE ; Chambre des députés, séance du 22 mai 1894 ; DALLOZ, Suppl. au Répert., v° *Travail*, n°⁸ 794 et s. — Paul PIC, **2**, n°⁸ 330 et 383.

pas la différence entre l'une et l'autre. Toutes deux sont une des conséquences de l'entreprise, et l'un des risques ; il y aura toujours lutte entre l'employé et l'employeur quel qu'il soit. Il est d'ailleurs à supposer que les grèves seront moins fréquentes dans les services municipalisés, les corps municipaux ayant une tendance à améliorer, même spontanément, la situation du personnel.

La pratique de la grève tend même à gagner les services publics ayant un caractère administratif, comme cela s'est produit pour les grèves des facteurs et agents des postes en 1899 et en 1909. Mais c'est là une question nouvelle et complètement différente, que je n'ai pas à examiner ici.

V. — Enfin la législation fiscale sur les patentes présente un grand intérêt pour les communes industrielles et commerçantes, et il reste à examiner comment elle fonctionne relativement à la municipalisation des services publics.

Il serait inexact de dire d'une façon générale qu'une commune n'est jamais imposable à la patente. Le paiement de cette contribution directe est une application pure et simple du droit commun ; une ville qui se met « dans les affaires » accepte par cela même toutes les conséquences de sa nouvelle situation, et l'imposition de la patente en est une. Le point important est de rechercher si tel fait relevé constitue le fonctionnement d'un service public proprement dit, ayant un caractère purement administratif, ou au contraire l'exercice d'une profession. Il y a exemption de la patente quand une personne, qui peut être d'ailleurs un individu ou une société privée aussi bien qu'une commune, *a prévu* l'absence de bénéfices, quand elle a voulu accomplir gratuitement un acte qu'un professionnel n'aurait fait que moyennant rémunération. En dehors de ce cas, l'impôt de la patente est dû, même par une commune.

Ces principes conduisent aux distinctions pratiques suivantes :

1° *Exercice d'une profession.* — Il a été jugé qu'une ville doit être soumise à la contribution des patentes :

Pour exploitation de tourbes (1) ;

Pour exploitation de bains et lavoirs publics quand la ville prévoit des rétributions, ces faits constituant l'exercice d'une industrie et non le fonctionnement d'un service public, tandis que, en cas de concession d'un établissement municipal de bains et lavoirs publics, c'est le concessionnaire qui est certainement soumis à l'impôt (2) ;

Pour une entreprise de condition pour les soies, le conditionnement n'ayant pas paru non plus constituer un service public (3) ;

Pour l'exploitation d'un magasin général (4) ;

Pour l'exploitation d'une usine à gaz (5) ;

---

(1) Cons. d'Etat, 21 mars 1860, *affaire* Ville de Hesdin ; Lebon, 1860, p. 235 ; D. P. 1860, 3, 77.

(2) Cons. d'Etat, 8 avril 1869 ; Lebon, 1869, p. 338 ; D. P. 1870, 3, 91. — 14 juin 1866 (concession), *affaire* Bérard ; Lebon, 1866, p. 648.

(3) Cons. d'Etat, 3 janvier 1881, *affaire* Commune d'Aubenas ; Lebon, 1881, p. 4 ; S. 1882, 3, 34 ; D. P. 1882, 3, 55.

(4) Cons. d'Etat, 7 mars 1891, *affaire* Ville de Douai ; Lebon, 1891, p. 201 ; D. P. 1892, 3, 469.

(5) Cons. d'Etat, 19 mai 1882, *affaire* Commune d'Oyonnax ;

Pour une exploitation théâtrale. Lorsqu'une ville exploite elle-même les théâtres municipaux, cette régie constitue l'exercice d'une profession imposable à la patente et non l'exécution d'un service public (1).

Du reste le Conseil d'Etat s'inquiète peu des résultats matériels des entreprises ; même si la ville n'a pas de bénéfices en fait, elle doit la patente, cette contribution étant due d'après la profession exercée et non d'après les bénéfices retirés. En conséquence, une commune qui ne se borne pas à produire l'électricité pour les besoins du service municipal, mais qui en outre la fournit aux habitants, est imposable à la patente quelle que soit la modicité de ses bénéfices (2), ou même si elle ne retire aucun bénéfice de cette exploitation (3).

2° *Fonctionnement d'un service public.* — Le Conseil d'Etat considère au contraire les distributions d'eau comme non susceptibles d'imposition. N'est pas soumise à la patente la ville qui fait elle-même cette distribution moyennant des redevances annuelles, et ce, alors même qu'elle consentirait des abonnements aux particuliers. Le caractère lucratif de l'entreprise est

---

Lebon, 1882, p. 507 ; D. P. 1883, 3, 117 ; — 8 mars 1895, *affaire* Commune de Saint-Maxime ; Lebon, 1895, p. 228.

(1) Cons. d'Etat, 5 décembre 1906, *affaire* Ville de Lyon ; Lebon, 1906, p. 892.

(2) E. Copper, *Industries communales*, t. II, n° 146, p. 172. — Cons. d'Etat, 6 avril 1900, *affaire* Commune de Saint-Léonard ; Lebon, 1900, p. 276 ; *Revue générale d'administration*, 1900, 2, 141 ; *Pand. franç. pér.*, 1900, 4, 40 ; — 8 mars 1895, *affaire* Commune de Saint-Maxime, Lebon, 1895, p. 228 ; — 7 décembre 1895, *affaire* Ville de Saint-Tropez ; Lebon, 1895, p. 810.

(3) Cons. d'Etat, 13 novembre 1897 ; Lebon, 1897, p. 697.

relégué au dernier plan ; il s'agit alors avant tout d'un service communal rentrant dans la fonction administrative et se rattachant au service de l'hygiène et de la salubrité, et non d'une opération commerciale (1).

Impôt foncier. — L'article 105 de la loi du 3 frimaire an VII exonère de la contribution foncière les propriétés affectées à un service public et non productives de revenus. La réunion de ces deux conditions est nécessaire pour que la commune puisse réclamer l'exemption ; un bâtiment communal qui, en fait, ne produit pas de revenus, mais qui est susceptible d'en produire, doit être imposé. Il en est ainsi alors même que les revenus perçus par la commune sont insuffisants pour couvrir les frais d'entretien et d'exploitation de l'établissement. La solution est vraie encore même si le bâtiment est affecté à une exploitation n'ayant pas un caractère commercial, et sans qu'il y ait lieu de distinguer s'il y a régie ou concession. L'imposition à la contribution foncière, à la différence de l'imposition à la patente, n'est donc pas une conséquence de la municipalisation des services publics (2).

(1) E. Copper, t II, n° 145, p. 165. — Cons. d'Etat, 27 avril 1877, *affaire* Ville de Poitiers ; Lebon, 1877, p. 385 ; S. 1877, 2, 273 ; D. P. 1877, 3. 25 ; — 28 décembre 1877, *affaire* Ville de Carpentras ; Lebon, 1877, p. 1058 ; — 6 août 1878, *affaire* Ville de Lille ; Lebon, 1878, p. 817.

(2) Voici l'indication, à titre de curiosité, de quelques solutions. Il a été décidé que la contribution foncière frappe :

Des abattoirs exploités en régie, même si en fait les taxes d'abatage qui y sont perçues « n'atteignent pas les sommes nécessaires pour représenter les frais annuels, l'amortissement et l'intérêt du capital dépensé », les abattoirs étant des

On observera qu'un bâtiment communal affecté au service des eaux est imposable à la contribution foncière, malgré le caractère administratif du service. C'est une différence avec la solution admise pour la patente (1).

établissements productifs de revenus ou *susceptibles* d'en produire ; Cons. d'Etat, 13 mai 1865, *affaire* Ville d'Amboise ; Lebon, 1864, p. 523 ; — 28 juin 1865, *affaire* Ville de Caen ; Lebon, 1856, p. 670 ; S. 1866, 2, 136 ;
Un bâtiment servant de halle aux grains, ou encore les halles et marchés donnant lieu à différents droits de place, de pesage et de mesurage ; Cons. d'Etat, 28 mai 1862, *affaire* Ville de Thiers ; Lebon, 1862, p. 428 ; — 16 avril 1863, *affaire* Passant ; Lebon, 1863, p. 362 ; — 20 septembre 1865, *affaire* Ville de Saint-Gaudens, Lebon, 1865, p. 921 ; — 18 juin 1872, *affaire* Ville de Châteaulin, Lebon, 1872, p. 377 ;
Une usine servant à la distribution des eaux, même si en fait le service exploité en régie donne des pertes, s'il existe par exemple un déficit de plus de 7.000 francs par an ; Cons. d'Etat, 17 juillet 1867, *affaire* Ville de Châteauroux ; Lebon, 1867, p. 650 ; S. 1868, 2, 158.
(1) V. la note précédente, *affaire* Ville de Châteauroux.

CHAPITRE II

La Jurisprudence du Conseil d'Etat.

§ 1ᵉʳ. — LE PRINCIPE DE L'INTERDICTION DES ENTREPRISES INDUSTRIELLES ET COMMERCIALES

Les tentatives des communes françaises dans le sens de la municipalisation des services publics n'ont pas rencontré d'appui au Conseil d'Etat. D'une façon générale il se montre hostile aux entreprises commerciales et industrielles qu'elles essaient d'adjoindre à leurs fonctions administratives. Il décide qu'en principe une commune ne peut pas faire le commerce ni exploiter directement une industrie. Le Sénat l'a suivi dans cette voie lors de la discussion du projet de régie pour le gaz à Paris. En ce sens on fait valoir des motifs d'ordre économique et des raisons d'ordre juridique.

Au point de vue économique, on invoque le défaut d'aptitude commerciale des municipalités, l'absence de toute habileté commerciale, le manque d'habitude des spéculations, les risques de pertes, les variations de cours, l'aléa des opérations. Une entreprise industrielle ou commerciale serait, d'après le Conseil d'Etat, exposée en fait aux influences des circonstances économiques et à des chances incertaines de succès ; elle exigerait des qualités spéciales de vigilance et d'habileté qu'une municipalité peut ne pas réunir (1).

(1) Avis du 7 juin 1877 rejetant la demande d'emprunt de la ville de Tourcoing en vue d'une régie du gaz : « Considérant que l'industrie du gaz, soumise aux variations du marché, tant pour l'achat des matières premières que pour la vente de ses sous-produits, est en outre exposée par son débit dans les centres industriels aux influences des circonstances économiques, et qu'en exigeant par suite des conditions indispensables de vigilance et d'habileté commerciales, elle comporte des chances incertaines de succès ; que les risques des actes de la commission qui serait chargée de gérer l'usine de Tourcoing ne seraient couverts par aucune des responsabilités que la loi fait peser sur les administrations des sociétés de commerce, et qu'en cas d'insuccès les pertes en provenant retomberaient à la charge de la ville... » — Avis du 15 mars 1900 refusant les autorisations nécessaires pour exploiter directement une entreprise de vidanges : « Considérant qu'une exploitation de cette nature... serait en fait exposée aux influences des circonstances économiques et à des chances incertaines de succès... » (*Revue générale d'administr.*, 1900, 1, 483). — Une lettre de M. Waldeck-Rousseau, Ministre de l'Intérieur, adressée au préfet de la Seine à l'occasion du projet de régie du gaz à Paris, reproduit ces considérations en se les appropriant : « D'après la jurisprudence administrative, les communes ne doivent pas être autorisées à exploiter directement des établissements industriels. De semblables exploitations sont en effet exposées aux influences des circonstances économiques et à des chances incertaines de succès ; elles exigent par suite des qualités spéciales de vigilance et d'habileté commerciales que les municipalités peuvent ne pas réunir. D'un autre côté, les agents municipaux chargés de la gérance et de la direction n'étant pas soumis aux responsabilités que la loi fait peser sur les administrations des sociétés de commerce, les pertes en cas d'insuccès

Certaines entreprises ont été particulièrement visées. Ainsi le succès d'une exploitation gazière repose avant tout, a-t-on dit, sur deux opérations absolument commerciales, l'achat du charbon et la vente des sous-produits. La construction de l'usine, l'établissement des canalisations, les conditions des contrats d'abonnement, toutes ces opérations sont déjà délicates, mais les marchés passés en temps opportun et à des conditions favorables relèvent au premier chef de l'habileté et de l'initiative. Il importe d'acheter le charbon au bon moment, et les variations de cours de cette matière première sont aussi fréquentes qu'accentués ; il est donc indispensable de constituer des stocks et cependant la houille à gaz ne doit pas être de trop vieille extraction. Une autre condition de réussite est le soin de s'assurer des débouchés pour les sous-produits, et pour tout cela il faut un « flair » commercial de premier ordre. Une usine à gaz n'est pas un atelier simple, c'est un groupe d'ateliers exigeant une organisation technique irréprochable (1).

Les entreprises de transports en commun comportent également un aléa industriel considérable, des risques de dépréciation rapide du matériel par suite des transformations des moyens techniques ; l'emploi de la vapeur a rendu les omnibus inutilisables. L'emploi de l'électricité a mis à son tour les tramways à

---

retomberaient à la charge des villes. » (*Bulletin municipal officiel de la ville de Paris*, 27 février 1903, p. 869).

(1) Gabriel LOUIS-JARAY, 1, p. 202. — BARBAT DU CLOSEL, p. 29. — Gaston CADOUX, p. 63.

vapeur hors de service. Une ville qui se trouverait à la place d'une compagnie concessionnaire subirait ainsi un préjudice énorme : le progrès industriel et scientifique est une cause de dépenses et de frais (1).

On fait valoir ensuite le défaut d'intérêt personnel, tant chez les conseillers municipaux que chez les fonctionnaires qui seraient chargés de la régie des services communaux. Les directeurs ne sont pas stimulés à bien administrer, si bien que leur gestion sera coûteuse. Ils ne seront pas portés à s'approvisionner au meilleur marché ; ils n'éviteront pas le coulage comme le ferait un entrepreneur agissant pour son compte personnel. On parle alors de la tendance au gaspillage, de la mauvaise ou même déplorable administration collective opposée à la rigueur de l'exploitation individuelle. Les frais généraux seront plus élevés que dans une entreprise privée similaire, et la régie ne donnera pas toujours le profit espéré. Quelquefois elle pourra aboutir à un déficit, et cela indépendamment des risques de l'entreprise, de sorte que ce deuxième reproche ne se confond pas avec le premier.

Enfin on fait remarquer que les influences poli-

---

(1) Lucien Petit, précité, p. 487 : « Pour les entreprises de transports en commun, l'application à la traction des voitures de la vapeur d'abord, puis de l'électricité, a considérablement diminué la valeur du matériel ancien des entreprises d'omnibus et de tramways. Si la ville de Paris s'était trouvée à la place de la compagnie des omnibus, quel préjudice lui eût fait subir la construction du métropolitain ! Quel préjudice eût subi le public si la ville, pour sauvegarder ses finances, s'était opposé à cette construction ! »

tiques joueront un grand rôle dans l'administration de la régie municipale ; elles pourront en fausser le mécanisme. Les administrateurs de la commune, « comme d'ailleurs ceux de l'État et même davantage », sont exposés à se montrer trop généreux des deniers de contribuables et à regarder comme des mesures commandées par l'intérêt général, des mesures destinées surtout à assurer leur réélection et à récompenser certains services (1). Ce raisonnement fait apparaître encore sous un nouvel aspect l'éventualité des dépenses non seulement exagérées, mais dangereuses. Ce n'est pas tout. La politique poussera aux questions de personnes ; elle fera modifier la composition d'un personnel technique ; des places ou des postes importants seront donnés ou refusés pour des motifs politiques et non pas pour des raisons de capacité, d'intelligence ou d'expérience. On a particulièrement insisté sur ce point dans la discussion au Sénat sur le projet de régie du gaz à Paris.

Toutes ces considérations ont paru décisives au Conseil d'État ; il se base au premier lieu, pour dénier aux communes le droit de prendre certains services en régie, sur l'incompétence *pratique* des conseils municipaux.

Mais ce n'est là, après tout, que le point de vue économique. Tout seul, il serait insuffisant pour motiver les décisions d'un tribunal administratif chargé d'interpréter et d'appliquer la loi positive. Il a donc

---

(1) André Bussy, p. 69.

fallu le compléter par des raisons tirées du droit lui-même.

Au point de vue juridique, trois arguments principaux sont mis en avant.

Le premier est tiré de ce qu'on appelle *le principe de la spécialité des personnes morales*. Les personnes morales, dit-on, sont des êtres existant uniquement dans un but donné, par conséquent spécial, et dont la capacité est limitée à ce but. Peut-être même n'existent-elles pas en réalité, et ne sont-elles que des créations purement fictives de la loi. La loi a pu confier la garde de certains intérêts à des personnalités imaginaires ; ces personnes idéales ne doivent s'occuper que des intérêts en vue desquels elles ont reçu l'existence légale ; elle ne peuvent rien faire en-dehors de l'objet déterminé pour lequel elles ont été créées par le droit ; le bon ordre exige qu'elles restent enfermées étroitement dans une certaine spécialité fonctionnelle, sans pouvoir en sortir. Or les communes ont été instituées non dans un but commercial et industriel, mais pour s'occuper d'administration. Elles représentent les intérêts locaux en ce qui concerne la sécurité, la salubrité, la tranquillité publiques ; elles doivent faire la police et assurer le maintien de l'ordre public. Les conseils municipaux ont donc des attributions légales limitées par le principe de la spécialité (1).

---

(1) Avis de la Section de l'Intérieur du 17 juillet 1894 sur un projet de pharmacie municipale à Roubaix : « Considérant que les communes n'ont point une capacité illimitée et qu'elles doivent, comme les autres établissements publics, se renfer-

Ce premier argument est corroboré par un second qui est, il faut le reconnaître, de la plus haute valeur, le défaut de responsabilité légale pour les administrateurs municipaux, et plus généralement le défaut d'organisation commerciale de la commune. Sans doute il existe une profonde analogie entre une grande société anonyme et une commune, mais il est un point sur lequel l'analogie n'existe pas, la responsabilité des administrateurs. Avec la législation actuelle les communes possèdent une organisation politique et une organisation administrative; elles ne possèdent pas d'organisation économique. Ainsi les actes des commissions qui seraient chargées de gérer les exploitations municipales en régie ne comporteraient pas les responsabilités que la loi fait peser sur les administrateurs des sociétés de commerce (1).

---

mer dans le cercle des attributions qui leur sont assignées par la loi. » (D. P. 1898, 3, 3). — Avis du 2 août 1894 sur le même projet : « Considérant que la fabrication, l'achat et la vente de médicaments constituent des opérations industrielles ou commerciales étrangères aux attributions légales des communes... » (*Revue générale d'adm.*, 1894, 3, 435). — Avis précité du 15 mars 1900 : « Considérant qu'une exploitation de cette nature (entreprise directe de vidanges) constitue une opération industrielle et commerciale qui ne rentre pas en principe dans les attributions des Conseils municipaux... » La formule de l'incapacité juridique des communes est donc celle-ci : « Les exploitations industrielles *ne rentrent pas en principe dans les attributions légales des Conseils municipaux.* »

(1) Avis du 7 juin 1877 rejetant la demande d'emprunt de la ville de Tourcoing en vue d'une régie du gaz : « Considérant... que les risques des actes de la commission qui serait chargée de gérer l'usine de Tourcoing ne seraient couverts par aucune des responsabilités que la loi fait peser sur les

Enfin la troisième objection contre la création des régies municipales est le principe même de la loi des 2-17 mars 1791 sur la libre concurrence et la liberté du commerce et de l'industrie. Elle a été développée abondamment à la fois par les avis du Conseil d'Etat et par les publicistes opposés à la municipalisation. Une industrie municipale aboutit toujours, au moins indirectement, à un monopole municipal, parce qu'elle s'exerce dans des conditions privilégiées, tant au moyen de capitaux considérables qu'avec le souci d'attirer les consommateurs par le bon marché, et ces conditions exceptionnelles ruinent progressivement les entreprises concurrentes (1). Sans doute une commune ne peut pas par sa seule volonté s'attribuer un monopole de droit. Mais même sans monopole officiel, elle trouble la libre concurrence. Elle n'entre pas dans la lutte économique comme un particulier pourrait le faire. « Ayant à sa disposition les ressources des contribuables quand elle intervient dans une industrie, son immixtion peut amener, quand elle le voudra, un monopole de fait. Il lui est loisible, quand il lui plaira, de supprimer en fait la concurrence, de porter une atteinte mortelle aux industries rivales... Comme les autres établissements publics, elle peut jeter dans la lutte industrielle le poids de la richesse collective et modifier artificiellement les conditions éco-

administrations des sociétés de commerce, et qu'en cas d'insuccès les pertes en provenant retomberaient à la charge de la ville.. .»

(1) Cette argumentation est exposée par André MATER, p. 565 et s. L'auteur lui consacre une réfutation développée avec vivacité.

nomiques résultant d'un régime de concurrence (1) ». Les pouvoirs publics ont toujours le moyen de s'assurer sur leurs rivaux une écrasante supériorité. S'agit-il par exemple de la construction d'habitations à bon marché, ils peuvent consentir des exemptions d'impôts ou de taxes, diminuer à leur gré le prix des loyers, construire sur leurs propres terrains : la concurrence devient impossible pour les particuliers. Une municipalité peut racheter plus facilement qu'un commerçant ordinaire les entreprises de ses rivaux et fondre ainsi en une seule deux ou plusieurs entreprises concurrentes (2). Une telle situation est la négation du principe fondamental de la loi de 1791, déclarant qu' « il sera libre à toute personne de faire tel négoce ou d'exercer telle profession, art ou métier qu'elle trouvera bon », et constituant encore aujourd'hui l'une des bases de notre vie sociale. Elle est contraire également aux dispositions de l'article 419 du code pénal, punissant d'amende et de prison « tous ceux qui, par des voies ou moyens frauduleux quelconques, auront opéré la hausse ou la baisse du prix des denrées ou marchandises ou au-dessous des prix qu'aurait déterminés la concurrence naturelle et libre du commerce ».

Tous ces motifs aboutissent à faire déclarer l'incompétence *juridique*, et non plus seulement pratique des conseils municipaux ; un nouvel obstacle est élevé contre leur initiative.

(1) Gabriel Louis-Jaray, **1**, p. 197.
(2) R. Boverat, p. 596. — Leloutre, *De l'intervention des pouvoirs publics en matière d'habitation à bon marché*. Caen, 1906, p. 30.

Telle est la théorie construite par le Conseil d'État et dont l'ensemble est résumé par les conclusions du commissaire du Gouvernement Romieu, dans l'importante affaire de la Boulangerie coopérative de Poitiers (1). Elle a amené la haute Assemblée à interdire d'une façon générale aux communes toute immixtion dans l'exercice du commerce et de l'industrie. Les conséquences qui en résultent dans la pratique sont intéressantes à examiner.

---

(1) « Les attributions des corps locaux sont limitées par leur nature même. Ils ne peuvent, en dehors d'une délégation législative, porter atteinte à tout ce qui concerne certains droits généraux ou individuels, à la liberté du commerce ou de l'industrie, aux rapports économiques des citoyens entre eux, etc... Spécialement, pour les conseils municipaux, la loi du 5 avril 1884 porte seulement qu'ils règlent les affaires de la commune; elle détermine celles de leurs délibérations qui doivent être approuvées par l'autorité supérieure, mais elle s'abstient de définir la sphère d'action du corps municipal et les matières sur lesquelles, par des délibérations exécutoires ou non, il lui appartient de statuer, en un mot ce qui doit être entendu par les mots « affaires de la commune. » C'est donc au juge qu'il appartient de délimiter, beaucoup plus par l'examen des espèces que par voie de théorie générale, les pouvoirs des conseils municipaux... Les conseils municipaux ne peuvent, « en principe », exercer un commerce ou une industrie : d'abord parce que cela constitue une modification au régime économique de la liberté du commerce et de la libre concurrence, auquel le législateur seul peut porter atteinte; ensuite parce qu'il n'est pas sans inconvénient d'engager les finances communales dans les hasards d'une entreprise commerciale... » (Cons. d'Etat, 1er février 1901, *aff*. Descroix, Deservik et autres; Conclusions de M. Romieu, comm. du gouv.; Recueil de Lebon, 1901, p. 105; D. P. 1902, 3, 34; S. 1901, 3, 41; *Pand. franç. pér.*, 1904, 4, 33).

Les Régies municipales.

§ 2. — Conséquenses de l'interdiction jurisprudentielle

La règle de l'interdiction posée par le Conseil d'État en matière d'entreprises municipales a conduit à deux séries de conséquences.

1. — Une commune ne peut pas entreprendre elle-même en régie une opération commerciale ou industrielle.

C'est ainsi qu'un avis du Conseil d'État du 2 août 1894 a fait échouer la tentative faite par le conseil mucipal de Roubaix pour établir une pharmacie municipale. Ce premier cas doit être mis à part à raison des dispositions légales particulières qui imposent, pour l'exercice de la pharmacie, des règles incompatibles avec la marche d'un service public. La loi du 21 germinal an XI exige qu'une pharmacie soit exploitée par le propriétaire lui-même et défend qu'elle soit tenue par un gérant. Une pharmacie ne peut donc pas être municipalisée, parce que le pharmacien qui y serait préposé ne serait pas propriétaire. C'est là une hypothèse pour laquelle il existe une solution positive et qui doit rester en dehors de la discussion (1).

Mais dans d'autres cas le Conseil d'Etat a statué sans pouvoir invoquer un texte ou même contrairement à des textes existants. C'est ainsi qu'un avis du 7 juin

---

(1) *Revue générale d'administration*, 1894, 3, 435, où sont rapportés tous les documents relatifs au projet de pharmacie municipale. — H. Nézard, 304.

1877 a rejeté une demande d'emprunt de la ville de Tourcoing en vue d'une régie du gaz (1) ; c'est la loi du 30 juillet 1880 qui est venue autoriser l'emprunt et donner ainsi à la ville les moyens matériels de réaliser l'entreprise.

Un avis du 21 mai 1896 a refusé l'autorisation de créer des caisses départementales d'assurances à prime fixe contre l'incendie. L'avis concerne le département,

(1) Avis du 7 juin 1877 rejetant la demande d'emprunt de la commune de Tourcoing, en vue d'une régie du gaz :
« Considérant que l'industrie du gaz, soumise aux variations du marché, tant pour l'achat des matières premières que pour la vente de ses sous-produits, est en outre exposée par son débit dans les centres industriels aux influences des circonstances économiques, et qu'en exigeant par suite des conditions indispensables de vigilance et d'habileté commerciales, elle comporte des chances incertaines de succès ; que les risques des actes de la commission qui serait chargée de gérer l'usine de Tourcoing ne seraient couverts par aucune des responsabilités que la loi fait peser sur les administrations des sociétés de commerce, et qu'en cas d'insuccès les pertes en provenant retomberaient à la charge de la ville ; — que, d'autre part, et à supposer même une exploitation toujours fructueuse, les garanties dont les règles administratives ont entouré les marchés et traités passés avec les communes, feraient défaut à une entreprise de cette nature, dont les opérations quotidiennement renouvelées échapperaient forcément au contrôle de l'autorité supérieure ; — qu'il serait à craindre que, pour éviter les pertes ou pour avoir des gains, une ville transformée en entrepreneur d'éclairage ne fût amenée à négliger les services auxquels elle devrait pourvoir ou à exagérer le prix des abonnements, éventualité d'autant plus fâcheuse que les conditions techniques de la canalisation du gaz paraissent admettre difficilement la possibilité de la concurrence ; — par ces motifs, etc. »

mais les raisons de décider sont les mêmes pour une commune. Un avis de la section de l'Intérieur n'a pas voulu admettre la création d'un office municipal d'assurance contre l'incendie (1).

Par un avis du 15 mars 1900, le Conseil d'Etat n'a pas voulu approuver un projet de loi tendant à autoriser la ville de Lille à exploiter et à entreprendre un service de vidanges municipales. Le ministre de l'Intérieur avait saisi le Conseil d'un projet de loi tendant à approuver une délibération du Conseil municipal prise en ce sens. L'avis du 15 mars 1900 répondit que le but que se proposait la ville était en dehors de ses attributions (2).

(1) S., 1897, *Lois annotées*, p. 219 ; — *Revue générale d'administration*, 1896, 3, 408 et 1899, 1, 181.

(2) Avis du 15 mars 1900, contraire à un projet d'exploitation directe pour une entreprise de vidanges :

« Le Conseil : Considérant qu'une exploitation de cette nature constitue une opération industrielle et commerciale qui ne rentre pas en principe dans les attributions des conseils municipaux ; — qu'en effet elle serait en fait exposée aux influences des circonstances économiques et à des chances incertaines de succès ; — qu'elle exigerait par suite des qualités spéciales de vigilance et d'habileté commerciales qu'une municipalité peut ne pas réunir ; — ... que si, à la vérité, quelques villes ont été autorisées à assurer, au moyen de la régie directe, en certains cas, l'alimentation en eau potable, ou, tout à fait exceptionnellement, l'éclairage public ou privé, c'est à raison de circonstances économiques qui ne permettaient qu'à elles seules de poursuivre et de réaliser pratiquement l'ensemble des opérations nécessaires ; — que de même le système de la régie directe, appliqué à un service public de vidanges, ne pourrait s'expliquer que s'il était démontré qu'il est pratiquement impossible d'assurer par tout autre moyen l'évacuation de matières usées, dans des conditions

L'engagement pris par une commune de se charger du curage d'un cours d'eau non navigable ni flottable n'a pas été admis davantage. D'après un avis du 17 avril 1901, ce service, dont les charges doivent être réparties d'après des bases de contribution toutes différentes de celles des impôts communaux, ne rentre pas dans les attributions municipales (1).

Enfin le conseil d'Etat s'est toujours opposé, malgré les termes formels de la loi du 11 janvier 1880 et spécialement de l'article 10, à la régie municipale des tramways et autres moyens de transports en commun. C'est ce qui explique qu'il n'existe pas en France de transports en commun municipalisés, sauf quelques kilomètres à Langres et les tramways de Tunis. Si la ville de Tunis exploite elle-même le réseau de tramways, c'est qu'elle a usé de la faculté de rachat au cours d'une concession. Mais d'emblée elle n'aurait pas été autorisée à construire la ligne ni à commencer l'exploitation. Un avis de la section de l'Intérieur, du 27 février 1887, a repoussé le projet de régie pour le funiculaire de Belleville (2). Dans des cas très fré-

---

conformes aux règles de l'hygiène ; mais qu'il ne résulte pas des renseignements joints au dossier que les vidanges ne puissent être effectuées utilement dans la ville de Lille par l'industrie privée et qu'il appartient à l'autorité municipale de prescrire à cet effet toutes les mesures que peut rendre nécessaires l'intérêt de la salubrité publique ;

« Est d'avis qu'il n'y a pas lieu d'adopter le projet de loi proposé. » Béquet, Répertoire de droit administratif, v° *Commune*, n°s 2016 et s. — Dalem, p. 108. — Pierre Mercier, p. 111.

(1) *Revue générale d'administration*, 1902, 1, 420.
(2) V. aussi la décision ministérielle du 21 août 1894, relative à un projet d'entreprise de tramways: *Revue générale*

quents, les décrets visant les concessions de tramways les accordent aux municipalités elles-mêmes, mais à la charge de les rétrocéder à des compagnies. Cette satisfaction d'amour-propre pour les conseils municipaux est la seule atténuation, de pure forme d'ailleurs, que le Conseil d'Etat apporte à sa jurisprudence, dont la rigueur au fond n'est pas changée ; c'est un simple détour destiné à ménager parfois la susceptibilité des municipalités et des habitants eux-mêmes et à faire accepter l'interdiction. Si une commune manifestait l'intention formelle de créer elle-même un réseau et de le prendre elle-même à sa charge, sa demande serait impitoyablement écartée.

Il en est ainsi, que la concession soit sollicitée par une commune ou par un syndicat de communes. Ainsi un décret du 11 juillet 1893 avait constitué un syndicat les communes de Maisons-Laffitte, Sartrouville, Houilles et Bezons, « à l'effet d'obtenir la concession d'un tramway à vapeur allant de la Porte-Maillot à Neuilly et Maisons-Laffite, avec embranchement de La Garenne à la place de l'église à Colombes, avec faculté de rétrocession à la Compagnie des voies ferrées de la banlieue de Paris ». Un autre décret du 18 septembre 1893 déclara d'utilité publique l'établissement du tramway projeté, accorda la concession au syndicat autorisé quelques semaines auparavant et approuva le traité de rétrocession (1).

d'administration, 1895. 1, 467. — Cf. *Revue d'Economie politique*, 1893, p. 75.

(1) *Bulletin des lois*, 1893, n° 1596, p. 1237. — V. aussi Cons. d'Etat, 17 juillet 1896, Lebon, 1896, p. 572 ; S. 1898, 3, 95, rejetant un recours pour excès de pouvoirs intenté par le

Mais plusieurs communes du département du Loiret ayant demandé à se constituer en syndicat pour l'exploitation d'un tramway, le ministre de l'Intérieur, appliquant la jurisprudence du Conseil d'Etat qui en fait le lie, refusa l'autorisation (1).

Ces solutions impliquent à la fois la reconnaissance de la situation juridique d'après la loi et l'intention bien arrêtée de ne pas l'établir en pratique. On reconnaît que la loi est formelle et on refuse de l'appliquer. Une commune ou un syndicat de communes peuvent obtenir légalement une concession de tramways ; ils en ont la capacité juridique, mais on les empêche d'exercer une faculté légale. Comme l'avoue M. Louis-Jaray, l'un des défenseurs du Conseil d'Etat, « la loi de 1880 pour les tramways à traction mécanique et à marchandises n'interdit pas la régie, mais elle doit se combiner avec cette jurisprudence (2). » En d'autres termes une loi des plus claires est manifestement violée. La conséquence regrettable est que l'institution des syndicats de communes ne se développe pas comme elle l'aurait dû dans l'esprit de la loi du 22 mars 1890. L'exploitation d'un tramway intercommunal était précisément l'entreprise-type qui aurait dû leur être confiée.

Il en est de même d'ailleurs toutes les fois que les intérêts de plusieurs communes sont en jeu. Un particulier ayant légué à une commune une maison pour

---

Conseil général de la Seine et par la Compagnie des tramways de Paris et du département de la Seine contre le décret du 18 septembre 1893.

(1) Avis du ministre de l'Intérieur du 21 août 1894 ; *Revue générale d'administration*, 1895, 1, 467.

(2) G. Louis-Jaray, 1, p. 207, note 2.

servir de musée cantonal, le préfet étudia un projet de syndicat entre les communes intéressées. Mais le ministre de l'intérieur émit l'avis suivant :

« Les communes du canton ne sont appelées à recueillir aucun émolument dans les libéralités du sieur X..., et elles n'ont pas davantage à assurer l'exécution de la fondation prévue au testament. On ne se trouve pas, dès lors, en présence d'une œuvre d'utilité intercommunale dont la création, le fonctionnement et l'administration seraient de nature à motiver l'institution d'un établissement public en exécution des dispositions de la loi du 22 mars 1890. La jurisprudence admet, il est vrai, que les legs intéressant les pauvres d'un canton peuvent être acceptés par le préfet au nom des pauvres, les pauvres d'un canton formant en effet une collectivité parmi les pauvres du département. Mais cette jurisprudence n'est applicable qu'aux seuls legs comportant une affectation charitable (1) ».

Tous ces refus font comprendre l'échec relatif des syndicats de communes, qui sont en somme peu nombreux en France.

C'est à ce premier groupe de solutions qu'il convient de rattacher enfin le rejet par le Sénat du projet de régie pour le gaz à Paris ; il constitue une conséquence directe du principe de l'interdiction des régies municipales.

---

(1) Avis du ministre de l'Intérieur, du 23 juin 1893 ; *Revue générale d'administration*, 1893, 3, 204.

II. — Une commune ne peut pas non plus intervenir dans une entreprise de commerce ou d'industrie par un moyen autre que l'exploitation directe en régie. Le principe de non-intervention conduit à prohiber non seulement la direction municipale d'une entreprise, mais encore toute immixtion plus ou moins détournée dans le régime économique.

De là d'abord l'interdiction de la concession d'un établissement municipal à un adjudicataire, si cet établissement présente un caractère commercial ou industriel. Une commune ne peut pas plus concéder l'entreprise d'une boulangerie municipale, par exemple, que l'ouvrir et l'exploiter en régie. Il lui est impossible de réaliser par le détour de la concession ce qu'il lui est défendu de faire directement soi-même.

De là encore cette conséquence qu'elle ne peut pas même intervenir par l'allocation d'une subvention à une entreprise privée, par des remises de taxes municipales, par la permission d'user des locaux ou emplacements communaux, en un mot par des aides ou encouragements quelconques.

Pratiquement, c'est la subvention qui serait la forme la plus simple et la plus aisée d'immixtion. Mais le Conseil d'Etat a décidé qu'un conseil municipal ne peut pas subventionner une boulangerie coopérative (1), et la même solution s'appliquerait à une boucherie, une épicerie, etc.

(1) Cons. d'Etat, 1er février 1901, *affaire* Descroix, Deservik (Boulangerie coopérative de Poitiers); Lebon, 1901, p. 105 ; S. 1901, 3, 41 ; D. P. 1902, 3, 34 ; *Pand. franç. pér.*, 1904, 4, 33, et les notes.

Les subventions municipales aux médecins sont aussi prohibées en principe. Dans une affaire très connue concernant la commune d'Olmeto (Corse), le Conseil d'Etat a jugé qu'un conseil municipal ne peut pas subventionner un médecin ni en faire un médecin municipal au service de tous ; il estime qu'on ne peut tirer de la loi du 15 juillet 1893 sur l'assistance médicale gratuite le droit d'intervention de la commune en matière médicale, s'il existe déjà des médecins en nombre suffisant (1). Là encore le ministre de l'Intérieur a adopté la même pratique. Plusieurs communes, appartenant à deux départements limitrophes, demandaient l'autorisation de fonder un syndicat pour l'entretien à frais communs d'un médecin ; le ministre de l'Intérieur s'y opposa, « le projet de syndicat ne présentant pas le caractère d'une œuvre d'utilité communale et partant d'utilité intercommunale ; il s'agit en effet en l'espèce, disait-

---

(1) Cons. d'Etat, 29 mars 1901, *affaire* Casanova, Canazzi : « Considérant que la délibération attaquée (délibération du conseil municipal) n'a pas été prise en vue d'organiser l'assistance médicale gratuite des indigents conformément à la loi du 15 juillet 1893 ; que si les conseils municipaux peuvent, dans des circonstances exceptionnelles, intervenir pour procurer des soins médicaux aux habitants qui en sont privés, il résulte de l'instruction qu'aucune circonstance de cette nature n'existait à Olmeto où exerçaient deux médecins ; qu'il suit de là que le conseil municipal est sorti de ses attributions en allouant par la délibération attaquée un traitement annuel de 2.000 francs à un médecin communal chargé de soigner gratuitement tous les habitants pauvres ou riches indistinctement... » (Lebon, 1901, p. 333 ; S. 1902, 3, 73 ; D. P. 1902, 3, 34; *Pand. franç. pér.*, 1904, 4, 33 ; *Revue générale d'administration*, 1901, 3, 167).

il, d'assurer un service de santé qui, normalement, dépend uniquement de l'initiative privée des habitants de chaque municipalité ; les obligations de la commune, en matière d'assistance pour le cas de maladie, se limitent exclusivement à la catégorie des indigents (1) ». Et cependant, en fait, la région intéressée était totalement dépourvue de médecin.

On se demande enfin à quel parti se serait arrêté le haut Tribunal administratif, avant la loi du 12 avril 1906 sur les habitations à bon marché, dans une hypothèse qui ne s'était jamais présentée, à ma connaissance du moins, dans la pratique française, la souscription par une commune d'actions ou d'obligations émises par une société privée, comme cela a eu lieu en Allemagne, en Belgique et en Suisse. Aujourd'hui la loi de 1906 statue sur une matière spéciale ; elle n'est, à mon avis, que l'application du principe général de la capacité, mais il serait curieux de voir ce qui serait décidé pour une souscription d'actions ou d'obligations en-dehors des affaires d'habitations à bon marché. Une décision jurisprudentielle serait ici très importante : une subvention communale, se présentant sous forme d'actions ou d'obligations au moment de la formation d'une société ou d'une entreprise, pourrait décider du succès. Le Conseil d'Etat, poussant jusqu'au bout la logique de son système, irait-il jusqu'à condamner une pareille souscription ? Je me contente de poser ici la question. Et quelle serait l'influence de la loi

1) Avis du ministre de l'Intérieur du 28 décembre 1899 ; *Revue générale d'administration*, 1900, 3, 80.

du 12 avril 1906 décidant que les communes ou les départements peuvent employer leurs ressources en prêts, en obligations ou en actions de sociétés pour la construction des habitations à bon marché ?

En résumé il est pratiquement interdit aux communes, d'une façon générale, de faire le commerce ou d'exploiter directement ou indirectement une industrie. Pour assurer au principe une efficacité certaine, il a fallu trouver des sanctions pour le cas où il serait méconnu et où il faudrait contraindre les municipalités à le respecter.

§ 3. — Les sanctions du principe

Les moyens de sanction destinés à garantir le principe de l'incapacité jurisprudentielle des communes peuvent se classer en trois groupes :

1° Mesures préventives de tutelle ;

2° Recours contentieux possibles ;

3° Interprétation des contrats de concessions et mesures d'ordre financier.

Plusieurs de ces modes de sanction pourraient encore être qualifiés : « Les diverses formes par lesquelles le Conseil d'Etat exprime son hostilité contre la municipalisation des services publics ».

I. — La tutelle préventive se manifeste, suivant les cas, par la nécessité d'une autorisation à obtenir de l'administration supérieure, ou d'un décret, ou d'un avis du Conseil d'Etat, etc. Toutes les fois que le Conseil d'Etat lui-même a eu à prendre part à l'exercice de la tutelle administrative, il a maintenu le principe avec des tempéraments qui seront indiqués. C'est ce qu'on a pu constater à propos des projets de décret sur les emprunts municipaux ou à propos des avis demandés au Conseil ; ces avis sont fortement motivés et on les respecte (1).

La tutelle exercée par les ministres est également rigoureuse, les exemples cités au cours de ce travail en sont la preuve. Représentants du pouvoir central et supérieur de l'Etat, les ministres ont une tendance naturelle à réduire à leur minimum les manifestations d'activité juridique des groupements locaux.

Mais dans d'autres cas ce sont les préfets qui sont chargés par la loi d'approuver les délibérations des Conseils municipaux ; quelquefois ils ont le droit de les annuler en Conseil de préfecture (loi du 5 avril 1884, art. 63 et 115). Alors les préfets laissent souvent aller les choses. Les maires, de leur côté, arrivent à se soustraire à la surveillance des préfets et à éluder l'observation des règles administratives. La tutelle est alors affaiblie, principalement pour des considérations politiques. « Aucune règle précise ne la guide ; elle flatte au hasard des circonstances, des hommes, des influences et des ministères ; elle est désemparée (2) ». En réalité, le principe posé par le Conseil d'Etat rencontre des résistances effectives ; en fait il n'est pas toujours observé, ce qui engendre

(1) G. LOUIS-JARAY, p. 206.
(2) Maurice HAURIOU, *Note* dans S. 1901, 3. 73. — G. LOUIS-JARAY, 1, p. 207.— Léon SAY, *Communication* à l'Académie des Sciences morales et politiques, 1895, t. CXLIV, p. 883.

la confusion et les contradictions dans la pratique.

De là l'extension des recours contentieux devant le Conseil d'Etat lui-même. Il a voulu assurer sa propre influence pour maintenir une jurisprudence qu'il considère comme capitale.

II. — Des recours contentieux sont ouverts aux particuliers contre les actes des municipalités, mais c'est dans les dernières années seulement qu'ils ont été mis entièrement à leur disposition. Autrefois, si un Conseil municipal prenait une décision sur un objet illégal ou excédant ses attributions, un simple particulier ne pouvait intenter un recours contentieux en annulation que s'il était *intéressé* en ce sens qu'il devait pouvoir alléguer un intérêt direct et personnel. La seule qualité de contribuable dans la commune n'était pas considérée comme suffisante pour faire de lui un « intéressé. » Ainsi un Conseil municipal subventionnait un médecin. Un autre médecin établi dans la commune avait un intérêt direct et personnel à attaquer la délibération allouant la subvention, mais un simple contribuable ne pouvait atteindre, ni directement ni sous forme d'une demande en décharge, le vote d'une dépense dont il supportait cependant les conséquences pécuniaires, puisque l'ensemble du budget communal était augmenté d'autant.

La situation est changée aujourd'hui. A la suite d'une évolution bien connue, le Conseil d'Etat a admis qu'un contribuable a intérêt, en cette seule qualité, à faire déclarer nulle de droit la délibération d'un conseil municipal inscrivant une dépense au budget de la commune, ou à intenter un recours en décharge ou en réduction d'imposition. La création d'une entreprise municipale aboutit en effet, au point de vue budgétaire, à deux opérations : l'inscription de crédits ou le vote de dépenses pour les besoins de l'entreprise, et d'autre part l'inscription d'une ressource ou d'un revenu provenant des recettes qu'elle procure. Tout contribuable peut, comme tel, intenter un recours contre une délibération lésant son intérêt de contribuable. Très souvent en effet les délibérations qui donnent lieu à discussion portent préjudice non pas à tel individu ou même à telle catégorie d'individus, mais à l'universalité des contribuables de la commune, parce que, en portant au budget un supplément de dépenses, elles augmentent la part que chacun est appelé à supporter dans les impôts communaux (1).

Cette théorie, extrêmement ingénieuse, et qui n'est pas spéciale à la matière des régies, consacre une précieuse garantie individuelle. Seulement elle a été utilisée pour combattre les régies. C'est ainsi que le Conseil d'Etat a été appelé, par l'exercice du recours contentieux, à statuer dans les importantes affaires de la subvention à la Boulangerie coopérative de Poitiers et d'une subvention à un médecin. De cette manière

(1) Maurice HAURIOU, 1, p. 444-445. L'auteur a retracé l'histoire de ce revirement de jurisprudence, avec l'indication des étapes successives de l'évolution, dans la note sous l'arrêt *affaire* Casanova, S. 1901, 3. 73. — V. aussi les notes accompagnant cet important arrêt dans les différents recueils, notamment Marcel GRAU, *Pand. franç. pér.*, 1904, 4, 37, et encore Cons. d'Etat, 6 avril 1906, *affaire* Camut et autres, Lebon, 1906, p. 326.

l'examen des entreprises communales peut toujours aboutir au tribunal administratif suprême : le Conseil d'Etat est devenu, comme on l'a dit, « le tuteur financier et juridictionnel des administrations locales. » Il a donné aux simples particuliers le moyen de le saisir et de le faire intervenir toujours. La procédure est même simple et peu coûteuse. « Le contribuable adresse, sans condition de délai après la délibération du Conseil municipal, une demande en annulation au préfet du département sur simple feuille de papier timbré, dont on lui donne récépissé ; le préfet peut annuler en Conseil de préfecture la délibération. S'il ne le fait pas, il peut refuser l'annulation ou garder le silence : s'il se tait, ce silence est interprété au bout de quatre mois comme un refus. Le contribuable a alors, dans le délai de deux mois après ce refus ou en présence de ce silence persistant, le droit de former un recours pour excès de pouvoirs devant le Conseil d'Etat jugeant au contentieux, sans autres frais que les frais de timbre et d'enregistrement (une cinquantaine de francs au total) et sans ministère d'avocat (1) ». Le système est complet : le jugement des recours contentieux est un moyen précieux pour le haut Tribunal administratif de vivifier ou de ruiner les opérations commerciales ou industrielles des communes.

Les résultats ont été fort diversement jugés. Ils sont pleinement approuvés par M. Hauriou, qui pourtant n'est pas hostile à l'industrialisme communal, mais ils ont vivement critiqués par M. André

---

(1) G. Louis-Jaray, 1, p. 212.

Mater. « Le recours pour excès de pouvoirs, dit M. Mater, a été brusquement transformé en un procédé qui permettra dans chaque commune à tous les membres de la minorité d'attaquer et de faire annuler à peu de frais les actes de la majorité (1). »

Cette raison me touche peu. Il est bon précisément que les droits des minorités soient respectés. Personne ne peut s'en plaindre : le parti en majorité dans une commune peut se trouver en minorité dans une autre, et il sera très heureux d'avoir alors à sa disposition un moyen de se faire entendre. Le Conseil d'Etat, placé loin des influences locales et de la politique électorale, est à même de rappeler toujours les conseils municipaux au respect de la légalité. Il faut se réjouir quand on voit s'augmenter le nombre des garanties individuelles, et l'extension du recours pour excès de pouvoirs en est une des plus précieuses. Elle a une portée tout à fait générale et vient en aide aux simples particuliers même en dehors des questions de régies municipales. Ainsi la seule qualité de contribuable a permis de demander au Conseil d'Etat l'annulation des délibérations du conseil municipal relatives à un échange de terrains entre la ville et un tiers, c'est-à-dire à un sujet tout à fait étranger aux régies. Dans deux arrêts très affirmatifs, le Conseil a déclaré que « les contribuables sont personnellement intéressés à ce que les actes concernant la gestion du patrimoine communal soient accomplis dans les conditions prescrites par la loi (2) ». Il était important de

(1) André MATER, p. 558.
(2) Cons. d'Etat, 6 avril 1906 (deux arrêts), *affaire* Camut et autres et *affaire* Balliman ; Lebon, 1906, p. 326.

faire remarquer la généralité du procédé et son caractère de protection pour les individus dans des hypothèses très diverses. L'extension du recours pour excès de pouvoirs est donc excellente en soi ; il est regrettable seulement que le Conseil d'Etat en profite pour combattre la municipalisation. Je ne critique pas le procédé, mais l'abus qu'il en fait, et qu'il en fait, à mon sens, pour le moment. Il n'est nullement démontré que cet abus doive persister.

III. — Ce qui permet d'espérer un changement, c'est l'évolution déjà accomplie dans l'interprétation des contrats de concession. A cet égard le Conseil d'Etat, après avoir pendant longtemps réduit les villes à des extrêmités pénibles pour elles, leur fait aujourd'hui une situation bien meilleure.

Les contrats de concession, on l'a vu, engendrent de fréquentes contestations entre les municipalités et les compagnies concessionnaires. Les difficultés s'élèvent au cours de l'exploitation, ou bien au moment où la ville se décide au rachat du service : la fixation du prix de rachat et des indemnités éventuelles est rarement déterminée à l'amiable. Comment doit-on alors interpréter les clauses du cahier des charges ? Sur ce point on peut discerner trois phases dans la jurisprudence administrative.

Le principe ancien admis d'abord par le Conseil d'Etat a été que « le cahier des charges se suffit à lui-même. » La concession était, disait-on, un contrat d'une nature spéciale, et les règles ordinaires d'interprétation des contrats ne devaient pas lui être appliquées. Par suite la violation des conditions de ce contrat ne comportait d'autres sanctions que celles que le cahier des charges prévoyait expressément (1).

Le Conseil a été obligé d'abandonner cette conception tout d'abord en faveur du concessionnaire lui-même. Il s'est décidé à appliquer le droit commun au concessionnaire en lui allouant des dommages et intérêts non prévus au cahier des charges quand la municipalité ne remplissait pas ses engagements. Mais il refusait d'en mettre à la charge du concessionnaire dans les mêmes conditions, quand c'était lui qui n'observait pas les conditions prévues. Des arrêts formant jurisprudence avaient jugé que le concessionnaire qui n'exécute pas ses obligations, même par sa faute, ne pouvait pas être condamné à des dommages et intérêts si le cahier des charges n'en prévoyait pas (2). « Doctrine beaucoup trop absolue, a dit plus tard le commissaire du Gouvernement Romieu, qui ne semble commandée par aucun texte ni aucun principe de droit et ayant en fait des conséquences regrettables. » La commune était réduite à demander la déchéance du concessionnaire, c'est-à-dire la rupture définitive du contrat ; elle était réduite à l'une de ces deux alternatives : l'aveu de son impuissance à obtenir de son concessionnaire l'exécution du contrat ou la nécessité d'en prononcer la rupture.

(1) Cons. d'Etat, 15 juillet 1881, p. 699 ; S. 1883, 3, 12 ; — 11 janvier 1884, *affaire* Level ; Lebon, 1884, p. 39 ; S. 1885, 3, 69.
(2) Cons. d'Etat, 24 juillet 1885, *affaire* Ville de Vichy contre Couturier, Lebon, 1885, p. 723 ; S. 1887, 3. 21 ; 16 et 23 janvier 1903 ; Lebon, 1903, p. 51 et 61 ; S. 1904, 3, 49.

Sans doute les contrats de concession, surtout les plus anciens, avaient été souvent mal étudiés, rédigés trop vite et avec une imprévoyance visible. Ils pouvaient comporter deux sortes de défauts. Dans certains cas les villes avaient accepté des conditions onéreuses pour elles ou reconnu aux concessionnaires des droits exorbitants. Les municipalités, flattées de recevoir des propositions pour leurs services publics, désireuses d'avoir au plus tôt une distribution de gaz, un réseau de tramways, peu habituées à cette époque « aux affaires », ont consenti à tout ce qu'on leur demandait ; elles n'ont pas montré plus d'expérience que des jeunes gens au sortir de la minorité. Ainsi la rédaction vicieuse et les lacunes des traités de concession, habilement combinés contre elles, ont eu des effets désastreux, et il en a été ainsi non seulement en France, mais partout. Les tribunaux ont bien été forcés de leur donner tort et de reconnaître les clauses des cahiers des charges telles qu'elles se comportaient. En Belgique peu de communes ont obtenu gain de cause en justice dans les innombrables procès qu'elles ont dû soutenir contre les concessionnaires (1).

Dans d'autres hypothèses la situation était inverse. Il est arrivé que des villes avaient imposé à leurs concessionnaires des conditions draconiennes ou accordé des concessions mal comprises. Les concessionnaires se sont trouvés dans l'impossibilité matérielle d'exécuter, et le Conseil d'Etat a dû prononcer la résiliation pure et simple des contrats. C'était mettre les villes en demeure de faire elles-mêmes ce qu'elles

---

(1) Ernest Brees, p. 344-345.

voulaient à tort imposer aux autres ; c'était leur faire comprendre l'impossibilité d'exécution. Dans des espèces pareilles, le refus de tous dommages et intérêts est la véritable solution pratique ; on doit arriver directement à la résiliation du traité. — Mais ce ne sont pas les cas de ce genre qui soulèvent des critiques. Le Conseil d'Etat ne voulait établir aucune distinction entre ces cas et ceux où un concessionnaire, ayant accepté un cahier des charges sérieux et raisonnable, ne l'exécutait pas *par sa faute*. Le haut Tribunal posait *comme principe de droit* l'impossibilité d'allouer alors des dommages et intérêts à la ville s'ils n'avaient pas été indiqués formellement dans le cahier des charges.

La même interprétation rigoureuse avait conduit à d'autres solutions non moins contestables. Ainsi qu'on l'a remarqué, c'est le même esprit qui a inspiré le Conseil d'Etat dans trois circonstances :

1° Lorsqu'il allouait des indemnités considérables, souvent énormes, aux compagnies gazières, dans des conditions suffisamment connues et qui ont été exposées précédemment :

2° Lorsqu'il a déclaré, dans deux arrêts fameux, que la garantie d'intérêt, due par l'Etat aux Compagnies des chemins de fer d'Orléans et du Midi, doit durer autant que la concession elle-même (1) ;

3° Lorsqu'enfin il résistait à la municipalisation des services publics et essayait d'en arrêter le développe-

---

(1) Cons. d'Etat, 12 janvier 1895 (deux arrêts) ; Lebon, 1895, p. 34 ; S. 1897, 3, 1.

ment, par l'interprétation stricte qu'il donnait des contrats de concession, des cahiers des charges, des traités modificatifs, et aussi par les indemnités très élevées qu'il faisait peser sur les finances communales en cas de rachat des concessions.

Les publicistes les plus autorisés estimaient, en-dehors de toute préoccupation économique et sociale, que la solution jurisprudentielle consacrée en pratique n'était pas juridique. Ils s'étaient élevés avec raison contre le prétendu *principe de droit* posé par le Conseil d'Etat, et cette deuxième phase de l'interprétation des concessions avait donné lieu à bien des commentaires. La situation était en effet des plus bizarres. Si la ville rompait le contrat par son fait, sans même que ce fût par sa faute, elle encourait des dommages et intérêts énormes, hors de proportion avec le préjudice causé. Si elle refusait au concesionnaire les avantages promis par le cahier des charges, ou si elle lui imposait des obligations non prévues, elle lui devait encore des dommages et intérêts. Si au contraire le concessionnaire amenait la rupture du contrat, même par sa faute, il ne payait aucune indemnité. Etait-ce équitable, — et juridique? M. Hauriou avait établi que les traités par lesquels les villes, agissant à titre de puissance publique, ont consenti des concessions de service publics, « sont des opérations de puissance publique et non pas des contrats de droit privé. Les conventions de ce genre doivent être interprétées strictement et non pas comme des contrats de bonne foi. Du moment qu'il y a doute, obscurité, incertitude sur la portée d'une clause, elle doit-être interprétée au profit de la puissance publique (1). » Sans aller aussi loin, on pourrait soutenir encore que la théorie jurisprudentielle était en opposition avec les principes du droit. La condition pour les deux parties était inégale, et l'équilibre contractuel n'existait plus. Le système était contraire à toutes les dispositions du code civil sur les dommages et intérêts. Si l'on ne voulait pas aller jusqu'à la théorie de M. Hauriou sur la prépondérance de l'intérêt public, on devait admettre au moins l'égalité de deux contractants et le droit commun.

C'est ce qu'a fait le Conseil d'Etat, qui a reconnu lui-même son erreur. Dans une troisième phase, la phase actuelle de l'interprétation des concessions, il est revenu sur une jurisprudence critiquable et il a jugé, dans un arrêt du 31 mai 1907, sur les conclusions conformes et très fermes du commissaire du gouvernement Romieu, que le concessionnaire en faute peut être condamné à des dommages et intérêts envers la ville. Lorsqu'il n'a pas rempli les obligations qui lui étaient imposées par son cahier des charges, la juridiction administrative peut désormais allouer une indemnité à l'autorité concédante. Il en est ainsi en cas de concession de l'éclairage électrique, s'il est établi que le voltage des lampes électriques est insuffisant, que les appareils sont mal entretenus, etc. (2).

---

(1) Maurice Hauriou, *Note* dans S. 1897, 3, 1 et *Précis de droit administratif*, 5ᵉ édit., p. 693, texte et note 1. — Cf. Marcel Grau, *Note*, p. 97.

(2) Cons. d'Etat, 31 mai 1907, *affaire* Deplanque ; Lebon, 1907, p. 514 ; S. 1907, 3, 113 ; *Revue générale d'administration*, 1908, 1, 60.

La « lutte du gaz et de l'électricité » a été, on l'a vu, terminée dans le même esprit.

Mais les conséquences pécuniaires du rachat des concessions soulèvent encore des critiques. Une commune a indiscutablement le droit de se substituer à une compagnie ou à un particulier en rachetant une concession en cours d'exploitation. La détermination du prix de rachat donne généralement lieu à des contestations ; le concessionnaire dépossédé peut en outre réclamer une indemnité. Le Conseil d'Etat s'est presque toujours prononcé nettement en faveur des concessionnaires, et c'est à leur profit qu'il interprète les clauses douteuses des cahiers des charges. Il a mis à la charge des villes des indemnités quelquefois formidables, qu'il s'agisse d'eau ou de gaz. Dans la fixation du prix de rachat, il fait état de bénéfices non prévus au cahier des charges primitif. Si une compagnie concessionnaire se procure ainsi des bénéfices inespérés au moment de la concession, ce sont ceux-là qui entrent en ligne de compte pour la détermination de l'indemnité de rachat : cette indemnité doit, d'après la jurisprudence la plus récente, représenter les produits *actuels* de l'exploitation, c'est-à-dire les recettes effectives de la compagnie concessionnaire, et non pas les recettes calculées d'après les clauses primitives de la concession (1).

---

(1) V. notamment Cons. d'Etat, 25 juillet 1884, *affaire* Compagnie des eaux du Havre ; Lebon, 1884, p. 644, interprétant le cahier des charges sur une difficulté de participation aux bénéfices ; — 5 mai 1893, *affaire* Ville de Toulon ; Lebon, 1893, p. 360 ; — 6 avril 1900, *affaire* Ville de Nantes ; Lebon, 1900, p. 271, décidant que « les dépenses pour les instal-

Telles sont les règles qui ont servi de base pour l'établissement de l'indemnité que la ville de Lyon a été condamnée à verser à la Compagnie générale des eaux à l'occasion du rachat de la concession du service ; l'arrêt du 23 février 1906 a mis à la charge de la ville une indemnité d'environ 76.000.000 francs, grevant le budget municipal d'une annuité de 1.300.000 francs pendant cinquante-sept ans. L'article 1.150 du code civil dit cependant d'une façon formelle que le « débiteur n'est tenu que des dommages et intérêts qui ont été prévus ou qu'on a pu prévoir lors du contrat ». Il faut reconnaître que la solution concernant la ville de Lyon était commandée par les circonstances de fait, c'est-à-dire l'imprudence des administrateurs municipaux qui avaient conclu le traité primitif et les conventions subséquentes. Les signataires du contrat de concession avec la Compa-

---

lations et les compteurs placés en location chez les particuliers, ainsi que les frais des installations gratuites, doivent être inscrits au compte du capital à rembourser à la compagnie, et les produits de la location de ces installations et compteurs doivent être compris dans son bénéfice annuel » ; — 25 juillet 1902, *affaire* Ville de Lyon, Lebon, 1902, p. 564, intervenu après le rachat d'un abattoir et portant sur des difficultés pour fixations d'indemnités, travaux compris dans les stipulations du cahier des charges, exécutés en cours de concession, etc. — 23 février 1906, *affaire* Ville de Lyon c. Compagnie générale des eaux; Lebon, 1906, p. 176 ; *Pand. franç. pér.*, 1906, 4, 46, avec l'exposé des faits et la note. Sur cette dernière affaire, v. la note suivante ; — 11 mai 1906, *affaire* Commune de Saint-Mandé ; Lebon, 1906, p. 415 ; — 20 mars 1908, *affaire* Ville de Nantes ; Lebon, 1908, p. 281 ; etc. — Edouard COPPER, t. II, pp. 92 et 239.

gnie générale des eaux s'étaient engagés à lui payer, en cas de dépossession, une indemnité sous forme d'annuité jusqu'à la fin de la durée de la concession. Ils avaient eux-mêmes fixé, après discussion amiable avec la Compagnie, cette indemnité à 1.300.000 francs. En l'espèce, le Conseil d'Etat n'a pu que condamner la ville de Lyon à subir les conséquences de ses propres actes (1).

(1) Victor AUGAGNEUR, La régie directe des services publics, dans les *Questions pratiques de législation ouvrière*, 1904, p. 113. — Les conséquences pécuniaires de la décision du Conseil d'Etat sont extrêmement onéreuses pour la ville de Lyon. « Le point litigieux principal était la difficulté soulevée sur l'intérêt à 4 0/0 du capital de premier établissement. La compagnie concessionnaire faisait entrer dans les produits nets 4 0/0 du capital de premier établissement, qui, au contraire, d'après les prétentions de la ville, représentaient véritablement des dépenses. Il résulte des documents du dossier que l'annuité de rachat, que la ville de Lyon devra verser à la compagnie pendant cinquante-sept ans, dépasse désormais 1.300.000 francs, soit au total environ 76.500.000 francs pour l'indemnité de rachat. La déduction des 4 0/0 litigieux aurait diminué l'annuité de plus de 530.000 francs et ramené le total de l'indemnité à environ 45.000.000 francs. L'interprétation donnée constitue donc une charge financière de plus de 30.000.000 francs pour la ville de Lyon. » (Note dans *Pand. franç. pér.*, 1906, 4, 47). — Cf. l'interprétation donnée dans des circonstances analogues par la Cour d'appel d'Alger (Arrêts du 27 avril 1904 et du 2 juillet 1906 ; Comité central de l'*Union des tramways de France* ; circulaire n° 585, rendus à la suite du rachat des tramways par la ville de Tunis ; pour la Tunisie, la compétence administrative appartient aux tribunaux civils, et en appel à la Cour d'Alger). Il semble que la Cour ait fait une appréciation équitable des droits respectifs de la municipalité et de l'ancien concessionnaire. V. le commentaire de M. Dupuy-Dutemps, ancien Mi-

Mais il n'en est pas moins vrai que la jurisprudence administrative sur les indemnités en cas de rachat semble dirigée contre la municipalisation. On doit tenir compte, je l'ai dit, de la rédaction vicieuse des cahiers des charges. Cependant on arrive à se demander si les villes ont vraiment toujours tort, et si elles font valoir des prétentions toujours mal fondées ; il serait étonnant qu'elles eussent des procès toujours mauvais. Les municipalités tendent à considérer la pratique du Conseil d'Etat comme systématique et essaient de protester. Elles ne peuvent admettre d'être frappées lourdement lorsqu'elles usent de la faculté de rachat, qui est une faculté légale prévue dans les contrats eux-mêmes. Le Conseil d'Etat utilise les moyens pécuniaires pour les décourager et les détourner des régies. A cet égard il ne saurait être approuvé, et il faut espérer que, sur ce point encore, il modifiera le sens de ces décisions.

Tel est le principe jurisprudentiel qui, fortifié par des sanctions énergiques, semble formel au premier abord. Mais il comporte un assez grand nombre de restrictions. Tant de décisions sont intervenues en sens contraire que la conclusion définitive est difficile à dégager, et que la solution de l'avenir reste incertaine. On pourra s'en rendre compte dans le chapitre suivant, après avoir vu les difficultés qui s'élèvent et les frais souvent énormes que les villes ont à sup-

---

nistre des Travaux publics, dans le Bulletin mensuel de l'*Union des tramways de France*, janvier 1906, et l'arrêt de 1906, *Pand. franç. pér.*, 1906, 2, 362.

porter en cas de rachat des concessions. Il est naturel de les rapprocher des développements qui précèdent.

§ 4. — Le rachat des concessions

Les villes ont un intérêt incontestable à municipaliser les services publics et à les exploiter directement elles-mêmes. Mais, étant donné que les services publics peuvent être organisés de deux façons, en concession ou en régie, deux hypothèses se présentent.

La première est celle où la ville inaugure un service et l'établit elle-même pour la première fois. Dans ce cas elle n'a pas affaire à un concessionnaire ; elle est libre d'agir comme elle l'entend ; elle a pour elle tous les avantages du système : la régie fonctionne immédiatement.

Mais le service a pu faire l'objet d'une concession et la ville veut substituer la régie. La combinaison est possible à l'époque de l'expiration normale de la concession, ou avant cette époque par le rachat de la concession. La ville doit, dans cette dernière circonstance, verser une certaine somme au concessionnaire évincé, et c'est là que les difficultés apparaissent.

Sans doute elles peuvent s'élever aussi à la fin de la concession, pour la reprise du matériel et des approvisionnements par exemple, ou pour la valeur de travaux et extensions du service effectués en cours de concession. Mais alors elles ne sont pas comparables à celles qui surgissent en cas de rachat. L'hypothèse du rachat est celle qui a donné lieu au plus grand nombre de procès entre les municipalités et les compagnies ; c'est elle qu'il convient d'examiner spécialement (1).

Il s'agit de déterminer exactement la somme à verser pour le rachat. La loi italienne du 29 mars 1903 sur la municipalisation des services publics s'est occupée de ce point important et réglemente le rachat sous le triple aspect du terme, de l'évaluation de l'indemnité et des formalités à observer.

Toute concession est rachetable vingt ans après la concession. Si elle est faite pour moins de 60 ans, le rachat est possible après le tiers de la durée totale de la concession ; mais pour éviter que le rachat soit impossible pendant un délai trop court ou trop long, la loi fixe un minimum de 10 ans du jour du commencement effectif de l'exploitation et un maximum de 20 ans. Si la commune n'use pas de son droit, des délais courent de 5 ans en 5 ans pour que la situation du concessionnaire ne soit pas trop précaire. Il doit être averti un an à l'avance.

Les communes doivent payer aux concessionnaires une indemnité « équitable » pour laquelle on tiendra compte : 1° de la valeur industrielle de la construction et des installations (*impianto*) et du matériel, c'est-à-dire de la valeur au moment du rachat d'après la destination de tous ces objets ; 2° des avances ou des subsides fournis par les communes et des droits d'enregistrement avancés par les concessionnaires, ainsi

---

(1) V. les nombreuses décisions de jurisprudence citées au paragraphe précédent.

que des primes éventuellement payées aux communes qui ont donné la concession ; 3° du gain dont le concessionnaire est privé à raison du rachat, déterminé à la valeur actuelle qu'auraient, au jour du rachat et au taux de l'intérêt légal, les annuités égales à la moyenne des profits industriels des cinq dernières années, pour le nombre d'années pendant lesquelles la concession devrait encore exister ; **toutefois ce nombre ne peut être supérieur à vingt. Le montant de ces annuités doit être calculé** sur la moyenne des revenus qui ont été vérifiés pour l'impôt sur le revenu pendant les cinq dernières années, en laissant de côté les deux années du plus petit et du plus grand profit. Il faut déduire l'intérêt du capital, représenté déjà par les éléments 1° et 2° susdits, sinon il serait calculé deux fois (1).

Ces indications, qui sont des principes généraux plutôt que des règles précises, paraissent un peu compliquées.

Le prix du rachat peut être déterminé à l'amiable. S'il l'a été au moment de la concession, on observe les clauses du traité primitif. S'il l'est au moment du rachat, la convention doit être approuvée par la *Giunta* provinciale administrative, sorte de Conseil général, et par une Commission royale centrale, dépendant du Gouvernement et qui a la haute main sur les affaires municipales. En cas de désaccord, la « juste indemnité » est fixée par une commission arbitrale de trois

---

(1) G. Louis-Jaray, Le socialisme municipal en Italie, dans les *Annales des sciences politiques*, 1904, p. 297 et suiv. — R. dalla Volta, p. 257.

membres, un nommé par le conseil municipal, un par le concessionnaire, et le tiers-arbitre par le président de la Cour d'appel.

En droit français les conditions du rachat ne sont pas réglées d'une façon générale. On trouvera seulement, un peu plus loin, les dispositions réglementaires concernant les entreprises de tramways. Les traités de concession ou des conventions postérieures ont quelquefois prévu l'éventualité et établi les bases du prix de rachat; mais les clauses ne sont pas toujours claires. Dans tous les cas, l'expérience démontre que la substitution anticipée du concédant au concessionnaire est une source de procès. D'autre part on connaît les artifices de comptabilité des sociétés, l'augmentation parfois imprévue du capital social, les différentes manières de chiffrer tel ou tel élément ou de le faire figurer à tel ou tel compte, etc. Certaines villes anglaises ou allemandes ont été obligées de payer des indemnités formidables, et il en a été de même, on l'a vu, pour la ville de Lyon. D'autres sont arrêtées par la crainte d'avoir à subir des conditions pécuniaires trop dures. L'imprévoyance avec laquelle les traités originaires de concession ont été trop souvent rédigés devient un obstacle à la municipalisation. Aujourd'hui les municipalités sont devenues plus circonspectes, mais au cours du XIXe siècle elles se sont montrées imprudentes.

La question se posera donc en fait dans chaque espèce pour savoir si une ville a intérêt à opérer le rachat. Ce ne sont plus seulement les avantages de la régie qui sont à considérer, mais aussi les charges tenant à l'existence d'une concession antérieure. A cet égard les circonstances de fait devront dicter la solution dans chaque cas particulier.

Ainsi le rachat appliqué aux réseaux de tramways en France serait assez coûteux, à raison des conditions dans lesquelles fonctionnent les concessions et en particulier de l'augmentation excessive pour quelques-uns du capital social. Les dispositions du décret du 6 août 1881, approuvant le cahier des charges-type des concessions, ont réglé de telle manière les indemnités à verser au concessionnaire racheté, que pratiquement les villes pourraient se trouver dans l'obligation de continuer après le rachat à rémunérer le capital comme le rémunéraient auparavant les sociétés.

L'article 19 du décret de 1881 prévoit en effet deux hypothèses.

Si le rachat a lieu après 15 ans d'exploitation, le montant du rachat est établi « en relevant les produits nets annuels obtenus par le concessionnaire, pendant les sept années qui auront précédé celle où le rachat sera effectué et en y comprenant les annuités qui auront été payées à titre de subventions ; on en déduira les produits nets des deux plus faibles années et l'on établira le produit net moyen des cinq autres années. Ce produit net moyen formera le montant d'une annuité qui sera due et payée au concessionnaire, pendant chacune des années restant à courir sur la durée de la concession. Dans aucun cas le montant de l'annuité ne sera inférieur au produit net de la dernière des sept années prises pour terme de comparaison. » Cette annuité de rachat sera répartie aux anciens actionnaires.

Comme le remarque M. André Bussy, le rachat ne

fera réaliser à la ville aucune économie sur la rémunération du capital. Les résultats seront bons ou mauvais suivant que les bénéfices de l'entreprise augmenteront ou diminueront après le rachat. S'ils augmentent, la ville aura une meilleure situation que ne l'aurait eue le concessionnaire, puisqu'elle n'a pas de dividende à distribuer. S'ils diminuent, la ville devra toujours verser l'annuité fixée une fois pour toutes, et distribuer 4 ou 5 0/0 aux anciens actionnaires, alors que le concessionnaire ne leur aurait donné que 1 ou 2 0/0 par exemple (1).

Si le rachat a lieu avant l'expiration des 15 premières années de l'exploitation, le décret de 1881 établit, à défaut d'accord amiable, une commission fonctionnant dans les conditions de la loi du 29 mai 1845 sur le rachat des actions de jouissance des canaux et qui fixera l'indemnité. Aucune base n'est prévue alors pour le calcul de l'indemnité, et la commission pourra tenir compte des résultats à venir aussi bien que des résultats déjà obtenus dans l'exploitation. Il est donc possible que l'annuité de rachat soit plus élevée que la moyenne annuelle des bénéfices réalisés par le concessionnaire (2).

La ville doit acquérir à part tous les objets mobiliers compris dans l'entreprise, matériel, outillages, machines, approvisionnements en magasin, etc. Ici encore le calcul du prix pourra soulever des litiges.

Ce n'est pas encore tout. Le concédant qui rachète est en présence non seulement du concessionnaire,

---

(1) André Bussy, p. 165.
(2) André Bussy, p. 167.

mais de la régie de l'enregistrement. Les droits d'enregistrement peuvent être très élevés, tant à raison de la manière dont ils sont déterminés en droit, que des valeurs considérables sur lesquelles ils portent en fait. Le contentieux est ici du ressort des tribunaux judiciaires et de la Cour de cassation.

D'après la jurisprudence la plus récente, le droit proportionnel mobilier de mutation de 2 0/0 est dû en cas de rachat :

1° Sur l'acte même de rachat de la concession ;

2° Sur la reprise des approvisionnements de la compagnie concessionnaire.

Pour le rachat tout d'abord, il est nécessaire, pour comprendre l'analyse juridique qui en est faite, de remonter au début de la concession. Une ville a dans son patrimoine la jouissance de son domaine, le droit d'établir des canalisations s'il s'agit par exemple d'une distribution d'eau, d'accorder aux particuliers des branchements sur la canalisation générale et de percevoir des prix, taxes ou redevances. Comme le disait M. l'avocat général Feuilloley devant la Chambre des requêtes, le droit pour une ville de faire des travaux sur son domaine, d'organiser un grand service public, de l'exploiter et de percevoir le prix de cette exploitation est une chose ou une valeur mobilière. En cas de concession, la ville cède cette chose mobilière au concessionnaire ; une mutation se produit et un premier droit d'enregistrement est dû.

Lorsque le rachat est effectué, une nouvelle mutation a lieu par le retour dans le patrimoine de la ville de la valeur ou chose mobilière qui en était sortie par la concession. C'est une revente ou une rétrocession. On a présenté quelquefois le rachat comme étant la résolution de la concession et comme s'analysant en une résiliation. Au point de vue fiscal la solution demeure la même : en matière d'enregistrement en effet, une mutation par résolution est assimilée à une mutation par vente, même si la résolution a un effet rétroactif, ce qui n'est pas le cas pour le rachat de concession (1). Le traité de rétrocession, résiliation ou rachat donne ouverture au droit proportionnel de 2 0/0 auquel l'article 69, n° 5, 1° de la loi du 22 frimaire an VII assujettit en principe toute transmission, cession ou rétrocession à titre onéreux de biens meubles.

Cette solution a été consacrée par la Chambre civile de la Cour de cassation le 17 juillet 1905 pour le rachat d'une concession par la ville de Paris, et confirmée par la Chambre des requêtes le 19 janvier 1909 pour le rachat d'une concession par la ville de Lyon (2). C'est en vain que les villes avaient soutenu que le rachat résulte d'un acte administratif non translatif de propriété, rentrant dans la catégorie des actes dispensés d'enregistrement par l'article 80 de la loi du 15 mai 1818 et devant par suite être enregistré au droit fixe de 2 francs ou de 3 fr. 75, ou à la rigueur au droit proportionnel de 0 fr. 20 comme mutation de jouissance immobilière. Ces prétentions sont formellement condamnées aujourd'hui.

En ce qui concerne la reprise des approvisionnements de la compagnie concessionnaire, elle n'est pas,

---

(1) Cass. 24 mai 1894 ; S. 1895, 1, 289 ; D. 1894, 1, 444.
(2) V. la note suivante.

d'après la Chambre des requêtes, soumise au droit de 1 0/0 comme constituant un marché de fournitures et d'approvisionnements dont le prix devrait être payé par une administration municipale ; la clause par laquelle la ville doit reprendre les approvisionnements en charbon, ustensiles, bois, métaux ou autres matériaux tenus en réserve par le concessionnaire, contient les éléments constitutifs d'un contrat de vente et donne ouverture au même droit précité de 2 0/0 (1).

(1) Cass. (chambre civile), 17 juillet 1905, *affaire* Enregistrement c. Ville de Paris; S. 1906, 1, 521 ; D. P. 1908, 1, 34 ; *Pand. franç. pér.*, 1907, 6, 2. — Cass. (chambre des requêtes), 19 avril 1909 ; *Moniteur judiciaire* de Lyon, 2 et 3 mars 1909, avec les conclusions de l'avocat général Feuilloley analysées au texte. Voici les considérants de ce dernier arrêt sur les deux points examinés :

« Sur le premier moyen, pris de la violation par fausse application de l'article 69. § 5, n° 1 de la loi du 15 mai 1818,

« Attendu que, suivant acte administratif du 8 août 1853, la ville de Lyon a concédé pour 99 ans à la Compagnie générale des Eaux l'exploitation du monopole de l'eau dans son périmètre ; que la Compagnie, de son côté, se chargeait d'effectuer les achats de terrains et les travaux d'installation nécessaires, le tout devenant la propriété de la ville à l'expiration de la concession ; — Attendu que la ville de Lyon concédait ainsi un droit d'exploitation constituant une valeur mobilière qui entrait dans le patrimoine de la Compagnie ; — Attendu qu'aux termes de l'article 34 du traité, la ville de Lyon se réservait la faculté de racheter la concession à toute époque après les trente premières années, contre une annuité payable pendant chacune des années à courir et basée sur les produits nets annuels obtenus sur une moyenne déterminée audit acte ; — Attendu qu'usant de cette faculté, la ville de Lyon a, par exploit du 23 octobre 1899, déclaré à la Compa-

En fait ces solutions juridiques se traduisent par des sommes considérables. La ville de Paris a dû verser en 1905 une somme de 275.754 francs 75 pour la

gnie concessionnaire qu'elle entendait user de la faculté de rachat qui lui était réservée à partir du 1er janvier 1900 ; qu'aucune difficulté ne s'est élevée entre les parties sur le droit de la ville : — Attendu que cette opération entraînait donc la rétrocession à titre onéreux de la valeur mobilière que la Compagnie avait acquise et que cette rétrocession était passible du droit proportionnel de 2 0/0 : — Qu'il importe peu que cette rétrocession soit intervenue à la suite de l'exploit du 23 octobre 1899, constituant une déclaration unilatérale de la volonté de la ville de reprendre l'exploitation directe de la concession accordée en 1853 ; qu'il suffit en effet qu'une mutation de valeur en ait été la conséquence pour que le droit applicable devienne exigible :

« Sur le second moyen pris de la violation par fausse application de l'article 69, § 5, n° 1 de la loi du 22 frimaire an VIII, violation de l'article 31, n° 3 de la loi du 28 avril 1816,

« Attendu que la demanderesse soutient que la reprise par elle des approvisionnements de la Compagnie, en exécution de l'article 26 du cahier des charges, ne donnait ouverture qu'au droit de 1 0/0 comme constituant un marché de fournitures et d'approvisionnements dont le prix devait être payé par une administration municipale : — Mais attendu qu'aux termes dudit article, la Ville devait reprendre à dire d'experts les approvisionnements en charbon, conduites, ustensiles, instruments de rechange, bois ou métaux ou autres matériaux propres à construire tenus en réserve par la Compagnie : — Attendu que cette clause, dont les termes sont clairs et précis et qui reçut exécution lors de la reprise par la Ville de la concession, contient les éléments constitutifs du contrat de vente : que le jugement décide en conséquence, à bon droit, que la transmission de meubles intervenue dans ces conditions est passible du droit prévu par l'article 69, § 5, n° 1 de la loi du 22 frimaire an VII ; — Par ces motifs, etc. »

reprise de marchés couverts. Quand la ville de Lyon notifia à la Compagnie générale des eaux son intention d'user de la faculté de rachat, l'acte fut enregistré au droit fixe de 2 francs, mais la régie de l'enregistrement réclama ensuite un « supplément » de 1.919.389 francs, calculé à raison de 2 0/0 sur les annuités cumulées à payer par la ville, montant à 76.551.561 francs, et sur la somme de 114.000 francs, valeur des approvisionnements repris par la ville.

Tous ces frais accumulés élèvent pratiquement le coût du rachat. La véritable solution aurait été la municipalisation décidée dès le début. Si les villes avaient créé elles-mêmes les services à l'origine, les charges eussent été beaucoup moindres. Telle entreprise qui, municipalisée primitivement, aurait exigé une dépense moyenne, exigera une dépense double par le fait du rachat. Il eût donc été préférable d'atteindre tout de suite le but au lieu de passer par le détour de la concession et de la reprise. Du moment que les concessions ont été accordées et que le mal existe, les frais pour le faire disparaître seront parfois lourds et de nature à faire hésiter les municipalités.

C'est encore là une des conséquences les plus funestes du système des concessions. Souvent une ville consent un prix énorme pour la reprise d'une concession, et souvent aussi elle y est obligée, s'il est démontré que, dans telle circonstance, la municipalisation s'impose et doit être effectuée à tout prix. C'est ainsi qu'ont procédé les villes anglaises et allemandes. Le coût du rachat n'arrêtera pas la municipalisation si elle est voulue en-dehors du but purement financier, seulement alors il grèvera les budgets locaux.

Mais même au point de vue pécuniaire le rachat, encore que payé cher, peut être une bonne opération. Les bénéfices des services publics sont tellement considérables qu'il y a presque toujours intérêt à les prendre en régie. C'est là une constatation d'expérience et ici encore il suffit de s'en rapporter aux faits. On a constaté, — et les nombreux chiffres rapportés dans la première partie en sont une preuve, — que, en règle générale, les municipalités qui ont décidé le rachat ont eu des bénéfices au bout de quelques années (1). A cet égard la ville de Lyon est l'exemple le plus typique à citer avec le service des eaux. Elle a payé le rachat à un prix qui sera rarement atteint ; elle a eu à subir toutes les charges possibles ; elle est grevée d'une annuité de rachat de plus de 1.300 000 francs ; elle a dû acquitter des frais d'enregistrement énormes, renouveler une partie du matériel, et elle recueille des bénéfices absolument nets fort importants. Elle deviendra, à ses dépens et à son avantage, l'exemple classique d'une municipalité qui a réussi.

Les frais élevés du rachat ne sont donc pas un obstacle insurmontable, mais ils grèvent les finances communales et ils font payer très cher à la collectivité ce qu'elle aurait pu, par une politique de prévoyance, acquérir à de bien meilleures conditions.

(1) V. pour les villes anglaises, A. CABIATI, p. 442 et s. — Rapport de deux ingénieurs attachés à la Commission d'enquête américaine, 2e partie, t. II, p. 162-207.

CHAPITRE III

Les exceptions à l'incapacité jurisprudentielle des communes.

Tout en posant le principe général de l'incapacité des communes en matière industrielle et commerciale, le Conseil d'Etat manifeste des hésitations fréquentes et consacre des exceptions dont le motif n'apparaît pas toujours très clairement. Il a décidé souvent que le principe de l'incapacité devait céder devant des « circonstances exceptionnelles ». Dans des circonstances exceptionnelles, dit-il, l'intervention du Conseil municipal peut être rendue nécessaire pour assurer l'alimentation publique, ou, tout à fait exceptionnellement, l'éclairage public ou privé ; des « circonstances économiques » permettent à une commune de poursuivre et de « réaliser pratiquement », c'est-à-dire au moyen de la régie, certaines opérations (1).

(1) Avis précité du 15 mars 1900 : « Considérant que si, à la vérité, quelques villes ont été autorisées à assurer, au moyen de la régie directe en certains cas, l'alimentation en eau potable, ou tout à fait exceptionnellement, l'éclairage public ou privé, c'est à raison de circonstances économiques qui ne permettaient qu'à elles seules de poursuivre et de réaliser pratiquement l'ensemble des opérations nécessaires : que de même

Il se réserve d'ailleurs l'examen et l'appréciation de ces « circonstances exceptionnelles », ce qui aboutit aux solutions d'espèces les plus variées et le conduit à disposer à son gré des entreprises communales.

Il est par suite assez difficile de discerner les règles directrices au milieu de la diversité des décisions de fait. Il semble cependant que l'on peut classer les circonstances exceptionnelles et les distribuer autour de certains chefs. L'existence en a été admise dans les circonstances très diverses énumérées ci-dessous.

I. — L'absence ou l'insuffisance de l'initiative privée justifie, aux yeux du Conseil d'Etat, l'intervention des municipalités. L'absence dans la commune de certaines industries ou professions exercées d'ordinaire par les particuliers, jointe à l'impossibilité constatée en fait de les y installer, voilà une circonstance exceptionnelle qui légitime pleinement l'action municipale. Elle en fait une sorte de mesure de salut public.

Par exemple s'il n'y a aucun médecin dans la commune ni dans les communes voisines, le conseil

---

le système de la régie directe, appliqué à un service public de vidanges, ne pourrait s'expliquer que s'il était démontré qu'il est pratiquement impossible d'assurer par tout autre moyen l'évacuation de matières usées, dans des conditions conformes aux règles de l'hygiène... » — Arrêt précité du 1er février 1901 (Boulangerie coopérative de Poitiers) : « Considérant que si, dans des circonstances exceptionnelles, l'intervention du Conseil municipal peut être rendue nécessaire pour assurer l'alimentation publique... » — Cf. Paul Pic, 1, p. 20.

municipal peut voter une subvention à un médecin qui viendra s'y établir ou à une garde-malade (1), ou créer un emploi de sage-femme communale avec allocation d'une indemnité annuelle (2), mais cette allocation ne pourra être votée que pour un an, et en cas d'établissement d'un autre médecin dans la commune ou dans ses environs immédiats, l'allocation votée ne pourra être renouvelée à l'expiration de l'année courante (3). Une autre commune a été autorisée à accepter un legs destiné à assurer le traitement d'une garde-malade non affectée spécialement au service

---

(1) Cons. d'Etat, 7 août 1896, *affaire* Bonnardot ; Lebon, 1896, p. 643 ; S. 1898, 3, 107 ; D. P. 1898, 3, 4 ; — 1er décembre 1905, *affaire* Commune de Brousseval ; Lebon, 1905, p. 892 ; *Revue des établissements d'assistance et de bienfaisance*, 1906, p. 38.

(2) Trib. Conflits, 1er juin 1900, *affaire* Dame Moreau ; Lebon, 1900, p. 383 ; S. 1902, 3, 94 ; — 16 novembre 1901 ; Lebon, 1901, p. 809 ; S. 1904, 3, 100 ; D. P. 1901, 3, 95. L'indemnité annuelle était de 600 francs par an.

(3) Avis du Ministre de l'Intérieur, 28 décembre 1899 (*Revue générale d'administration*, 1900, 3, 80) ; « En principe la jurisprudence de mon administration n'admet pas que les communes puissent affecter les ressources tirées de l'impôt à la rémunération des médecins, lors même que ceux-ci s'engageraient accessoirement à soigner gratuitement les indigents. Toutefois étant donné les conditions particulières de la situation signalée, je ne m'oppose pas à ce que la commune, après entente avec le médecin, lui vote une allocation annuelle... Mais cette allocation ne pourra faire l'objet d'un contrat excédant la durée d'une année, et en cas d'établissement d'un autre médecin dans la commune ou dans ses environs immédiats, l'allocation votée ne pourra être renouvelée à l'expiration de l'année courante. »

des pauvres, mais se tenant à la disposition de tous les habitants (1).

Le Conseil d'Etat autorise encore une ville à exploiter le gaz ou l'électricité si aucun adjudicataire ne se présente ou si ceux qui se présentent n'offrent pas des conditions assez avantageuses (2).

Il faut en un mot que l'initiative privée soit incapable de subvenir aux besoins locaux. L'organisation d'un service public municipalisé doit rester un fait exceptionnel, mais cependant les intérêts collectifs ne doivent pas être exposés à souffrir de l'absence ou de l'insuffisance de l'action individuelle.

II. — Le fait qu'une exploitation communale est gratuite a été considéré encore comme une circonstance de nature à justifier l'action communale. Une entreprise gratuite est faite uniquement dans un intérêt social primordial, dans un intérêt d'hygiène et de

(1) Avis Conseil d'Etat 31 mars 1892 ; *Notes de jurisprudence du Conseil d'État*, 1899, p. 255-256. L'avis ne spécifie pas, il est vrai, s'il y avait déjà d'autres garde-malades établies dans la commune.

(2) Cons. d'Etat, 6 avril 1900 ; Lebon, 1900, p. 280 ; *Revue générale d'administration*, 1900, 2, 161. — En 1901 le Conseil municipal de Paris fit demander au ministre de l'Intérieur, M. Waldeck-Rousseau, si, le cas échéant, la ville de Paris serait autorisée à exploiter en régie directe le service du gaz. Le ministre répondit : « J'incline à penser qu'au point de vue légal l'exploitation directe ne rencontrerait pas d'obstacle absolu si la ville ne pouvait traiter avec un concessionnaire ou si elle ne pouvait le faire qu'à des conditions onéreuses. » Discussion au Sénat, séance du 21 février 1905 ; Sén., Déb. 1905, p. 275.

santé publique notamment ; elle a pour but d'assurer le fonctionnement d'un service indispensable dans la commune, ce qui est bien le rôle de l'autorité municipale.

Ainsi une ville peut valablement gérer elle-même un service de gaz ou d'électricité, si elle ne tire aucun bénéfice de cette exploitation (1), ou même si elle ne fait que des bénéfices extrêmement modestes (2).

La ville de Paris exploite, dans l'ancien marché de Belleville, un établissement de bains-douches gratuit, sous la réserve d'un revenu de 0 fr. 10 pour la location du linge ; l'installation de cet établissement a été considéré par le Conseil d'Etat comme ne constituant qu'une amélioration dans le fonctionnement du service public et général d'hygiène, et l'établissement lui-même comme une institution d'hygiène publique (3).

C'est aussi à cette place qu'il convient de citer l'autorisation accordée à des villes, par une sorte de tolérance administrative, de subventionner, sinon de créer des *Bourses du Travail*, qui constituent en somme des marchés du travail. La Bourse de Paris date de 1887, et l'exemple a été suivi par des Conseils

---

(1) Cons. d'Etat, 13 novembre 1897 ; Lebon, 1897, p. 697.

(2) Cons. d'Etat, 6 avril 1900, *affaire* Commune de Saint-Léonard ; Lebon, 1900, p. 276 ; *Pand. franç. pér.*, 1900, 4, 40 ; *Revue générale d'administration*, 1900, 2, 141.

(3) Cons. d'Etat, 2 février 1906, *affaire* Chambre syndicale des propriétaires de bains de Paris et des départements ; Lebon, 1906, p. 91 ; *Revue de Science et de législation financières*, 1906, p. 63 ; *Pand. franç. pér.*, 1906, 4, 44 ; S. 1907, 3, 1 et la note de M. Hauriou.

municipaux de province, à Lyon, Marseille, Bordeaux, Saint-Étienne, Toulon, etc. (1).

III. — L'existence d'un monopole de fait a été souvent jugée suffisante pour que la commune puisse se substituer à un concessionnaire. Cette situation se présente pour les industries qui ont besoin du domaine public pour s'exercer, par exemple pour les entreprises de gaz et d'électricité à raison des canalisations, pour les entreprises de distribution d'eau ou de transports en commun. Lorsque ces industries font l'objet d'une concession de la part des municipalités, elles restent libres en droit, mais en fait constituent de véritables monopoles au profit des concessionnaires ; la théorie des monopoles communaux est bien connue. Dans ces conditions le principe de la liberté du commerce et de l'industrie n'est plus intéressé, et toute la question est de savoir s'il y aura monopole de la commune ou d'une compagnie, c'est-à-dire monopole d'une collectivité ou d'une autre. Du moment que la concurrence n'est plus possible, les villes ont été admises à prendre la place des concessionnaires (2).

(1) DALEM, p. 112.
(2) Conclusions de M. ROMIEU, commissaire du gouvernement, dans l'affaire précitée de la Boulangerie coopérative de Poitiers : «... Mais lorsqu'il s'agit d'une industrie qui, par sa nature, par l'emploi des voies publiques en particulier, constitue un véritable monopole, comme la distribution d'eau et de gaz par exemple, rien ne fait obstacle à ce qu'elle soit érigée en service public. »

IV. — Enfin dans certaines hypothèses l'exploitation directe communale est admise même sans motifs ou pour des motifs qu'on n'aperçoit pas clairement.

Il a été considéré comme très naturel qu'une commune exploite elle-même une carrière (1).

D'après une sorte de tradition administrative et en vertu d'une jurisprudence constante, la distribution collective d'eau rentre dans la police de la voirie et peut être municipalisée. La régie est admise d'une façon constante par le Conseil d'Etat, et c'est ce qui explique qu'un si grand nombre de villes gèrent elles-mêmes le service des eaux (2). Ici le caractère de service public semble l'emporter sur le caractère industriel et commercial, à la différence de ce qui existe pour les transports en commun et les distributions d'éclairage. « L'objet de l'exploitation est un produit naturel de qualité toujours égale, constant dans son prix de revient et sa consommation ; les risques sont faibles pour les communes, qui peuvent prévoir d'avance d'une façon presque définitive le bilan du service ; la direction ne nécessite pas une grande habileté commerciale ni une initiative véritable (3). » Les adversaires les plus irréductibles de la municipalisation, comme M. Paul Leroy-Beaulieu, admettent la régie des eaux, et le Conseil d'Etat, on l'a vu,

---

(1) Cons. d'Etat, 14 juin 1901; Lebon, 1901, p. 534.

(2) Avis du Cons. d'Etat, 7 juin 1877. — Roger, p. 62. — H. Nézard, p. 306. — Edouard Copper, t. II, n° 145.

(3) G. Louis-Jaray, 1, p. 207. — Paul Leroy-Beaulieu, *L'Etat moderne et ses fonctions*, p. 235.

affranchit ce service de la contribution des patentes.

Les communes rurales peuvent avoir, d'après les arrêts du Conseil d'Etat, des étalons communaux (1), ou bien un ou plusieurs taureaux communs, allouer au gardien une rémunération et faire payer des taxes de saillie (2). La coutume des taureaux communs est un usage remontant à un temps immémorial et que la jurisprudence a conservé. C'est le *municipalisme rural* opposé au municipalisme industriel et commercial. Il est toléré et cependant on ne voit pas les arguments juridiques ou économiques autorisant une distinction entre les services ruraux et les services industriels urbains (3).

Une autre pratique rurale est la communalisation de la chasse. Communaliser ou municipaliser la chasse, c'est la rendre communale en l'attribuant à la commune. En Allemagne, la loi a transféré aux communes le droit de chasse sur le territoire communal. C'est une manière de remédier à l'exiguité des parcelles souvent trop petites pour des chasses privées et particulières. En France, les propriétaires peuvent former des associations communales de chasseurs, ou bien transférer leurs droits de chasse à la commune. Le maire obtient alors des intéressés soit l'abandon gratuit de leurs droits, soit un bail de chasse moyen-

---

(1) Cons. d'Etat, 7 février 1902, *affaire* Astrié ; Lebon, 1902, p. 89 ; S. 1904, 3, 146 ; D. P. 1903, 3, 83.

(2) Cons. d'Etat, 19 janvier 1854, *affaire* Tugend ; Lebon, 1854, p. 36 ; — 19 janvier 1901, *affaire* Elections de Ray-sur-Saône ; Lebon, 1901, p. 55 ; D. P. 1902, 5, 263.

(3) André MATER, p. 563.

nant un prix ou fermage qui peut être réduit jusqu'à 1 franc. Le maire afferme ensuite la chasse communale, le tout avec l'approbation du conseil municipal, qui statue d'ailleurs sur l'emploi des fonds provenant de la location : ils sont versés au budget municipal, ou affectés spécialement au repeuplement, à l'entretien et à la garde de la chasse, ce en quoi l'intervention de la municipalité est notablement plus efficace que l'action des propriétaires. Des circulaires du ministre de l'agriculture ont recommandé aux préfets et aux autres agents administratifs d'encourager la constitution de lots de chasse formés par la mise en commun des parcelles (1).

Enfin l'exploitation en régie des casinos ou théâtres municipaux est encore plus inexplicable dans la théorie jurisprudentielle. L'intervention des municipalités dans la gestion des théâtres est courante et se manifeste de plusieurs manières. Elles subventionnent souvent les concessionnaires ou fermiers des établissements municipaux de spectacles, alors qu'ils sont en concurrence, même pour des genres de spectacles identiques, avec d'autres dans la localité même. Le conseil municipal de Lyon vote chaque année une somme de 300.000 francs pour le seul « Grand-Théâtre » (2). Une ville peut aussi exploiter un théâtre en régie intéressée, se réserver tous les produits de l'ex-

---

(1) Fuzier-Herman, Répert. général du droit français, v. *Chasse*, nos 235 et s. — Circul. min. agric. 15 janvier 1903 et 15 février 1904; *Bulletin de Saint-Hubert-Club de France*, 1904, p. 90.

(2) V. les budgets de la ville de Lyon, publiés chaque année au *Bulletin municipal officiel*.

ploitation théâtrale et rémunérer le directeur comme gérant au moyen d'un contrat de louage d'industrie (1). Ce sont bien là pourtant des atteintes graves apportées au principe de la libre concurrence. Mais il y a mieux : nombre de villes exploitent elles-mêmes leurs casinos ou théâtres en régie, alors même qu'il en existent d'autres dans la commune et qu'il n'y a pas monopole de fait. Cette exploitation, qui est admise sans qu'il semble jamais y avoir eu discussion, est pourtant, d'après l'article 632 du code de commerce, un acte essentiellement commercial. Toute justification d'une pareille faveur fait défaut, d'autant plus que la gestion des théâtres municipaux est une des entreprises les plus aléatoires au point de vue financier. La ville de Lyon, qui l'avait assumée, y a renoncé volontairement devant des résultats pécuniaires insuffisants. Elle avait voulu faire du « théâtre social », du théâtre vraiment éducatif pour toutes les classes de la population ; une expérience de trois années a démontré péremptoirement que si une ville veut faire du théâtre social, du théâtre éducatif ou même du théâtre artistique, c'est toujours au détriment de la caisse du théâtre. Dans tous les cas, les représentations d'opéra, surtout si l'on désire une exploitation réellement artistique, sont toujours extrêmement coûteuses (2).

(1) Trib. civ. Rouen, 28 février 1889, *affaire* Ville de Rouen; S. 1891, 2, 177.
(2) V. la très intéressante discussion au Conseil municipal de Lyon sur l'abandon de la régie directe des théâtres municipaux ; *Bulletin municipal officiel* de la ville de Lyon, 1905, 2, Annexe, p. 123-135.

CHAPITRE IV

Examen critique de la Jurisprudence. Considérations économiques.

§ 1ᵉʳ. — Considérations générales

La jurisprudence, dont les grandes lignes ont été exposées, a été fortement critiquée. Il semble que l'on peut, comme l'a fait un de ses défenseurs, M. Louis-Jaray, la résumer de la manière suivante. « Elle entend limiter la compétence communale par la règle de la liberté du commerce et de l'industrie ; l'action économique de la commune n'est licite que quand elle ne porte pas atteinte à cette liberté ou quand elle répond à des besoins locaux évidents, créant des services publics nécessaires à réaliser... On peut se trouver dans un cas où l'industrie privée est incapable de subvenir aux besoins locaux ; une commune manque de pharmaciens, de médecins, de boulangers, etc ; la commune doit y pourvoir et son intervention par subvention ou autrement est légitime ; elle agit dans l'intérêt public le plus immédiat ; elle ne porte atteinte à aucun intérêt ; elle ne viole pas le principe de libre concurrence : sa compétence est certaine... Ainsi commentée, la jurisprudence du Conseil d'Etat est beaucoup plus souple, susceptible d'évoluer et de se plier aux réalités qu'on ne le croit généralement ; car grâce à cette restriction des « circonstances exceptionnelles », elle peut, sans se contredire, obéir aux exigences de la pratique, dont est juge en dernier ressort la haute assemblée administrative (1). »

L'opinion générale ne lui est pas aussi favorable.

On remarque qu'elle est « un tissu de contradictions » ; on reproche au Conseil d'Etat de « manquer de bienveillance et d'impartialité à l'égard des institutions communales » ; le but qu'il a poursuivi a été « d'ouvrir toute grande la porte à l'arbitraire » ; « c'est l'incohérence qui préside à la délimitation précise des attributions des Conseils municipaux » (2). Telles sont les appréciations courantes sur l'œuvre jurisprudentielle, et il faut avouer qu'elles paraissent malheureusement fondées.

Les raisons d'ordre économique et les arguments d'ordre juridique invoqués par le Conseil d'Etat sont les uns et les autres très contestables. J'examinerai le point de vue économique très rapidement parce qu'il est le plus connu et je n'en parlerai que parce que le Conseil d'Etat en a lui-même parlé. J'insisterai tout particulièrement, dans les chapitres suivants, sur l'argumentation juridique.

(1) G. Louis-Jaray. 1, pp. 195 et 197.
(2) Dalem, pp. 112-113. — Marcel Grau, *Note* dans *Pand. franç. pér.*, 1904, 4, 34. — André Mater, pp. 553 et 564. — H. Nézard, p. 307.

§ 2. — Considérations économiques

Les raisons d'ordre économique développées par les adversaires de la municipalisation font renaître la vieille question du rôle de l'Etat et des communes, des collectivités publiques en général, qui a été traitée si souvent et sur laquelle tant de choses ont été dites dans le sens favorable ou dans le sens contraire.

A ce premier point de vue deux considérations me paraissent décisives : les chiffres, c'est-à-dire les faits, — et l'analogie des communes et des sociétés.

Les chiffres parlent par eux-mêmes parce qu'ils sont l'expression des faits. Ils doivent clore toute discussion. L'exemple des villes étrangères et spécialement des villes anglaises affaiblit singulièrement la thèse de la maladresse commerciale. J'ai insisté avec intention sur ce point et j'ai eu soin d'indiquer, dans la première partie de cet ouvrage, les bénéfices absolument nets réalisés par les régies de Liverpool, Manchester, Glasgow, Bruxelles, Berlin, Genève. La régie du gaz de Berlin, pour ne parler que de celle-là, apporte toute son attention à améliorer le rendement de la vente des sous-produits, cette partie si importante, commercialement, de l'entreprise ; elle montre toute la finesse et l'habileté du commerçant ou du spéculateur le plus expérimenté (1). L'administration

---

(1) A Berlin les usines municipales de gaz récupèrent en coke 70 0/0 de la houille consommée. Pour 1000 mc. de gaz, elles ont

municipale de la ville de Genève a des allures de maison de commerce et s'en trouve récompensée par les résultats pécuniaires : où trouverait-elle d'autres ressources si par impossible les services exploités en régie lui étaient retirés ?

En France il n'en est pas autrement. Lyon, Saint-Chamond, Grenoble et bien d'autres obtiennent des résultats merveilleux et ne peuvent certes pas être taxées d'incapacité pratique. Si la régie du gaz de Grenoble a pu être critiquée, c'est à raison des scrupules peut-être excessifs dont elle a fait preuve dans sa gestion commerciale et de la timidité véritable avec laquelle elle présente le montant de ses profits. Comme on l'a fort bien remarqué, si les régies étaient préjudiciables aux intérêts financiers, on ne s'expliquerait pas le maintien par les villes d'un système contraire à leurs intérêts, alors que rien ne les y oblige. La régie est même le seul mode d'exploitation des services publics qui n'engage pas une ville pour un temps donné et qui laisse à ses administrateurs la faculté de recourir à une autre combinaison. A moins de faire l'hypothèse absurde que les mandataires des cités trahissent volontairement les intérêts dont ils ont la garde, il faut bien supposer que, s'ils conser-

		Dépensé en charbon	Encaissé en sous-produits
Année	1873	98 M	58 M
—	1893	78 —	51 —
—	1897	71 —	49 —

Le bénéfice net de l'exploitation varie annuellement entre 5 et 7 0/0 : Edouard Labbé, p. 63. — Pour l'année 1903-1904, la vente des sous-produits a atteint la somme de 6.088.724 M ; Pellault de Saint-Agnan, *Le budget de Berlin*, p. 67.

vent la régie, c'est que le système n'entraîne pas de fâcheuses conséquences financières (1). Les pertes et les embarras par suite des procès nés des concessions compensent d'ailleurs trop souvent les frais possibles de la régie.

Les résultats matériels sont donc probants ; en présence des chiffres et des faits, la conclusion ne se discute pas ; l'expérience est faite.

L'analogie entre une société anonyme, qui est une collectivité, et cette autre collectivité qui est la commune, est frappante et de nature à faire impression. Toutes deux sont des personnes morales, des entités qui ne peuvent agir que par l'intermédiaire de représentants. Toutes deux sont des abstractions personnifiant des intérêts généraux, et leur volonté a besoin d'être exprimée artificiellement, au moyen d'un organisme de fonctionnaires et d'individus. On ne peut découvrir entre elles aucune différence de nature. C'est un des points les plus importants sur lesquels il faut attaquer l'économie politique classique, dont l'un des axiômes est l'antithèse entre les compagnies privées et les administrations publiques. En réalité l'antithèse n'existe pas. Sous quelque aspect qu'on l'envisage, la direction d'une commune se rapproche sensiblement de la direction d'une grande compagnie ; la complication est aussi profonde pour les rouages de l'une et de l'autre. La gestion de leurs entreprises comporte les mêmes nécessités et souvent les mêmes procédés et les mêmes moyens d'action. Une com-

---

(1) Rapport Morlot à la Chambre des députés sur le projet de régie du gaz à Paris : *Doc. parlem.*, 1905, p. 498.

mune commerçante ne se conduira pas autrement qu'une société anonyme. Elle pourra entrer dans un *trust* ou un *cartell*, comme on a même vu en Allemagne des entreprises de mines d'Etat faire partie de *cartells*, c'est-à-dire user des procédés commerciaux ordinaires.

La véritable antithèse à signaler est celle de la petite production et de la grande production, celle-ci comprenant les entreprises de l'Etat, des communes, des sociétés anonymes et même les grandes affaires purement individuelles, fondées et dirigées non plus même par une société, mais par un individu. L'entreprise d'un grand propriétaire foncier, d'un propriétaire de mines, d'un grand maître de forges, d'un grand industriel quelconque, en un mot toutes les formes de la grande propriété ou de la grande industrie ont encore quelque analogie avec les administrations publiques, à raison de leur développement même, de la difficulté de surveillance sur plusieurs milliers d'ouvriers, de la tendance au coulage qui est l'un des dangers de la grande industrie, etc.

Le grand auteur financier allemand Adolph Wagner a insisté beaucoup sur l'analogie entre l'Etat et la société par actions, et tout ce qu'il dit de l'Etat est vrai des communes. L'action financière et économique de l'Etat, des communes et des autres corps publics et politiques est presque identique à l'action financière et économique des sociétés, et la portée de ceci apparaît pour la délimitation de l'intervention de l'Etat et des communes dans une foule de services : tramways municipaux ou privés, banques et assurances publiques ou privées et ainsi de suite. Dans tous ces cas, dit Adolph Wagner, il ne s'agit pas, entre l'Etat ou les communes et les autres entreprises de production, d'une différence spécifique ou qualitative, mais d'une différence de degré ou quantitative et qui n'est même pas toujours à l'avantage des communes ; l'Etat est une personne morale plus puissante que les autres, mais une commune est souvent moins puissante qu'une compagnie (1).

L'identité qui résulte de l'analyse philosophique est confirmée par les effets de la vie pratique. On a parlé des influences politiques dans les administrations municipales et l'on y redoute les questions de personnes, mais le favoritisme sévit tout aussi bien dans les grandes compagnies ; les relations et les préférences personnelles n'y sont pas étrangères au recrutement ou à l'avancement des agents et employés.

On n'aperçoit pas non plus de différences même pour l'habileté commerciale. En ce qui concerne la perfection technique et financière des exploitations, la supériorité n'appartient pas toujours aux sociétés privées. Il n'est pas prouvé qu'elles se mettent toujours à la hauteur du progrès, et les villes n'ont pas « le monopole de la routine ». En Angleterre, ce sont les villes qui, inaugurant le *municipal trading*, ont reconstruit entièrement des usines à gaz, alors que des compagnies concessionnaires conservaient les anciennes moins perfectionnées. La ville de Leeds, qui exploitait le gaz, a racheté l'usine électrique à une

---

(1) Adolph WAGNER, *Finanzwissenschaft*, 3e édit., t. I, notamment nos 7 et 8.

compagnie; elle fit tant d'améliorations que dix-huit mois après le rachat, le capital afférent au nouveau service s'était accru de 30.700 £, soit de plus de 155.000 francs. D'après les rapports parus sur les entreprises municipales anglaises et cités dans l'enquête parlementaire de 1900, on ne peut reprocher à aucune corporation d'avoir manqué d'initiative ou de vigilance. Les témoins impartiaux ont fait remarquer qu'une corporation exploitant par exemple une usine à gaz ne peut, sous ce prétexte, reculer longtemps l'installation de l'éclairage électrique. Si quelques-unes ont tardé à le faire, c'est qu'elles tenaient à s'entourer de tous les renseignements désirables (1). Il serait téméraire de prétendre qu'elles s'endormiront dans la stagnation, qu'elles resteront dans « l'état stationnaire. » La régie est précisément une manière de règlementer, dans l'intérêt du public et des communes elles-mêmes, des industries fonctionnant sous un régime de monopole nécessaire. Un service municipalisé doit bien marcher même sans l'aiguillon de la concurrence ; une bonne organisation économique, qui est indispensable, avec contrôles, surveillance, responsabilité, recours contentieux ouverts au public, remplace la concurrence, écarte la routine ou les défectuosités de l'exploitation.

De leur côté les sociétés ont quelquefois intérêt à négliger une découverte ou un perfectionnement, ou à en retarder l'application. A Paris, la Compagnie

---

(1) V. notamment la déposition de M. William Jeeves, town-clerk de Leeds (secrétaire général de la mairie), Ernest Brees, p. 405.

générale des Omnibus a transformé en *autobus* d'anciens omnibus, utilisant ainsi de vieilles caisses de voitures au lieu de faire construire des « poids lourds. » Les conséquences ont été pitoyables : défaut de stabilité des voitures, trépidation gênante pour les voyageurs, arrêts fréquents des voitures, etc. (1). Que n'aurait on pas dit contre l'exploitation municipale si de pareilles fautes avaient été commises par la ville de Paris ! Les procès des villes contre les compagnies de gaz sont venus fréquemment de la résistance ou de la négligence de celles-ci à perfectionner les systèmes d'éclairage. Enfin, il faudrait rappeler une fois de plus tous les abus relevés à la charge des concessionnaires en général. Les économistes classiques ont opposé souvent l'Etat et la commune, mauvais entrepreneurs par nature, mauvais administrateurs par définition, et en face d'eux les compagnies privées, douées de toutes les vertus administratives et commerciales. Mais qu'est devenue aujourd'hui cette fameuse comparaison ? Que reste-t-il de ce prétendu contraste entre deux organismes dont on ne peut nier la ressemblance, voire l'identité ?

Ces analogies, de droit et de fait, entre les communes et les grandes compagnies, ont été fort bien saisies par les interventionnistes, à commencer par M. Chamberlain, et c'est là une des raisons qui les poussent à proposer la substitution généralisée de la régie directe à la concession (2).

---

(1) V. le *Correspondant* du 1er octobre 1907, p. 88.
(2) « Tous les monopoles, dit M. Chamberlain, qui sont soutenus d'une manière quelconque par l'Etat, doivent être

Toute cette première argumentation du Conseil d'Etat se résume en ceci : la commune n'est pas organisée économiquement pour faire le commerce ; elle est une organisation politique et administrative ; elle n'est pas une organisation économique. Ceci est vrai, et je montrerai plus loin comment l'on peut remédier à cette lacune, mais on peut se demander si c'était au Conseil d'Etat de le dire. Devait-il invoquer des considérations économiques à propos d'une thèse de droit ? Pouvait-il faire de l'économie politique aux dépens des communes ? Il s'est arrogé de cette façon une fonction économique au lieu de se borner à un examen juridique et légal des questions qui lui étaient soumises. Il est devenu « le bon juge » qui modifie la loi suivant sa conscience, le juge sociologue et économiste qui ne voit que sa conviction, et qui est, naturellement, persuadé qu'elle est excellente.

On peut penser qu'il est ainsi sorti de son rôle, qui est avant tout d'interpréter et d'appliquer les lois existantes selon leur esprit. Il arrive souvent qu'un tribunal est obligé d'appliquer une loi qu'il désapprouve. En cette matière il s'agissait uniquement de savoir si la loi positive française permet ou non aux communes de se livrer à des opérations commerciales et industrielles. C'est pourquoi j'aborde la discussion juridique.

---

mis entre les mains des représentants de la population, qui doivent les administrer et en recueillir les bénéfices » ; Discours au *Town-council*, Birmingham, 13 janvier 1874, cité par Viallate, *Chamberlain*, 1899, p. 15. — Comparer Paul Pic, 2, p. 505, note, et Roger, p. 61.

CHAPITRE V

Examen critique (Suite). Discussion juridique.

Au point de vue juridique on peut adresser à la jurisprudence du Conseil d'Etat deux critiques principales :

1° Elle n'est pas suffisamment motivée au point de vue du droit ;

2° Elle est arbitraire et contradictoire.

L'insuffisance des motifs juridiques, dont la discussion fait l'objet du présent chapitre, se rapporte aux deux arguments principaux que l'on relève dans les arrêts : le principe de la spécialité des personnes morales et le principe de la libre concurrence.

§ 1ᵉʳ. — LA PRÉTENDUE SPÉCIALITÉ DES PERSONNES MORALES

Le principal argument juridique invoqué par le Conseil d'Etat est la règle dite de « la spécialité des personnes morales », consistant en ce que « la capacité des établissements publics est exclusivement bornée à l'exécution du service en raison duquel ils ont été institués (1) » ; il refuse donc de reconnaître comme valables une opération ou un acte les faisant sortir de leur spécialité fonctionnelle.

Cette règle de la spécialité des personnes morales a été admise d'après deux points de vue bien différents. On peut lui attribuer une double origine théorique, sur laquelle les arrêts ne se sont jamais expliqués. Elle peut venir de l'idée même d'existence fictive pour les personnes morales. Elle peut venir aussi d'une analyse de la personnalité morale, en dehors de toute idée de fiction. Je veux essayer de démontrer que ni l'une ni l'autre de ces deux justifications théoriques n'est exacte.

La règle de la spécialité a été rattachée en premier lieu à l'idée de fiction. Certains jurisconsultes attribuent aux personnes morales un caractère purement fictif. D'après leur théorie, qui a été longtemps classique, surtout en France, elles ont toutes été créées par la volonté de l'homme ; « elles existent seulement par supposition ; elles n'ont pas d'existence réelle ou naturelle, mais seulement une existence légale ou juridique » ; la personnalité civile repose sur une fiction légale (2).

Ceci posé, les théoriciens se divisent. Certains partisans de cette conception sur la nature juridique des personnes morales en déduisent l'impossibilité d'une

(1) Béquet, dans la *Revue générale d'administration*, 1881, 3, 27. — H. Berthélemy, *Traité élémentaire de droit administratif*, 5ᵉ édit., p. 551 ; — Maurice Hauriou, 1, pp. 237, 241 et 785.
(2) Ch. Beudant, *Cours de droit civil français*, 1896, t. I, p. 1 ; — Ducrocq, *Cours de droit administratif*, 7ᵉ éd., t. VI, nᵒ 2180.

assimilation absolue entre les personnes civiles et les personnes physiques, et comme conséquence la règle de la spécialité. Du moment que ces personnes sont purement fictives, dit-on, elles n'ont d'existence et de capacité que pour un objet spécialement déterminé, celui en vue duquel elles ont été créées par le législateur. Leur capacité n'est pas une, mais, suivant l'expression de M. Tissier, « ondoyante et diverse ». C'est sur la nature de leur fonction, dit M. Ducrocq, que doit être réglée l'étendue de leur capacité. Hors des limites de leurs attributions, ajoute Laurent, elles sont frappées d'incapacité radicale, « car elles n'existent plus; c'est le néant, et le néant, certes, ne peut contracter. » Elles peuvent faire, dit M. Beudant, tous les actes « qui correspondent à leur rôle » ou « qu'une loi les autorise à faire, » et pas d'autres. Et M. Léon Béquet résume la théorie dans ces termes : « La capacité des établissements publics est exclusivement bornée à l'exécution du service à raison duquel ils ont été institués. C'est pour accomplir une fonction administrative que la vie civile leur a été donnée; au-delà de cette fonction ils ne peuvent rien, ils n'ont droit à rien, ils ne sont rien (1). »

---

(1) V. en ce sens : BAUDRY-LACANTINERIE et HOUQUES-FOURCADE, *Des personnes*, t. I, n°s 295 et 302 ; ces auteurs estiment que la règle de la spécialité s'inspire de la raison même de la personnification et ajoutent, ce qui paraît bizarre, que « le système, moins libéral, semble par cela même plus vrai. » — Léon BÉQUET, De la capacité des fabriques pour recevoir des dons et legs faits en faveur des pauvres, dans la *Revue générale d'administration*, 1881, 3, 27. — Charles BEUDANT, cité note précédente et Note sous Cass. 10 décembre 1878; D. P.

Mais on peut raisonner encore autrement. Dans une analyse très fine de la personnalité morale, M. Michoud distingue d'une part *la capacité patrimoniale*, et d'autre part *le principe de la spécialité*. Pour lui, la personnalité juridique est une et elle entraîne la capacité générale, c'est-à-dire l'aptitude à acquérir et à posséder tous les droits patrimoniaux, à l'exception de ceux, assez rares d'ailleurs, qui sont formellement interdits par la loi. Mais on ne doit pas conclure, ajoute M. Michoud, que la personne morale puisse faire de ses droits les mêmes usages qu'une personne physique. « *La propriété, entre ses mains, prend incontestablement un aspect spécial*. Elle ne peut être employée qu'à un ou plusieurs buts déterminés. C'est cette idée qui est à la base de la théorie de la spécialité. » Il admet que l'Etat, les communes et les autres personnes morales sont soumis au principe de la spécialité. « Ces groupements, dit-il, *ne doivent pas employer leurs droits pour autre chose que les intérêts collectifs en vue desquels ces droits leur sont donnés* (1). » M. Michoud écarte ainsi toute idée de

---

1879, 1, 5. — Ducrocq, *Cours de droit administratif*, 7e édit., t. IV, nos 1372 et s., et t. VI, nos 2180, 2195, 2197, et *De la personnalité civile en France du Saint-Siège et des autres puissances étrangères*, p. 21. — Laurent, *Principes de droit civil*, t. I, nos 288 et s., et t. XVI, n° 62. — T. Tissier, *Traité des dons et legs*, n° 263. — Cf. Alf. Gautier, dans la *Revue critique*, 1882, t. XLVIII, p. 641. — Marguerie, Dictionnaire général d'administration, v° *Dons et legs*, p. 915. — Huc, *Commentaire théorique et pratique du code civil*, qui admet le système de la fiction, t. I, n° 202, mais ne se prononce pas sur l'étendue de la capacité des personnes morales.

(1) Michoud, p. 158 et s.

fiction pour les personnes morales ; pour lui la spécialité ne découle pas de l'idée de fiction.

M. Michoud réduit d'ailleurs le principe de la spécialité à un minimum d'application. Il avoue l'impossibilité d'y soumettre l'Etat, qui est souverain et à qui aucune autorité ne peut commander. Il reconnaît que les communes « n'ont pas, comme les autres personnes morales, un objet unique, exclusif de tout autre et déterminé avec précision par leurs statuts. Elles ont pour objet les intérêts collectifs généraux des habitants de leur circonscription, et, dans notre législation en particulier, aucun texte n'énumère limitativement ces intérêts. » Il admet encore que le principe de la spécialité ne concerne que les droits mis à la disposition d'une personne morale *en vue de son but primitif*; mais « il ne s'oppose pas d'une façon absolue à ce que, postérieurement, elle puisse acquérir certains autres droits toujours affectés à un but, mais à un but différent. » Elle peut ainsi recevoir et accepter une libéralité affectée à une mission autre que sa mission primitive. Mais, même ainsi réduite à sa plus simple expression, la spécialité n'en subsiste pas moins.

En réalité elle est très contestable. Qu'on la rattache à la notion de fiction ou qu'on lui donne, comme l'a fait M. Michoud, une base beaucoup plus large, elle soulève les critiques les plus sérieuses. Elle n'existait pas dans notre ancien droit, et les rédacteurs du Code civil, pas plus que Domat ou Pothier, ne l'ont même soupçonnée. Elle n'est qu'une création du Conseil d'Etat lui-même dans un but bien déterminé. Elle s'est formée dans la matière des dons et legs, et elle a été développée pour interdire aux établissements religieux de recevoir certaines libéralités. C'est, comme on l'a fort bien dit, « une arme anticléricale ». Le Conseil d'Etat a mis très longtemps à lui donner une forme précise, de sorte qu'elle a pu être entendue dans les sens les plus divers (1). Même en laissant de côté les difficultés d'interprétation et en la prenant telle qu'elle est appliquée aujourd'hui, on ne doit y voir qu'une règle de tutelle administrative. Le prétendu principe n'a que le caractère d'une règle de police, mais au point de vue du fond du droit, il n'existe pas.

D'abord il ne peut pas exister pour les partisans de la réalité des personnes morales, c'est-à-dire pour

(1) « La règle de la spécialité n'existait pas dans notre ancien droit. Pothier, qui s'est occupé des *corps* ou communautés capables de posséder des biens à l'instar des personnes (*Des personnes*, n°s 210, 231), ne soupçonne pas qu'il puisse y avoir pour eux une restriction de ce genre... Les rédacteurs du code ont fait comme Pothier ; il n'ont pas même entrevu l'utilité de cette spécialisation des différents établissements existants. C'est le Conseil d'Etat qui, dans le courant de ce siècle, a élaboré peu à peu la doctrine de la spécialité, au milieu de bien des incertitudes et non sans changer plusieurs fois de système. » (PLANIOL, *Traité élémentaire de droit civil*, t. I, p. 71 et suiv. ; — DE VAREILLES-SOMMIÈRES, *Des personnes morales*, p. 15, et *Revue catholique des institutions et du droit*, 1901, 1, 45.) Il ne faut pas distinguer moins de six périodes pour le développement de la règle de la spécialité. Pour les détails, v. TISSIER, *Traité des dons et legs*, n°s 226 et suiv. ; — HAURIOU, *Précis de droit administratif*, 5e éd., 1903, p. 784, note 2 ; — Léon MICHOUD, p. 158 et suiv. ; — RIPERT, *Le principe de la spécialité chez les personnes morales du droit administratif*, Paris, Rousseau, 1906.

ceux qui admettent l'idée de la personne morale naturelle et naturellement capable. Pour eux elle est « un être collectif réel », non une fiction ; elle a, comme les êtres physiques, la pleine capacité de vouloir et d'agir ; elle possède de plein droit la pleine capacité juridique et il ne saurait être question d'une restriction quelconque en vertu d'une spécialisation hypothétique (1).

L'idée de fiction ne conduit pas forcément à une conclusion différente. Certains jurisconsultes, en partant de cette idée, assimilent, en vertu même de la fiction, les personnes morales aux personnes physiques et leur accordent la capacité avec la même étendue. La loi, dit-on, attribue la personnalité juridique à des êtres fictifs ; cette personnalité est une et comporte les mêmes attributs pour tous les êtres qui en sont investis ; c'est en vain qu'on prétendrait faire des distinctions entre les divers attributs dont elle se compose. Comme le dit M. Hauriou, la personnalité juridique

---

(1) Emile BOUVIER, *Note* dans *Pand. franç. pér.*, 1901, 3, 116 (2ᵉ col.) — Sur la théorie de la réalité des personnes morales, v. BERTHÉLEMY, *Traité élémentaire de droit administratif*, 4ᵉ édit., 1906, p. 29 ; — HAURIOU, *Précis de droit administratif*, 6ᵉ édit., p. 241, texte et note 1 ; v. aussi la 5ᵉ éd., p. 88 et suiv., notamment p. 89 et la note très développée où l'auteur proteste contre « la prétention qu'a l'Etat, dans la plupart des pays modernes, de dispenser à son gré la personnalité civile aux corps et communautés ; » — MICHOUD, *La théorie de la personnalité morale*, t. I, 1906, p. 68, nᵒˢ 31 et suiv. ; — DE VAREILLES-SOMMIÈRES, *Les personnes morales*, p. 74 et suiv., et *Revue catholique des institutions et du droit*, 1901, 1, 352 ; — E. BOUVIER, *Note* précitée dans *Pand. franç. pér.*, 1901, 3, 114 et l'indication de la bibliographie.

est la même pour tous les individus physiques, c'est le principe fondamental de notre droit public, et cependant les hommes sont profondément différents. Il est certain d'avance qu'ils se serviront très inégalement de cette personnalité uniforme mise à leur disposition. Il en est de même pour les personnes morales, qui cachent des individualités profondément différentes répondant à des systèmes d'intérêts très divers. Au service de ces individualités diverses, caractérisées par leurs statuts ou par leurs charges administratives, en d'autres termes par leur spécialité, il est conforme aux principes de notre droit public de mettre une personnalité juridique égale (1). Il y a lieu d'observer que, *en fait*, certains droits ne pourront s'exercer par la force des choses, comme les droits de famille et le droit de succession *ab intestat*. Mais c'est un simple obstacle de fait qui empêche ces droits de se réaliser pratiquement au profit des personnes morales, et *en droit* il ne saurait être question d'établir des restrictions arbitraires. Les personnes morales, surtout les communes et l'Etat, sont préposées à la satisfaction des intérêts de la collectivité humaine ; or, il n'existe pas entre les droits de la collectivité et les droits de l'individu une limite ou une séparation absolue. Au point de vue rationnel on n'en imagine pas ; au point de vue juridique les lois n'en indiquent aucune ; au point de vue des faits les mêmes droits ont été attribués, indifféremment, sui-

---

(1) HAURIOU, *Précis de droit administratif*, 6° éd., p. 241, note 1 et p. 785-786. Dans le même sens, MARQUÈS DI BRAGA et LYON, *Traité de la comptabilité de fait*, n° 187.

vant les temps et les pays, aux individidus ou aux collectivités. J'ai remarqué, au début même de cette étude, le rôle restreint des municipalités françaises dans la première partie du xixe siècle, et l'extension de ce rôle avec le temps. En conséquence tous les droits relatifs au patrimoine et pour lesquels le législateur n'a rien dit appartiennent aux personnes morales et toute idée de spécialisation doit-être écartée.

On peut donc admettre à la fois l'idée de fiction et l'idée de pleine capacité. Il n'y a pas de rapport nécessaire entre la notion de fiction et la capacité juridique. Telle est l'opinion d'auteurs considérables comme Aubry et Rau en droit civil, Lyon-Caen et Renault en droit commercial (1).

La jurisprudence de la Cour de cassation repousse également, au point de vue du droit civil, toute idée de spécialité. Elle se fonde précisément sur le silence de la loi, qu'elle interprète dans le sens de la capacité : une charge imposée à une personne morale en dehors de sa fonction n'est, dit-elle, « contraire à aucune loi. » Jamais elle n'a admis pour les êtres collectifs une capacité restreinte ; elle ignore le principe administratif de la spécialité et s'en tient au principe général de la capacité (2).

(1) Aubry et Rau, *Cours de droit civil français*, 5e éd., t. I, n° 54, p. 268 et 281 ; — Lyon-Caen et Renault, *Traité de droit commercial*, t. II, n°s 118 et suiv. V. dans le même sens Piébourg, *De quelques questions sur les personnes civiles*, p. 34 et 43, et *Revue de législation ancienne et moderne*, 1876 ; — C. Kœhler, *Note* dans D. P. 1893, 1, 513 ; — Capitant, *Introduction à l'étude du droit civil*, 2e éd., p. 188 ; — Thaller, *Note* dans D. P., 1896, 1, 145.

(2) Cass. 18 mai 1852, S. 1852, 1, 524 ; — 22 août 1881, *affaire*

Dans tous les cas, en allant jusqu'au bout des concessions et en admettant même que la spécialité existât pour les établissements publics *stricto sensu* et pour les personnes morales en général, on devrait décider, avec MM. Tissier et Planiol, qu'elle n'existe ni pour l'État, ni pour la commune, c'est-à-dire pour les deux collectivités publiques nécessaires et qui s'imposent. L'Etat a par lui-même une généralité d'attributions qui exclut toute idée de spécialisation, et il en est de même pour la commune. « Les autorités qui les représentent, dit M. Planiol, doivent posséder des pouvoirs suffisants pour donner satisfaction à tous les besoins généraux ou locaux, quelque variés qu'ils soient. » « Ils ont, dit M. Tissier qui, pour eux, abandonne l'idée de la spécialité, la plénitude de la représentation des intérêts collectifs de leurs ressortissants. En ce qui les concerne, au principe de la spécialité nous opposerions volontiers le principe de la non spécialité (1). »

Mascarel, S. 1883, 1, 467 ; — 31 janvier 1893, S. 1893, 1, 345 : D. P. 1893, 1, 513 ; — 26 mai 1894, *affaire* Cambournac : D. P. 1895. 1. 223 ; — 21 avril 1898, *affaire* Delaroche ; D. P. 1898, 1. 456 ; S. 1898, 1, 233, avec une note. V. dans le même sens Toulouse, 9 août 1894 ; S. 1895, 2, 77. — Dans quelques espèces, la jurisprudence judiciaire a pu annuler certains legs adressés à des établissements publics, parce que la disposition était prohibée par une disposition de loi spéciale et expresse, mais en dehors du prétendu principe de la spécialité. — Cf. Ripert, *Le principe de la spécialité*, Paris, 1906, p. 24 et s. : — Deroin, Gory et Worms, *Traité de l'assistance publique*, t. II, p. 464, et les nombreux arrêts cités.

(1) Planiol, *Droit civil*, t. I, n° 719. — Th. Tissier, *Traité des dons et legs*, t. I, p. 679. — V. dans le même sens : H. Nézard, p. 308 ; — Ripert, précité, p. 30.

Cette considération, décisive à mon avis, permet de rejeter la distinction, si ingénieuse et subtile qu'elle soit, proposée par M. Michoud entre la capacité patrimoniale et la spécialité. Une personne morale, dit-il, en particulier une commune, ne peut employer ses droits que pour les intérêts collectifs en vue desquels ces droits lui sont donnés. Mais comme ces intérêts collectifs, M. Michoud le reconnaît, n'ont jamais été énumérés par la loi, il est légitime d'affirmer que *tout acte* fait par la commune peut rentrer dans la sphère de ces intérêts collectifs. M. Michoud admet que la commune a un droit d'intervention incontestable dans certains services, service de transport, d'éclairage, de distribution d'eau, etc., mais qu'elle doit s'abstenir de toucher aux services qui sont normalement assurés par l'initiative privée et la libre concurrence, tels que boulangerie, pharmacie, soins médicaux, etc. Mais où trouvera-t-on la démarcation entre les deux catégories de services? Rationnellement elle n'existe pas et dans le droit positif on n'en trouve pas trace; elle ne peut être qu'arbitraire, c'est-à-dire qu'elle n'existe pas. Si par hypothèse il n'y avait dans une commune aucune boulangerie, M. Michoud persisterait-il dans l'interdiction faite à la municipalité de fabriquer et de vendre du pain? La vérité est que l'Etat et la commune ont une mission générale, l'un pour le territoire tout entier, l'autre pour la circonscription communale. En ce qui concerne plus particulièrement la commune l'art. 61 de la loi du 5 avril 1884 porte que le Conseil municipal règle par ses délibérations les affaires de la commune, mais il ne dit pas quelles sont ces affaires, parce qu'elles sont en nombre illimité. On ne peut lui interdire que les actes interdits par un texte formel ; les seuls droits qu'il ne pourra pas exercer sont ceux qu'une loi lui enlève, par exemple le droit d'exercer la pharmacie, ou les droits qu'une loi expresse réserve aux établissements publics détachés de la commune elle-même. Voilà une limitation qui ne présente rien d'arbitraire ; elle s'appuie sur la loi même dont elle n'est que l'expression. Il arrive aussi que la loi interdit à certains individus l'exercice ou même la possession de certains droits ; il en est de même pour les communes. L'analogie de condition juridique se poursuit entre les personnes physiques et les personnes morales.

Il y a mieux enfin. La législation positive elle-même condamne formellement le prétendu principe de la spécialité. Le décret organique du 23 prairial an XII attribuait aux fabriques d'église et aux consistoires le monopole des pompes funèbres, qu'ils pouvaient exploiter en régie directe malgré le caractère commercial de l'entreprise. Et cependant les exploitations commerciales ne rentraient pas dans la « spécialité fonctionnelle » des fabriques et consistoires. On prétendait bien que le décret de l'an XII n'avait pas eu pour but de leur procurer le moyen de s'enrichir, mais avait voulu seulement « assurer la décence, la pompe et la régularité des funérailles (1). » En réalité c'était la pensée de gain qui avait inspiré ces établissements en l'an XII, et le caractère commercial du monopole des pompes funèbres était indiscutable avant 1904 comme il l'est resté après.

(1) V. par exemple Paris, 3 mai 1881 ; D. P. 1881, 2, 193.

Des preuves plus décisives encore résultent de lois récentes. La loi du 22 mars 1890 qui a créé les syndicats des communes est venue, suivant l'expression de M. Haurion, « confondre les idées » dans la matière étudiée ici. Un même syndicat de communes peut être chargé de plusieurs services intercommunaux de nature très diverse, tels que hospices, hôpitaux, bureaux de bienfaisance. Un syndicat de communes « est une sorte d'organe d'administration générale, et la création de cette espèce d'établissement public porte un coup bien sensible à l'idée ancienne qu'un même établissement public ne saurait être chargé que d'un seul service qui constituerait sa spécialité (1). »

Une observation analogue doit être faite au sujet des chambres de commerce réorganisées par la loi du 9 avril 1898. Les articles 11, 14 et 15 leur ont reconnu une compétence générale : elles peuvent faire les opérations les plus variées, fonder et administrer des magasins généraux, des musées, de établissements d'enseignement, être concessionnaires des travaux publics ou chargées de services publics, acquérir ou construire des immeubles, même recueillir les établissements déjà fondés par l'initiative privée ou créés par l'Etat, le département ou la commune (2). Cette

---

(1) Loi du 5 avril 1884, article 176 ajouté par la loi du 22 mars 1890. — Maurice HAURIOU, 1, p. 238. note 2.

(2) Loi du 9 avril 1898 relative aux chambres de commerce et aux chambres consultatives des arts et manufactures :

Art. 11. — Les chambres de commerce ont pour attributions : — 1º De donner au Gouvernement les avis et les renseignements qui leur sont demandés sur les questions indus-

législation sur les chambres de commerce est particulièrement décisive.

trielles et commerciales; — 2º De présenter leurs vues sur les moyens d'accroître la prospérité de l'industrie et du commerce; — 3º D'assurer, sous réserve des autorisations prévues aux articles 14 et 15, l'exécution des travaux et l'administration des services nécessaires aux intérêts dont elles ont la garde.

Art. 14. — Les chambres de commerce peuvent être autorisées à fonder et à administrer des établissements à l'usage du commerce, tels que magasins généraux, salles de ventes publiques, entrepôts, bancs d'épreuves pour les armes, bureaux de conditionnement et titrage, expositions permanentes et musées commerciaux, écoles de commerce, écoles professionnelles, cours pour la propagation des connaissances commerciales et industrielles. — L'administration de ceux de ces établissements qui ont été fondés par l'initiative privée peut être remise aux chambres de commerce d'après le vœu des souscripteurs ou donateurs. — Enfin cette administration peut leur être déléguée pour les établissements de même nature qui seraient créés par l'État, le département ou la commune. — Les autorisations sont données à cet effet aux chambres de commerce par décision du ministre du Commerce, à moins que, eu égard à la nature de l'établissement, un décret ou une loi ne soit nécessaire. — Sous la même réserve, les règlements et les tarifs maxima sont approuvés par le ministre. Les taxes et prix effectifs à percevoir sont homologués par le préfet, à moins que l'acte d'institution n'exige une décision ministérielle. — Les chambres de commerce peuvent, avec l'autorisation ministérielle, acquérir ou construire des bâtiments pour leur propre installation ou celle d'établissements à l'usage du commerce.

Art. 15. — Les chambres de commerce peuvent, dans les formes prescrites par la loi du 27 juillet 1870, être déclarées concessionnaires de travaux publics ou chargées de services publics, notamment de ceux qui intéressent les ports maritimes ou les voies navigables de leur circonscription.

Il faut mentionner dans le même sens le décret du 4 novembre 1894, d'après lequel des écoles primaires peuvent être annexées aux établissements de bienfaisance et d'assistance. Il existe aussi des écoles d'hospices, et des orphelinats annexés aux hôpitaux (1).

Il paraît donc impossible de maintenir la conception de l'unité de service, que les publicistes les plus autorisés voient disparaître sans regrets. On reconnaît aujourd'hui qu'il peut être très utile de grouper des services très variés dans le même établissement. La loi du 22 mars 1890 et celle du 9 avril 1898 « ont touché à mort le principe de la spécialité, du moins la conception étroite que l'on en a eue jusqu'ici, en établissant que les syndicats de communes et les chambres de commerce pouvaient gérer des services multiples (2). »

Il faut ainsi « conclure énergiquement que le principe de la spécialité n'a et ne saurait avoir qu'une portée purement administrative (3). » C'est une règle de tutelle et de police administrative, qui ne s'applique d'ailleurs pratiquement qu'en matière de dons et legs. Il faut, en droit civil, mettre résolument de côté la prétendue règle de la spécialité des communes, « procédé de tutelle administrative et anticléricale que l'usage a conduit à généraliser abusivement, et

---

(1) Circulaire du ministre de l'intérieur, 18 mai 1900 (orphelinats annexés aux hôpitaux). — BÉQUET, Répertoire du droit administratif, v° *Hôpitaux*, n° 167.

(2) Maurice HAURIOU, 1, p. 786. — Dans le même sens, H. BERTHÉLEMY, *Traité élémentaire de droit administratif*, 5e éd., p. 531.

(3) RIPERT, précité.

dont on a voulu justifier la généralisation par des textes qui ne la justifient pas (1). »

Aussi bien est-il à prévoir que le Conseil d'Etat ne persistera pas dans l'application de la spécialité. Cette « arme anticléricale » a fait son temps ; elle a perdu la plus grande partie de sa portée depuis la séparation des églises et de l'Etat. Il faudra également l'abandonner relativement aux communes, à la fois par respect des dispositions légales et sous la pression du mouvement municipalisateur qui se dessine de de toute part.

§ 2. — LA LIBRE CONCURRENCE ET LA LIBERTÉ DU COMMERCE ET DE L'INDUSTRIE

Le Conseil d'Etat tire argument, contre la municipalisation, des principes sur la liberté du commerce et de l'industrie et de la nécessité de maintenir intégralement la libre concurrence. L'ensemble des avis et des arrêts fait observer qu'une industrie municipale aboutira toujours à un monopole, la commune ayant une situation privilégiée en fait et pouvant ruiner ses concurrents.

Ces considérations ne paraissent pas plus solides que les considérations examinées précédemment sur la spécialité. Tout en écartant la discussion sur le côté économique de la libre concurrence, il est intéressant de l'analyser dans le domaine du droit positif. Plu-

---

(1) André MATER, dans la *Revue d'économie politique*, 1905, p. 347.

sieurs points de vue sont à aborder successivement.

Tout d'abord, si la loi des 2-17 mars 1791 et l'article 419 du code pénal, ces « deux vieux textes », comme on l'a dit dédaigneusement (1), sont encore en vigueur, il faut reconnaître qu'ils ont singulièrement perdu de leur portée d'application. Le principe de la liberté du travail et de l'industrie subit, en droit, des restrictions innombrables, que des lois ont multiplié et multiplient encore à chaque instant. L'Etat s'est réservé à soi-même un certain nombre d'industries ou d'exploitations à titre de monopoles : monopoles pour les postes, la fabrication des monnaies et aussi des médailles, le tabac, les télégraphes, etc., etc., plus récemment pour les téléphones et la télégraphie sans fil (2). Il en a attribué d'autres à des personnes morales comme les chambres de commerce, ou la Banque de France, société de commerce qui bénéficie d'un des monopoles les plus importants dans la vie moderne, le monopole de l'émission des billets de banque, comme les sociétés concessionnaires d'éclairage électrique, qui peuvent, d'après l'article 8 de la loi du 15 juin 1906, recevoir des communes un monopole absolu (3). Il en a établi davan-

---

(1) André MATER, p. 565.

(2) Décret du 7 février 1903 pour la télégraphie sans fil. — Loi du 16 juillet 1889 pour les téléphones.

(3) D'après l'article 8 de la loi du 15 juin 1906 sur les distributions d'énergie électrique, la commune peut conférer au concessionnaire de l'éclairage public le droit d'utiliser, à l'exclusion de tous autres, les voies publiques communales, et en pareil cas les permissions de voirie accordées par le préfet sur les dépendances du domaine public doivent res-

tage encore au profit des communes elles-mêmes, comme on l'a vu. La loi du 12 avril 1906 les invite à souscrire des actions et obligations de sociétés pour les habitations à bon marché, lesquelles font cependant concurrence aux propriétaires. Enfin on peut énumérer des séries de professions ou d'industries qui ne sont pas libres : l'exercice de la médecine, de la pharmacie, de la profession d'avocat, des professions exercées par les officiers ministériels, les inventions brevetées, la fabrication des objets d'or et d'argent, etc., sont règlementées d'une façon plus ou moins étroite.

Les principes sur la liberté du travail et sur la libre concurrence sont donc atteints *légalement*, et d'une façon grave. Et il est important d'observer que les atteintes ne diminuent pas avec le temps. Les anciens monopoles subsistent ; non seulement on n'en voit disparaître aucun, mais d'autres surgissent. La construction et l'exploitation des réseaux téléphoniques urbains a originairement fait l'objet de concessions à des compagnies privées ; c'est en 1889 que le rachat a été décidé et l'exploitation confiée à l'administration des télégraphes. Le monopole de la télégraphie sans fil ne date que de 1903. Le monopole de l'alcool est à l'étude. Pour les communes, c'est en 1904 qu'elles ont reçu le monopole des pompes funèbres. Le monopole

---

pecter le privilège communal, ce qui équivaut à la reconnaissance d'un monopole au profit du concessionnaire (Paul Pic, 2, n° 671, note 1). — Le même texte interdit au contraire toute concession exclusive de ce genre pour la fourniture de la force motrice, parce que le régime légal de la distribution de force motrice n'est pas encore fixé.

gagne continuellement du terrain. La liste des cas où il existe serait longue, à supposer qu'on arrivât à la présenter complète.

En présence d'un tel nombre d'exceptions à la libre concurrence, il paraît déjà hors de propos de faire état d'un principe qui subsiste théoriquement, mais qui subit, de par la loi, des restrictions si étendues que sa valeur juridique et sa portée pratique en sont considérablement diminuées. En s'en tenant à ce point de vue, on ne devrait pas trouver étonnant que les communes pussent, par la municipalisation, porter à leur tour de nouvelles atteintes au principe.

Mais ce n'est même pas le véritable point de vue auquel il convient de se placer. Une commune ne peut pas, en dehors des cas limitativement prévus par la loi, se créer à soi-même un monopole de droit. Elle peut seulement faire une entreprise industrielle ou commerciale, tout en laissant aux particuliers et aux sociétés la possibilité d'en faire de semblables. Il faut prendre la théorie par la base et affirmer que *l'action communale, loin de méconnaître le principe de la libre concurrence, n'en est au contraire qu'une application normale*. La commune est une personne comme une autre; elle agit et elle a le droit d'agir dans la libre concurrence. C'est en vertu même de la liberté du commerce et de l'industrie qu'elle prend à son compte la gestion d'un service public : elle a le droit de le faire comme un individu ou une société; elle use de la liberté ouverte à tout le monde. On lui ferait une situation inférieure et l'on violerait une des facultés légales qui lui appartiennent en décidant le contraire.

La preuve en est que les particuliers se plaignent

précisément de ce que les municipalités commerçantes et industrielles viennent leur faire concurrence. Dans l'enquête parlementaire anglaise de 1900, on a vu les quincailliers déplorer que les quincailleries municipales abaissent le prix des marchandises, des électriciens regretter qu'une corporation exploitant des tramways électriques produise elle-même l'électricité et fabrique elle-même son matériel. Des industriels qui se disent libéraux sont allés jusqu'à prétendre empêcher une compagnie de chemins de fer de construire elle-même ses wagons ou ses machines à vapeur : « elle s'assimile ainsi à une municipalité », ont-ils dit (1). C'est dans le même esprit qu'ils déplorent la concurrence des sociétés coopératives. On se demande ce que devient, au milieu de tout cela, le fameux principe de la libre concurrence. Les commerçants ou les fabricants particuliers veulent bien la liberté pour eux, mais n'en veulent plus pour les municipalités, ni pour les coopératives, alors que le véritable libéralisme consiste à être libéral pour les autres. Comment s'expliquer l'attitude des partisans de la libre concurrence, quand ils demandent à la restreindre aux dépens des administrations communales et des coopératives? Qu'ont-ils fait du principe si vanté et soutenu si énergiquement?

La vérité est que la municipalisation, au point de vue examiné à cette place, se trouve justifiée par le principe même de la liberté du travail et de la libre concurrence. On n'établira jamais le contraire. Et comme on

(1) V. les dépositions des témoins rapportées par Ernest Brees, notamment pp. 437 et 463.

ne peut pas l'établir, on s'est rabattu sur une autre argumentation. On objecte alors que les conditions des opérations commerciales ou industrielles ne sont pas les mêmes pour une municipalité ou pour un simple particulier ou même une société. Une municipalité est vraiment privilégiée ; elle a des capitaux considérables s'il s'agit d'une grande ville ou bien elle peut s'en procurer à bon compte ; elle peut attirer la clientèle par le bon marché ; elle a une existence perpétuelle, ce qui lui permet de faire des prix d'attente, d'engager des frais d'établissement considérables, de spéculer à très long terme sans crainte de se ruiner. L'action communale, libre en droit, aboutira ou pourra aboutir à un monopole de fait, et la liberté commerciale ou industrielle, respectée théoriquement, en subira pratiquement une atteinte, sinon légale, du moins certaine. — Il est facile de répondre.

L'objection ne porte, en premier lieu, que sur les grands services de distribution d'eau, d'éclairage, de transports en commun et de distribution de force motrice. Elle ne peut concerner les innombrables exploitations faites par les villes anglaises par exemple dans le domaine des produits de toute sorte. Un monopole, même de fait, ne peut s'établir que très difficilement pour la vente d'appareils de chauffage, de fleurs, de vêtements, etc. La concurrence la plus complète subsiste alors entre les entreprises municipales de ce genre et le commerce privé. Du reste les particuliers disposant de grands capitaux sont en mesure, eux aussi, de s'assurer une situation privilégiée. La vente des vêtements d'hommes, des « nouveautés, » de l'épicerie, est souvent concentrée dans quelques maisons de commerce ; un ou plusieurs « grands magasins » dans une ville peuvent monopoliser en fait certains articles et rendre la concurrence impossible aux petits détaillants.

Même pour les grands services publics la concurrence n'est pas toujours abolie par les villes. En Allemagne, 15 des réseaux de tramways municipalisés, sur les 43 qui existent, sont en concurrence avec des réseaux privés. A Glasgow les tramways municipaux ont de sérieux concurrents, non seulement d'autres tramways, mais surtout le « Glasgow district subway, » chemin de fer souterrain qui passe, avec un tarif très réduit, sous les lignes mêmes exploitées à ciel ouvert par la corporation. La concurrence existe pour les mêmes parcours.

Mais il faut laisser ces observations de côté et prendre l'objection en elle-même.

On touche ici à un point capital, à une considération devant laquelle les adversaires du *municipal trading* se sont souvent dérobés de peur d'arriver à une trop grande précision. *Le monopole de fait n'est pas particulier au municipalisme.* Si la loi a établi des monopoles de droit, on en rencontre en fait de plus nombreux encore. Il en existe au profit des particuliers qui fondent des syndicats, des comptoirs, des ententes, des *trusts*, etc., ou au profit des entreprises privées aussi puissantes ou même plus puissantes que les entreprises municipales. Le commerce du sucre, du pétrole, de la fonte, etc., n'est vraiment pas libre en France à raison de l'intervention constante des syndicats, comptoirs ou *trusts* financiers, et des monopoles élevés par les ententes commerciales et industrielles.

Il existe enfin et surtout des monopoles de fait en faveur des concessionnaires de services publics, services publics de l'État, comme les grandes compagnies de chemins de fer, services publics des communes, comme les concessionnaires de gaz, de tramways, etc. Le phénomène est absolument général.

L'existence des monopoles communaux attribués aux concessionnaires est bien connue et ne se discute plus. Il est plus intéressant de parler des *trusts* et syndicats en droit français. Leur validité au point de vue juridique est généralement reconnue aujourd'hui, ainsi que la légalité de certaines de leurs opérations, contraires pourtant à la loi de 1791 et à la liberté du commerce et de l'industrie.

C'est ainsi que la Cour de cassation a admis la validité d'une convention entre les producteurs de « phosphates du Centre, » et la Cour de Paris, après le Tribunal de commerce de la Seine, la validité de la coalition concertée entre fabricants d'une même marchandise, en l'espèce des « phosphates de la Somme, » pour fixer d'un commun accord les conditions de production et de vente (1).

La Cour de Grenoble a déclaré licite le *trust* de la céramique fondé dans l'Isère, et la Cour de Lyon l'accord intervenu en 1894 entre fabricants de velours de Saint-Étienne (2).

---

(1) Cass., 12 juillet 1892 ; S. 1894, 1, 333 ; D. P. 1893, 1, 390. — Trib. comm. Seine, 10 novembre 1890 ; *Pand. franç. pér.* 1891, 2, 1, avec une note de M. Mongin, confirmé en appel par Paris, 14 avril 1891 ; S. 1892, 2, 150 ; D. P., 1893, 2, 69.

(2) Grenoble, 1er mai 1894 ; S. 1894, 2, 277 ; D. P. 1895, 2,

La Cour de Bordeaux a jugé que « le traité intervenu entre plusieurs fabricants, à l'effet de mettre en commun les mêmes marchandises pour les vendre à prix égal, est licite s'il a pour but de défendre ces produits contre un avilissement résultant des effets de la concurrence locale et de les maintenir en harmonie avec le jeu naturel de l'offre et de la demande (1). »

La Cour de Paris a décidé qu'un syndicat d'éditeurs peut fixer un prix au-dessous duquel les détaillants ne doivent pas vendre des livres au public, c'est-à-dire pose le principe de la légalité d'une entente entre producteurs portant formellement atteinte à la liberté du commerce (2).

221. — Lyon, 8 janvier 1898, sous Cass. 19 août 1900 ; S. 1901, 1, 134.

(1) Bordeaux, 2 janvier 1900 ; S. 1901, 2, 225 avec une note de M. Lévy-Ullmann ; D. P. 1901, 2, 150.

(2) Trib. corr. Seine, 3 mai 1901, *affaire* du Syndicat des libraires et éditeurs de France, confirmé en appel par Paris, 14 janvier 1902 ; *France judiciaire*, 1902, 2, 139 ; D. P. 1903, 2, 297, avec une note de M. Percerou : « Il n'y a pas coalition entre les détenteurs d'une même marchandise, punissable aux termes de l'article 419 du Code pénal, lorsqu'un syndicat d'éditeurs, d'accord avec les libraires détaillants, décide de fixer un prix au-dessous duquel le détaillant, sous peine de se voir fermer son compte, ne doit pas vendre les livres au public. Les conditions ainsi imposées aux détaillants sont parfaitement légales comme faites uniquement dans un intérêt professionnel, aux termes de la loi du 21 mars 1884. » — On relève dans les considérants le passage suivant (D. P. 1903, 2, 300) : « Attendu que la coalition prévue par l'article 419 du Code pénal paraît, tout au moins depuis la loi de 1884 sur les syndicats professionnels, n'être délictueuse et punissable qu'autant qu'elle est accompagnée de manœuvres frauduleuses et que ces manœuvres ont, en

Dans une autre affaire, la même Cour a maintenu une entente intervenue entre les détenteurs de spécialités pharmaceutiques, fabricants et pharmaciens détaillants (1).

Si l'article 419 du code pénal sur les coalitions de producteurs n'est pas abrogé, la jurisprudence l'écarte, et fort juridiquement d'après l'opinion générale, toutes les fois qu'une circonstance de fait ne cadre pas avec la lettre du texte ; il est d'interpréta-

influençant les cours, opéré la hausse et la baisse ; — Attendu en effet que les syndicats professionnels ont pour objet la défense d'intérêts économiques respectables ; qu'on ne saurait donc refuser au Syndicat des éditeurs le droit de fixer, d'accord avec les libraires détaillants, un prix de revient au-dessous duquel les livres ne peuvent être vendus; que la liberté du commerce a elle-même pour limite l'exercice de la liberté des conventions... »

(1) Paris, 15 décembre 1904 ; D. P. 1905, 2, 362, avec une consultation de M. Renault : « Ne tombe pas sous le coup de l'article 419 du code pénal l'entente intervenue entre les détenteurs de spécialités pharmaceutiques, aux termes de laquelle les fabricants de ces spécialités accordent une prime dite de remboursement aux pharmaciens détaillants, leurs acheteurs, qui, s'étant engagés vis-à-vis d'eux à ne pas revendre chacune de ces spécialités au-dessous d'un prix déterminé, justifient qu'ils se sont conformés à cette condition, alors que chaque fabricant fixe lui-même le prix des spécialités qui lui appartiennent et que les pharmaciens détaillants peuvent, à tout moment, se dégager de la combinaison à laquelle ils ont adhéré, sans perdre pour cela la faculté d'acquérir lesdites spécialités au prix du gros. Une entente de cette nature, établie en vue de prévenir l'avilissement du prix de leurs produits, entre fabricants de spécialités pharmaceutiques ayant les mêmes intérêts, est licite comme faite dans un intérêt professionnel ».

tion stricte comme toutes les lois pénales. Il doit d'ailleurs être combiné avec la loi du 21 mars 1884 sur les syndicats professionnels, d'après laquelle les producteurs peuvent se grouper pour la défense de leurs intérêts professionnels, avec la loi du 1er juillet 1901 qui consacre la liberté d'association, et enfin avec les principes mêmes du droit sur la liberté des conventions. Tels sont les motifs invoqués par les tribunaux civils ou répressifs, qui semblent tous s'inspirer « d'une distinction des *trusts* en bons et mauvais selon leur résultat et leur but économiques, distinction, dit M. Percerou, vague et arbitraire peut-être, mais juste dans son principe. » Les commentateurs des arrêts admettent généralement la validité des ententes destinées à fixer un prix de revient au-dessous duquel les produits ne peuvent être vendus. Elles sont, dit-on, « la sauvegarde d'intérêts économiques respectables » ; « la liberté du commerce a elle-même pour limite la liberté des conventions » ; comme le dit M. Renault, qui insiste sur cette liberté des conventions, « la liberté du commerce n'est pas la liberté de ne pas tenir les engagements régulièrement pris. » La loi de 1884 et celle de 1901 paraissent bien d'ailleurs avoir autorisé certaines ententes, et c'est pourquoi une partie imposante de la doctrine a donné sans hésitation son approbation aux décisions jurisprudentielles (1).

(1) V. en ce sens : 1º La consultation de M. Renault ; D. P. 1905, 2. 364. — 2º La note de M. Mongin, *Pand. franç. pér.*, 1891, 2, 2, qui, après avoir cité des décisions judiciaires annulant certaines ententes, ajoute : « N'y a-t-il pas là une

Mais quelle que soit l'exactitude des motifs allégués, il faut reconnaître le résultat. La distinction des bons et des mauvais *trusts*, toute juste qu'elle soit, est contraire au principe de la libre concurrence, de la liberté du travail et de l'industrie. Les conventions entre les éditeurs ou entre les détenteurs de spécialités pharmaceutiques étaient des « coalitions » ; elles constituaient des atteintes directes à la liberté des détaillants. Elles n'étaient, comme le dit M. Percerou, « qu'une forme particulière de ces ententes ou syndicats entre producteurs, qui se multiplient de nos jours ». La jurisprudence les a cependant validées et en cela elle a été presque universellement suivie. Il ne faut pas se leurrer : le principe de la libre concur-

formule trop générale, une appréciation trop rigide des exigences de l'ordre public ? Ne devrait-on pas distinguer deux espèces de syndicats, les uns poussés par une idée de spéculation, les autres dirigés par les besoins réels de l'industrie ? Est-il contraire à l'ordre public qu'une entente s'établisse pour prévenir les effets d'une concurrence aveugle, qui tend à augmenter sans mesure la production, et qui rend les établissements les plus prudents solidaires des fautes commises ? » — 3º La note de M. Percerou, D. P. 1903, 2, 299 : « On ne saurait vraiment admettre qu'en l'état actuel de nos mœurs et de notre législation, l'article 419 du Code pénal soit fait pour des accords légitimes, économiquement justifiés et reconnus du reste par la loi du 21 mars 1884. » — 4º La note de M. Lévy-Ullmann, S. 1901, 2, 227 : « Déclarer fondés sur cause illicite les syndicats de coalition, et, partant, les annuler, tenir au contraire pour licites les associations défensives d'atténuation de la concurrence, tel est, brièvement résumé, le système de notre pratique civile. » — 5º René Garraud, *Traité théorique et pratique du droit pénal français*, 2ᵉ éd., t. VI, nº 2450.

rence subit des atténuations de fait autant que des atténuations légales ; ce n'est pas seulement le régime actuel des concessions qui en est la négation même, ce sont encore les ententes et les coalitions déclarées valables qui le ruinent. Il est de plus en plus délaissé par la loi, par la jurisprudence, par la doctrine, par la pratique.

Les entreprises communales n'y apporteront pas de plus graves atteintes, puisque les effets sont acquis aujourd'hui. Un certain nombre d'industries, — il serait oiseux de chercher à le dissimuler, — *ne peuvent pas être exercées sous le régime de la libre concurrence*. Il en est ainsi notamment pour les fournitures d'eau et d'éclairage, pour les transports en commun, pour la distribution d'énergie électrique. En France, la houille blanche est menacée d'accaparement par les *trusts* financiers si on n'y met ordre, c'est-à-dire si l'Etat ne s'en réserve pas l'exploitation on ne la réserve pas aux communes. La nécessité des monopoles de fait a été constatée bien souvent ; la démonstration en a été donnée encore dans l'enquête parlementaire anglaise de 1900 et dans l'enquête américaine de la *National civic federation*. Il y a un genre d'entreprises pour lesquelles, je l'ai dit, la concurrence n'est ni possible, ni souhaitable ; elles exigent le régime de la grande production. J'ai rapporté dans la première partie de ce livre des faits matériels répétés qui sont des preuves péremptoires de cet état économique et social.

Le tout est de savoir au profit de qui existera le monopole. Il faut pas déplacer la question ni se payer de mots : monopole de la commune ou monopole d'une compagnie ou d'un *trust*, voilà le dilemme. Les villes n'ont qu'à l'organiser au lieu de le subir. Il s'agit d'un déplacement de situation, mais non pas d'une situation nouvelle ; ce qui ne sera pas « accaparé » par les municipalités sera accaparé par les coalitions et les ententes entre financiers. Dans ces conditions la liberté du commerce et de l'industrie n'est pas en jeu : une grande compagnie peut, elle aussi, jeter dans le milieu économique le poids d'une richesse collective ; elle a à sa disposition les ressources des actionnaires et des obligataires, souvent plus abondantes que les ressources des contribuables. On a vu des *trusts* municipaux, en Amérique, subventionner les fonctionnaires, s'emparer de l'administration de la ville et tyranniser toute une population. Comme je l'ai dit en citant les agissements du *gas ring* de Philadelphie, il peut y avoir scandales et mauvaise administration aussi bien en cas de concession qu'en cas de régie. Le *trust* est particulièrement dangereux parce qu'il est sans contrôle. En face des abus des exploitations municipales, et on en peut citer, il y a les abus de la part des concessionnaires, et ils sont beaucoup plus grands encore. « Cartels et *trusts*, dit M. Bourguin, esprit impartial et pas du tout socialiste, monopoles de l'eau, du gaz, de l'électricité et des tramways dans les villes, régime des eaux courantes et de la houille blanche, pour ne citer que les cas les plus connus, sollicitent une réglementation dirigée *contre l'abus du droit privé* (1) ». Dans ses conclusions générales, la Commission d'enquête américaine

---

(1) Maurice Bourguin, p. 277.

de la *National civic federation* a posé en principe que les services publics doivent être gérés sous la forme du monopole, et même du monopole légal (*legalized*) ou réglementé, non sous la forme du monopole libre ou de fait ; du moment qu'il s'impose, il convient de le régler légalement.

La théorie du Conseil d'Etat ne repose donc pas sur des bases juridiques. Bien mieux, elle est en contradiction avec la loi. Elle contredit l'esprit des innombrables dispositions législatives qui ont accordé aux communes des concessions de mines, l'entreprise monopolisée des bureaux de conditionnement, du pesage et du mesurage publics, des pompes funèbres, qui ont organisé et encouragé la participation effective aux entreprises de construction à bon marché, qui ont autorisé l'emprunt de la ville de Tourcoing en vue de la régie du gaz, etc. La loi du 30 juillet 1880, sur le gaz de Tourcoing, venant après l'avis du Conseil d'Etat du 7 juin 1877 sur le même sujet, est particulièrement curieuse et constitue une réfutation éloquente de l'interdiction jurisprudentielle. La jurisprudence refuse à une municipalité le droit de subventionner une boulangerie coopérative, alors que chaque année la loi de finances, sans se soucier d'une égalité à respecter entre concurrents, inscrit au budget de l'Etat des subventions au profit des sociétés ouvrières *de production* et de crédit et des institutions de crédit mutuel (1). Parfois même elle contredit des disposi-

---

(1) V. notamment la loi de finances du 26 décembre 1908 : « Crédits ouverts au ministère du travail et de la prévoyance sociale, chap. XIII : Encouragements aux sociétés ouvrières

tions législatives formelles, comme on a pu le constater pour les chemins de fer d'intérêt local et les tramways.

de production et de crédit et aux institutions de crédit mutuel : 300.000 francs. » Et il en est ainsi depuis des années. Ce crédit a même été augmenté dans les dernières années. Jusqu'à la loi de finances de 1907, il figurait dans les crédits ouverts au ministère du commerce et il n'était que de 200.000 francs.

CHAPITRE VI

Les contradictions et l'arbitraire dans les décisions du Conseil d'Etat.

Après avoir montré la fragilité des supports juridiques que le Conseil d'Etat donne à l'interdiction de principe pour les entreprises municipales, il convient de signaler maintenant les défauts de logique et les véritables contradictions contenues dans la théorie qu'il a édifiée. Ses avis et ses arrêts, qui sont contraires à l'ensemble de nos lois, ne sont même pas d'accord les uns avec les autres. Il est curieux de relever quelques antinomies.

Dans l'examen du projet de pharmacie municipale à Roubaix, il émettait l'avis que « la création de sociétés coopératives » pourrait abaisser le prix de vente des médicaments. Un peu plus tard il refusait d'autoriser la ville de Poitiers à subventionner une boulangerie coopérative, arrêtant ainsi l'essor d'un mouvement qu'il avait l'air de provoquer d'abord. Il prétend qu'une ville est mauvais administrateur et risquerait de compromettre ses finances dans une opération commerciale ou industrielle, mais il lui permet d'agir quand l'entreprise est gratuite ou quand aucune initiative privée ne veut se risquer !

Il ne veut pas qu'elle cherche à faire des bénéfices douteux, pourtant possibles, mais il lui rend sa liberté quand il est certain d'avance, à raison de la gratuité de l'entreprise, qu'il n'y aura pas de bénéfice du tout ou qu'il y aura même des pertes. Il l'accuse d'incapacité pratique dans des conditions normales, mais il la laisse agir dans des conditions périlleuses, si aucun particulier ne juge à propos de le faire. Il accepte l'idée de municipalisme rural, mais il repousse l'idée de municipalisme industriel ou commercial. Il objecte à l'organisation des régies que la responsabilité des administrations n'est pas organisée légalement, mais il admet sans discussion la régie des théâtres municipaux, la plus dangereuse de toutes au point de vue pécuniaire, celle qui comporte la plus grande somme de risques, celle que la ville de Lyon a spontanément abandonnée comme déficitaire. Il semble vouloir s'opposer à toute politique collectiviste, mais il accepte les entreprises gratuites, qui peuvent précisément donner lieu à des tentatives collectivistes ou favoriser les manifestations nettement socialistes.

Au point de vue fiscal la situation n'est pas moins bizarre. Si le ministère de l'intérieur s'efforce d'entraver l'essor des industries municipales, le ministère des finances les reconnaît volontiers et leur impose la contribution des patentes. Et le Conseil d'Etat donne ici son approbation sans réserves. Il oppose la règle de la spécialité aux exploitations commerciales et industrielles, mais, comme juge du contentieux des contributions directes, il les sanctionne en déclarant que les villes commerçantes sont soumises à la patente ; les communes ne sont pas spécialisées au point de ne pas payer patente. La contradiction est d'autant plus frappante que c'est le même corps qui rend toutes ces décisions opposées, et l'on est étonné de voir qu'elle est acceptée sans protestations par certains auteurs. M. Morgand, qui expose l'incapacité jurisprudentielle des communes, enregistre sans commentaires la nécessité de la patente pour leurs exploitations (1).

C'est surtout l'expédient des « circonstances exceptionnelles » qui permet au Conseil d'Etat de consacrer les solutions les plus diverses, d'admettre ou de repousser une régie de gaz, un médecin municipal, etc. Théoriquement on dit que ce sont là « des procédés souples permettant à la jurisprudence de se plier, sans se contredire, à toutes les nécessités ». En réalité les contradictions sont manifestes et c'est en vain qu'on voudrait les nier ou seulement les dissimuler. Elles aboutissent à l'arbitraire le plus complet. « En faisant intervenir l'élément économique dans le débat, le Conseil d'Etat, — c'était du reste le but qu'il poursuivait, — a ouvert toute grande la porte à l'arbitraire. Il était évident que le principe prohibant toute ingérence des assemblées communales ou départementales dans le domaine économique ne pouvait être appliqué dans toute sa rigueur, et que le Conseil d'Etat s'empresserait d'admettre de nombreuses exceptions à la règle par lui posée (2) ».

De là les « circonstances exceptionnelles » qu'il est toujours facile d'invoquer et qui font varier les solutions suivant les espèces. Comme l'exposait le com-

---

(1) Léon MORGAND, *La loi municipale*, 6ᵉ édit., t. I, n° 808.
(2) Marcel GRAU, p. 34.

missaire du gouvernement Romieu dans des conclusions déjà citées, le Conseil d'Etat, sans faire la théorie générale, délimite lui-même les pouvoirs des conseils municipaux dans chaque affaire.

Il est donc impossible de savoir par avance s'il y a absence ou insuffisance d'action individuelle, et si l'on se trouve dans des conditions économiques compatibles avec l'activité municipale. On peut le dire dans des hypothèses-types ; on ne le peut pas dans la grande majorité des cas concrets. Il ne sert même de rien de consulter préalablement l'administration. Quand le Conseil municipal de Paris demandait en 1901 au Ministre de l'intérieur une autorisation éventuelle pour une régie possible du gaz, le ministre, fidèle écho du Conseil d'Etat, faisait cette réponse dont on appréciera toute l'habileté de rédaction et toutes les réserves diplomatiques : « J'incline à penser qu'au point de vue légal l'exploitation directe ne rencontrerait pas d'obstacle absolu, si la ville ne pouvait traiter avec un concessionnaire ou si elle ne pouvait le faire qu'à des conditions onéreuses ». Comment prévoir qu'aucun obstacle ne sera jugé « absolu » ? qu'une condition sera considérée comme « onéreuse » ? Comment dégager la véritable pensée ministérielle au milieu de nombreuses réticences destinées à ne rien compromettre et à réserver dans l'avenir les solutions les plus opposées ? En pratique c'est l'imprévu quand une difficulté s'élève, et l'arbitraire pour la résoudre ; c'est la mainmise du Conseil d'Etat sur la vie municipale et sur les budgets des communes ; c'est l'exercice de la tutelle administrative la plus étroite et la plus capricieuse.

L'administration supérieure arrive ainsi à arrêter les entreprises financières des villes. Sous prétexte qu'elles pourraient être mauvais commerçants, elle les empêche d'améliorer leurs finances et de chercher, à l'exemple des villes anglaises, des ressources dans le commerce et l'industrie. Et cependant elle les autorise à agir si l'initiative privée n'agit pas et s'il est pratiquement impossible à des individus ou à des sociétés d'assurer un service. Mais alors, comme on l'a très finement remarqué, cette politique, destinée à condamner des entreprises déterminées de municipalisation, va apparaître au contraire comme une justification éloquente du municipalisme en général. Elle cherche la condamnation de l'action communale; elle en est au contraire la réhabilitation. « S'il appartient aux communes, a-t-on dit, d'assurer les services publics dans des circonstances exceptionnelles, dans des cas où personne ne peut les assurer d'une façon suffisante, c'est-à-dire dans les circonstances et dans les cas les plus difficiles, c'est peut-être parce que les communes ont en elles des forces, des vertus, des capacités tout à fait remarquables et précieuses. Et dès lors on se demandera pourquoi elles n'auraient pas le droit d'exercer ces capacités en temps ordinaire; et pourquoi il faudrait attendre des calamités et des catastrophes pour demander à l'organisation municipale les services qu'on pourrait en tirer d'autant mieux dans les conditions normales (1) ».

La contradiction n'est pas moins évidente au point de vue juridique. Un défenseur avisé du Conseil

---

(1) André Mater, p. 579.

d'Etat, M. Louis-Jaray, a essayé — tâche difficile — de construire une théorie juridique avec l'ensemble des décisions du Conseil d'Etat. D'après lui, toutes se ramènent « à la distinction entre une entreprise commerciale et un service public : le Conseil d'Etat estime qu'il y a service public quand il est *pratiquement impossible* de s'en remettre à l'initiative privée ; c'est donc une question d'espèce, d'appréciation que le tuteur ou le juge administratif aura à déterminer dans chaque cas ». En présence de circonstances exceptionnelles, « on peut dire qu'il n'y a plus alors acte commercial, mais service public (1). »

On a peine à comprendre ces propositions. Comment se fait-il qu'une exploitation donnée, supposée toujours identiquement la même, soit tantôt un service public et tantôt une exploitation commerciale ou industrielle? Il ne faut pas s'en tenir aux étiquettes ; il faut voir la nature des choses. Comment le caractère de service public ou d'opération commerciale dépendrait-il d'une circonstance purement extérieure, étrangère à l'essence même de l'entreprise, du fait qu'un concessionnaire se présente ou ne se présente pas ? Comment une distribution d'eau ou de gaz serait-elle commerciale tant qu'elle se trouve entre les mains d'une société privée, et se transformerait-elle en service public dès que la ville rachète la concession et exploite elle-même ? Qu'on appelle « prix » les sommes payées par le public à un concessionnaire, et « redevances » celles qu'il paie à la ville, la situation est la même.

(1) G. Louis-Jaray, 1, p. 202.

Une semblable difficulté se retrouve au point de vue de la personnalité et de la spécialité des communes.

Le Conseil d'Etat invoque le principe de la spécialité pour enchaîner les communes quand elles veulent tenter une entreprise, et il n'en parle plus dans les cas exceptionnels. Mais si la spécialité est un *principe juridique*, comment se fait-il que la commune puisse cependant agir malgré ce principe dans des cas déterminés, par exemple si personne ne se décide à solliciter la concession ou si l'entreprise doit être gratuite ? Et inversement si la commune peut agir dans les cas de ce genre, pourquoi alors ne le peut-elle pas toujours ? Comment expliquera-t-on qu'un prétendu *principe* sera ou non efficace suivant l'existence ou la non-existence d'un tiers, suivant qu'une opération sera ou non gratuite ? Le Conseil d'Etat fait varier la personnalité civile et la capacité juridique des communes d'après des circonstances purement accidentelles et extérieures, ce qui n'est ni juridique, ni logique. Que l'on dise, à la rigueur, — ce que je n'admet pas, — que la personnalité est « ondoyante et diverse » pour les différentes personnes, c'est une théorie logique et qui peut-être défendue ; mais il n'est pas admissible que cette personnalité change *pour la même personne* suivant « les circonstances. »

La capacité d'une personne peut varier, il est vrai. L'individu qui devient majeur reçoit une capacité plus étendue que pendant sa minorité ; une association déclarée acquiert une capacité plus grande qu'avant la déclaration ; si elle est reconnue d'utilité publique, sa capacité devient plus large encore. A l'inverse la femme mariée voit sa capacité diminuée par le mariage. Le degré de capacité juridique n'est donc pas immuable. Mais dans toutes ces hypothèses les changements trouvent leur origine dans la personne elle-même ; c'est la condition de la personne, la situation qu'elle occupe dans la famille ou dans la société qui est modifiée. Au contraire, en ce qui concerne les communes d'après la théorie du Conseil d'Etat, cette situation est restée ce qu'elle était ; la condition de ces personnes morales subsiste identique. Et cependant leur capacité peut changer, par suite d'évènements étrangers à leur personnalité et alors que le changement n'a son point de départ dans aucun des éléments de cette personnalité. Une commune veut organiser la régie du gaz et l'exploiter ; a priori elle en est incapable ; mais aucun adjudicataire ne se présente : elle est capable. Comment s'est opérée la métamorphose ?

M. Michoud, qui a parfaitement aperçu la difficulté, a cru résoudre l'antinomie par une distinction entre les services dont la commune ne doit pas s'occuper du tout, boulangerie, soins médicaux, etc., et ceux dans lesquels elle a un droit d'intervention incontestable, transports, éclairage, distribution d'eau, etc. Pour la première série, le Conseil d'Etat dénie aux communes le droit à intervenir de quelque manière que ce soit. Pour la seconde série, la concession est la règle, *mais des exceptions sont possibles.* « Tout se borne, dit M. Michoud, à une intervention du tuteur administratif, *guidé par des motifs de prudence et d'opportunité bien plus que par des raisons d'ordre strictement juridique* (1). » Toute contradiction disparaît, ajoute-

---

(1) Léon Michoud, p. 168-169.

t-il, et la critique ne porte pas s'il n'y a, pour les hypothèses de cette seconde série, qu'une question d'opportunité en cause. »

La thèse est habile, mais on ne saurait mieux reconnaître le pouvoir arbitraire que le tribunal administratif suprême s'est attribué. Malgré la haute autorité de mon collègue de l'Université de Grenoble, le raisonnement présenté par lui ne fait pas diparaître le caractère contradictoire de la théorie jurisprudentielle. Les deux séries de services distingués théoriquement ne le sont pas dans la pratique. C'est pour toute espèce de services publics et non pas pour telle catégorie que le Conseil d'Etat admet on rejette la possibilité de l'exploitation directe. Il admet ou rejette la subvention municipale allouée à un médecin, « suivant les circonstances, » et cependant il s'agit de savoir si, au point de vue de la loi, l'allocation de cette subvention rentre ou non dans « la satisfaction des intérêts collectifs confiés à la commune. » Que devient ici le principe de la spécialité? L'hypothèse des soins médicaux fait bien partie de la première série distinguée par M. Michoud, et qui, dit-il, « ne comporte pas de dérogation. » Le Conseil d'Etat en a pourtant accepté plusieurs, comme on l'a vu, pour cette hypothèse même. Si l'on imagine une commune absolument privée de boulangers ou de bouchers, il devra bien tolérer aussi la création d'une boulangerie ou d'une boucherie municipale. Il est donc exact qu'il n'y a pas de démarcation entre les deux séries de services publics.

C'est le principe même de la distinction proposée qui semble inadmissible. Et d'ailleurs quand le Conseil d'Etat reconnaîtra-t-il la possibilité de l'intervention de la commune dans un service public, par subvention ou action directe ? M. Michoud répond : « Question d'opportunité, » ce que je traduis par : « Question de volonté arbitraire du Conseil d'Etat. » Et mon éminent collègue est bien forcé d'avouer que la jurisprudence n'est pas motivée par « des raisons d'ordre strictement juridique, » c'est-à-dire, en termes clairs, qu'elle manque de toute base légale. Je suis donc autorisé à répéter que la règle de la spécialité est tantôt mise en avant, tantôt laissée dans l'ombre, que la personnalité juridique des communes est rendue variable contrairement à tous les principes du droit, et que le Conseil d'Etat veut devenir maître souverain des entreprises municipales. Les contradictions et l'arbitraire ne peuvent être contestés.

Incohérence dans les solutions, insuffisance dans les motifs quand il y a interdiction pour les villes d'exercer un commerce ou une industrie, tel est le résumé de la pratique administrative. En écrivant ceci je n'ai nullement l'intention de manifester une hostilité quelconque vis-à-vis du Conseil d'Etat. A maintes reprises j'ai vanté l'équité de ses décisions, l'esprit libéral dont il fait preuve d'ordinaire et les précieux services qu'il a rendus par ailleurs (1); je lui ai assez

---

(1) V. notamment, La délimitation du domaine public fluvial, dans la *Revue critique de législation et de jurisprudence*, 1899, p. 46, et mes nombreuses notes sous Cons. d'Etat, 19 janvier 1894; *Pand. franç. pér.*, 1895. 4. 17; Cass. crim , 7 février 1896; *Pand. franç. pér.*, 1898, 1, 289; — Cass. crim., 3 et 23 décembre 1904; *Pand. franç. pér.*, 1905, 1, 119; — Cons. d'Etat, 19 février 1904; *Pand. franç. pér.*, 1905, 4, 1; — Cons. d'Etat, 12 janvier 1906; *Pand. franç. pér.*, 1906, 4, 84, etc.

souvent rendu justice pour avoir le droit de critiquer ses décisions sur un point. Il s'agit ici, qu'on ne l'oublie pas, du point de vue purement juridique et de l'interprétation de la loi positive. J'estime qu'il se trompe dans sa politique sur les régies municipales. Il a conservé en cette matière une conception archaïque de l'administration et aujourd'hui fort battue en brèche. Certains considérants de ses avis ou de ses arrêts s'attardent dans des idées vieillies dont l'industrie moderne ni la vie municipale contemporaine ne peuvent plus s'accommoder ; les conditions matérielles de la production se modifient rapidement et nécessitent de plus en plus que des entreprises communes se substituent aux entreprises isolées. On se demande qui le Conseil d'Etat prétend protéger par la résistance qu'il oppose à la municipalisation : les municipalités, ou les habitants, ou les sociétés privées? Dans tous les cas, par les refus opposés à la municipalisation des tramways, il a fait pulluler des affaires de concessions privées dans lesquelles les actionnaires ont perdu la plus grande partie de leurs capitaux.

Il est vraiment impossible, à mon avis, de le suivre dans la voie où il s'est engagé relativement à la mise en régie des services publics. On peut espérer qu'il reviendra sur les solutions critiquées, comme il est revenu sur l'interprétation des contrats de concession dans la lutte de gaz et de l'électricité, comme il est revenu loyalement, dans d'autres circonstances, sur des solutions manifestement exagérées. La jurisprudence est souple ; elle a pour caractère d'évoluer et d'arriver au but par étapes. Une évolution se produira pour les régies directes, j'en ai la certitude, comme elle s'est produite pour d'autres sujets non moins importants. Et si je me suis permis de présenter ici une critique de sa jurisprudence, c'est que j'ai la conviction sincère qu'il est dans une erreur momentanée et que, la reconnaissant un jour prochain, il se gardera d'y persister.

TROISIÈME PARTIE

CONCLUSIONS
NÉCESSITÉ D'UNE ORGANISATION ÉCONOMIQUE

L'étude qui précède conduit à cette constatation qu'un mouvement intense et irrésistible se manifeste dans le sens de la municipalisation des services publics, et cela sous l'influence des préoccupations financières, des préoccupations d'ordre social, et aussi des abus auxquels les concessions donnent lieu. En France le Conseil d'Etat veut résister au courant, mais il est douteux que l'obstruction systématique puisse donner de bons résultats. Elle apparaît plutôt comme mauvaise. Ces essais de réaction contre le municipalisme seraient avantageusement remplacés par un contrôle et une surveillance effective. Au lieu de tenter de vains efforts contre une évolution fatale, les pouvoirs publics devraient trouver préférable de la réglementer, de la canaliser en quelque sorte et de l'entourer de garanties. Il convient de diriger et d'améliorer ce qu'on ne peut empêcher.

Pour arriver à une bonne direction du mouvement, deux précautions sont indispensables : on doit rechercher d'abord si la municipalisation rencontre des limites, c'est-à-dire si les entreprises susceptibles d'être municipalisées peuvent être énumérées limitativement ou au contraire sont en nombre indéterminé ; on doit s'efforcer ensuite d'organiser la municipalisation, c'est-à-dire de donner aux communes une organisation économique et industrielle.

L'examen de ces deux points, qui sera l'objet des chapitres suivants, formera la conclusion de ce travail.

CHAPITRE Ier

La municipalisation comporte-t-elle des limites ?

En présence du développement de la municipalisation, la question qui se pose naturellement est celle de savoir si cette forme d'exploitation des services publics comporte une limitation. Est-il possible de municipaliser toute espèce d'entreprises quelles qu'elles soient, ou faut-il restreindre le régime à certaines catégories déterminées ?

Le problème doit-être examiné à deux points de vue. En premier lieu au point de vue de la législation positive de chaque pays, on doit se demander si les lois en vigueur permettent la municipalisation pour toute espèce de services. On doit ensuite aborder la question d'une façon générale et rechercher la solution rationnelle en dehors de toute législation donnée.

La seconde partie de ce livre a été consacrée à l'examen du premier point de vue pour la France. J'ai essayé de montrer que la législation positive française, à mon avis, ne trace aucune limite à la compétence juridique des communes en cette matière, et qu'elles ont le droit de prendre à leur compte toutes les opérations qu'elles veulent. On ne rencontre même pas de limites dans la théorie jurisprudentielle du

Conseil d'Etat. S'il pose le principe de l'incapacité, il admet tant d'exceptions que l'on n'aperçoit plus en réalité aucune règle fixe. Les essais de construction d'une théorie générale, dus à MM. Michoud et Louis-Jaray notamment, ont montré que la tâche est impossible. En réalité, dans les « circonstances exceptionnelles, » le Conseil d'Etat admet l'action communale pour les entreprises les plus diverses quant à leur objet. Je ne reviens pas sur la conclusion qui se dégage de la discussion juridique : en droit français la municipalisation ne comporte pas de limites.

Il en est de même, selon moi, au point de vue général. C'est celui qui reste à développer.

Les opérations sur l'étendue rationnelle du *municipal trading* peuvent être classées suivant des degrés nombreux. Elles s'échelonnent de rien à tout.

1° Les individualistes intransigeants rejettent toute idée d'ingérence communale ; l'initiative privée doit tout faire. Tel est l'avis de M. Walton Clark, le commissaire dissident dans l'enquête américaine de la *National civic federation*. Dans son rapport sur l'opinion de la minorité, il déclare que les recherches de la commission d'enquête et ses propres investigations l'ont convaincu que la *municipal ownership* n'est pas à la hauteur de la *private ownership* pour les avantages procurés aux consommateurs, simples citoyens ou municipalités. Il rejette même la municipalisation des distributions d'eau (1).

2° L'opinion dominante aujourd'hui ne reste pas si loin en arrière. Généralement on accepte l'idée de

---

(1) Enquête de la *National civic federation*, t. I, p. 30.

municipalisation de l'eau. Le service d'alimentation en eau potable paraît maintenant être le type de l'exploitation permise aux municipalités. Il est généralement ancien, il est connu dans son fonctionnement, il a fait ses preuves et n'expose pas à de grands risques, il porte sur une denrée d'une vente à peu près constante, il ne nécessite pas d'exceptionnelles qualités commerciales, il ne repose pas avant tout sur l'esprit d'entreprise et d'ingéniosité de la direction (1) ; enfin il est dominé par les considérations d'hygiène et de santé publiques. Aux yeux de beaucoup il rentre dans les services publics proprement dits ; il a un caractère administratif touchant aux attributions nécessaires de l'administration municipale, les attributions de salubrité.

La municipalisation de l'eau doit donc être prise comme un minimum de municipalisation. Si le régime ne comporte que cela, il comporte au moins cela.

3º La majorité de la Commission d'enquête américaine a franchi un degré de plus. Dans la seconde de ses conclusions générales, elle a admis que tous les services publics ressortissant à l'hygiène et à la santé publiques peuvent et doivent être confiés aux administrations locales, même en dehors des distributions d'eau. Elle consent à un minimum moins strict que le précédent.

Mais elle ne formule pas de conclusion d'une application absolument générale. Les derniers termes de son rapport d'ensemble sont ainsi conçus :

« La Commission ne prend pas position sur la

---

(1) G. Louis-Jaray, p. 203.

question de la « convenance générale » de l'exercice public ou privé (*on the question of the general expediency of either private or public ownership*). La question doit être résolue par chaque municipalité d'après les conditions locales. Ce qui peut être possible dans une localité peut ne l'être pas dans une autre. Dans quelques cités les compagnies peuvent servir le public de façon à ne créer aucun mécontentement et l'on ne gagnerait rien à faire l'expérience de l'exploitation municipale. En outre l'administration d'une ville peut être bonne et capable de prendre charge de ces services publics, tandis que dans une autre ce peut être l'inverse. Dans les deux cas le public doit se souvenir que ces services exigent une classe nombreuse d'hommes capables, comme administrateurs des villes, de surveiller de près ces objets. On ne doit pas oublier non plus que l'exploitation municipale créera une classe nombreuse d'employés qui pourront avoir plus ou moins d'influence politique (1). »

L'enquête américaine a donc fourni de précieux et abondants documents permettant à chacun de se faire une opinion, mais elle n'en a elle-même exprimé aucune. Son rapport d'ensemble n'aide pas à faire des classifications. Cette abstention voulue est dans tous les cas l'indice d'un esprit d'impartialité auquel il faut rendre justice.

4° Les classifications ont été présentées bien souvent. On a fait des distinctions de toute sorte ; chacun s'est évertué à inventer des formules, « pour limiter le mal, » ou tout simplement dans un but pratique,

---

(1) Enquête de la *National civic federation*, t. I, pp. 26 27.

ou dans la pensée que l'analyse ferait discerner des services susceptibles, d'autres non susceptibles de municipalisation.

C'est par exemple dans une conception purement scientifique et en dehors de toute tendance politique ou autre que l'ingénieur anglais William H. Maxwell distingue le machiniste municipal, *municipal engineering*, et l'industrialisme ou commercialisme municipal, *municipal trading*. Il fait rentrer dans le machinisme toutes les opérations qui lui semblent réservées aux municipalités « sans contestation », et qu'il appelle leurs obligations primaires, *primary duties*, par opposition aux obligations secondaires sur lesquelles tout le monde n'est pas d'accord. Il entend par obligations primaires des municipalités, ce qui veut dire par services de nature à être incontestablement municipalisés :

« La construction et l'entretien des voies publiques, la construction et l'entretien d'un système d'égoûts collecteurs et d'un système pour les ventiler; un système effectif pour assurer la salubrité des maisons ; un système pour l'évacuation et la destruction de toutes les matières usées organiques, ménagères, industrielles, et pour l'utilisation du calorique obtenu par cette destruction en vue d'une production de force motrice pour les usages municipaux ; éclairage, reconstruction des quartiers encombrés ; abattoirs publics, marchés publics, cimetières et chambres mortuaires, bains municipaux, parcs, terrains de jeu ; enfin, alimentation d'eau potable (1). »

---

(1) William H. Maxwell, *British progress in municipal engineering*, cité par André Mater, pp. 433-434.

Comme le remarque M. André Mater, on se demande, après cette énumération, ce que peuvent comprendre les obligations secondaires composant l'industrialisme municipal. Elles comprendront sans doute l'approvisionnement, la fourniture des denrées alimentaires (pain, épicerie, lait, boisson, etc.), l'assurance, l'épargne, la pharmacie, la médecine.

Une distinction présentée fréquemment est celle des services publics et des entreprises de nature commerciale et industrielle. Tous les cas observés en pratique se rangent en effet dans ces deux groupes.

Les services publics répondent aux besoins généraux et permanents de la collectivité et nécessitent pour leur bonne organisation une intervention plus ou moins directe des pouvoirs locaux. Ce sont les grands services de distribution d'eau, d'éclairage par le gaz ou l'électricité, de transports en commun, de distribution de force motrice. Ils exigent une emprise sur le sol communal, des expropriations, des autorisations administratives, en un mot, de la part de l'administration, une intervention se manifestant sous une forme quelconque, mais nécessaire. Le plus souvent ils aboutissent à des monopoles de fait.

La nécessité du monopole de fait a été plus d'une fois regardée comme une considération décisive en faveur de l'exploitation communale. Du moment que certaines industries ne peuvent pas être exercées sous le régime de la libre concurrence et que le monopole à leur égard s'impose, il est naturel de le confier aux conseils locaux. Avec ce système la municipalisation comprendra les opérations impliquant un monopole, elle ne comprendra aucune des autres.

D'une façon générale, si l'on met à part les économistes conservateurs comme Lord Avebury, M. Paul Leroy-Beaulieu, M. A. Raffalovich, M. d'Eichthal et quelques autres, la légitimité de la municipalisation est reconnue pour ce premier groupe de services.

Mais elle est plus discutée pour les autres, c'est-à-dire pour les entreprises ayant un caractère plus spécialement commercial et industriel et constituant le second groupe. Ceux-là rentrent dans l'industrie proprement dite ou dans le commerce, dont les multiples manifestations peuvent se produire librement, par le seul fait de l'initiative privée, et en-dehors de toute intervention des pouvoirs publics ; pour eux la libre concurrence est la règle. Il en est ainsi pour les industries de l'alimentation, du vêtement, la fabrication des briques, du ciment, des fourneaux et tous appareils de chauffage, la banque, les assurances, etc. Beaucoup de publicistes et d'économistes, se rattachant à ce qu'on appelle l'école interventionniste, estiment que les entreprises purement industrielles et commerciales doivent être laissées en dehors du municipalisme, « soit dans l'intérêt des finances municipales, dit par exemple M. Pic, soit au nom du principe de la liberté de l'industrie (1) »,

5° Les partisans du municipalisme intégral n'hésitent pas au contraire à pousser la municipalisation jusqu'aux entreprises de ce genre. C'est ce que font, bien entendu, tous les écrivains à tendance plus ou moins socialiste. Mais on trouve, même en dehors de l'école socialiste, des adeptes de cette extension. L'un

---

(1) Paul Pic, **2**, n° 663, note 1.

des plus hardis dans ce sens est M. Chamberlain. « La municipalité, dit-il, avec son activité coopérative mise au service de tous les citoyens sans exception, doit pourvoir à ce que les pauvres jouissent d'une façon collective de toutes les satisfactions que leur richesse strictement personnelle assure aux riches : parcs, maisons de campagne, bibliothèques, pinacothèques, musées, mais avant tout aqueducs, éclairage général, tramways, ce landau du peuple, hygiène, alimentation à bon marché, et ainsi de suite sans qu'il y ait lieu de fixer d'avance des limites à ce développement indéfini (1). » Cette formule très large est également celle de M. Victor Augagneur, ancien maire de Lyon et gouverneur général de Madagascar. Parlant des limites éventuelles de la municipalisation, il déclarait en 1904 « qu'il n'en voyait aucune (2). » Le domaine des services publics s'étend indéfiniment, a-t-on dit encore. « Ses limites pour chaque âge d'une nation se trouvent dans les possibilités d'organisation pratique et dans l'évolution sociale de cette nation. Nous considérons aujourd'hui que distribuer de l'eau, du gaz, de l'électricité aux habitants d'une ville est service public, mais que leur assurer au meilleur marché possible du pain fabriqué proprement avec de bon blé est pure affaire d'initiative privée. Il nous est impossible de nous donner à nous-mêmes une raison satisfaisante de cette distinction ; demain,

---

(1) Cité par VIALLATTE, *Chamberlain*, p. 12.
(2) Victor AUGAGNEUR, La régie directe des services publics, dans les *Questions pratiques de législation ouvrière*, 1904, pp. 97 et suiv.

si les difficultés pratiques qui s'opposent et s'opposeront longtemps encore à l'organisation nationale de la boulangerie disparaissaient, nous soutiendrions avec beaucoup de raison que la distribution du pain est comme celle de l'eau un service public et nous nous étonnerions d'avoir cru si longtemps le contraire (1). »

La discussion se localise donc entre les deux dernières tendances indiquées et tourne pratiquement autour des entreprises commerciales et industrielles qui n'exigent ni monopole de fait, ni intervention nécessaire ou concours de l'administration, qui ne sont pas des services publics proprement dits.

Je ne pense pas, pour ma part, qu'il soit possible de tracer des limites à la municipalisation, pas plus au point de vue économique qu'au point de vue juridique. Il est d'abord très difficile de faire la classification des deux espèces d'entreprises, même d'après leur nature propre. Le critérium indiqué plus haut, à savoir le caractère de service public, l'intervention nécessaire des pouvoirs publics, est manifestement insuffisant. La boucherie et la boulangerie ont au premier abord un caractère industriel et commercial, et cependant elles ont fait et elles font encore l'objet d'une réglementation de la part de l'autorité publique ; d'une façon générale, de quel côté placer les industries réglementées ? En dehors même de cette difficulté, je ne vois pas pourquoi on empêcherait une commune de chercher des ressources dans une indus-

---

(1) Henri Chardon, *L'administration de la France ; les fonctionnaires*, 1908, p. 9.

trie productive. « L'intérêt des finances municipales », allégué par M. Pic, conduit précisément à la municipalisation. Quant au principe de la liberté de l'industrie, il est respecté puisque les communes commerçantes se soumettent à la libre concurrence et aux lois générales de la production.

Cette dernière considération est de nature à rassurer sur le résultat final du mouvement. Il n'y a pas à craindre que ce développement de la municipalisation conduise à la « Cité future », ni à l'établissement d'un régime collectiviste. Le collectivisme implique l'absorption, par la collectivité, de tous les moyens de production, tandis que le municipalisme s'accorde avec le maintien du régime économique et social d'aujourd'hui : monopoles pour certaines industries, libre concurrence pour d'autres. Il change les titulaires de certains monopoles qu'il fait passer des compagnies aux municipalités, mais il ne touche à rien autre.

Dans tous les cas, si l'on observe la pratique et les faits d'après la méthode expérimentale, on ne trouve à l'étranger aucune limitation : les villes suisses, allemandes, anglaises, n'ont suivi aucun plan préconçu. Quand elles ont voulu inaugurer la municipalisation, elles n'ont été guidées par aucune théorie sur la classification des industries. Elles ont abordé les domaines les plus divers suivant les motifs qui les inspiraient, besoins financiers, considérations sociales, désir d'embellissement ou d'assainissement des cités, etc. La loi italienne de 1903 admet aussi la notion la plus extensive des entreprises municipales.

Il est à remarquer enfin que toute classification

risque de ne pas tenir compte de tous les éléments des difficultés soulevées par l'action communale. La prudence conseille de ne pas formuler de conclusion hâtive. M. Cabiati, qui a serré de très près les données de l'enquête américaine, se montre extrêmement hésitant pour la construction d'une théorie d'ensemble. Il résume ainsi les multiples questions que fait naître la gestion des services publics :

« Les services publics sont-ils mieux administrés par les entreprises privées ou par les collectivités communales ? Dans les éléments d'examen, doit-on reconnaître plus d'importance à la qualité et à la quantité du service, à son prix, au montant des profits, aux phénomènes sociaux ? Le risque des entreprises peut-il être assumé avec moindre dommage par les particuliers ou par la collectivité ? Les conséquences sur le progrès industriel varient-elles dans les deux cas ? Et par le fait des travailleurs la municipalisation produit-elle des résultats avantageux ou nuisibles, à raison de leurs organisations professionnelles ? Les organisations des employés donnent-elles une somme de de bénéfices supérieure aux dommages ? Les éléments pour répondre à ces demandes sont-ils comparables entre eux, ou tout au moins réductibles, à l'aide de la statistique, à un dénominateur commun ? Si à toutes ces demandes on ne peut apporter qu'une réponse négative, à savoir que le phénomène de la municipalisation est bon ou mauvais suivant les moments et les cas, devra-t-on renoncer à traiter le problème général des limites de l'intervention d'une collectivité publique dans les phénomènes économiques ?

« A cette dernière demande, je crois qu'on doit donner une réponse négative. Le problème des limites doit être affronté, mais avec une vue plus large : il faut résoudre d'une part la question très délicate de la mesure de l'utilité des services publics, — question jusqu'à présent effleurée, mais non définie, — et résoudre de l'autre la question connexe avec la première des conditions dans lesquelles un phénomène économique de production ou d'échange doit être réalisé, pour sa meilleure exécution, par une collectivité publique (1) ».

M. Cabiati ajoute que tant que ces inconnues n'auront pas été étudiées, avec des statistiques scientifiquement recueillies et en tenant compte des éléments de fait, toute solution générale de la municipalisation constituera simplement « l'œuvre d'un dilettante », ou alors ne sera qu'une manifestation tendancieuse vers un but politique et dissimulée « sous une pseudo-science économique ».

En présence de toutes ces raisons de douter, je serais porté à admettre la liberté complète des autorités locales dans le choix des entreprises à exploiter en régie. On n'a en somme donné aucun motif péremptoire de borner ce choix à certaines catégories. Pour les motifs positifs qui semblent déterminants, on peut invoquer les résultats des faits, les leçons de l'expérience, et enfin en revenir toujours au grand principe de la capacité, qui est vrai au point de vue de la législation française. Le domaine de la municipalisation doit rester ouvert, sous la réserve que l'ex-

---

(1) A. Cabiati, p. 542.

ploitation communale soit entourée de garanties et faite dans des conditions déterminées par une loi sur la municipalisation des services publics. J'arrive ainsi à l'organisation économique et commerciale des communes.

CHAPITRE II

Nécessité d'une organisation économique et commerciale

Il importe maintenant de signaler ce qui manque encore au bon fonctionnement des régies municipales en France. En somme, au milieu de toutes les objections contre les entreprises des villes, il en subsiste deux très sérieuses : absence d'intérêt personnel, — absence de responsabilité chez les fonctionnaires municipaux. Ce sont là deux lacunes incontestables et qui constituent deux différences, dans notre législation positive, entre la gestion communale et la gestion des sociétés. Mais il serait facile de les faire disparaître. Elles ne sont pas des différences essentielles ou de nature, des divergences absolues ou irréductibles ; elles tiennent à des détails d'application du droit existant. Elles se résument dans cette autre formule : absence d'organisation économique pour la commune.

La France n'est même pas seule à souffrir de cette lacune, qui se retrouve aussi aux Etats-Unis. En Amérique le maximum d'organisation politique coïncide avec le minimum d'organisation économique. Les formes de l'administration municipale, dit M. Walter L. Fisher, l'un des commissaires de la *National civic federation*, n'ont pas été adaptées aux besoins locaux ; elles ne sont que le produit d'une imitation sans soin ni réflexion des administrations des États ou du Gouvernement fédéral (1). Aussi la municipalisation y fonctionne, comme on l'a vu, dans les conditions les plus défectueuses ; c'est là précisément qu'en fait elle a fréquemment des allures socialistes. D'une façon générale d'ailleurs, l'aménagement des services publics, aussi bien par concession que par régie, a piteusement échoué ; ce sont les *politicians*, souvent peu scrupuleux, qui font les affaires communales.

§ 1er. — L'ABSENCE D'ORGANISATION ÉCONOMIQUE EN FRANCE

Les adversaires du municipalisme ont absolument raison quand ils remarquent que les communes, *en France et à l'heure actuelle*, ne sont, pas plus que l'État d'ailleurs, préparées au rôle de commerçant, de fabricant, de directeur de travaux ou d'entreprises. Elles ne sont pas organisées pour les spéculations. Elles ont d'abord trop d'autorisations à solliciter et à obtenir ; la tutelle administrative les enserre encore malgré les réformes réalisées par loi du 5 avril 1884 ; les règles de la comptabilité publique ne se prêtent pas aux nécessités du commerce et de l'industrie.

Un inconvénient plus grand encore peut-être est la confusion de l'organisation politique et administrative

---

(1) Walter L. FISHER, étude d'ensemble sur *The american municipality*; enquête américaine, t. I, p. 33.

avec l'organisation économique, ou plutôt l'absence de toute organisation économique. Ce sont les préoccupations politiques qui dominent la gestion des affaires municipales, de quelque nature qu'elles soient, ou encore les considérations de personnes. Les influences politiques, sans monter au degré aigu qu'elles atteignent en Amérique, jouent un grand rôle ; elles peuvent fausser le mécanisme d'une régie, modifier la composition d'un personnel technique, faire attribuer des places ou postes importants en dehors des raisons de capacité, d'intelligence ou d'expérience.

Dans la discussion de 1905, au Sénat, sur le projet de régie du gaz à Paris, M. Prevet constatait, au nom des individualistes, qu'il n'existe pas en France de responsabilité pour les affaires de l'Etat ou des communes (1). M. Paul Leroy-Beaulieu a écrit que des fonctionnaires sont souvent déplacés ou rétrogradés, sinon révoqués, à la demande de comités ou de députés locaux déçus dans leur prétention de les transformer en courtiers électoraux. Cet assujettissement des fonctionnaires aux politiciens, ajoute-t-il, est un des pires fléaux et une des iniquités de ce temps (2).

Les écrivains socialistes, de leur côté, ne disent pas autre chose. C'est un point sur lequel tout le monde, les collectivistes comme les anticollectivistes,

---

(1) Discours au Sénat, séance du 23 février 1905 ; *Journ. Off.* du 24 ; Sénat, Débats parlem., p. 289.

(2) P. LEROY-BEAULIEU, *Le Collectivisme*, 5ᵉ éd., et *L'Etat moderne et ses fonctions*. Dans le même sens encore, Eug. d'EICHTHAL, *La formation des richesses*, p. 400.

est d'accord aujourd'hui. M. Eugène Fournière signale les abus de la démocratie purement politique, « qui distribue arbitrairement les fonctions publiques, en récompense des services électoraux (1). » M. Emile Vandervelde se plaint aussi que, pour la direction suprême des multiples services industriels de l'Etat, — et la remarque s'applique à la direction des services communaux, — services dirigés en fait par des fonctionnaires compétents, mais irresponsables, on choisisse un certain nombre de politiciens, responsables mais incompétents. Alors que la présidence du conseil d'administration des sociétés privées est une véritable profession, les directeurs d'entreprises municipales, au lieu d'être des ingénieurs, des techniciens, des hommes de carrière, étrangers à la politique, n'ont parfois d'autres titres « que les services qu'ils ont pu rendre à leur parti (2). »

Enfin les esprits scientifiques et indépendants reconnaissent l'existence du mal. Les vices reprochés à l'action de l'Etat et des communes, dit M. Gide, tiennent moins à la nature de l'Etat et des communes qu'à leur organisation : ils n'ont été organisés qu'en vue des fonctions politiques et des fonctions administratives, mais nullement en vue des fonctions économiques. A la tête d'organes réclamant des capacités techniques spéciales ou des hommes d'une expérience

---

(1) Eugène FOURNIÈRE, Les fonctions de l'Etat et le domaine national, dans la *Revue socialiste*, janvier 1907, p. 31, et *Adaptation de l'Etat à sa fonction économique*, même *Revue*, janvier 1908, p. 1.

(2) Emile VANDERVELDE, *Le collectivisme et l'évolution industrielle*, notamment p. 174-175.

éprouvée, on met le plus souvent, à la place d'ingénieurs ou d'agents professionnels, des personnages politiques sans responsabilité effective ; d'où un accouplement de fonctions contradictoires dont les effets, il faut en convenir, ne prêtent que trop à la critique (1). Les mêmes choses sont dites de divers côtés, mais on doit se résigner aux répétitions, puisque les auteurs sont, sur le reste, d'opinions contradictoires. La vérité n'en est que mieux établie : l'organisation économique et commerciale fait complètement défaut aux communes et aux départements aussi bien qu'à l'Etat.

Un conseil municipal est une assemblée politique, et les assemblées politiques manquent d'esprit commercial. On a reproché aux conseils municipaux leur attitude essentiellement politique, mais on a eu tort : il est impossible qu'il en soit autrement. Le conseil municipal de la commune, comme le conseil général du département, est devenu une assemblée politique. Les conseillers municipaux et généraux ont été choisis par des électeurs politiques sur la désignation de comités politiques ; ce sont de futurs députés et de futurs sénateurs. Ils font de la politique et ils sont dans leur rôle. Il serait oiseux de vouloir changer ce caractère. On doit regretter seulement qu'ils soient chargés, en cas de municipalisation, d'une tâche qui n'est pas la leur et pour laquelle ils n'ont pas été choisis.

Voilà donc un point établi, de l'avis unanime : les

---

(1) Louis RAYNAUD, *Etude sur la nationalisation des chemins de fer suisses*, p. 56.

communes françaises ne sont pas préparées, au point de vue économique, à la gestion d'affaires commerciales ou industrielles. Les publicistes les plus opposés s'entendent pour le constater : M. Paul Leroy-Beaulieu se rencontre ici avec M. Vandervelde et M. Eugène Fournière, entente à laquelle on n'était pas habitué.

Mais d'un même fait on peut tirer des conséquences contraires; l'accord du début ne subsiste pas pour les conclusions. Etant donné l'absence d'organisation économique communale, les adversaires du municipalisme prétendent que la commune ne doit jamais se lancer dans une entreprise industrielle, agricole ou commerciale. L'incompétence industrielle des communes, comme de tout corps collectif politique, le défaut d'aptitude à exercer les fonctions d'entrepreneur, de directeur de travaux, à passer des marchés commerciaux avantageux, à profiter d'heureuses occasions, voilà l'un des arguments classiques contre la municipalisation. Un incapable ne doit pas agir ; un être sans expérience et qui veut se mettre dans les affaires se ruine. Qu'il laisse donc les autres distribuer le gaz, l'eau, la force motrice, exploiter les tramways ou l'électricité, construire des maisons salubres et à bon marché. Et l'on proclame la maladresse et l'imprévoyance des communes, leur incapacité naturelle, permanente et indéfinie.

Pourquoi ne pas conclure, au contraire, que la commune doit tout d'abord être organisée économiquement avant de devenir transporteur, fabricant de gaz ou d'électricité, imprimeur, etc. ? Les adversaires du municipalisme raisonnent comme un individu qui, ne connaissant rien, n'exerçant aucun métier, estimerait qu'il ne doit pas travailler de toute sa vie et qu'il est destiné à ne jamais rien faire. A ce compte, le mineur ne devrait jamais devenir majeur, l'apprenti ne devrait jamais être ouvrier ni patron. L'incapacité en tout et pour toute personne devrait être absolue et perpétuelle. Le raisonnement, appliqué aux individus, est absurde ; comment se fait-il qu'on le trouve logique pour des personnes morales comme les communes ? La vérité est que les uns et les autres doivent être mis à même d'agir et d'exercer leur activité. L'homme qui ne sait rien reçoit généralement ou se donne une instruction technique, et il se met au travail. De même il est urgent de constituer aux communes, à côté de l'organisation politique, une organisation économique.

Actuellement elle en est dépourvue. Les défenseurs de l'initiative privée prennent pour type l'organisation actuelle et reprochent aux municipalités de vouloir généraliser un système défectueux. La marche des services administratifs est déjà loin d'être parfaite ; n'est-il pas déplorable d'y adjoindre des services industriels qui fonctionneront avec la même lenteur bureaucratique, avec la même réglementation arriérée, avec la même tutelle et la même centralisation, avec les mêmes influences politiques ? — Mais, comme a fort bien répondu M. Vandervelde, c'est exactement le contraire qui est vrai (1). Il ne s'agit nullement d'étendre le régime administratif actuel ;

---

(1) Emile Vandervelde, *Le collectivisme et l'évolution industrielle*, p. 176.

il s'agit de créer à côté un régime économique tout différent. Les individualistes ne veulent rien confier à la commune d'aujourd'hui, comme si elle n'était pas susceptible de transformation. Par un artifice véritablement trop visible de raisonnement, ils feignent d'ignorer les changements possibles ; ils ne veulent pas se douter des perfectionnements à apporter dans les rouages. Les municipalistes, loin d'être prêts à généraliser les inconvénients incontestables de l'organisation présente, réclament au contraire avec insistance une réforme. Si l'organisme communal est imparfait ou incomplet, il ne faut pas le réduire à l'inaction, il faut l'améliorer et le compléter.

§ 2. — L'organisation économique a l'étranger. Les cités anglaises. La loi italienne de 1903.

Les modèles ne manquent pas pour une bonne organisation économique et commerciale des entreprises en régie. Le résultat cherché pour les communes françaises est déjà obtenu en Europe pour la majorité des communes étrangères. C'est par l'exemple de l'étranger qu'il faut agir pour briser la résistance des tribunaux et des assemblées législatives de notre pays.

En Angleterre, les régies municipales sont organisées commercialement. Les villes anglaises ont passé, elles aussi, par l'apprentissage où en sont maintenant les cités américaines et encore les villes de notre pays ; elles ont eu leur période de tâtonnements, d'hésitations et d'erreurs et elles en sont sorties.

Aujourd'hui leur éducation est faite et il est reconnu qu'elles sont parmi les mieux gouvernées et les mieux administrées du monde. Aussi les commissaires américains de la *National civic federation* ont pris un intérêt tout particulier à l'étude de cette évolution, et l'un d'eux, le professeur Frank Parsons, ne constate pas sans mélancolie le retard de son pays, tout en espérant que l'exemple des corporations anglaises ne sera pas perdu (1).

L'heureuse issue des expériences municipales en Angleterre est due à la capacité technique de fonctionnaires bien rétribués et pleinement responsables, non couverts par une immunité administrative quelconque contre les actions en responsabilité, et soumis aussi à un contrôle rigoureux. La politique ne préside ni à leur nomination ni à la direction de leur conduite. Quand un poste de directeur, ingénieur ou autre est vacant, la corporation ou le comité de direction font souvent des annonces dans les publications techniques ou officielles, et des candidats se présentent venant d'une autre cité ou d'une entreprise privée similaire. Les considérations politiques sont totalement écartées ; c'est la méthode des affaires appliquée au gouvernement local. L'administration des hommes y est séparée de l'administration des choses (2). Aussi les mêmes hommes restent longtemps en fonctions, soit les membres des comités de direction, lesquels

---

(1) Enquête de la *National civic federation*, t. I, p. 14.
(2) « Application of business methods to city government ». Professeur Frank J. Goodnow, Etude d'ensemble sur *The british municipality*, Enquête américaine, t. I, p. 54.

sont des conseillers municipaux, soit les régents et employés. En 1905 à Birmingham le président du *Gas committee* était en même temps président de la « Birmingham small arms Company, Limited », une des plus grandes entreprises commerciales de la cité, directeur d'une banque locale et de plusieurs autres compagnies, et il avait lui-même un commerce pour son compte. C'était donc un homme d'affaires et non un homme politique. Il était membre du Comité du gaz depuis trente ans. Un autre l'était depuis trente-huit ans et avait été président pendant trois ans. Tous étaient de grands industriels, des manufacturiers, des fabricants ou commerçants de produits chimiques, de métaux, de boissons, des banquiers, etc. Ils avaient la plus grande expérience des affaires et une fortune souvent considérable ; ils faisaient parti des *well-to-do classes* (1).

Les élus qui correspondent à nos conseillers municipaux, *councillors* et *aldermen* (2), nomment donc

---

(1) Frank J. Goodnow, cité à la note précédente, pp. 52-53.

(2) Les conseillers ou *councillors* sont élus par les habitants, à raison de trois membres par quartier, avec un mandat de trois ans, le conseil étant renouvelable par tiers chaque année. Les *aldermen*, dont le nombre est le tiers de celui des conseillers, sont élus par ces derniers parmi eux ou parmi des personnes qualifiées pour être membres du conseil, pour six ans et renouvelables par moitié tous les trois ans. Les *aldermen* sont considérés comme la section permanente du conseil. Au point de vue social ils passent avant les conseillers : au point de vue légal ils sont sur le même pied. L'organisation de Londres fait exception et comporte des dispositions particulières. Frank J. Goodnow, cité à la note précédente, p. 49 (note 1 pour Londres). — Edward Jenks, *Essai*

parmi eux des comités, en France nous dirions peut-être commissions, chargés de diriger les différentes régies. Ils sont aidés par des hommes compétents, des professionnels, non soumis à l'élection, dont la situation est stable et largement rémunérée. Chaque entreprise municipale a ainsi son comité directeur. La gestion de ces comités est vérifiée chaque année par deux auditeurs (contrôleurs) élus dans la commune en-dehors du conseil municipal ; ce sont les *elective auditors*, sorte de surveillants ou contrôleurs locaux qui déposent un rapport dont tous les contribuables peuvent prendre connaissance. Dans toutes les municipalités anglaises, les comptes de chaque entreprise sont spécialisés. Ils sont publiés et affichés, et les administrateurs sont personnellement responsables. L'inspection des comptes municipaux est assurée d'une façon effective. A Birmingham, Manchester, etc., des compagnies de comptables diplômés examinent chaque année les livres de la municipalité ; l'inspection est continue. Les administrations fonctionnent avec tant de souplesse qu'on a pu souvent les comparer à des maisons de commerce : grâce à leur organisation économique et commerciale, elles sont devenues des *trading corporations* (1).

Il faut mentionner d'une façon spéciale les régies de Glasgow, qui ont merveilleusement réussi à raison

---

sur le gouvernement local en Angleterre, trad. franç. (Bibliothèque internationale de droit public, direction Boucard et Jèze), pp. 223 et 274.

(1) R. Boverat, pp. 562 et s. — G. Louis-Jaray, 2, pp. 341-342.

de leur organisation. Elles comprennent les services de l'eau, du gaz, de l'électricité, des tramways et des téléphones. Deux traits les dominent : l'absence de toute préoccupation socialiste, et aussi une similitude très remarquable avec les entreprises individuelles. « Loin de relever une opposition entre les méthodes employées par la corporation et les méthodes généralement employées par les entreprises industrielles, on est contraint de constater entre elles des rapports très intimes (1). » Tout y est compris d'une façon commerciale. La direction de chaque service est tout entière entre les mains d'un « comité » spécial : comité du gaz, comité de l'électricité, etc., aidé par des sous-comités, sous-comités techniques, sous-comités financiers. A la tête des services est un ingénieur en chef, *general manager*, dirigeant d'autres ingénieurs. Ces comités de direction sont presque autonomes et responsables de leur gestion. Ils sont tellement indépendants qu'ils arrivent parfois à se faire concurrence entre eux ; ainsi le comité du gaz lutte avec le comité de l'électricité et lui dispute la clientèle des consommateurs (2). Il serait difficile d'imaginer une gestion plus commerciale.

En outre, depuis 1895, la vérification de tous les comptes municipaux de Glasgow est assurée par des comptables de profession ; les comptes sont examinés continuellement et rapidement.

La perfection de l'organisation dans les entreprises municipales à Manchester se révèle par les documents

---

(1) BARBAT DU CLOSEL, p. 127.
(2) BARBAT DU CLOSEL, pp. 35 et 64.

officiels ; il suffit de les consulter pour comprendre ce qu'est une régie bien organisée. Les différents comités de direction sont tellement indépendants que leurs publications respectives n'ont même pas matériellement le même aspect. Mais dans chacune les détails les plus complets et les plus minutieux sont fournis sur la gestion des entreprises ; on pourrait faire une monographie importante uniquement avec les comptes de la corporation de Manchester et de ses différents comités, en en présentant la copie et le commentaire (1).

D'une façon générale, on trouve dans les régies anglaises, en fait la présence d'un personnel remar-

---

(1) Voici la liste des publications officielles, d'une année seulement, que j'ai pu consulter pour la seule ville de Manchester et qui m'ont été fort obligeamment communiqués par le Councillor James Johnston, J. P., C. E :

Manchester corporation ; electricity department ;

Manchester corporation gas works ;

Manchester corporation tramways : Abstract of accounts and annual report for year ended 31 mars 1908 ;

Waterworks committee, annual report ;

City of Manchester ; Report of the baths and wash-houses Committee, 1907-1908 ;

City of Manchester ; Estimates for the year ending 31 march 1910, submitted by the several Committees of the Council ;

Report of the Finance Committee on the annual estimates (contenant des chiffres d'ensemble et des tableaux très pratiques) ;

City of Manchester ; Report on the health of the City, 1907 :

City of Manchester ; Fifth annual report of the Education Committee, 1906-1907 :

City of Manchester ; Abstract of accounts 1907-1908, un fort volume de 827 pages, Manchester, Henry Blacklock and Co.

quable à tous égards, et en droit une organisation économique jointe à la plus grande indépendance. Le gouvernement local anglais possède de véritables organismes commerciaux fonctionnant parallèlement aux organismes administratifs. Les régies vivent ainsi sous le contrôle, mais non sous la direction immédiate des conseils. Les budgets des régies sont individualisés et séparés complétement des comptes généraux de la cité ; ils constituent avec les bilans et d'autres comptes une comptabilité commerciale. La cité elle-même a sa comptabilité budgétaire ; les services municipalisés ont une comptabilité industrielle et commerciale. Dans celle-ci les mêmes éléments et les mêmes chiffrent figurent sous plusieurs rubriques et dans des combinaisons différentes, ce qui permet le contrôle. On trouve le plus souvent : le compte d'exploitation (*revenue account*), le compte « Profits et pertes » (*net revenue account*), le bilan (*balance sheet*), les éléments du prix de revient. Ces différents comptes sont des exemples de simplicité et de clarté que l'on peut donner comme modèles (1). Les moindres détails de chaque gestion sont ainsi connus et vérifiés ; tout est public et tout est publié ; les contribuables sont complètement et continuellement informés du succès ou de l'insuccès de chaque exploitation, comme s'ils étaient actionnaires d'une compagnie privée.

(1) Alexandre DANDOIS, pp. 37 et 61. L'auteur donne le tableau de la comptabilité pour la régie des tramways de Glasgow, avec des notes explicatives que sa qualité de comptable attaché à la régie du gaz de Bruxelles rend particulièrement intéressantes.

L'amortissement est réglé avec le plus grand soin, et ceci, comme on a pu le voir par les exemples concrets cités dans la première partie, comprend deux choses : l'amortissement financier, c'est-à-dire le remboursement du capital emprunté et engagé dans l'entreprise, — puis ce qu'on a appelé l'amortissement industriel, c'est-à-dire les sommes consacrées chaque année à la dépréciation normale et à l'usure du matériel. On trouve même, on l'a vu encore, des comptabilités de régies dans lesquelle est constitué, à côté du fonds d'amortissement proprement dit, un fonds de dépréciation et même un fonds de renouvellement du matériel. Ces deux fonds ont pour objet les améliorations incessantes et les transformations que la technique et le progrès peuvent amener. Les inventions nouvelles créent des machines ou des procédés plus parfaits que ceux qui existent; il est sage et nécessaire, dans un siècle de découvertes, de prévoir cette éventualité. Pour se trouver toujours dans des conditions favorables à la lutte économique, ou pour donner satisfaction à la clientèle, une exploitation industrielle doit pouvoir remplacer un matériel, même en bon état et non encore amorti, par un autre plus perfectionné, procurant un rendement supérieur ou donnant au public le confortable, le bon marché et d'autres avantages dont il ne bénéficiait pas encore et cela sans besoin de nouveaux emprunts. Les sommes qui y sont consacrées sont qualifiées quelquefois « fonds d'amortissement » ; en réalité elles constituent un fonds de réserve (1).

---

(1) Cf. Alexandre DANDOIS, pp. 7-8.

Ainsi les corporations anglaises doivent amortir industriellement toutes leurs installations en 25 ou 30 ans. Le département des tramways municipaux de Glasgow amortit en 32 ans les capitaux empruntés ; grâce aux fonds spéciaux de renouvellement et de dépréciation, il ménage le rajeunissement du matériel et l'extension du réseau, ce qui est une heureuse mesure de prévoyance (1). Les municipalités doivent rembourser en 40 ans les emprunts contractés pour la construction des maisons ouvrières. Tous ces délais ont été considérés quelquefois comme trop brefs.

Avec un scrupule extrême le montant des impôts, même locaux, est porté en compte et figure dans les frais généraux ; chaque entreprise municipalisée paie les taxes et impôts comme le ferait une société, ce qui aboutit à exploitation vraiment commerciale ; en retour elle porte à son actif les recettes qu'elle encaisse pour fournitures faites à la ville, par exemple, s'il s'agit d'une compagnie d'électricité, les paiements reçus pour l'éclairage public. La comptabilité n'opère aucune compensation, aucune contraction de nature à dissimuler un article quelconque de l'actif ou du

---

(1) Déposition de M. James DALRYMPLE, comptable du département des tramways municipaux de Glasgow, dans l'enquête parlementaire anglaise de 1903 ; Ernest BREES. pp. 521-522. Le prélèvement des fonds d'amortissement, de dépréciation et de renouvellement n'empêche pas l'entreprise, tellement les recettes sont considérables, de verser au *common good* de la ville la somme annuelle de 25.000 £, allocation qui a même été portée à 35.000 £, soit 882.000 francs, depuis l'exercice 1905-1906.

passif; c'est le procédé du produit brut, de l'intégralité des dépenses et des recettes, en un mot le principe de l'universalité des budgets. Les régies anglaises sont vraiment individualisées et autonomes.

Le gouvernement local anglais est en outre indépendant et non hiérarchisé. Tout organe est libre d'agir comme il lui plaît, pourvu qu'il soit compétent et qu'il agisse de bonne foi. Chaque rouage est placé sous le contrôle spécial d'un des départements du Gouvernement central, dont la tâche consiste seulement à examiner si les pouvoirs locaux n'ont pas commis d'abus. Le bureau du gouvernement local (*Local government board*) n'exerce pas une tutelle administrative comme en France ; il a seulement un pouvoir de critique ou de censure (1).

Et cependant, tout ce système qui nous semble si parfait et dont nous sommes si éloignés en France est encore critiqué en Angleterre et jugé insuffisant. La Commission d'enquête parlementaire anglaise de 1903 a formulé, dans son rapport général, de longues conclusions sur les améliorations dont est susceptible, à son avis, l'organisation financière des régies. Elle s'est demandé s'il n'est pas désirable qu'un type uniforme de comptabilité soit adopté et elle a dirigé spécialement son attention sur la question de la vérification et du contrôle (*audit*), de façon à préparer un système uniforme de vérification et à assurer une indépendance plus grande encore des *auditors* (2).

(1) Edward JENKS, *Essai sur le gouvernement local en Angleterre*, trad. franc., pp. 16-17.
(2) Ernest BREES, p. 537.

En Suisse, la ville de Genève apporte un soin égal à la gestion de ses régies, dont l'organisation commerciale rappelle les régies anglaises les plus perfectionnées. Elle publie chaque année, pour tous ses services industriels, des budgets, des comptes et des bilans clairs et détaillés que beaucoup de sociétés anonymes pourraient prendre comme modèles (1). Il en est de même pour la ville de Zürich et la ville de Bâle. Les services municipaux de Bâle constituent, d'après un témoin impartial, « un ensemble remarquablement administré (2). »

En Belgique les entreprises municipalisées les plus importantes bénéficient d'une organisation financière séparée de l'organisation administrative et politique. La publication des budgets, comptes et bilans pré-

---

(1) Ville de Genève, *Compte-rendu des services industriels, eau, gaz, électricité*, publié annuellement ; Genève, Albert Kündig. Cette publication, de 200 pages grand in-8°, est un extrait du Compte-rendu annuel de l'administration municipale de la ville de Genève. Elle comprend les divisions suivantes :

   I. — Arrêtés du conseil municipal et décisions du conseil administratif ;
   II. — Notice sur la comptabilité générale des services industriels ;
   III. — Résultats généraux ;
   IV. — Comptabilité générale : 1° Tableaux généraux (rendement du capital fourni par la ville ; — résultats budgétaires pour l'année ; — comptabilité industrielle ; — réserve générale ; — personnel ; — magasins ; — répartition des recettes) ; — 2° Comptabilité de l'administration générale, — de chaque service ;
   V. — Statistique (plus de 100 pages).

(2) Maurice de Coppet, p. 28.

sente un intérêt aussi grand que les documents financiers de Manchester, Glasgow ou Genève. La régie du gaz de Bruxelles en particulier offre un exemple instructif de ce que peut faire une ville dans la voie de la municipalisation des services publics ; elle est devenue classique et sa réputation est européenne (1).

En Allemagne, les villes comme Münich, Francfort, dont j'ai reproduit certains comptes dans la première

---

(1) J'ai eu entre les mains les comptes des 4 entreprises belges les plus importantes. Ils m'ont été communiqués par M. Ernest Brees, à qui j'adresse tous mes remerciements.

I. — Bruxelles-ville (198.449 habitants). Bruxelles forme, avec ses 14 faubourgs, une agglomération de 714.977 habitants. J'ai pu consulter : 1° Le rapport sur le service du gaz, et 2° Le rapport sur le service d'électricité pour 1908, présentés au conseil communal au nom du collège et de la section de l'éclairage : — 3° Le compte d'exploitation de la distribution d'eau ;

II. — Commune de Saint-Gilles (61.748 habitants), faubourg de Bruxelles. Elle publie : Services en régie (eaux, gaz, électricité et bains) : comptes et rapports de l'exercice 1907 ; Ixelles-Bruxelles, G.-J. Huysmans, avec des documents, des tableaux et des statistiques.

III. — Compagnie intercommunale bruxelloise des eaux, qui dessert les principaux faubourg de Bruxelles et quelques communes de la banlieue. J'ai pu consulter les Rapports du conseil d'administration et du collège des commissaires pour l'exercice 1908 (17ᵉ année), avec le bilan et compte de profits et pertes, et le compte-rendu de l'assemblée générale du 6 mai 1909.

IV. — Ville de Gand (164.933 habitants). Le « Rapport sur l'administration et la situation de la ville de Gand en 1907, présenté au conseil communal par le collège échevinal », ne comprend pas moins de 1.147 pages, et donne les plus grands détails sur les différentes régies.

partie de ce livre, sont dans la même situation. La comptabilité financière des régies du gaz est généralement séparée de la comptabilité générale de la commune. Ainsi à Bonn, où la régie fonctionne depuis 1879, les bénéfices nets restent dans la caisse de la régie ; si la ville veut s'en servir pour son budget, elle inscrit la somme prélevée sur les comptes de ce service de manière à éviter toute confusion (1).

Il faut mentionner surtout la ville de Berlin où l'organisme économique est parfait pour la régie du gaz. Aussi cette entreprise rapporte les plus beaux bénéfices et les partisans de l'exploitation en régie peuvent sans crainte invoquer un pareil précédent. « Les hommes qui sont à la tête de ce service n'ont à subir aucun contre-coup des événements politiques. Ce qui fait leur force et en même temps ce qui assure le succès de l'entreprise qu'ils dirigent, c'est qu'ils n'ont à se préoccuper d'aucune influence politique ou électorale. Ils sont là pour servir les intérêts de la ville ; ils ont sous leurs ordres des chefs de service ou des ouvriers qui leur obéissent comme ils obéiraient à un patron. La consigne est la même pour tout le monde (2). » On doit ajouter toutefois que l'organisation des régies allemandes n'est pas partout rigoureusement commerciale. Pour les régies des tramways spécialement, il arrive que les comptes ne sont pas distincts du budget communal ; ce défaut

---

(1) Pierre MERCIER, p. 193.
(2) Ed. LABBÉ, p. 67. — Sur l'organisation économique de la régie du gaz à Berlin. v. PELLAULT DE SAINT-AGNAN, Le budget de Berlin. p. 43 et s.

de spécialisation engendre la confusion et l'impossibilité de saisir les résultats propres et effectifs de l'exploitation (1).

J'arrive enfin à la loi italienne du 29 mars 1903 sur la municipalisation des services publics. Elle a traité la question avec le plus grand soin et a fait un louable effort pour doter les communes d'une organisation financière et commerciale, constituant ainsi une manifestation remarquable de politique sociale et de politique économique. Malheureusement cette organisation ne fonctionnera que rarement, comme on le verra, pour les communes qui n'ont pas encore abordé la municipalisation. Les règles qu'elle édicte doivent être étudiées théoriquement, mais les communes italiennes ne pourront pas toujours en tirer profit. Elle institue une direction technique pour les affaires communales ; elle assure la double surveillance du préfet et de la municipalité sur le directeur technique de l'entreprise et la commission administrative du service ; elle établit la responsabilité pécuniaire de la commission et du directeur technique ; elle édicte enfin l'obligation pour la ville de dresser un budget séparé pour l'industrie municipalisée (2).

(1) André Bussy, notamment p. 259.
(2) Sur la loi italienne du 29 mars 1903, v. notamment : Ch. Beaujan, La législation italienne en matière d'habitations populaires ou économiques, dans la *Réforme sociale*, 1908, 2, 141. — Eugène Brès, *De la municipalisation des services publics en Italie*, Paris, 1904. — Alberto Geisser, dans la *Riforma sociale*, 1909, p. 113. — G. Louis-Jaray, Le socialisme municipal en Italie, dans les *Annales des sciences politiques*, 1904, p. 297 et s. — Pierre Mercier, p. 239 et s. — R. dalla Volta,

Toutes les dispositions qu'elle renferme peuvent être groupées sous quatre chefs.

I. — Elle reconnaît la capacité des communes pour exploiter directement certains services. L'exploitation en régie est d'ailleurs essentiellement facultative; les communes sont libres de choisir, pour chaque service, entre la concession et l'exploitation directe. Les objets sur lesquels elles ont la faculté de faire porter leur activité sont énumérés au nombre de 19, mais simplement à titre d'exemples. Elles peuvent en effet assurer l'exploitation directe des services publics et *notamment* de ceux relatifs aux objets suivants :

1° Construction des aqueducs et fontaines et distribution d'eau potable ; — 2° éclairage public et privé ; — 3° construction d'égoûts et utilisation des matières fertilisantes ; — 4° établissement et exploitation de tramways à traction animale ou mécanique ; — 5° exploitation des téléphones dans les limites du territoire de la commune ; — 6° pharmacies ; — 7° balayage public et enlèvement des ordures ménagères ; — 8° pompes funèbres, même avec monopole, excepté pour le transport des membres des congrégations et autres associations instituées dans ce but et reconnues comme personnes morales ; 9° construction et exploitation des moulins et fours normaux (régulateurs) ; — 10° construction et exploitation des abattoirs, même avec monopole ; — 11° construction et exploitation des marchés publics ; — 12° construction et exploitation des

La loi italienne sur la municipalisation, dans la *Revue de science et de législation financières*, 1904, p. 244 et s.

bains et lavoirs publics; — 13° fabrication et vente de la glace; — 14° construction et gestion des asiles de nuit; — 15° exploitation des omnibus, automobiles et de tout autre moyen de transport semblable, en vue de pourvoir aux communications publiques; — 16° production et distribution de la force motrice, hydraulique et électrique, et construction des établissements s'y rapportant: — 17° affichage public, même avec monopole, exception faite pour les affiches électorales et les actes de l'autorité publique; — 18° séchoirs et dépôts de maïs; — 19° vente de grains et semences, de plantes, vignes et autres plantes arborescentes et fructifères.

Cette énumération, bien que très complète, n'est nullement limitative. Elle indique seulement certains services, et une commune italienne pourrait prendre en régie toute espèce d'entreprises. Mais c'est là une solution qui risque de rester théorique à raison des entraves apportées à la municipalisation elle-même.

La loi de 1903 contient en effet une série de précautions excessives qui s'imposent quand une municipalité manifeste l'intention d'user de la faculté légale. S'il s'agit de créer un service public municipal, la décision doit être prise deux fois par le conseil communal dans deux séances successives séparées par un intervalle d'au moins 20 jours, et avec l'avis favorable de la majorité des conseillers. La délibération doit indiquer les moyens financiers de couvrir les dépenses. Elle est examinée alors par la *Giunta* provinciale administrative, conseil provincial correspondant à peu près à notre conseil général, qui donne son avis. Le préfet transmet cet avis, avec ses propres observations, à une Commission royale centrale qui donne aussi son avis. « Cette Commission est celle qui fait la pluie et le beau temps en matière de municipalisation, car c'est elle qui décide si la délibération du conseil communal doit ou non être soumise au suffrage des électeurs de la commune convoquée par la *Giunta* provinciale. C'est le referendum populaire. Mais il ne peut venir qu'après l'avis favorable de la Commission royale, qui est un organe gouvernemental (1) ».

L'avis favorable de cette Commission est donc la condition indispensable de la municipalisation. C'est là la disposition critiquable de la loi de 1903, celle qui fait dépendre l'existence des régies de l'arbitraire d'une autorité supérieure. Après avoir offert la liberté la plus étendue aux municipalités, elle la leur retire immédiatement. Aussi on a pu dire que « cette procédure est établie beaucoup plus pour mettre un frein à la municipalisation que pour la favoriser. »

Il n'est donc pas étonnant que les régies ne se soient que très peu développées après 1903. La municipalisation est quelque peu arrêtée depuis cette époque. Elle subsiste pour les villes qui l'avaient entreprise auparavant, mais elle s'étend aujourd'hui difficilement. De fait elle est pratiquement interdite aux petites communes.

La loi italienne a prévu aussi l'hypothèse du rachat d'une concession et en a réglé les conditions. Ici encore l'avis de la Commission royale doit intervenir. C'est un point qui a été traité dans la seconde partie de ce livre.

(1) R. dalla Volta, p. 253.

Supposons qu'une régie ait pu prendre naissance. Les règles relatives à son organisation sont plus judicieuses et il y a intérêt à les connaître.

II. — L'organisation des régies est réglée minutieusement. La loi italienne part de l'idée fort juste que le conseil municipal ne saurait gérer lui-même le service, qui exige des aptitudes techniques et une compétence professionnelle. Aussi a-t-elle créé un organisme distinct, l'*agence municipale*, pour que l'entreprise arrive dans la mesure du possible à l'analogie désirable avec une compagnie privée. Elle s'est efforcée de concilier les règles des administrations publiques avec les procédés des sociétés commerciales. La création de l'agence spéciale, comprenant un directeur et une commission technique avec un personnel propre, autonome à certains égards et soumise à d'autres égards à l'autorité du conseil communal, est la conception fondamentale de la législation italienne. Chaque service municipalisé doit être constitué en entreprise ou administration (*azienda*) spéciale distincte de l'administration ordinaire de la commune avec un budget et des comptes particuliers. Il y a spécialisation de l'agence et séparation de la comptabilité, de manière que le bilan du rendement commercial devienne visible et qu'on puisse suivre le mouvement économique de l'entreprise.

Il est indispensable en effet que la comptabilité soit individualisée. Il ne faut pas que certains frais d'exploitation soient confondus dans l'ensemble du budget communal, ce qui pourrait faire apparaître un bénéfice purement imaginaire. D'une façon générale l'autonomie aussi absolue qu'il est possible du service est une des bases du nouveau régime. La spécialisation est en quelque sorte le pivot du système.

III. — La responsabilité du directeur de la régie et de la commission administrative est organisée à peu près comme dans une société anonyme. Les organes de l'agence sont soumis à une responsabilité civile pour leurs fautes personnelles ayant occasionné un dommage à l'agence, — à une responsabilité administrative pour les actes accomplis en violation des principes de la comptabilité publique, — à une responsabilité pénale pour les actes délictuels. Le contrôle, la surveillance, les dépenses extraordinaires, tout cela a été prévu. La commission a à peu près le rôle du conseil d'administration dans une société anonyme; le conseil communal remplace l'assemblée générale des actionnaires et doit délibérer sur les budgets des entreprises municipalisées (1).

IV. — Enfin la situation du personnel est entourée de garanties. Les révocations ne peuvent être prononcées qu'à des conditions déterminées, et d'autre part la participation aux bénéfices est admise. Le directeur reçoit un traitement fixe et peut recevoir une part dans les bénéfices, de même que les ouvriers et employés de l'agence. Tous ont donc un intérêt personnel au bon fonctionnement de l'agence.

Cette législation pourrait rendre des services si elle

---

(1) R. dalla Volta, p. 255.

avait plus fréquemment l'occasion de s'appliquer. On a dit, dans la discussion au Parlement italien, que la loi de 1903 est « une loi d'expérience ». Il est dommage que l'expérience ne puisse être générale, et soit forcément limitée aux cas que la Commission royale juge à propos de favoriser. Jusqu'à présent cette commission n'a pas opposé une trop grande résistance aux demandes présentées, mais l'initiative des communes a été quelque peu paralysée. Ce qu'il faut retenir de la législation italienne, ce sont les dispositions sur l'organisation économique et commerciale à créer dans les communes.

§ 3. — Les réformes a réaliser. l'organisation économique et l'autonomie des services

Le plan des réformes à réaliser dans la législation française est maintenant facile à esquisser. Les municipalités savent où trouver la clef du problème : il suffirait de faire chez nous ce qui a été fait à l'étranger. La solution pratique est la création d'une organisation économique communale, et notamment l'élaboration d'une loi analogue à la loi italienne de 1903, avec en moins les entraves gouvernementales.

Il s'agit de régler législativement l'exercice de l'activité communale, ce qui comprendrait à peu près les dispositions suivantes, présentées seulement à titre d'indications et sans prétention d'être complètes. Il y aurait lieu de :

Répéter, à l'effet d'éviter toute subtilité, le principe de droit commun de la capacité juridique pour les communes, et indiquer les cas dans lesquels il pourra ou même il devra y avoir monopole communal, énumérer au contraire les cas exceptionnels réservés, pour des raisons particulières, à l'initiative et aux soins des particuliers;

Préciser les formes légales et les conditions d'établissement d'un service municipal, soit en cas de création immédiate, soit en cas de rachat, et les conditions de rachat devraient faire l'objet d'un examen attentif;

Préciser les conditions d'exercice et de fonctionnement du service, ainsi que les effets de l'action communale, spécialement pour l'étendue de la responsabilité;

Régler enfin la condition juridique du personnel.

La gestion des communes en matière industrielle et commerciale ne peut se développer qu'avec l'établissement de nouvelles institutions administratives; il faut libérer ces collectivités des règles financières rigides et vieillies qui les rendent inaptes au commerce; les règles sur la comptabilité publique et la tutelle administrative doivent être profondément modifiées. La tenue des livres commerciaux habituels, pour ne citer qu'un point, devrait être généralisée, et ce n'est là qu'un exemple.

Les trois points fondamentaux à établir seraient :

1° La spécialisation et l'autonomie des services municipalisés, soit au point de vue des organes de direction et d'administration, directeurs, commissions, comités, agents, etc., soit au point de vue de la comptabilité, ceci dans l'intérêt du bon fonctionnement des services et du rendement, dans l'intérêt de la commune elle-même;

Les Régies municipales.

2° La responsabilité de la commune commerçante et industrielle, dans les termes du droit commun et de la même manière que pour une société commerciale, ceci dans l'intérêt des tiers, pour éviter l'arbitraire et même la tyrannie des administrations.

3° La réglementation de la situation du personnel, ceci à la fois dans l'intérêt des services eux-mêmes et des travailleurs.

Le premier point est capital. L'établissement d'une organisation autonome et non politique est la base de tout le système. Chaque service municipalisé doit constituer une personne morale distincte, possédant des organes particuliers de délibération et d'exécution et un budget spécial. Il importe de donner aux régies municipales (ou même départementales) françaises ce qui leur manque totalement, la ressemblance juridique avec une entreprise industrielle privée. Par nature et économiquement, on l'a vu, elles sont analogues aux autres personnes morales; elles doivent l'être aussi légalement et doivent se rapprocher, pour l'exercice des affaires lucratives, du type d'une société commerciale. Si le conseil municipal ou le conseil général, assemblées politiques, n'ont pas et ne peuvent pas avoir l'esprit commercial, il convient de placer à côté d'eux une *agence*, un *comité*, un *conseil communal* ou *départemental d'administration*, une *commission*, une *direction*, un *bureau*, qui, sous quelque nom qu'il existe, ait la compétence technique, les aptitudes industrielles, l'habileté commerciale requise, et aussi la responsabilité nécessaire. Il ne saurait être question de faire gérer une entreprise quelconque directement par un conseil municipal, sauf peut être dans les très petites communes pour éviter la complication ; le but est de la faire gérer *par la commune*, ce qui n'est pas du tout la même chose, au moyen d'une organisation technique et financière. La commune, être abstrait, vit par le moyen d'intermédiaires ; elle a plusieurs représentants ; l'organisme préposé aux services industriels viendrait s'ajouter à ceux que la loi a déjà institués.

De toute nécessité il doit être placé en dehors de la politique. La séparation de la politique et des affaires doit être un axiôme pour la bonne administration des choses communales. Il faut toujours en revenir à la parole de Gambetta : « On gouverne avec un parti ; on administre avec des capacités. »

La spécialisation des comptes est un autre axiome. Chaque service individualisé doit pouvoir, au point de vue de la forme légale, entrer en compte avec la commune. Le principe de l'universalité des budgets en matière de comptabilité publique ne contredit nullement l'existence de budgets spéciaux pour les entreprises industrielles. Il ne s'oppose pas à l'existence, à côté du budget général de l'Etat, des budgets annexes, budget de l'Imprimerie nationale, budget des chemins de fer de l'Etat, caisse d'épargne postale et tous les budgets « rattachés pour ordre au budget général. » La spécialisation des services ayant un caractère industriel et commercial est indispensable, pour que l'on puisse se faire une idée nette des résultats de chaque service. Tout lien n'est pas rompu avec le budget général, puisque chaque service y figure pour le solde de ses recettes et le solde de ses dépenses, ce qui satisfait le principe de l'universalité et empêche de dissimuler quoi que ce soit dans le chiffre total des recettes ou des dépenses publiques. En France le budget général de l'Etat comprend le solde, le chiffre final du budget spécial des chemins de fer de l'Etat par exemple, et les détails de ce budget sont indiqués à part, ce qui en offre une vue plus claire et n'encombre ni ne surcharge la comptabilité générale. C'est la distinction de la comptabilité industrielle et de la comptabilité budgétaire. Les comptes d'amortissement, de réserve, de dépréciation du matériel, ne peuvent pas figurer dans le budget général de la commune. En Angleterre, le budget des cités comprend en recette l'allocation versée annuellement par le département des tramways, le département de l'électricité et par chaque service municipalisé, et les détails d'exploitation, les comptes de profits et pertes, etc., sont plus avantageusement fournis à part.

La spécialisation des entreprises doit être observée dans tous les cas, quel qu'en soit le but. On a vu qu'il n'y a pas un objet unique de la municipalisation, ni un résultat unique. Une ville peut exploiter dans un but financier ou dans un but social, au prix de revient ou même à perte. Mais dans toutes les circonstances une règle générale s'impose, c'est la nécessité d'une bonne organisation et de comptes séparés. Il n'est pas contradictoire de réclamer une comptabilité commerciale même pour une entreprise qui ne doit pas avoir un rendement commercial. Une distinction doit être maintenue entre les motifs et le but de la municipalisation — et le bon ordre et la régularité des opérations effectuées. Rien ne doit être dissimulé ; tout doit être publié, même le déficit. Si un conseil municipal veut exploiter à perte, il doit le dire ; si une entreprise coûte au budget communal, les subventions fournies par la ville doivent être clairement portées en compte.

Le principe de la spécialisation étant admis, les détails de l'organisation financière seraient à déterminer. Pour ceci les modèles ne manquent pas, la municipalisation ayant été à la fois pratiquée et étudiée. Trois groupes d'éléments peuvent servir de guides.

C'est d'abord l'organisation économique et vraiment commerciale des entreprises municipales à l'étranger. Les documents recueillis de toute part abondent et l'on n'a que l'embarras du choix pour obtenir des renseignements. Les procès-verbaux de la Commission d'enquête américaine de la *National civic federation* portent sur toutes les questions que soulève le problème de la municipalisation. Le rapport général de la Commission d'enquête parlementaire anglaise de 1903 peut être pris comme type de règlement pour la comptabilité ; il est comparable à la loi italienne et lui est même supérieur sur certains points. La loi italienne elle-même peut être largement utilisée.

En France même les précédents ne manquent pas. Nous avons une législation des sociétés qui est commentée et connue dans tous ses aspects. Il est facile de la transporter en matière municipale, en observant deux précautions : il faudrait faire disparaître les défectuosités signalées par l'expérience et qui ne sont pas une objection à son extension ; il suffit de l'améliorer ; — il y aurait lieu ensuite de la modifier sur les détails très spéciaux tenant au caractère des communes, qui sont des collectivités publiques. Une loi sur la municipalisation pourrait s'inspirer aussi du projet de loi déposé pas le Gouvernement français lui-même pour assurer l'autonomie de l'administration des chemins de fer de l'Etat.

Enfin certains travaux privés émanent de spécialistes. Je n'en veux citer qu'un, la monographie d'un comptable belge, M. Alexandre Dandois, sur les procédés « pour faire de bonne comptabilité dans les régies. » De pareilles recherches facilitent singulièrement la tâche du législateur.

Ainsi les modèles ne manquent pas ; le tout est de vouloir les suivre. Que tout ne soit pas parfait dans les organisations étrangères, que les conceptions théoriques soient sujettes à révision, ce n'est pas la question. Le point important est d'adopter une idée, le principe de l'organisation technique et commerciale ; les détails seront discutés ensuite et perfectionnés suivant les résultats de l'expérience.

Peut-être conviendrait-il, pour atteindre plus sûrement encore le résultat, de refondre en partie la loi municipale et de la modifier sur deux points principaux.

On pourrait examiner le renouvellement partiel des conseils municipaux, comme il existe en Angleterre, comme existe aujourd'hui chez nous le renouvellement partiel des conseils généraux. Ce mode de recrutement assurerait l'esprit de suite dans les affaires municipales et éviterait les soubresauts politiques et même administratifs ; il empêcherait le remplacement brusque d'une municipalité par une autre arrivant avec des idées complètement opposées, c'est-à-dire les révolutions locales comme celles qui se produisent trop fréquemment aux États-Unis. Les adversaires du municipalisme croyaient assister à un bouleversement de ce genre à Londres après les élections de 1907. Il n'en a rien été, et fort heureusement pour les administrations de Londres, pour le public, pour tout le monde. Il ne faudrait pas qu'une régie fût créée, puis abandonnée, puis reprise suivant les résultats des élections successives ; le régime serait déplorable.

La loi municipale pourrait aussi attribuer avantageusement aux communes plus d'indépendance qu'elles n'en ont aujourd'hui et relâcher la tutelle administrative qui les enserre. Les communes françaises, d'après la loi du 5 avril 1884, ne sont véritablement pas libres ; les départements, d'après la loi du 10 août 1871, le sont encore moins. Tout ce qu'on peut dire, c'est que leur situation légale, aux uns et aux autres, est moins mauvaise qu'elle ne l'était avec les lois établies sous les régimes monarchiques. Mais elle forme encore un contraste regrettable avec la liberté du gouvernement local anglais. En Angleterre, le bourg et la paroisse ont une indépendance presque complète ; on ne voit pas le pouvoir central intervenir pour approuver, suspendre ou annuler les décisions des autorités locales ; le Gouvernement ne peut même pas dissoudre les conseils municipaux, et cependant, on l'a vu, les régies municipales fonctionnent d'une façon satisfaisante. Une plus grande liberté d'action ne pourrait que profiter aux communes françaises et spécialement aux entreprises municipales. Une réforme du même genre concernant les départements serait tout aussi appréciable. Les conseils locaux protestent avec raison contre une tutelle trop étroite ;

aujourd'hui l'administration supérieure veut règlementer de trop près leur activité.

Une pareille autonomie accordée aux autorités locales n'aurait pas d'inconvénients, parce qu'il s'agit ici de l'action communale (ou départementale); cette action s'oppose à l'action de l'Etat, qui n'est pas du tout la même chose. Il est même bien plus facile de créer une organisation économique pour la commune que d'en créer une pour l'Etat. Pour les services industriels municipaux, il peut exister des règles formelles et un contrôle de l'autorité supérieure auxquels les villes ne pourront se soustraire. Quelle que soit l'indépendance des municipalités, il y aura toujours des recours possibles contre leurs actes ; bien mieux, plus leur indépendance sera grande, plus le système des recours, et spécialement des recours contentieux, sera développé. Il en serait peut-être autrement pour les services industriels de l'Etat. Il y aurait à craindre, malgré l'existence de règles législatives, que le Parlement, ne reconnaissant aucune autorité supérieure, ne voulût intervenir dans la gestion, changer le personnel ou disposer des ressources financières de l'entreprise. C'est ce qui fait la supériorité des régies municipales sur les régies de l'Etat : les villes peuvent être surveillées ; l'Etat ne le peut pas. Une comptabilité spéciale des entreprises de l'Etat ne fonctionnera pas toujours normalement, parce que la sanction restera douteuse pour les irrégularités ; mais elle peut être établie pour les entreprises communales, parce que l'Etat les contrôlera (1).

---

(1) *L'Economiste français*, 20 avril 1907, p. 570.

On a objecté la dualité du caractère de la commune. La commune-administration, a-t-on dit, ne se séparera jamais de la commune-industriel ; les règles, les procédés, l'esprit de l'une et de l'autre auront trop de points de contact pour demeurer vraiment distincts (1). En réalité ce n'est pas là une objection : c'est l'exposé même de la situation. Il est clair que la commune a deux caractères, comme l'Etat, mais précisément toute la politique municipaliste est de les séparer et de faire fonctionner parallèlement les administrations publiques et les entreprises commerciales. Toute confusion sera évitée par l'organisation économique que l'on réclame avec tant d'insistance ; si l'on demande des règles rigoureuses sur la marche des régies, leur direction et leur comptabilité, le choix du personnel, c'est qu'on a parfaitement aperçu les dangers de la confusion qui a existé jusqu'à présent. Des abus se sont produits ; certaines villes ont couvert le déficit des régies avec le produit des impôts. Les municipalistes veulent justement éviter le retour de semblables pratiques. Ils cherchent à mettre les régies en dehors de la politique, notamment pour le recrutement des agents et employés. La prétendue objection ne serait plus possible si les réformes souhaitées étaient réalisées.

Les régies communales sont donc plus faciles à organiser que les régies d'Etat. En même temps elles sont susceptibles de perfectionnements qui restent problématiques pour les sociétés. En matière de sociétés on rencontre des abus qu'on ne peut faire

(1) André Bussy, p. 129.

disparaître. Ainsi on ne peut empêcher une société anonyme d'en commanditer une autre, d'avoir des filiales, d'entretenir des rapports d'affaires artificiels avec elles. La surveillance à créer, si l'on voulait aller jusque-là, deviendrait excessive, en dehors même des fraudes et de l'habileté des conseils d'administration ; elle porterait de trop graves atteintes à la liberté individuelle et nuirait à l'initiative des sociétés sérieuses (1). Une surveillance rigoureuse est au contraire possible pour les régies ; on peut constituer un contrôle sévère et établir des responsabilités effectives.

Cette considération conduit à l'exposé des dernières réformes qui doivent couronner le système des régies municipales. Quand on aura créé l'organisation économique et commerciale qui fait encore défaut, les deux lacunes signalées à la charge des municipalités françaises disparaîtront naturellement : la responsabilité sera organisée et la situation du personnel sera réglée. Ainsi tomberont toutes seules les deux objections aujourd'hui exactes, et la question des entreprises commerciales et industrielles des villes sera résolue.

C'est le dernier point à examiner.

§ 4. — LES RÉFORMES (SUITE). LA RESPONSABILITÉ
LA SITUATION DU PERSONNEL

I. — Le Conseil d'Etat a relevé avec raison le défaut de responsabilité pour les entreprises muni-

---

(1) E. THALLER, De la réforme de la loi des sociétés par actions, dans la *Revue politique et parlementaire*, janvier 1903.

cipales, comme pour les entreprises de l'Etat d'ailleurs. « Les risques des actes de la commission municipale chargée de gérer une usine à gaz, une usine d'électricité, etc., ne sont, dit-il, couverts par aucune des responsabilités que la loi française fait peser sur les administrations des sociétés de commerce (1). » La situation est vraie, mais il serait facile d'y remédier.

C'est là le seul motif exact dans tout le raisonnement juridique des arrêts : il existe dans notre droit positif une lacune sur la responsabilité des administrations municipales. On pourrait faire observer que c'est là une considération d'ordre législatif, mais non un argument de droit positif. Légalement, une régie peut fonctionner aujourd'hui même sans responsabilité organisée. C'est un défaut regrettable de la loi existante ; ce n'est pas un obstacle juridique. La régie des Postes fonctionne sans être responsable des transmissions télégraphiques inexactes, du retard dans le transport des lettres, de l'interruption même prolongée du service téléphonique. Ces abus sont légaux, bien que criants. Mais on aperçoit immédiatement qu'ils pourraient disparaître très vite, surtout pour les entreprises municipales, l'Etat étant plutôt disposé à réformer les autres qu'à se réformer soi-même. Il suffirait de transporter aux administrations des régies, comme l'ont fait la loi italienne ou la pratique anglaise, comme l'a proposé le Gouvernement français pour les chemins de fer de l'Etat, des règles

---

(1) Avis précité du 7 juin 1877 sur la demande d'emprunt de la ville de Tourcoing.

analogues à celles qui régissent les sociétés de commerce. J'en ai dit assez sur ce point, au cours de ce travail, pour n'avoir pas à insister davantage.

II. — La situation des agents et employés des régies doit faire l'objet d'une attention toute particulière ; la question de règlementation n'est pas indifférente au bon fonctionnement des entreprises. Elle comporte deux aspects. On doit assurer la situation des agents du service et ensuite leur ménager un intérêt personnel au maintien d'une bonne gestion et à la perfection des résultats.

Ils doivent obtenir d'abord des garanties légales ; leur nomination, leur avancement et leur révocation ne doivent dépendre que de règles fixées d'avance en dehors de tout favoritisme et de toute influence politique. La condition des fonctionnaires est fort discutée aujourd'hui. Certains auteurs séparent les « fonctionnaires » et les « employés », d'autres les « fonctionnaires d'autorité » et les « fonctionnaires de gestion », ou encore les fonctionnaires de Gouvernement et les autres. Les esprits les plus modérés, comme M. Deschanel, avouent que la situation actuelle ne peut pas subsister. (1). Le Gouvernement a lui-même déposé à

(1) H. BERTHÉLEMY, *Traité élémentaire de droit administratif*, 5ᵉ édit., p. 49. — Roger BONNARD, La crise du fonctionnarisme, dans la *Revue du droit public*, juillet 1907. — Maurice BOURGUIN, *De l'application des lois ouvrières aux ouvriers et employés de l'Etat*. — Henri CHARDON, *L'administration de la France ; les fonctionnaires* ; 1908. — DEMARTIAL, De l'opportunité d'une loi sur les fonctionnaires, dans la *Revue du droit public*, janvier 1907. — Paul DESCHANEL, Discours à la Chambre des députés,

la Chambre des députés des projets de lois sur les associations de fonctionnaires, sur le statut des fonctionnaires. De nombreux décrets sont déjà intervenus, instituant des tableaux d'avancement, des conseils de discipline, etc. La réglementation de la situation juridique des fonctionnaires est devenue particulièrement active depuis 1906. De son côté le Conseil d'Etat s'attache résolument à sanctionner les règles légales sur le recrutement, l'avancement, le déplacement et la mise à la retraite des fonctionnaires publics. Il fait respecter, autant qu'il est en son pouvoir, les maigres garanties que les lois et règlements actuels leur reconnaissent, et il les protège autant qu'il le peut contre l'arbitraire gouvernemental et municipal. Une jurisprudence considérable est en ce sens (1).

séance du 11 mai 1909. — DUGUIT, *Manuel de droit constitutionnel*, pp. 413 et s. — Fernand FAURE, Les syndicats de fonctionnaires et le projet du Gouvernement, dans la *Revue politique et parlementaire*, mai 1907, p. 243. — Maurice HAURIOU, 1, p. 531 et s. — H. NÉZARD, *Théorie juridique de la fonction publique*. — Paul PIC, 2, nos 330 et 383.

(1) V. notamment Cons. d'Etat, 10 mars 1905, *affaire* Demange ; Lebon, 1905, p. 317, sanction du droit pour un individu d'être inscrit sur la liste des candidats à une fonction, quand il remplit les conditions requises ; — 6 août 1898 : Lebon, 1898, p. 664 ; S. 1899, 3, 105 ; — 29 mars 1901, *affaire* Mazel ; Lebon, 1901, p. 360, fonctionnaire révoqué ou puni sans l'observation des formes prescrites par les lois ou règlements ; — 11 décembre 1903, *affaire* Villenave ; Lebon, 1903, p. 768, allocation d'une indemnité en cas de révocation arbitraire d'un fonctionnaire municipal ; 15 décembre 1905, *affaire* La Taste ; Lebon, 1905, p. 490, sanction des règles sur l'inscription au tableau d'avancement et sur le droit d'ancienneté, etc. — Gaston JÈZE, Notes dans la *Revue du droit public*, t. XXI,

Or plus les fonctionnaires auront de garanties légales, plus l'organisation économique de l'Etat et de la commune sera avancée. Le Conseil d'Etat, par des décisions qu'il faut approuver ici sans réserves, travaille activement à cette organisation. Je n'ai pas à examiner ici la question des fonctionnaires eux-mêmes, ni à prendre parti sur les classifications diverses qu'on a voulu en faire. Je constate simplement que si leur condition tend à s'améliorer, celle des agents et employés des régies suivra à fortiori ; si l'on parle de leur accorder des garanties plus solides qu'à l'heure actuelle, on en accordera à plus forte raison aux autres. On peut discuter sur la définition de l'état et de la qualité de fonctionnaire, établir des catégories, mais il est une catégorie pour laquelle toute discussion est impossible, c'est celle des agents et employés des régies, qui sont à peine des fonctionnaires, et sont dans tous les cas des fonctionnaires techniques. Elle est à l'antipode de la classe des fonctionnaires essentiellement politiques, comme les préfets et les sous-préfets, qui sont à la disposition et doivent rester à la disposition du pouvoir politique, tandis que les agents des régies doivent avoir tous les droits des mandataires, employés et ouvriers de l'industrie privée, le droit de syndicat, le droit de grève et surtout la stabilité de situation. Ainsi les ouvriers et employés des chemins de fer de l'Etat, c'est-à-dire d'une régie, ont la même situation que ceux d'une compagnie pri-

---

1904, 2, 517, et 1906, 1, 60 ; E. Bouvier, Note (non signée) sous Cons. d'Etat, 12 janvier 1906, dans *Pand., franç, pér.*, 1906, 484 et les nombreuses références.

vée (1) ; il suffirait, pour le démontrer, d'invoquer la loi du 21 mars 1905, attribuant aux tribunaux judiciaires le jugement des procès entre l'Etat et ses employés de chemins de fer. La situation est la même pour le personnel de toutes les régies municipales ou nationales, ayant un caractère industriel ou commercial.

En matière municipale, certains maires trouvent eux-mêmes excessif le droit que leur confère l'article 88 de la loi du 5 avril 1884 de nommer et de révoquer arbitrairement tous les employés, fonctionnaires et agents communaux pour lesquels des textes exprès n'ont pas fixé un droit de nomination spécial (2). Ils ont mis en pratique un véritable statut du personnel de la ville, instituant des conseils de discipline, des règlements sur le régime disciplinaire, la révocation, le traitement. Ces mesures sont d'autant plus importantes que pendant longtemps la jurisprudence du Conseil d'Etat a refusé toute indemnité aux fonctionnaires municipaux révoqués brusquement. Le maire a reçu sur ce point les pouvoirs les plus larges de l'article 88 précité : il peut révoquer et suspendre tous les employés municipaux à sa nomination, et ce droit s'étend à tout le personnel, aussi bien aux agents et employés des régies qu'aux autres employés et fonctionnaires, même pour les emplois donnés à la

---

(1) Duguit, *Manuel du droit constitutionnel*, p. 419.
(2) Loi du 5 avril 1884, article 88 : « Le maire nomme à tous les emplois communaux pour lesquels les lois, décrets et ordonnances actuellement en vigueur ne fixent pas un droit spécial de nomination. — Il suspend et révoque les titulaires de ces emplois. »

suite d'un concours (1). C'est un pouvoir propre du maire et dont l'exercice échappe au contrôle du préfet, qui ne peut annuler ses arrêtés ; de son côté le conseil municipal ne peut pas, sans empiéter sur les prérogatives du maire, délibérer sur les nominations, suspensions ou révocations d'employés municipaux (2).

Des maires ont pris l'initiative de remédier à ces attributions arbitraires. Ainsi un règlement général, objet d'un arrêté du maire du 9 mars 1906 et s'appliquant à tous les employés de la ville de Lyon, a été mis en vigueur le 1er janvier 1907. « Les employés communaux de la ville sont pourvus d'un statut que réclame depuis bientôt dix ans pour ses adhérents la Fédération des secrétaires de mairie de France et qu'attendent encore les fonctionnaires de l'Etat (3). » Ce statut est relatif aux objets suivants :

1° *Traitements*. — Le règlement municipal lyonnais attribue au personnel subalterne un minimum de salaire correspondant aux besoins nécessaires de l'existence, et au personnel entier des traitements augmentant automatiquement avec l'ancienneté. Il peut ainsi se consacrer exclusivement à ses obliga-

(1) Léon MORGAND. *La loi municipale*, 6e éd., t. I, n° 719. — Cons. d'Etat, 8 août 1899, *affaire* Burgat : Lebon, 1899, p. 593 ; S. 1902, 3, 6.

(2) Léon MORGAND, cité à la note précédente, nos 720-721.

(3) Edouard HERRIOT. La condition du personnel de la ville de Lyon, dans les *Annales de la régie directe*. 1909, p. 129. — V. l'arrêté du maire de Lyon du 9 mars 1906 : *Bulletin municipal officiel* de la ville de Lyon, 11 mars 1906, p. 145.

tions, sans avoir à chercher au-dehors des appointements supplémentaires.

2° *Recrutement.* — La ville de Lyon a posé comme principe le mode du concours ou de l'examen professionnel pour toutes les catégories auxquelles ces systèmes peuvent s'appliquer. Actuellement tous les emplois, à l'exception des emplois de manœuvres, cantonniers, gens de service et assimilés, sont pourvus ainsi. Ces procédés ont un caractère essentiellement démocratique ; ils permettent à tous les citoyens d'obtenir des emplois en dehors de la faveur politique, et à l'administration municipale d'introduire dans les cadres de son personnel des employés possédant les connaissances et les aptitudes voulues.

3° *Heures de travail.* — Les ouvriers manœuvres et hommes de peine ne font en moyenne que 8 heures de travail par jour.

Les employés de bureau fournissent de 7 heures et demie à 8 heures. Tout le personnel de la ville jouit du repos hebdomadaire sans aucune retenue de salaire, bien que la loi du 13 juillet 1906 ne s'applique pas aux agents des communes. Un congé de 15 à 21 jours est accordé chaque année, dans la mesure où le service le permet, à tous les salariés de la ville. En cas de maladie constatée, les salaires sont maintenus pendant 6 mois aux employés et ouvriers titulaires.

4° *Conseil de discipline.* — La prérogative que la loi municipale reconnaît au maire pour prononcer des punitions a été abandonnée au profit d'un organe créé sous le nom de « Conseil de discipline ». C'est une atténuation à l'article 88 de la loi du 5 avril 1884. Le

Conseil est appelé à donner son avis sur la suite que comportent les fautes commises par les fonctionnaires, employés et ouvriers municipaux. Après cet avis, le maire statue définitivement pour la peine à infliger.

Le Conseil de discipline est composé de 6 membres; il est présidé par le maire ou son délégué; deux des membres sont choisis dans la catégorie à laquelle appartient l'employé en cause. Ce dernier est appelé, s'il le désire, à présenter ses explications au Conseil de discipline; le Conseil ne peut examiner que les cas ayant fait l'objet de rapports écrits. Les peines sont : la réprimande, l'avertissement, la mise à pied sans traitement pour une durée n'excédant pas un mois, la rétrogradation, la révocation.

Cette institution n'a rien enlevé à l'autorité du maire et elle a donné satisfaction au personnel (1).

L'exemple de la municipalité lyonnaise a été suivi. Plusieurs grandes villes de France ont créé des Conseils de discipline sur les bases de celui qui a été établi à Lyon.

Le projet de régie du gaz à Paris comportait également une « organisation administrative » de la régie; il prévoyait un conseil d'administration et s'attachait « à assurer aussi complètement que possible son indépendance et à le soustraire aux influences extérieures ; » il réglait le remplacement des membres décédés, leur révocation, etc. ; les budgets et la comptabilité étaient indépendants de ceux de la ville (2).

---

(1) Sur ces détails, v. Edouard HERRIOT, cité à la note précédente.

(2) Rapport MORLOT à la Chambre des Députés; *Doc. parlem.*, 1904, pp. 618 et 621.

L'organisation rationnelle des administrations centrales de l'Etat et des communes, celle des régies, toutes les mesures qui seront de nature à garantir les fonctionnaires contre l'arbitraire, à les rendre indépendants de la politique, à produire le fonctionnement d'un mécanisme automatique, voilà ce qui hâtera la croissance de l'organisation économique nécessaire. Les fonctionnaires, et surtout les fonctionnaires techniques, doivent être à l'abri des injustices et de l'arbitraire toujours possible du pouvoir, et ils doivent avoir des recours contentieux à leur disposition. Il ne faut pas qu'un chef de service, un ingénieur, un électricien, puisse être déplacé ou remercié parce que tel sera le bon vouloir d'un conseiller municipal ou même d'un maire. Tous ont besoin d'être protégés contre le favoritisme qui sévit trop souvent dans les administrations et qu'on a fort bien défini : la substitution de considérations politiques ou autres aux considérations professionnelles dans la direction des services publics (1).

La situation de fonctionnaire, d'employé ou d'agent des administrations publiques est particulièrement mauvaise aujourd'hui pour les employés communaux ; elle est plus instable et précaire que celle des agents des administrations centrales ; ils sont soumis plus directement aux résultats des élections, aux rancunes, aux caprices des maires et des conseillers municipaux. Aussi leur compétence, leur zèle, et, il faut bien le dire, leur considération, en sont diminués

---

(1) Roger BONNARD, dans la *Revue de droit public*, juillet 1908.

d'autant. C'est pour eux que les réformes sont urgentes : il importe qu'ils ne soient plus congédiés injustement, qu'ils échappent aux combinaisons électorales et aux basses vengeances.

Les tableaux d'avancement rationnellement compris sont regardés par tous les employés et fonctionnaires comme une des garanties les plus précieuses. Une juste proportion ménagée entre l'avancement à l'ancienneté et l'avancement au choix est de nature à stimuler le zèle du personnel et à lui donner confiance dans les effets d'un travail assidu et consciencieux, tandis que les nomination dues à la faveur sèment le découragement, la paresse et l'esprit d'intrigue ; elles font des meilleurs fonctionnaires, des mécontents, et des agents les plus disciplinés, des révoltés. La meilleure manière d'éviter l'action politique des employés des régies eux-mêmes et de prévenir les abus dont on a fait une objection, c'est précisément d'écarter a priori la politique de leur condition. Voilà la réponse à apporter à ceux qui redoutent l'influence politique du personnel industriel municipal. S'il a obtenu les garanties nécessaires de stabilité, il se désintéressera volontiers des luttes des partis, et de son côté la municipalité sera en droit d'exiger, en retour des sacrifices pécuniaires et des garanties accordées, des efforts, du dévouement, un travail régulier et productif. L'existence d'une situation légale donnerait satisfaction au personnel sans nuire au pouvoir légitime du maire ou des directeurs de services ; elle établirait une collaboration continue à tous les degrés.

Pour toutes ces raisons il semble qu'un mouvement général d'opinion se dessine en faveur d'une réforme. Le Gouvernement lui-même se préoccupe d'assurer aux fonctionnaires un statut et des garanties, parce que cette nécessité répond à la fois à la nature des choses et au sentiment de l'opinion publique. La question des régies est liée en partie à celle de la situation des fonctionnaires.

Aussi, pour arriver à une organisation complète, une dernière amélioration peut être réalisée. Les adversaires des régies se font une arme du défaut d'intérêt personnel des agents communaux dans les entreprises industrielles ; ils se désintéresseront de tout progrès, dit-on, et « croupiront dans la routine » ; ils dépenseront largement sans compter. Routine et gaspillage, telle serait la formule.

Il est inutile de faire remarquer ce que l'objection présente d'abord d'immoral et d'injurieux pour les employés et fonctionnaires. Elle repose sur de singulières notions de psychologie. Elle ferait croire qu'ils ne voient que l'argent, qu'ils sont guidés uniquement par la morale de l'intérêt, qu'ils n'ont même pas la conscience du devoir professionnel, de la responsabilité, ou ce sentiment d'amour-propre qui pousse à faire bien ce que l'on fait. Mais, en dehors même de ces considérations et en s'en tenant, comme le font les adversaires des régies, à un raisonnement terre à terre, on trouve une solution. L'intérêt personnel des agents communaux recevra satisfaction par l'usage très simple de la participation aux bénéfices ou par des rémunérations calculées, suivant les circonstances, en dehors de la partie fixe du traitement. Il ne suffit pas en effet qu'ils ne craignent rien ; il faut encore qu'ils espèrent. Une entreprise commerciale ou industrielle comporte, pour les gérants et même pour les employés et ouvriers, la possibilité d'un partage de bénéfices, ou l'allocation d'un tant pour cent sur le montant de travaux effectués ; si l'entreprise est exploitée au prix de revient ou à perte, les allocation pourront varier suivant le chiffre des recettes ou suivant tel autre facteur à déterminer. Bien des combinaisons sont possibles.

Elles se justifient par l'analogie qui existe entre les entreprises industrielles et commerciales des communes et les entreprises privées. Elles sont de même nature et les recettes en sont acquises par les procédés ordinaires de l'économie privée. La commune qui fait le commerce gagne de l'argent comme un commerçant. La participation des fonctionnaires aux produits des impôts serait odieuse, parce que les impôts sont perçus en vertu de la souveraineté de l'Etat et ne sont dus qu'à l'Etat ; ils sont payés par les individus pour subvenir aux besoins généraux de la collectivité et ils sont payés obligatoirement. Mais le prix des services ou des produits des régies est payé en échange de ces produits ou services. Autant le partage des impôts entre les pouvoirs publics et les agents serait critiquable, autant la participation paraît juste et naturelle pour des bénéfices d'ordre commercial.

Un conseil technique de direction pourrait alors faire preuve d'initiative, de l'esprit d'invention ou de progrès comme les conseils des compagnies. Il serait porté, par son intérêt même puisque c'est ici de cet intérêt qu'il est question, à rechercher les découvertes, à innover, à profiter des travaux scientifiques. Il se comporterait d'une manière vraiment commerciale. Le zèle des agents et employés intéressés à la prospérité du service serait également stimulé.

La généralisation du système serait la meilleure réponse à faire aux économistes qui appuient avec tant d'insistance sur le défaut d'intérêt personnel chez les administrateurs ou sur leur esprit de routine et leur indifférence vis-à-vis des résultats pratiques. Avec ce régime tomberait l'un des arguments classiques contre l'activité municipale.

§ 5. — Le fonctionnarisme. Influence électorale des employés municipaux

Les défenseurs des compagnies privées redoutent que, avec la municipalisation, le nombre des employés et agents communaux de toute sorte n'augmente considérablement et que leur influence ne devienne prépondérante en matière électorale.

C'est d'abord l'augmentation du nombre des fonctionnaires publics qui est critiquée. On remarquera que cette formule n'est pas très heureuse. Il est abusif de considérer comme fonctionnaires tous les travailleurs touchant un salaire ou un appointement sur le budget communal. Un allumeur de réverbères, un conducteur de tramways, un manœuvre du service des eaux, ne sont pas des fonctionnaires. Mais enfin il faut laisser les mots et considérer les choses. Si, avec les régies, il n'y a pas développement du fonctionnarisme proprement dit, il y a développement des emplois municipaux. Le fait est incontestable.

Mais ce fait entraîne-t-il des conséquences funestes, la question est tout autre. Ce nombreux personnel travaillant dans les entreprises de gaz, d'électricité, de tramways, est nécessaire. Que les entreprises soient aux mains des municipalités ou des compagnies concessionnaires, il existera toujours; il travaillera dans les mêmes conditions, il aura les mêmes inquiétudes, il aspirera aux mêmes salaires élevés, il fera partie des mêmes associations ouvrières. Les agents, employés et ouvriers de grandes compagnies n'ont pas la même situation que ceux des entrepreneurs privés ordinaires. La régie les transporte de la dépendance des sociétés concessionnaires dans la dépendance des municipalités, mais elle n'en augmente pas le nombre. Ce changement a-t-il une influence en matière politique et électorale ?

Les individualistes l'affirment. D'après eux, il y aurait danger, au point de vue électoral, à multiplier le chiffre des employés communaux. Les municipalités se trouveront dans une situation difficile en face des prétentions même déraisonnables de leurs agents. Ils voteront pour les candidats qui promettront des augmentations de salaires, et leur nombre même est redoutable. Dans le Comté et les bourgs de Londres, les travailleurs municipaux représentent un quatorzième du corps électoral, à Glasgow un seizième, à Plymouth 5 0/9 des votants. A Manchester, sur 120.000 électeurs il y a 18.000 employés municipaux. A New-York on en compte actuellement 46.000, et si les services de lumière et de tramways étaient municipalisés, on en trouverait 80.000. Presque tous font partie de puissantes associations ouvrières (1).

(1) Lord Avebury, pp. 43 et s. — Alberto Geisser, p. 102.

Des adversaires irréductibles de la municipalisation ont été jusqu'à réclamer la suppression du droit électoral pour les salariés communaux. Dans l'enquête parlementaire anglaise de 1903, M. Andrew Noble, président d'une grande société privée, proposait de leur enlever leurs droits de vote, afin de les empêcher d'influencer les élections (1).

L'examen de leur influence électorale a été fait avec le plus grand soin par la Commission d'enquête américaine de la *National civic federation*. Les conclusions auxquelles il a conduit ne sont pas aussi pessimistes qu'on a voulu le faire croire. Déjà, dans l'enquête anglaise de 1900, la Commission parlementaire avait abordé le problème, et les réponses les plus contradictoires lui avaient été faites. Certains témoins, Lord Avebury en tête, avaient dénoncé l'action des salariés des municipalités sur les élections locales, mais d'autres, occupant des fonctions municipales et au moins aussi nombreux, ont apporté des appréciations absolument opposées.

Ici encore il faut voir les faits. Or en fait on n'a jamais signalé aucun cas de pression électorale de la part des agents et employés des régies, sauf en Amérique. Il faut mettre complètement à part, dans cette discussion, les choses surprenantes qui se passent aux Etats-Unis. Que les services publics y soient gérés par les corporations locales ou par des concessionnaires, la situation est toujours la même. La politique domine tout. Elle inspire le personnel municipal et le personnel des compagnies, elle dirige les

(1) Ernest Brees, pp. 362 et 503.

chefs de services, les ouvriers et les employés. Tous sont membres d'organisations politiques, et, après les élections, les vainqueurs se partagent les dépouilles des vaincus. Les places dans les compagnies, qu'on le remarque, font partie des dépouilles tout aussi bien que les places dans les services municipaux. L'influence politique des travailleurs aux Etats-Unis est certaine, mais c'est l'influence des travailleurs en général, et non pas des travailleurs municipaux. L'existence ou la non-existence des régies n'a rien à voir avec le régime. Comme le dit le professeur Cabiati, dans un pareil système l'étude de l'économie municipale en Amérique est bien simplifiée.

Si alors on table sur les données des pays d'Europe, on ne constate rien de semblable. A Birmingham, où il y a 3.000 salariés municipaux, à Glasgow, où il y en a 6.500 sur 132.000 électeurs, aucun scandale ne s'est jamais produit. En Belgique, les inconvénients ne se sont pas manifestés davantage. Nul fait caractérisé n'a été allégué ; ce sont toujours d'après des opinions et des hypothèses que l'on raisonne. Mais il ne suffit pas d'estimer, de croire ou de supposer : il faut prendre les faits tels qu'ils sont et construire des théories sur la réalité, non sur l'imagination.

La proposition de supprimer le droit de vote aux employés des régies ne mérite donc pas la discussion. Elle est ridicule parce que logiquement elle devrait être étendue à une foule d'autres personnes payées sur le budget des communes, et même sur le budget de l'Etat ; on ne voit plus où l'on s'arrêterait. Elle est dégradante pour l'individu et contraire moralement à la dignité humaine, politiquement à l'égalité de tous les citoyens. Enfin elle est inutile puisqu'elle ne correspond à aucun danger véritable.

On objecte que les employés communaux réclameront des salaires ou appointements élevés et qu'ils s'associeront pour y arriver. C'est d'abord leur droit ; tout individu peut demander une amélioration de situation s'il la mérite par son travail. Les municipalités commerçantes et industrielles ont fait beaucoup pour leur personnel ; elles ont relevé les traitements, établi un minimum de salaires, réduit les heures de travail. Les individualistes n'osent pas reprocher ouvertement aux ouvriers municipaux d'avoir de hauts salaires ; ce serait à la fois inhumain et maladroit, et la critique attirerait sur ses auteurs une impopularité trop justifiée. Mais, par un détour, ils adressent le reproche aux villes et jugent sévèrement l'augmentation des dépenses des régies, les frais, « le gaspillage ». Ils ne devraient pas oublier pourtant que le municipalisme a pour motif, entre autres, l'intérêt général et le profit du public ; comme on l'a remarqué, une ville ne peut pas, logiquement, commencer par mal payer et surmener ses propres employés ; ce serait contraire au but social des régies. Ces améliorations dans la condition du personnel ne sont d'ailleurs pas perdues ; au point de vue matériel et productif la ville y gagne. L'augmentation des salaires est plus apparente que réelle ; la ville qui paie bien exige une somme de travail plus considérable et des capacités plus grandes chez ses ouvriers et employés. Et puis les « revendications » des salariés des administrations publiques sont moins vives que celles des salariés de l'industrie privée ; ayant une meilleure condition ils ont moins souvent l'occasion de se plaindre. Leurs réclamations seront d'autant moins intenses que leur situation économique sera plus avantageuse et leur situation juridique plus assurée.

Telle est la constatation à laquelle a abouti le travail de la Commission d'enquête américaine et que l'on ne saurait trop méditer. Elle a démontré que « le travail organisé » se désintéresse de la politique. Plus les travailleurs sont groupés, syndiqués, organisés fortement en apparence contre la municipalité qui les occupe, mais ils se mêlent aux luttes électorales. Les associations dont ils font partie les aident à obtenir des avantages de salaires, d'heures de travail, d'hygiène ; la défense des intérêts professionnels est non seulement leur but légal, mais aussi leur effet pratique. Quand ces avantages matériels sont acquis, les ouvriers communaux n'ont plus besoin de s'occuper des candidatures politiques. En fait c'est par l'organisation du travail qu'ils les ont obtenus et non pas par la politique, parce qu'en Angleterre c'est le travail qui est organisé dans la classe des travailleurs, tandis qu'en Amérique c'est avant tout la politique. Aussi les entreprises municipales anglaises visitées par la Commission d'enquête américaine ont toujours eu soin de prendre les devants et d'améliorer elles-mêmes la situation de leur personnel. Pendant qu'elles combattaient quelquefois le principe fondamental du trade-unionisme, en maintenant dans leurs exploitations le principe des *open-shops*, elles se montraient en même temps les meilleurs adeptes des trade-unions. Les corporations ont adopté, pour la fixation des salaires, les tarifs établis par les trade-unions. Le conseil du comté de Londres, pour ne citer que cet exemple, a publié un tarif des salaires et des heures de travail « d'après les bases reconnues par les associations d'employés et les trade-unions ». Par certains côtés de leur situation, les employés municipaux, comme les employés de l'Etat et même les fonctionnaires des services publics administratifs, se rapprochent des employés privés, tandis qu'à l'inverse les ouvriers et employés de l'industrie privée deviennent à certains égards des fonctionnaires. Il se produit une assimilation entre tous les salariés et les mêmes institutions leur deviennent communes, syndicats professionnels, droit de grève, associations coopératives, repos hebdomadaire et autres règles sur l'organisation du travail, etc.

Ce fait capital que « le travail organisé » est exclusif de la politique et des influences électorales des ouvriers a été une fois pour toutes mis en lumière par les travaux de la Commission américaine, et ce n'est pas là un des moindres résultats de son admirable enquête. Il est établi par les recherches faites dans chaque entreprise municipal examinée (1), et la démonstration péremptoire en a été faite, avec des considérations générales, dans des études d'ensemble présentées par deux des commissaires, M. J. W. Sullivan et le professeur John R. Commons (2).

(1) Sous la rubrique *Labor and politics*, qui est distincte des rubriques : *general and historical*, — *engineering matters*, — *finance and accounting*, etc.

(2) J. W. SULLIVAN, *Labor report*, et professeur John R. Commons, *labor and politics*, Enquête américaine de la *National*

Et alors on est ramené à la conclusion à laquelle a abouti déjà l'étude, faite plus haut, sur la situation légale et juridique du personnel des régies. La meilleure manière, et la seule, d'éviter les abus politiques, les influences de partis, les pressions et les campagnes électorales de la part de ce personnel, c'est de lui assurer d'abord une condition stable, des garanties professionnelles et un statut. Voilà la réponse aux objections des adversaires de la municipalisation. Quand on aura donné aux agents, employés et ouvriers communaux l'organisation légale qui leur fait défaut en France, on aura par cela même coupé court à la possibilité des abus ; ils seront des citoyens exerçant leurs droits électoraux et votant comme les autres d'après des préoccupations d'ordre général. Etablir législativement des règles fixes sur le recrutement, l'avancement, la révocation, déterminer les traitements et salaires et au besoin la participation aux bénéfices, en un mot leur faire une situation juridique, les placer à l'abri des influences politiques et électorales, tel est le moyen de leur ôter toute occasion de mettre à leur tour en mouvement ces influences. C'est ainsi qu'ils seront conduits à « remplir exclusivement leur fonction, qui est de bien servir l'État *et non de servir un parti politique ou de s'en servir* (1). » Si l'on veut qu'ils ne fassent pas de poli-

---

civic federation, t. I, pp. 60 et 88. — Sur la question v. encore : Lord AVEBURY, p. 43 : *Les questions du travail.* — Ernest BREES, pp. 359 et 360. — Professeur A. CABIATI, pp. 532 et s. — Alberto GEISSER, p. 100. — André MATER, pp. 549 et 551.

(1) Discours de M. Joseph REINACH à la Chambre des dépu-

tique contre les municipalités, que tout d'abord les municipalités ne puissent pas en faire contre eux : la politique attire la politique.

tés, séance du 9 juillet 1909. V. aussi le discours de M. Lafferre, séance du 10 juillet.

CHAPITRE III

Les concessions récentes — La régie intéressée.

Si la municipalisation n'est pas encore généralisée à l'heure actuelle, particulièrement en France, du moins certains résultats ont été déjà obtenus par les villes au point de vue pécuniaire. Les concessions les plus récentes de services publics contiennent généralement des clauses favorables aux pouvoirs concédants, et la différence est grande avec les anciens traités de concession. Les conseils locaux, instruits par l'expérience et par les théories municipalistes, deviennent plus clairvoyants ; ils ont la notion plus exacte de la productivité des services publics, le sentiment plus net de leurs droits et de ce qu'ils peuvent légitimement exiger. De leur côté les compagnies comprennent qu'elles ne peuvent plus montrer la même intransigeance qu'autrefois ; elles redoutent le rachat ou le défaut de renouvellement des concessions ; elles consentent des abaissements de tarifs, des rétributions plus considérables allouées aux budgets communaux, des participations aux bénéfices. Aussi les cahiers des charges ne sont plus rédigés avec l'imprévoyance dont les municipalités avaient fait preuve au cours du XIXe siècle. Même au point de vue social la situation est modifiée. Les villes demandent et obtiennent que les concessionnaires respectent les intérêts des petits consommateurs, du public en général ou de leur personnel ; elles stipulent des réductions sur le prix de l'eau et du gaz pour les petits loyers, sur le tarif des tramways, ou des conditions de salaire et de travail pour les ouvriers et employés des compagnies concessionnaires. Parfois encore celles-ci ont pris l'initiative des réformes, par appréhension du rachat et pour éviter des comparaisons fâcheuses entre leur propre gestion et la gestion des services en régie. La campagne municipaliste porte ses fruits.

Le système de la régie intéressée ou de l'affermage s'est développé aussi. Avec la régie intéressée la ville alloue au régisseur, qui peut être une société, une rémunération déterminée qui est en somme un salaire, mais qui est susceptible d'augmentation en cas de développement ou d'amélioration dans le service géré ; le salaire peut se doubler d'une participation dans les bénéfices. On ne voit pas ce qu'on pourrait objecter à la régie intéressée qui sera peut-être le régime de l'avenir. La régie intéressée, ou le fermage qui n'en est souvent en fait qu'une variante (1), est une sorte de transaction entre la concession et le municipalisme proprement dit. Elle évite aux municipalités les soucis et les complications de l'exploitation, mais elle réduit leurs bénéfices puisqu'elle crée un intermédiaire qu'il faut nécessairement rémunérer. Au point de vue financier elle est moins avantageuse que la régie directe.

(1) V. plus haut, *Introduction*.

La tendance actuelle est de faire participer les communes, d'une façon plus effective qu'autrefois, aux résultats productifs des grands services publics. Elle se manifeste maintenant d'une façon assez fréquente. Sans parler de l'étranger, où elle se rencontre souvent, on en peut citer des exemples en France. Elle existe à Lorient par la distribution des eaux (1), à Lyon pour la gestion d'immeubles de rapport appartenant à la ville. Il suffira, pour ne pas multiplier les citations, de donner quelques exemples particulièrement caractéristiques.

La ville de Lyon est propriétaire d'immeubles de rapport dans un nouveau quartier, le quartier Grôlée. Le système de la régie intéressée a paru le plus avantageux pour la ville. Le revenu net des immeubles a été estimé tout d'abord à 940.000 francs environ, après déduction des dépenses d'exploitation, notamment des frais d'entretien, des impôts de toute nature, de ramonage, d'assurances, de frais de concierges, etc. Il est devenu plus considérable aujourd'hui, puisque les recettes brutes des immeubles du quartier Grôlée sont d'environ 1.750.000 francs par an. Le régisseur touche 1,50 0/0 sur le produit net des immeubles jusqu'à 940.000 francs, et 3 0/0 au-dessus de ce chiffre. Un local lui est accordé gratuitement pour le bureau de la régie. Le maire de Lyon estimait, dans le projet soumis au conseil municipal, que, avec un revenu net de 940.000 francs, le régisseur aurait au minimum une rémunération de 14.100 francs, dont environ

---

(1) Cons. d'Etat, 6 avril 1895, *affaire* Deshayes; Lebon, 1895, p. 344.

7.000 francs de frais, employés, assurances, frais de bureau, etc. Il doit donc toucher au moins 7.000 francs pour lui-même, et il a la possibilité de toucher davantage si la gestion est rémunératrice. Ce projet de régie intéressée a été voté à la séance du conseil municipal de Lyon du 20 janvier 1908 (1).

La combinaison donne au régisseur un intérêt personnel à bien diriger le service : « Elle l'invitera, disait le maire de Lyon dans son rapport au conseil municipal, à économiser sur les dépenses d'exploitation et à maintenir le produit des locations au taux le plus élevé possible; elle l'encouragera à faire des efforts pour louer les locaux vides. »

Pour la ville de Paris on doit mentionner la régie intéressée des eaux et celle plus récente du gaz.

La première remonte assez haut. La Compagnie générale des eaux de Paris est un régisseur intéressé depuis une transaction intervenue le 11 juillet 1860 entre elle et la ville. La ville a toute la charge des travaux d'établissement; elle est maîtresse des tarifs et supporte les risques du service, ce qui constitue les deux caractères fondamentaux d'une régie. La Compagnie reçoit comme rétribution un tant pour cent de la recette brute qui s'échelonne de 25 0/0 pour des encaissements de 3.000.000 francs à 5 0/0 quand ils dépassent 12.000.000 francs (2).

Mais l'exemple le plus frappant est celui de la régie intéressée du gaz, consacré par le décret du 20 juil-

---

(1) *Bulletin municipal officiel* de la ville de Lyon, 1908, Annexe, I, p. 13-14.
(2) Louis ROGER, p. 63.

let 1907, rendu en Conseil d'Etat. Le Gouvernement, pour mettre fin à « la question du gaz à Paris », a passé outre aux observations critiques du Conseil d'Etat et autorisé l'exploitation en régie intéressée (1).

La régie est confiée à la « Nouvelle société du gaz de Paris, constituée le 17 mai 1907 et qui a commencé l'exploitation le 1ᵉʳ septembre suivant, pour une période de vingt ans. Ce régime réalise l'exploitation en commun et s'efforce d'intéresser suffisamment la Société aux résultats de l'entreprise, tout en attribuant à la ville la plus grande partie des bénéfices. Si l'intérêt de la Société n'était pas stimulé, la ville aurait tous les inconvénients de la régie directe sans en avoir les avantages.

La ville remet à la Société régisseur tout le matériel et l'installation, c'est-à-dire tout l'actif de l'établissement. La ville fera elle-même des emprunts quand elle le jugera utile. C'est la Société qui acquiert tous les approvisionnements ; elle a la pleine initiative pour la conclusion des marchés. Elle est cependant tenue de soumettre à l'approbation préfectorale les marchés

---

(1) L'article 16 de la loi du 24 juillet 1867 soumet à l'autorisation du Gouvernement les traités portant concession, à titre exclusif ou pour une durée de plus de 30 ans, des grands services municipaux. L'article 115, 2º de la loi de 1884 a du reste maintenu la règle pour toutes les communes. Le Conseil d'Etat est appelé à donner son avis obligatoirement, mais les conclusions de cet avis ne sont pas elles-mêmes obligatoires. C'est le gouvernement qui a un pouvoir discrétionnaire d'appréciation et il en a usé en l'espèce. — V. aussi la délibération du conseil municipal de Paris du 9 février 1907.

de charbon portant sur une fourniture supérieure à un approvisionnement de six mois, ainsi que les ventes de coke et autres sous-produits correspondant à une production de six mois. Elle doit constamment maintenir en bon état d'entretien l'actif de premier établissement. Si elle n'exécutait pas les travaux nécessaires, la ville pourrait y procéder d'office, après mise en demeure préalable par arrêté préfectoral ; la dépense resterait supportée par le compte d'exploitation.

D'une façon générale la Société administre sous le contrôle de la ville, qui fixe le prix du gaz. Il a été fixé à 20 centimes le mètre cube pour les usages privés et à 15 centimes pour le service municipal, et peut être abaissé dans deux cas. La Société peut consentir une réduction aux abonnés remplissant certaines conditions stipulées d'accord avec la ville, par exemple aux industriels faisant une grosse consommation de gaz ; la réduction doit être générale et ne jamais faire l'objet de faveurs individuelles. Ensuite l'abaissement graduel du prix du gaz est subordonné aux résultats financiers de l'exploitation. Le conseil municipal est libre de le réaliser, toutes les fois que l'application préliminaire du tarif réduit aux comptes d'une année écoulée laissera à la ville un produit net supérieur à 20.000.000 francs, après déduction de la prime attribuée au régisseur. Les réductions successives pourraient amener le prix du gaz au tarif général de 15 centimes, tarif qui serait alors unique et encore susceptible d'abaissements graduels.

La Société fournit un cautionnement de 5.000.000 francs, et elle est autorisée à porter au compte d'exploitation une somme fixe de 100.000 francs par an, déterminée à titre de forfait pour l'intérêt du capital formant le cautionnement. Comme rémunération, elle reçoit une somme fixe et une autre variable. Les bénéfices nets, obtenus après le prélèvement de charges diverses, frais d'exploitation, intérêts et amortissement des emprunts contractés par la ville, constitution du fonds de réserve légal de la Société, etc., appartiennent à la ville sous la déduction de la double rémunération de la Société régisseur. Celle-ci reçoit :

1º Une somme de 5 0/0 d'intérêt pour son capital affecté au fonds de roulement de 25.000.000 francs, soit 1.250.000 francs. Le capital de cautionnement est rémunéré spécialement par l'attribution précitée de 100.000 francs ;

2º Toutes les fois que les conditions requises pour l'abaissement du prix du gaz seront remplies, c'est-à-dire si la ville, par suite des bénéfices réalisés, abaisse *ou peut abaisser* le prix du gaz, la Société touchera un rémunération supplémentaire de 150.000 francs par demi-centime d'abaissement effectif *ou possible* du prix du gaz. C'est par là que la Société participe aux bénéfices. Cette sorte de participation aux bénéfices est due même si la ville ne diminuait pas effectivement le prix du gaz quand la diminution est possible, et pour chaque possibilité nouvelle d'abaissement d'un demi-centime.

Le personnel de la Société est assimilé au personnel municipal.

Enfin, il existe une commission de contrôle constituée par le préfet de la Seine, composée de conseillers municipaux et d'agents de la ville en nombre égal et chargée de surveiller et de contrôler l'exploitation du service.

Ce nouveau régime contient des avantages notables pour la ville de Paris comme collectivité, pour les consommateurs, pour le personnel. Etant donné l'influence énorme de la capitale en France, la décision du conseil municipal de Paris sera certainement imitée ailleurs ; elle présente donc une grosse importance pour le développement du mouvement municipalisateur.

A l'étranger, la ville de Liège a affermé le réseau des tramways, à partir du 1ᵉʳ janvier 1905, à la Société des tramways liégeois. La combinaison adoptée se rapproche beaucoup de la régie intéressée.

La ville fournit tout le matériel nécessaire à l'exploitation : voies ferrées, câbles électriques aériens, voitures, remises, etc. La Société n'est tenue, vis-à-vis de la ville, à aucun intérêt ni amortissement pour ces installations. Pendant la durée de l'affermage, des travaux complémentaires peuvent être décidés soit par la ville, soit par la société. Celle-ci est tenue de l'entretien et de la réfection de toutes les installations, sans qu'il en résulte aucune charge pour la ville.

Les redevances allouées à la ville sont de 35 0/0 des recettes brutes, qui sont définies avec soin dans le cahier des charges, pour le réseau urbain, et de 5 0/0 des recettes brutes totales des autres lignes exploitées par la Société.

Des garanties ont été stipulées pour le personnel, relativement aux salaires et aux heures de travail. La Société est tenue de payer un salaire minimum de 45 centimes l'heure de travail, pour une journée de

9 heures, aux conducteurs, receveurs, électriciens, etc., de 35 centimes aux aides et aux manœuvres, de 25 centimes aux femmes, de 20 centimes aux apprentis.

Les résultats financiers sont très avantageux pour les finances municipales. Les redevances encaissées par la ville varient entre 400.000 et 500.000 francs par an (1). La ville a d'ailleurs employé, avec la même habileté, des combinaisons analogues pour les services du gaz et de l'électricité.

Enfin la ville de Milan a passé avec la Société Edison, le 29 octobre 1895, une convention tenant de l'affermage et la régie intéressée et qui s'est appliquée à partir du 1ᵉʳ janvier 1907. Elle a une durée de 20 ans. La ville assume la construction des lignes nouvelles et la transformation du réseau ; elle a le contrôle de l'exploitation au point de vue des horaires, des tarifs, qu'elle a le droit de fixer, des parcours, des salaires ; elle prend pour elle tous les frais de construction et d'exploitation, hormis ceux relatifs à la production de l'énergie électrique. La Société Edison fournit la force motrice et se trouve chargée de l'exploitation.

La condition du personnel, pour les salaires et les heures de travail, est assurée et imposée à la Société.

Celle-ci reçoit une rémunération calculée d'abord sur la quantité des kilomètres-voitures parcourus. Elle touche 0 l. 255 par kilomètre parcouru par cha-

---

(1) Ernest BREES, pp. 322 et s., qui donne tous les détails du régime liégeois. — Alberto GEISSER, p. 139.

cune des voitures automotrices mises en service pendant les cinq premières années, 1ᵉʳ janvier 1897-31 décembre 1901, ce chiffre étant maintenu pour ces voitures jusqu'à la fin du contrat, — de 0 l. 27 par kilomètre parcouru par chaque voiture automotrice mise en service dans les cinq années suivantes, 1ᵉʳ janvier 1902-31 décembre 1906, — de 0 l. 285 par kilomètre parcouru par chaque voiture mise en service dans les 5 années suivantes, — de 0 l. 131 par kilomètre parcouru par chacune des voitures remorquées mises en service à un moment quelconque des quinze premières années. Aucun prix n'est prévu pour les parcours des voitures mises en service pendant les cinq dernières années, la ville ne pouvant exiger la construction de nouvelles voitures pendant cette dernière période.

En outre, la ville accorde à la Société Edison une participation dans les bénéfices. Elle est obtenue de la manière suivante. On déduit des recettes brutes : 1° Les redevances allouées à la Société comme il vient d'être dit ; — 2° Une somme de 4.500 l. par kilomètre de double voie, prélevée par la commune en compensation des charges de construction. Sur ce qui reste la Société Edison reçoit 40 0 0 pour sa participation aux bénéfices.

Ce régime a donné d'excellents résultats pécuniaires pour les finances de la ville, bien que le tarif soit très réduit (1).

---

(1) Alberto GEISSER, p. 75. — André BUSSY, pp. 326 et s. Le tarif est de 10 centimes par ligne ou fraction de ligne ; il est réduit à 5 centimes à certaines conditions et la correspon-

Ainsi les idées passent peu à peu dans la pratique. Les études sur les régies directes et leurs avantages ont pu être critiquées ou qualifiées de conceptions abstraites vantant des avantages théoriques ; les faits viennent maintenant donner raison aux partisans du municipalisme. Si les récents traités de concession, d'affermage ou de régie intéressée donnent aux budgets des communes des recettes inconnues autrefois, c'est à eux que le résultat est dû. C'est grâce au mouvement d'opinion qui s'est produit sous leur action contre les abus des sociétés concessionnaires, grâce aux exemples venus de l'étranger, à la propagande des « théoriciens », que les villes sont arrivées d'abord à obtenir de leurs concessionnaires des conditions meilleures qu'à l'origine, à organiser ensuite

dance est gratuite entre certaines lignes. Les recettes brutes ont été de :

1900.	L	5.573.347
1901.	—	5.808.174
1902.	—	6.445.589
1903.	—	6.936.665
1904.	—	7.324.895
1905.	—	7.965.078

Les produits nets d'exploitation ont été, pour la ville seulement, de :

1899.	L	1.062.486
1900.	—	1.259.118
1901.	—	1.290.683
1902.	—	1.292.177
1903.	—	1.522.225
1904.	—	1.697.387
1905.	—	1.972.078
1906 (année de l'Exposition de Milan).	—	2.689.790
1907.	—	1.717.501

des régies intéressées qui prendront avec le temps une extension de plus en plus considérable.

Ce qu'il y a de vraiment curieux, c'est qu'aujourd'hui les défenseurs des compagnies privées viennent faire l'éloge de ces combinaisons mixtes qui laissent aux finances locales des bénéfices ignorés des anciennes concessions. Ce sont les exemples qu'ils citent contre l'exemple des régies directes. Après avoir combattu la municipalisation, M. Alberto Geisser parle de « l'exemple insigne et remarquable, *esempio insigne*, » de la municipalité de Liège ; aux « règles injustes et oppressives contre l'initiative privée », il oppose le traité « réconfortant » de la ville de Milan avec la Société Edison. Mais il néglige totalement de de dire que si de pareils faits ont pu voir le jour, ils le doivent à la campagne municipaliste. Sans elle ils n'auraient jamais été possibles (1). Les municipalistes ont quelque droit de s'étonner qu'on retourne ainsi contre eux les résultats de leur œuvre. Il est trop commode à leurs adversaires de se faire une arme des conséquences immédiates de la municipalisation, et il serait au moins juste de faire allusion à la cause et à l'origine des avantages recueillis à présent par les villes.

(1) Un fait entre tous est significatif. Quand la Compagnie générale des eaux de Lyon eut compris que le conseil municipal était absolument acquis au projet de rachat de la concession, elle proposa à l'administration, mais trop tard, une régie « co-intéressée. » Si la proposition avait été acceptée, les adversaires de la municipalisation auraient pu citer un exemple de plus.

CONCLUSION

Que reste-t-il alors de toutes les objections juridiques soulevées à l'encontre des entreprises industrielles et commerciales dans les communes ? On avouera qu'elles se trouvent réduites à bien peu de chose, pour ne pas dire à rien. Les communes ont actuellement la capacité de créer des entreprises ou de prendre en régie certains services d'après la règle fondamentale de la capacité à laquelle on n'a pu trouver, dans la théorie de l'interdiction, aucune dérogation légale. Ce sont les conditions économiques de la gestion qui laissent à désirer. Que le législateur intervienne en droit français comme il est intervenu dans les pays étrangers, que l'action communale soit entourée de toutes les garanties nécessaires de bon fonctionnement, c'est-à-dire que l'organisation administrative soit doublée d'une organisation économique indispensable, alors les exploitations municipales apparaîtront enfin comme un phénomène normal en même temps qu'elles donneront pour les budgets locaux de précieuses ressources pécuniaires et pour tous des résultats sociaux mettant la commune moderne à la hauteur de l'évolution et du progrès.

INDEX BIBLIOGRAPHIQUE (1)

Annales (Les) de la régie directe. Revue internationale paraissant tous les mois. Directeur : Edgard MILHAUD, professeur d'économie politique à l'Université de Genève.

Annuaire financier suisse. V. *Schweizerisches Finanz-Jahrbuch*.

GENÈVE (Ville de). *Compte-rendu des services industriels*, publié annuellement. Genève, Albert Kündig ; grand in-8°.

Municipal year book, publié annuellement. Londres, Lloyd.

Schweizerisches Finanz-Jahrbuch (Annuaire financier suisse), rédigé par J. STEIGER, Berne, Neukomm et Zimmermann, in-12. Un volume par an.

AVEBURY (Lord), autrefois Sir John LUBBOCK, *On municipal and national trading*. Traduit en français sous le titre : *Les villes et l'Etat contre l'industrie privée (Expériences municipales et nationales)*, par Robert ELLISSEN, Paris, 1908, Arthur Rousseau, in-8°. — Traduit en italien sous le titre : *Le industrie dello stato et dei municipi*, par Alberto GEISSER, Rome, 1908, Società Laziale. — C'est l'édition française qui est citée au cours de l'ouvrage. (Hostile aux régies)

ACHARD. La distribution municipale de force motrice de Genève, dans la *Revue d'Economie politique*, 1890, pp. 489 et s.

BARBAT DU CLOSEL (Henri). *Les entreprises municipales de la ville de Glasgow envisagées au point de vue de l'intérêt économique collectif*; Paris, 1907. Thèse.

BEMIS (Professeur Edward W.). *Municipal monopolies, a collection of papers by american economists and specialists*, New-York, 1899 (Ouvrage fondamental ; favorable aux régies).

---

(1) La bibliographie générale au point de vue économique n'est pas indiquée. Les ouvrages et travaux mentionnés sont ceux qui s'occupent du point de vue juridique, et aussi les publications récentes sur la matière.

BOURDON (Edouard). *Des contrats d'utilité générale passés au profit d'une collectivité.* Paris, 1905, Arthur Rousseau, in-8º.

BOURGUIN (Maurice). *Les systèmes socialistes*, 2ᵉ édit. Paris, 1904, Armand Colin.

BOVERAT (Raymond). *Le socialisme municipal en Angleterre et ses résultats financiers.* Paris, 1907, Arthur Rousseau, in-8º.

BREES (Ernest). *Les régies et les concessions communales en Belgique.* Bruxelles, 1906. Instituts Solvay ; Travaux de l'Institut de Sociologie, Misch et Thron, in-8º. (Favorable aux régies).

BUSSY (André). *La municipalisation des tramways ; les résultats financiers à l'étranger.* Paris, 1908, Arthur Rousseau, in-8º (Hostile aux régies).

CABIATI (Professeur Attilio). La municipalizzazione dei pubblici servizi in Inghilterra e agli Stati-Uniti, dans la *Riforma sociale*, 1908, pp. 427 et s. (Favorable aux régies).

CADOUX (Gaston), chef de service à la Préfecture de la Seine. *La vie des grandes capitales.* Paris, 1908, Berger-Levrault, in-12.

CAPITANT (H.). L'exploitation municipale des services de distribution de l'eau, du gaz et de l'énergie électrique à Grenoble, dans les *Questions pratiques de législation ouvrière*, 1905. Arthur Rousseau.

COPPER (Edouard). *Industries communales : eau, gaz et électricité*, 1906, 2 vol. in-8º.

COPPET (Maurice de), consul de France. L'exploitation des services industriels publics de Bâle, dans la *Revue générale d'administration*, 1907, 3, 28.

CRÉHANGE (A.). *Le gaz à Paris.* Bibliothèque socialiste, nº 17, 1903.

DALEM (Lucien). *Des voies de recours contre les délibérations des Conseils municipaux.* Paris, 1904 ; Thèse. pp. 104-113.

DANDOIS (Alexandre), comptable, attaché à la régie du gaz de Bruxelles, *Comment faire de la bonne comptabilité dans les régies.* Bruxelles, 1909, Misch et Thron ; grand in-8º (Favorable aux régies).

DARWIN (Major Léonard). 1. *Municipal trade.* Londres, 1904.
— 2. *Municipal ownership.* New-York, 1907, Dutton and Co.

Ellissen (Robert). V. Lord Avebury.
Enquête de la *National civic federation*. V. Municipal and private operation.
Fochier. Les municipalités allemandes et la question de l'habitation, dans les *Questions pratiques de législation ouvrière*, 1903, p. 193.
Gaucheron (Maurice). *Etude sur l'œuvre économique des municipalités*. Paris, 1906. Thèse.
Geisser (Alberto). Fatti ed argomenti intorno alla municipalizzazione, dans la *Riforma sociale*, 1909, pp. 1 et s. (Hostile aux régies). V. aussi Lord Avebury.
Grau (Marcel). Note dans les *Pandectes françaises périodiques*, 1904, 4, 33.
Hauriou (Maurice). 1. *Précis de droit administratif et de droit public*, 6ᵉ édit. Paris. 1907, Larose et Tenin, in-8º, p. 196, note 1.
— 2. Notes dans le Recueil périodique de Sirey, 1901, 3, 41 et 73.
Herriot (Edouard), maire de la ville de Lyon. La mise en régie du service des eaux de Lyon et ses résultats, dans les *Annales de la régie directe*, 1909, pp. 37 et s.
Kuhne (Emm.). *Le socialisme municipal en Suisse*.
Labbé (Edouard). *Les concessions d'éclairage à Paris et à Berlin*. Paris, 1901. Thèse.
Lacroix de Lavalette (Xavier de). *Régime administratif de la distribution publique d'électricité à Paris*. Paris, 1907. Thèse.
Louis-Jaray (Gabriel). 1. Le socialisme municipal en France, dans les *Annales des Sciences politiques*, 15 mars 1905, pp. 189 et s. (Hostile aux régies).
Louis-Jary (Gabriel). 2. Industries municipalisées, dans les *Questions pratiques de législation ouvrière*, 1903.
Lyon-Caen et Renault. *Traité de droit commercial*, 3ᵉ édit., t. I, nº 210.
Mantoux. *Le socialisme municipal à Londres*. Bibliothèque du *Musée social*, septembre 1900.
Mater (André). *Le socialisme conservateur ou municipal*. Paris, 1909, Giard et Brière, in-12.

Mercier (Pierre). *Les exploitations municipales commerciales et industrielles en France*, Evreux, 1905. Thèse.

Michoud (Léon), professeur à la Faculté de droit de l'Université de Grenoble. La capacité patrimoniale des personnes morales et le principe de la spécialité, dans les *Annales de l'Université de Grenoble*, 1908, pp. 137 et s.

Milhaud (Edgard). 1. Les services industriels de la ville de Genève, Rapport présenté au *Congrès de l'Association protestante pour l'étude pratique des questions sociales*, tenu à Genève en juin 1906 ; *Travaux du Congrès*, Paris, 1906, Fischbacher.

— 2. V. *Annales de la régie directe*.

Mongeaud (Pierre). *La question du gaz à Paris et le régime nouveau*, Paris, 1908. Thèse.

Montet (Eugène). *Etude sur le socialisme municipal anglais*, Paris, 1901 Thèse.

Morlot. Rapports à la Chambre des Députés, annexes aux procès-verbaux des séances des 31 mars 1904, n° 1673, — 19 avril 1905, n° 2422, — et 3 avril 1906, n° 3153.

Municipal and private operation of public utilities, Report to the *National civic federation*, New-York, 1907, National civic federation, et Londres, King and son. 3 vol. in-8°.

National civic federation (Enquête de la). V. Municipal and private operation.

Nézard (Henri). La municipalisation du service de l'éclairage public et la ville de Paris, dans la *Revue de science et de législation financières*, 1905, pp. 296 et s.

Parker (James), membre de la Chambre des communes, L'électricité à Londres et la récente législation, dans les *Annales de la régie directe*, 1909, pp. 52 et s.

Paul-Dubois. Le socialisme municipal en Angleterre, dans la *Revue des Deux Mondes*, 1er mars 1908, p. 135.

Petit (Lucien). L'extension du domaine industriel des communes, dans la *Revue politique et parlementaire*, 10 décembre 1905 et 10 janvier 1906.

Pic (Paul). 1. L'habitation ouvrière et la législation française, Rapport présenté au Congrès de l'Alliance d'hygiène sociale, tenu à Lyon en 1907.

Pic (Paul). 2. *Traité élémentaire de législation industrielle*, 3ᵉ édit., Paris, 1909, Arthur Rousseau, in 8º, nᵒˢ 662-672.

Pilon (Eustache). *Monopoles communaux*, Paris, 1899, Giard et Brière, in-8º, spécialement pp. 201 et s.

Ramelli (Auguste). *Des attributions de la commune en matière civile et commerciale*, Paris, 1907. Thèse.

Renoir (Augustin). L'œuvre des villes anglaises dans la lutte contre l'insalubrité de l'habitation, dans la *Réforme sociale*, 1908, 2, pp. 592, 663 et 733.

Roger (Louis). *Le domaine industriel des municipalités; distributions d'eau, de gaz, d'électricité; transports en commun*. Montpellier, 1901. Thèse.

Saussoy (André). *Des monopoles communaux issus de concessions sur le domaine public*, Sens, 1903. Thèse, pp. 99 et s.

Say (Léon). Communication sur le socialisme municipal. *Académie des sciences morales et politiques*, 1895, t. CXLIV, pp. 883 et s.

Steiger (J.). V. *Schweizerisches Finanz-Jahrbuch*.

Strauss (Paul). 1. Discours au Sénat, séance du 21 février 1905 ; *Journal officiel*, Débats parlementaires.
2. Le municipalisme, dans la *Grande Revue*, t. XXXIII, 15 février 1905. pp. 264-272.

Thaller (E.). *Traité élémentaire de droit commercial*, 3ᵉ édit., nᵒˢ 180 et s.

Totomiantz (D.). Les entreprises industrielles des municipalités italiennes, dans la *Revue d'Économie politique*, décembre 1902.

Véber (Adrien). *L'éclairage*, Paris, 1906, Bibliothèque des services publics, Dunod et Pinat.

Vermaut (Robert). *Les régies municipales en Angleterre*, 1903.

Volta (R. dalla), professeur à l'Institut des sciences sociales de Florence. La loi italienne sur la municipalisation des services publics, dans la *Revue de science et de législation financières*, 1904, pp. 244 et s.

TABLE ALPHABÉTIQUE DES MATIÈRES

(Les chiffres renvoient aux pages)

A

Accidents du travail. — dans les entreprises municipales en régie, 218.
Actions. Souscriptions d'— par les communes, 47, 205. — des sociétés de tramways en France, 169.
Affermage. V. *Fermage.*
Affichage. Exploité en régie, 25.
Allemagne. Développement des régies, eau, 20. Eclairage, 23. Tramways, 28. Constructions à bon marché, 33. Résultats financiers, eau, 151. Eclairage, 152. Tramways, 162. Résultats financiers généraux, 176. Organisation économique des communes, 376.
Angleterre. Entreprises examinées dans l'enquête américaine, 11. Développement des régies, eau, 18 Eclairage, 22. Tramways, 27. Constructions à bon marché, 33. Entreprises diverses, 39. Résultats financiers, eau, 142. Eclairage, 150. Tramways, 155. Résultats financiers généraux, 175. Organisation économique des communes, 365.

Amérique. V. *Etats-Unis.*
Assistance. Œuvres d'— action communale, 203. Risque professionnel, 219.
Associations. — de communes, 42, 246
Assurances. — exploitées en régie, 34.

B

Bains. Causes sociales de la municipalisation, 108. — municipaux ou subventionnés, 214.
Belgique. Développement des régies, eau, 20. Eclairage, 23. Constructions à bon marché, 34. Résultats financiers, eau, 140. Eclairage, 147. Tramways, 154, note 1. Organisation économique des communes, 375.
Bibliographie, 429.
Boulangeries, boucheries municipales, 35.

C

Capacité — juridique des communes ; la loi, 191. Incapacité pratique des communes d'après le Conseil d'Etat, 232. Incapacité juridique, 237. Sanctions, 252. Exceptions à l'incapacité jurisprudentielle des communes, 280.

Causes de la municipalisation, 65. La municipalisation n'est pas une œuvre socialiste, 67. — financières, 79. Difficultés avec les concessionnaires, 91. — économiques et sociales, 96.

Chasse. Communalisation de la —, 287.

Circonstances exceptionnelles. Conseil d'Etat, 280. Insuffisance ou absence d'initiative privée, 281 Gratuité des entreprises, 283. Existence d'un monopole de fait, 285. — diverses, 286. Examen critique des —, 333.

Collectivisme. V. *Socialisme*.

Commerce. Droit pour les communes de faire le —; la loi, 191. Cas spéciaux prévus par les textes, 206. Exploitations des régies, actes commerciaux, lois commerciales, 214. — interdit aux communes par le Conseil d'Etat, 242. Libre concurrence, liberté du — et de l'industrie, 239, 315.

Communes. Association de —, exploitation dans les — voisines, etc., 42. Souscription d'actions et obligations, 47. Besoins financiers des —, 79. Capacité juridique des — ; la loi, 191. Cas prévus par des textes spéciaux, 206. Droit pour les — d'exploiter les tramways, 212. Application des lois commerciales aux —, 214. Application des lois ouvrières, 217, 225. Incapacité jurisprudentielle des —, 237. Sanctions, 252. Exceptions, 280. — Analogie entre les — et les sociétés, 294. Nécessité d'une organisation économique et commerciale, 359. V. *Organisation*.

Compagnie intercommunale des eaux de l'agglomération bruxelloise, 43. Résultats financiers, 141.

Comparaison. Tarifs des régies municipales et tarifs privés, 122. — entre les communes et les sociétés, 294.

Compétence. Procès des communes, 216, 222.

Comptabilité des régies. Comparaison avec les entreprises privées, 134. La — en Angleterre, 368. Suisse, 375. Belgique, 375. Allemagne, 376. Loi italienne de 1903, 382. Nécessité de spécialiser la —, 387.

Concession. — des services publics, définition, 2. Difficultés entre les communes et les concessionnaires, 91. Les — de tramways en France, 155. Partage des bénéfices, 4, 183. Conseil d'Etat, interprétation des —, 258. Rachat des —, 264, 268. Les — récentes, 416.

Conseil d'Etat. Jurisprudence du —, 8. Exposé, 232 s. Principe de l'interdiction des entreprises industrielles et commerciales pour les communes, 232. Conséquences, 242. Sanctions du principe, 252 s. Mesures préventives de tutelle, 252. Recours contentieux contre les actes des municipalités, 254. Interprétation des concessions, 258. Exceptions à l'incapacité des communes, 280. Examen critique de la jurisprudence, 290 s. Considérations générales, 290. Considérations économiques, 292. Discussion juridique, 300 s. La spécialité des personnes morales, 300. La libre concurrence et la liberté du commerce et de l'industrie, 315. Contradictions avec la loi, 329. Contradictions et arbitraire dans les décisions du —, 331.

Constructions à bon marché. Développement de la municipalisation, 33. Causes de la municipalisation, 109. Capacité juridique des communes, 205.

Cour de cassation. Enregistrement, 275. Capacité des communes, 308.

D

Danemark. Eclairage, 24.
Dépenses et dettes municipales, 87.
Développement et progrès de la municipalisation, 17 s. — en France et à l'étranger, 17. Causes de la municipalisation, 65. Effets et résultats, 113.
Développement des régies municipales en France et à l'étranger, 17. Distributions d'eau, 18. Services d'eclairage, 22. Tramways, 27. Autres entreprises diverses, 32. Associations de communes; exploitation dans les communes voisines, souscriptions d'actions ou obligations, 42. La municipalisation est-elle en décadence? Les élections de Londres de 1907, 48.
Division de l'ouvrage, 15.

E

Eau. Développement de la municipalisation, 18. Causes sociales de la municipalisation, 108. Résultats de la municipalisation, 125. Service des — à Lyon, 126. Résultats financiers de la municipalisation, 138. Exemption de la patente, 229. Service public proprement dit, 286. Régie intéressée des — à Paris, 419.

Eclairage. Développement de la municipalisation, 22. Résultats financiers, 146.

Economie politique. Les régies au point de vue économique, 7. Causes économiques de la municipalisation, 96. Considérations économiques invoquées par le Conseil d'Etat, 232. Examen critique, 292. La libre concurrence et la liberté du commerce et de l'industrie, 239, 315. Organisation économique des communes, 358. V. *Organisation*.

Economie sociale. Causes sociales de la municipalisation, 96. Résultats sociaux, 116. Organisation des travailleurs, 412.

Effets de la municipalisation. V. *Résultats*.

Elections. — de Londres du 2 mars 1907, 52. Influence élec-

torale du personnel des régies, 407.
Electricité. V. *Eclairage.* Réseau des halles à Paris, 25, 154.
Employés. V. *Travailleurs.*
Enquêtes. — anglaises, 10, 50. — américaine, 10 s. Conclusions de l' — américaine, 347.
Enregistrement. Rachat des concessions, 274.
Entreprises. — examinées dans l'enquête américaine, 11. — diverses municipalisées, 32. — gratuites, 283. Organisation des — municipales à l'étranger, 365. Nécessité de spécialiser les — municipales, 385.
Etats-Unis. Entreprises examinées dans l'enquête américaine, 11. Développement des régies, eau, 21. Eclairage, 25. Corruption politique, 58. Trusts, 100. Résultats financiers, eau, 142.
Exceptions. — à l'incapacité jurisprudentielle des communes, 280. Examen critique, 333.
Excès de pouvoirs. Recours pour — contre les actes des municipalités, 254.

F

Fermage. — des services publics, 5, 416. Tramways de Liège, 423.
Fonctionnaires. Condition des —, 398. Fonctionnarisme, son influence sur le fonctionnement des régies, 407.
France. Développement des régies, eau, 19. Eclairage, 25. Résultats financiers, eau, 143.

Eclairage, 154. Les sociétés de tramways en —, 165. Absence d'organisation économique pour les communes, 359. Réformes à réaliser, 384.

G

Gas ring de Philadelphie, 99.
Gaz. V. *Eclairage.* Projet de régie du — à Paris, 419.
Genève Situation du personnel des régies, 120. Résultats financiers des régies, eau, 138. Electricité, 146. Résultats financiers généraux, 174.
Grèves. Personnel des régies, 225.

H

Hygiène. Causes de la municipalisation, 108.

I

Incapacité. V. *Capacité.*
Index bibliographique, 429.
Industrie. Droit pour les communes d'exercer une —; la loi, 191. Cas spéciaux prévus par les textes, 206 — interdite aux communes par le Conseil d'Etat, 242.
Interprétation Conseil d'Etat, — des contrats de concession, 258.
Impôts. — perçus en régie, 204. — réclamés aux communes, patente, 227. — foncier, 230. Rachat des concessions, enregistrement, 274.
Introduction. Notion de la municipalisation et de la régie, 1. Comment on peut considérer la municipalisation, 6. Les enquêtes anglaises, l'enquête

américaine, 9. Plan et méthode, 15.
Italie. Développement des régies, 35. Loi italienne de 1903, rachat des concessions, 269. Analyse de la loi, 368. Tramways de Milan, 424.

J

Joint boards, 45.
Jurisprudence. Exposé de la — du Conseil d'Etat, 232 s. Le principe de l'interdiction des entreprises industrielles et commerciales, 232 Les exceptions, 280. Examen critique de la —, 290. Considérations économiques, 292. Discussion juridique, 300. Contradictions et arbitraire dans la —, 331.

L

Libre concurrence. Inconvénients de la — pour les services publics, 96. Examen critique de la jurisprudence. 315.
Liège. Affermage des tramways, 423.
Loi. Les régies municipales au point de vue légal, 191 s. Du droit pour les communes de faire le commerce ou d'exploiter une industrie ; le principe de la capacité, 191. Cas spéciaux prévus par les textes, 202. Conséquences juridiques de l'exploitation en régie, 214. Application des — ouvrières aux régies, 217, 225. La — contredite par le Conseil d'Etat, 329. — italienne de 1903, 269, 368.

Loi municipale. — de 1884, capacité juridique des communes, 192, 196.
Londres. Eclairage, 22. Elections du 2 mars 1907, 52.
Lyon. Service des eaux, 126, 143. Indemnité pour le rachat du service des eaux, 265. Droits d'enregistrement, 275. Statut municipal du personnel de la ville, 400. Régie intéressée d'immeubles, 418.

M

Maisons ouvrières. Développement de la municipalisation, 33. Capacité juridique des communes, 205.
Méthode suivie dans l'ouvrage, 15.
Milan. Tramways de —, 424.
Mines. — communales, 208.
Monopoles. — attribués aux communes par des textes spéciaux, 207. — de fait, Conseil d'Etat, 285. — légaux, 316. Nécessité des — de fait, 321.
Mortalité. Les régies municipales et la —, 119.
Municipalisation. — des services publics, définition, 3. Développement et progrès de la —, 17. Causes de la —, 65. Effets et résultats de la —. 113. La — examinée au point de vue légal, 191 s. La — d'après le Conseil d'Etat, 232 s. Communalisation de la chasse, 287. Les limites de la —, 345.

N

National civic federation, 10. Conclusions de l'enquête, 347.

O

Obligations. Souscription d' — par les communes, 47, 205.
Organisation. Nécessité d'une — économique et commerciale pour les communes, 358 s. Absence d' — en France, 359. L' — à l'étranger, 365. La loi italienne du 29 mars 1903, 378. Réformes à réaliser : l' — et l'autonomie des services, 384. La responsabilité, la situation du personnel, 394. Le fonctionnarisme, influence électorale des employés municipaux, 407.
Ouvriers et employés. V. *Travailleurs*.

P

Paris. Réseau d'électricité des halles, 25, 164. Projet de régie du gaz, 26. Régie intéressée des eaux et du gaz, 419.
Partage des bénéfices, 4, 5. — demandé par les adversaires des régies, 183.
Participation aux bénéfices. V. *Partage des bénéfices*.
Patentes. Impôts, 227.
Personnel. V. *Travailleurs*.
Personnes morales. V. *Spécialité des* —.
Pharmacies, 200. — municipale de Roubaix, 242.
Philadelphie. Gas ring, 99.
Plan de l'ouvrage, 15.
Police municipale et rurale, 203.
Prix. — de revient et de vente, comparaison, 122. — de rachat des concessions, 270.
Progrès de la municipalisation. V. *Développement*.

R

Rachat. — des concessions, Conseil d'Etat, 264. Conditions du —, 268.
Recours contentieux. — contre les actes des municipalités, 254.
Réformes à réaliser en France, 384.
Régie. — directe des services publics, définition, 3. — intéressée, 4, 417. — municipales et — d'Etat, 302. — intéressée d'immeubles à Lyon, 418. — intéressée des eaux et du gaz à Paris, 419. V. *Développement des régies*.
Responsabilité. Absence de — chez les administrateurs, 238. Organisation de la —, 394.
Résultats. Effets et — de la municipalisation, 113. Effets généraux, - sociaux, 113. Réduction des tarifs, difficultés d'une comparaison avec les tarifs privés, 122. — financier, distributions d'eau, 138. Eclairage et force motrice, 146. Tramways, 155. — financiers généraux, 174.
Risque professionnel, 218.

S

Santé publique. Cause de la municipalisation, 108. Les régies municipales et la —, 119.
Social. Point de vue —. V. *Economie sociale*.
Socialisme. La municipalisation n'est pas une œuvre so-

cialiste, 67. — municipal, interprétation, 68.

Sociétés. Les — de tramways en France, 155. Analogie entre les communes et les —, 294.

Souscription d'actions et obligations par les communes, 47, 205.

Spécialisation des services publics. A l'étranger, 365. Nécessité de la — en France, 386.

Spécialité des personnes morales. Jurisprudence du Conseil d'Etat, 237. Examen critique de la —, 300, 337.

Statistique. Développement des régies. Eau, 18. Eclairage, 22. Tramways, 27. Dépenses et dettes des communes, 87. Résultats financiers des régies, eau, 138. Eclairage et force motrice, 146. Tramways, 155. Résultats financiers généraux, 174. Actions de sociétés de tramways en France, 169. Tramways de Milan, 125.

Suisse. Développement des régies, eau, 20. Eclairage, 23. Tramways, 28. Résultats financiers, eau, 138. Eclairage et force motrice, 146. Résultats financiers généraux, 174. Organisation économique des communes, 375.

Syndicats. — professionnels, ouvriers et employés des régies, 226. — des communes, 42, 246. — de producteurs, trusts, 100, 322.

T

Tarifs. — élevés, causes de la municipalisation, 103. Réduction des — ; difficultés d'une comparaison de —, 122. Service des eaux à Lyon, 126.

Théâtres. — et casinos municipaux, 210. Compétence commerciale, 224. Exploitation en régie, 288.

Tramways. Développement de la municipalisation, 27. Rôle économique et social des —, 104. Tarifs des — 106, 124. Résultats financiers, 155. Les sociétés de tramways en France, 155. Droit pour les communes d'exploiter les —, 212. Jurisprudence contraire du Conseil d'Etat, 243. Rachat des services de —, 272. — de Liège, fermage, 423. — de Milan, 424.

Travailleurs. Condition des —, causes de la municipalisation, 107. Résultats de la municipalisation, 120. Application des lois ouvrières aux régies municipales, 217, 225. Amélioration de la situation du personnel des régies, 396. Ville de Lyon, statut municipal des —, 400. Le fonctionnarisme, influence électorale des employés municipaux, 407.

Trusts. — de services publics aux Etats-Unis, 100. Légalité des — en France, 322.

Tutelle. Mesures de — vis-à-vis des communes, 252. Nécessité de modifier la — administrative, 385.

TABLE SYSTÉMATIQUE DES MATIÈRES

INTRODUCTION

	Pages.
§ 1. — Notion de la municipalisation et de la régie.	1
§ 2. — Comment on peut considérer la municipalisation.	6
§ 3. — Les enquêtes anglaises. L'enquête américaine.	9
§ 4. — Plan et méthode	13

PREMIÈRE PARTIE

DÉVELOPPEMENT ET PROGRÈS DE LA MUNICIPALISATION.
SES CAUSES, SES RÉSULTATS.

CHAP. Ier — Développement des régies municipales en France et à l'étranger	17
§ 1. — Distributions d'eau	18
§ 2. — Services d'éclairage	22
§ 3. — Tramways	27
§ 4. — Autres entreprises diverses	32
§ 5. — Associations de communes ; exploitation dans les communes voisines, souscription d'actions ou obligations, etc.	42
§ 6. — La municipalisation est-elle en décadence ? Les élections de Londres de 1907	48
CHAP. II. — Les causes de la municipalisation	65
§ 1. — La municipalisation n'est pas une œuvre socialiste	67
§ 2. — Causes financières.	79
§ 3. — Difficultés avec les concessionnaires.	91
§ 4. — Causes économiques et sociales	96

Les Régies municipales.   25.

Chap. III. — Effets et résultats de la municipalisation . . 113
§ 1. — Effets généraux. Résultats sociaux 113
§ 2. — Réduction des tarifs. Difficulté d'une comparaison avec les tarifs privés. 122
§ 3. — Résultats financiers. Distributions d'eau. . . 138
§ 4. — Services d'éclairage et force motrice. . . . 146
§ 5. — Tramways 155
§ 6. — Résultats financiers généraux 174

DEUXIÈME PARTIE

LES RÉGIES MUNICIPALES, LA LOI ET LA JURISPRUDENCE

Chap. Ier — Du droit pour les communes de faire le commerce ou d'exploiter une industrie . . . 191
§ 1. — Le principe de la capacité 191
§ 2. — Les cas spéciaux prévus par les textes . . . 202
§ 3. — Conséquences juridiques de l'exploitation en régie. 214
Chap. II. — La jurisprudence du Conseil d'Etat 232
§ 1. — Le principe de l'interdiction des entreprises industrielles et commerciales. 232
§ 2. — Conséquences de l'interdiction jurisprudentielle. 242
§ 3. — Les sanctions du principe 252
§ 4. — Le rachat des concessions 268
Chap. III. — Les exceptions à l'incapacité jurisprudentielle des communes. 280
Chap. IV. — Examen critique de la jurisprudence. Considérations économiques 290
§ 1. — Considérations générales 290
§ 2. — Considérations économiques 292
Chap. V. — Examen critique (suite). Discussion juridique . 300
§ 1. — La prétendue spécialité des personnes morales. 300
§ 2. — La libre concurrence et la liberté du commerce et de l'industrie 315
Chap. VI. — Les contradictions et l'arbitraire dans les décisions du Conseil d'État 331

TROISIÈME PARTIE

CONCLUSIONS. NÉCESSITÉ D'UNE ORGANISATION ÉCONOMIQUE

Chap. 1er — La municipalisation comporte-t-elle des limites ?   345
Chap. II. — Nécessité d'une organisation économique et commerciale   358
  § 1. — L'absence d'organisation économique en France.   359
  § 2. — L'organisation économique à l'étranger. Les cités anglaises. La loi italienne de 1903 .   365
  § 3. — Les réformes à réaliser. L'organisation économique et l'autonomie des services. . . .   381
  § 4. — Les réformes (suite). La responsabilité. La situation du personnel.   394
  § 5. — Le fonctionnarisme. Influence électorale des employés municipaux   407
Chap. III. — Les concessions récentes. La régie intéressée.   416
Conclusion   428
Index bibliographique.   429
Table alphabétique   431
Table systématique   441

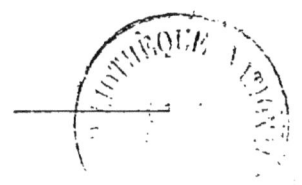

OCTAVE DOIN ET FILS, ÉDITEURS, 8, PLACE DE L'ODÉON, PARIS

ENCYCLOPÉDIE SCIENTIFIQUE

Publiée sous la direction du Dr TOULOUSE

Nous avons entrepris la publication, sous la direction générale de son fondateur, le Dr Toulouse, Directeur à l'École des Hautes-Études, d'une ENCYCLOPÉDIE SCIENTIFIQUE de langue française dont on mesurera l'importance à ce fait qu'elle est divisée en 40 sections ou Bibliothèques et qu'elle comprendra environ 1000 volumes. Elle se propose de rivaliser avec les grandes encyclopédies étrangères et même de les dépasser, tout à la fois par le caractère nettement scientifique et la clarté de ses exposés, par l'ordre logique de ses divisions et par son unité, enfin par ses vastes dimensions et sa forme pratique.

I

PLAN GÉNÉRAL DE L'ENCYCLOPÉDIE

Mode de publication. — L'*Encyclopédie* se composera de monographies scientifiques, classées méthodiquement et formant dans leur enchaînement un exposé de toute la science. Organisée sur un plan systématique, cette Encyclopédie, tout en évitant les inconvénients des Traités massifs, — d'un prix global élevé, difficiles à consulter, — et les inconvénients des Dictionnaires, — où les articles scindés irrationnellement, simples chapitres alphabétiques, sont toujours nécessairement incomplets, — réunira les avantages des uns et des autres.

Du Traité, l'*Encyclopédie* gardera la supériorité que possède un ensemble complet, bien divisé et fournissant sur chaque science tous les enseignements et tous les renseignements qu'on en réclame. Du Dictionnaire, l'*Encyclopédie* gardera les facilités de recherches par le moyen d'une table générale, l'*Index de l'Encyclopédie*, qui paraîtra dès la publication d'un certain nombre de volumes et sera réimprimé périodiquement. L'*Index* renverra le lecteur aux différents volumes et aux pages où se trouvent traités les divers points d'une question.

Les éditions successives de chaque volume permettront de suivre toujours de près les progrès de la science. Et c'est par là que s'affirme la supériorité de ce mode de publication sur tout autre. Alors que, sous sa masse compacte, un traité, un dictionnaire ne peut être réédité et renouvelé que dans sa totalité et qu'à d'assez longs intervalles, inconvénients graves qu'atténuent mal des suppléments et des appendices, l'*Encyclopédie scientifique*, au contraire, pourra toujours rajeunir les parties qui ne seraient plus au courant des derniers travaux importants. Il est évident, par exemple, que si des livres d'algèbre ou d'acoustique physique peuvent garder leur valeur pendant de nombreuses années, les ouvrages exposant les sciences en formation, comme la chimie physique, la psychologie ou les technologies industrielles, doivent nécessairement être remaniés à des intervalles plus courts.

Le lecteur appréciera la souplesse de publication de cette *Encyclopédie*, toujours vivante, qui s'élargira au fur et à mesure des besoins dans le large cadre tracé dès le début, mais qui constituera toujours, dans son ensemble, un traité complet de la science, dans chacune de ses sections un traité complet d'une science et dans chacun de ses livres une monographie complète. Il pourra ainsi n'acheter que telle ou telle section de l'*Encyclopédie*, sûr de n'avoir pas des parties dépareillées d'un tout.

L'*Encyclopédie* demandera plusieurs années pour être achevée ; car pour avoir des expositions bien faites, elle a pris ses collaborateurs plutôt parmi les savants que parmi les professionnels de la rédaction scientifique que l'on retrouve généralement dans les œuvres similaires. Or les savants écrivent peu et lentement : et il est préférable de laisser temporairement sans attribution certains ouvrages plutôt que de les confier à des auteurs insuffisants. Mais cette lenteur et ces vides ne présenteront pas d'inconvénients, puisque chaque livre est une œuvre indépendante et que tous les volumes publiés sont à tout moment réunis par l'*Index de l'Encyclopédie*. On peut donc encore considérer l'Encyclopédie comme une librairie, où les livres soigneusement choisis, au lieu de représenter le hasard d'une production individuelle, obéiraient à un plan arrêté d'avance, de manière qu'il n'y ait ni lacune dans les parties ingrates, ni double emploi dans les parties très cultivées.

Caractère scientifique des ouvrages. — Actuellement, les livres de science se divisent en deux classes bien distinctes : les livres destinés aux savants spécialisés, le plus souvent incompréhensibles pour tous les autres, faute de rappeler au début des chapitres les connaissances nécessaires, et surtout faute de définir les nombreux termes techniques incessamment forgés, ces derniers rendant un mémoire d'une science particulièrement inintelligible à un savant qui en a abandonné l'étude durant quelques années ; et ensuite les livres écrits pour le grand public qui sont sans profit pour des savants et même pour des personnes d'une certaine culture intellectuelle.

L'*Encyclopédie scientifique* a l'ambition de s'adresser au public le plus large. Le savant spécialisé est assuré de rencontrer dans les volumes de sa partie une mise au point très exacte de l'état actuel des questions : car chaque bibliothèque, par ses techniques et ses monographies, est d'abord faite avec le plus grand soin pour servir d'instrument d'études et de recherches à ceux qui cultivent la science particulière qu'elle représente, et sa devise pourrait être : *Par les savants, pour les savants*. Quelques-uns de ces livres seront même, par leur caractère didactique, destinés à devenir des ouvrages classiques et à servir aux études de l'enseignement secondaire ou supérieur. Mais, d'autre part, le lecteur non spécialisé est certain de trouver, toutes les fois que cela sera nécessaire, au seuil de la section, — dans un ou plusieurs volumes de généralités, — et au seuil du volume, — dans un chapitre particulier, — des données qui formeront une véritable introduction le mettant à même de poursuivre avec profit sa lecture. Un vocabulaire technique, placé, quand il y aura lieu, à la fin du volume, lui permettra de connaître toujours le sens des mots spéciaux.

II

ORGANISATION SCIENTIFIQUE

Par son organisation scientifique, l'*Encyclopédie* paraît devoir offrir aux lecteurs les meilleures garanties de compétence. Elle est divisée en sections ou bibliothèques, à la tête desquelles sont placés des savants professionnels spécialisés dans chaque ordre de sciences et en pleine force de production, qui, d'accord avec le Directeur général, établissent les divisions des matières, choisissent les collaborateurs et acceptent les manuscrits. Le même esprit se manifestera partout ; éclectisme et respect de toutes les opinions logiques, subordination des théories aux données de l'expérience, soumission à une discipline rationnelle stricte ainsi qu'aux règles d'une exposition méthodique et claire. De la sorte, le lecteur, qui aura été intéressé par les ouvrages d'une section dont il sera l'abonné régulier, sera amené à consulter avec confiance les livres des autres sections dont il aura besoin, puisqu'il sera assuré de trouver partout la même pensée et les mêmes garanties. Actuellement, en effet, il est, hors de sa spécialité, sans moyen pratique de juger de la compétence réelle des auteurs.

Pour mieux apprécier les tendances variées du travail scientifique adapté à des fins spéciales, l'*Encyclopédie* a sollicité, pour la direction de chaque Bibliothèque, le concours d'un savant placé dans le centre même des études du ressort. Elle a pu ainsi réunir des représentants des principaux corps savants, établissements d'enseignement et de recherches de langue française :

Institut.	*Museum d'Histoire naturelle.*
Académie de Médecine.	*Ecole des Hautes-Etudes.*
Collège de France.	*Sorbonne et Ecole normale.*

Facultés des Sciences.
Facultés des Lettres.
Facultés de Médecine.
Institut Pasteur.
Ecole des Ponts et Chaussées.
Ecole des Mines.
Ecole Polytechnique.
Conservatoire des Arts et Métiers.
Ecole d'Anthropologie.

Institut National agronomique.
Ecole vétérinaire d'Alfort.
Ecole supérieure d'Electricité.
Ecole de Chimie industrielle de Lyon.
Ecole des Beaux-Arts.
Ecole des Sciences politiques.
Observatoire de Paris.
Hôpitaux de Paris.

III

BUT DE L'ENCYCLOPÉDIE

Au xviiie siècle, « l'Encyclopédie » a marqué un magnifique mouvement de la pensée vers la critique rationnelle. A cette époque, une telle manifestation devait avoir un caractère philosophique. Aujourd'hui, l'heure est venue de renouveler ce grand effort de critique, mais dans une direction strictement scientifique ; c'est là le but de la nouvelle *Encyclopédie*.

Ainsi la science pourra lutter avec la littérature pour la direction des esprits cultivés, qui, au sortir des écoles, ne demandent guère de conseils qu'aux œuvres d'imagination et à des encyclopédies où la science a une place restreinte, tout à fait hors de proportion avec son importance. Le moment est favorable à cette tentative ; car les nouvelles générations sont plus instruites dans l'ordre scientifique que les précédentes. D'autre part la science est devenue, par sa complexité et par les corrélations de ses parties, une matière qu'il n'est plus possible d'exposer sans la collaboration de tous les spécialistes, unis là comme le sont les producteurs dans tous les départements de l'activité économique contemporaine.

A un autre point de vue, l'*Encyclopédie*, embrassant toutes les manifestations scientifiques, servira comme tout inventaire à mettre au jour les lacunes, les champs encore en friche ou abandonnés, — ce qui expliquera la lenteur avec laquelle certaines sections se développeront, — et suscitera peut-être les travaux nécessaires. Si ce résultat est atteint, elle sera fière d'y avoir contribué.

Elle apporte en outre une classification des sciences et, par ses divisions, une tentative de mesure, une limitation de chaque domaine. Dans son ensemble, elle cherchera à refléter exactement le prodigieux effort scientifique du commencement de ce siècle et un moment de sa pensée, en sorte que dans l'avenir elle reste le document principal où l'on puisse retrouver et consulter le témoignage de cette époque intellectuelle.

On peut voir aisément que l'*Encyclopédie* ainsi conçue, ainsi réalisée, aura sa place dans toutes les bibliothèques publiques, universitaires et scolaires, dans les laboratoires, entre les mains des savants, des industriels et de tous les hommes instruits qui veulent se tenir au courant des progrès, dans la partie qu'ils cultivent eux-mêmes ou dans tout le domaine scientifique. Elle fera jurisprudence, ce qui lui dicte le devoir d'impartialité qu'elle aura à remplir.

Il n'est plus possible de vivre dans la société moderne en ignorant les diverses formes de cette activité intellectuelle qui révolutionne les conditions de la vie ; et l'interdépendance de la science ne permet plus aux savants de rester cantonnés, spécialisés dans un étroit domaine. Il leur faut, — et cela leur est souvent difficile, — se mettre au courant des recherches voisines. A tous l'*Encyclopédie* offre un instrument unique dont la portée scientifique et sociale ne peut échapper à personne.

IV

CLASSIFICATION DES MATIÈRES SCIENTIFIQUES

La division de l'*Encyclopédie* en bibliothèques a rendu nécessaire l'adoption d'une classification des sciences, où se manifeste nécessairement un certain arbitraire, étant donné que les sciences se distinguent beaucoup moins par les différences de leurs objets que par les divergences des aperçus et des habitudes de notre esprit. Il se produit en pratique des interpénétrations réciproques entre leurs domaines, en sorte que, si l'on donnait à chacun l'étendue à laquelle il peut se croire en droit de prétendre, il envahirait tous les territoires voisins ;

une limitation assez stricte est nécessitée par le fait même de la juxtaposition de plusieurs sciences.

Le plan choisi, sans viser à constituer une synthèse philosophique des sciences, qui ne pourrait être que subjective, a tendu pourtant à échapper, dans la mesure du possible, aux habitudes traditionnelles d'esprit, particulièrement à la routine didactique, et à s'inspirer de principes rationnels.

Il y a deux grandes divisions dans le plan général de l'*Encyclopédie*: d'un côté les sciences pures, et, de l'autre, toutes les technologies qui correspondent à ces sciences dans la sphère des applications. A part et au début, une Bibliothèque d'application générale est consacrée à la philosophie des sciences (histoire des idées directrices, logique et méthodologie).

Les sciences pures et appliquées présentent en outre une division générale en sciences du monde inorganique et en sciences biologiques. Dans ces deux grandes catégories, l'ordre est celui de particularité croissante, qui marche parallèlement à une rigueur décroissante. Dans les sciences biologiques pures enfin, un groupe de sciences s'est trouvé mis à part, en tant qu'elles s'occupent moins de dégager des lois générales et abstraites que de fournir des monographies d'êtres concrets, depuis la paléontologie jusqu'à l'anthropologie et l'ethnographie.

Etant donnés les principes rationnels qui ont dirigé cette classification, il n'y a pas lieu de s'étonner de voir apparaître des groupements relativement nouveaux, une biologie générale, — une physiologie et une pathologie végétales, distinctes aussi bien de la botanique que de l'agriculture, une chimie physique. etc.

En revanche, des groupements hétérogènes se disloquent pour que leurs parties puissent prendre place dans les disciplines auxquelles elles doivent revenir. La géographie, par exemple, retourne à la géologie, et il y a des géographies botanique zoologique, anthropologique, économique, qui sont étudiées dans la botanique, la zoologie, l'anthropologie, les sciences économiques.

Les sciences médicales, immense juxtaposition de tendances très diverses, unies par une tradition utilitaire, se désagrègent en des sciences ou des techniques précises; la pathologie, science de lois, se distingue de la thérapeutique ou de l'hygiène, qui ne sont que les applications des données générales fournies par les sciences pures, et à ce titre mises à leur place rationnelle.

Enfin. il a paru bon de renoncer à l'anthropocentrisme qui exigeait une physiologie humaine, une anatomie humaine, une embryologie humaine, une psychologie humaine. L'homme est intégré dans la série animale dont il est un aboutissant. Et ainsi, son organisation, ses fonctions, son développement s'éclairent de toute l'évolution antérieure et préparent l'étude des formes plus complexes des groupements organiques qui sont offerts par l'étude des sociétés.

On peut voir que, malgré la prédominance de la préoccupation pratique dans ce classement des Bibliothèques de l'*Encyclopédie scientifique*, le souci de situer rationnellement les sciences dans leurs rapports réciproques n'a pas été négligé. Enfin il est à peine besoin d'ajouter que cet ordre n'implique nullement une hiérarchie, ni dans l'importance ni dans les difficultés des diverses sciences. Certaines, qui sont placées dans la technologie, sont d'une complexité extrême, et leurs recherches peuvent figurer parmi les plus ardues.

Prix de la publication. — Les volumes, illustrés pour la plupart, seront publiés dans le format in-18 jésus et cartonnés. De dimensions commodes, ils auront 400 pages environ, ce qui représente une matière suffisante pour une monographie ayant un objet défini et important, établie du reste selon l'économie du projet qui saura éviter l'émiettement des sujets d'exposition. Le prix étant fixé uniformément à 5 francs, c'est un réel progrès dans les conditions de publication des ouvrages scientifiques, qui, dans certaines spécialités, coûtent encore si cher.

TABLE DES BIBLIOTHÈQUES

Directeur : D' TOULOUSE, Directeur de Laboratoire à l'École des Hautes Études
Secrétaire général : H. PIERON, agrégé de l'Université

Directeur des Bibliothèques :

1. *Philosophie des Sciences.*   P. Painlevé, de l'Institut, professeur à la Sorbonne.

I. Sciences pures

A. **Sciences mathématiques :**

2. *Mathématiques* . . . .   J. Drach, professeur à la Faculté des Sciences de l'Université de Toulouse.
3. *Mécanique* . . . .   J. Drach, professeur à la Faculté des Sciences de l'Université de Toulouse.

B. **Sciences inorganiques :**

4. *Physique* . . . . .   A. Leduc, professeur adjoint de physique à la Sorbonne.
5. *Chimie physique.* . . .   J. Perrin, chargé de cours à la Sorbonne.
6. *Chimie* . . . . . .   A. Pictet, professeur à la Faculté des Sciences de l'Université de Genève.
7. *Astronomie et Physique céleste* . . . . .   J. Mascart, astronome adjoint à l'Observatoire de Paris.
8. *Météorologie*. . . . .   B. Brunhes, professeur à la Faculté des Sciences de l'Université de Clermont-Ferrand, directeur de l'Observatoire du Puy-de-Dôme.
9. *Minéralogie et Pétrographie* . . . . . .   A. Lacroix, de l'Institut, professeur au Muséum d'Histoire naturelle.
10. *Géologie*. . . . . .   M. Boule, professeur au Muséum d'Histoire naturelle.

11. *Océanographie physique.* J. Richard, directeur du Musée Océanographique de Monaco.

C. Sciences biologiques normatives :

12. *Biologie*
 - A. *Biologie générale.* — M. Caullery, professeur de zoologie à la Sorbonne.
 - B. *Océanographie biologique* — J. Richard, directeur du Musée Océanographique de Monaco.

13. *Physique biologique* — A. Imbert, professeur à la Faculté de Médecine de l'Université de Montpellier.

14. *Chimie biologique* — G. Bertrand, professeur de chimie biologique à la Sorbonne.

15. *Physiologie et Pathologie végétales* — L. Mangin, de l'Institut, professeur au Muséum d'Histoire naturelle.

16. *Physiologie* — J.-P. Langlois, professeur agrégé à la Faculté de Médecine de Paris.

17. *Psychologie* — E. Toulouse, directeur de Laboratoire à l'Ecole des Hautes-Etudes, médecin en chef de l'asile de Villejuif.

18. *Sociologie* — G. Richard, professeur à la Faculté de Médecine de l'Université de Bordeaux.

---

19. *Microbiologie et Parasitologie* — A. Calmette, professeur à la Faculté de Médecine de l'Université, directeur de l'Institut Pasteur de Lille.

20. *Pathologie.*
 - A. *Pathologie médicale* — M. Klippel, médecin des Hôpitaux de Paris.
 - B. *Neurologie* — E. Toulouse, directeur de Laboratoire à l'Ecole des Hautes-Etudes, médecin en chef de l'asile de Villejuif.
 - C. *Path. chirurgicale* — L. Picqué, chirurgien des Hôpitaux de Paris.

D. **Sciences biologiques descriptives** :

21. *Paléontologie* — M. BOULE, professeur au Muséum d'Histoire naturelle.

22. *Bota-nique.*
  - A. *Généralités. et phanérogames.* — H. LECOMTE, professeur au Muséum d'Histoire naturelle.
  - B. *Cryptogames* — L. MANGIN, de l'Institut, professeur au Muséum d'Histoire naturelle.

23. *Zoologie* — G. LOISEL, directeur de Laboratoire à l'Ecole des Hautes-Etudes.

24. *Anatomie et Embryologie.* — G. LOISEL, directeur de Laboratoire à l'Ecole des Hautes-Etudes.

25. *Anthropologie et Ethnographie* — G. PAPILLAULT, directeur-adjoint du Laboratoire d'Anthropologie de l'Ecole des Hautes-Etudes, professeur à l'Ecole d'Anthropologie.

26. *Economie politique.* — D. BELLET, secrétaire perpétuel de la Société d'Economie politique, professeur à l'Ecole des sciences politiques.

II. SCIENCES APPLIQUÉES

A. **Sciences mathématiques** :

27. *Mathématiques appliquées.* — M. D'OCAGNE, professeur à l'Ecole des Ponts et Chaussées, répétiteur à l'Ecole polytechnique.

28. *Mécanique appliquée et génie.* — M. D'OCAGNE, professeur à l'Ecole des Ponts et Chaussées, répétiteur à l'Ecole polytechnique.

C. **Sciences inorganiques** :

29. *Industries physiques* — H. CHAUMAT, sous-directeur de l'Ecole supérieure d'Electricité, de Paris.

30. *Photographie* — A. SEYEWETZ, sous-directeur de l'Ecole de Chimie industrielle de Lyon.

31. *Industries chimiques*	J. Derôme, agrégé des Sciences physiques, inspecteur des Etablissements classés.
32. *Géologie et minéralogie appliquées.*	L. Cayeux, professeur à l'Institut national agronomique, professeur de géologie à l'Ecole des Mines.
33. *Construction*	J. Pillet, professeur au Conservatoire des Arts et Métiers et à l'Ecole des Beaux-Arts.

B. Sciences biologiques :

34. *Industries biologiques* . .	G. Bertrand, professeur de chimie biologique à la Sorbonne.
35. *Botanique appliquée et agriculture*	H. Lecomte, professeur au Museum d'Histoire naturelle.
36. *Zoologie appliquée* . . .	J. Pellegrin, assistant au Museum d'Histoire naturelle.
37. *Thérapeutique générale et pharmacologie* . . .	G. Pouchet, membre de l'Académie de médecine, professeur à la Faculté de médecine de l'Université de Paris.
38. *Hygiène et médecine publiques.*	A. Calmette, professeur à la Faculté de médecine de l'Université, directeur de l'Institut Pasteur de Lille.
39. *Psychologie appliquée.* .	E. Toulouse, directeur de Laboratoire à l'Ecole des Hautes-Etudes, médecin en chef de l'asile de Villejuif.
40. *Sociologie appliquée* . .	Th. Ruyssen, professeur à la Faculté des Lettres de l'Université de Bordeaux.

M. Albert Maire, bibliothécaire à la Sorbonne, est chargé de l'*Index* de l'Encyclopédie scientifique.

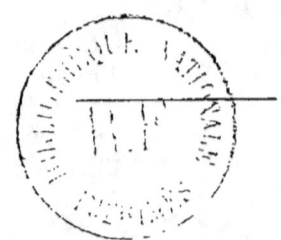

DIJON, IMPRIMERIE DARANTIERE

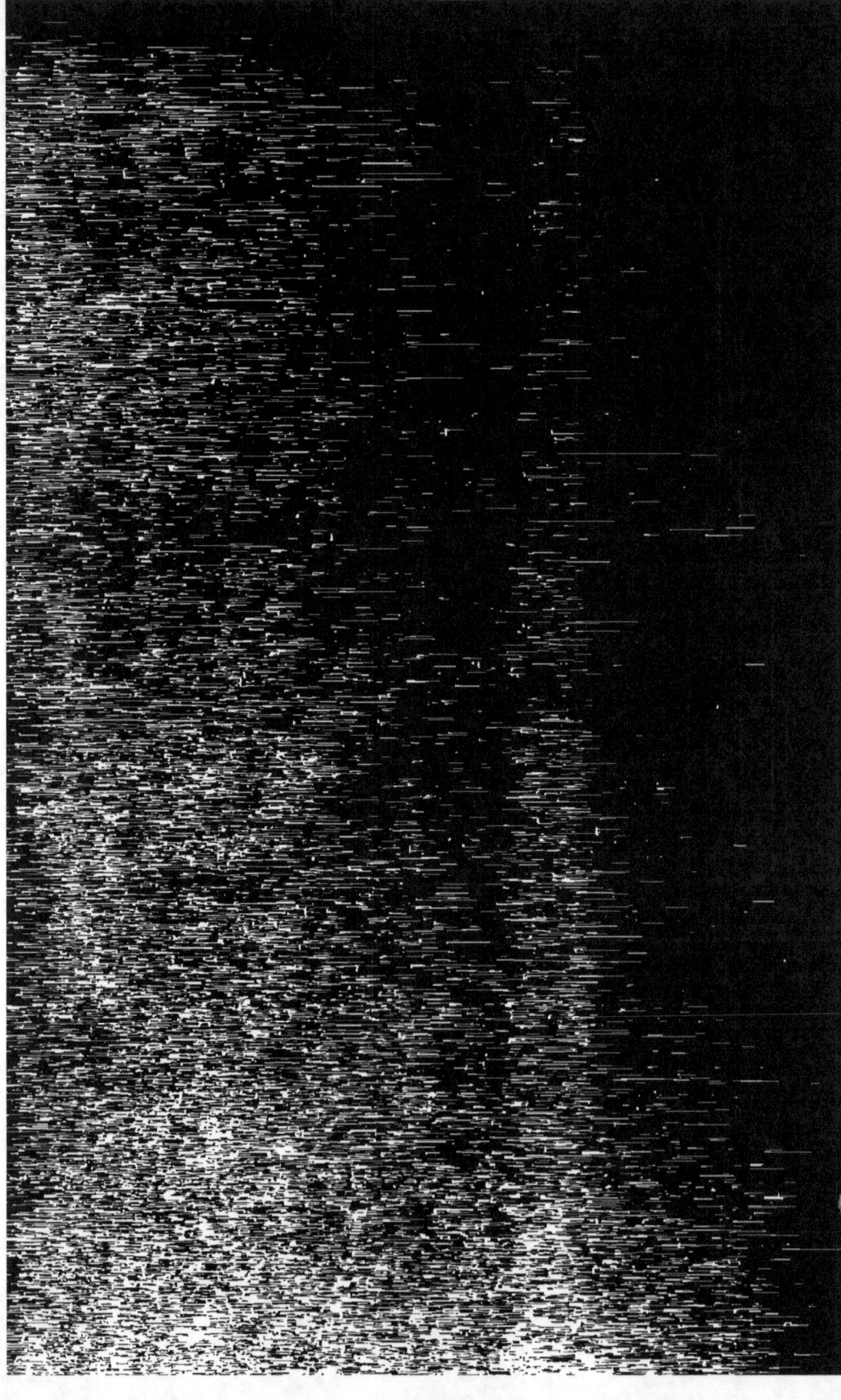

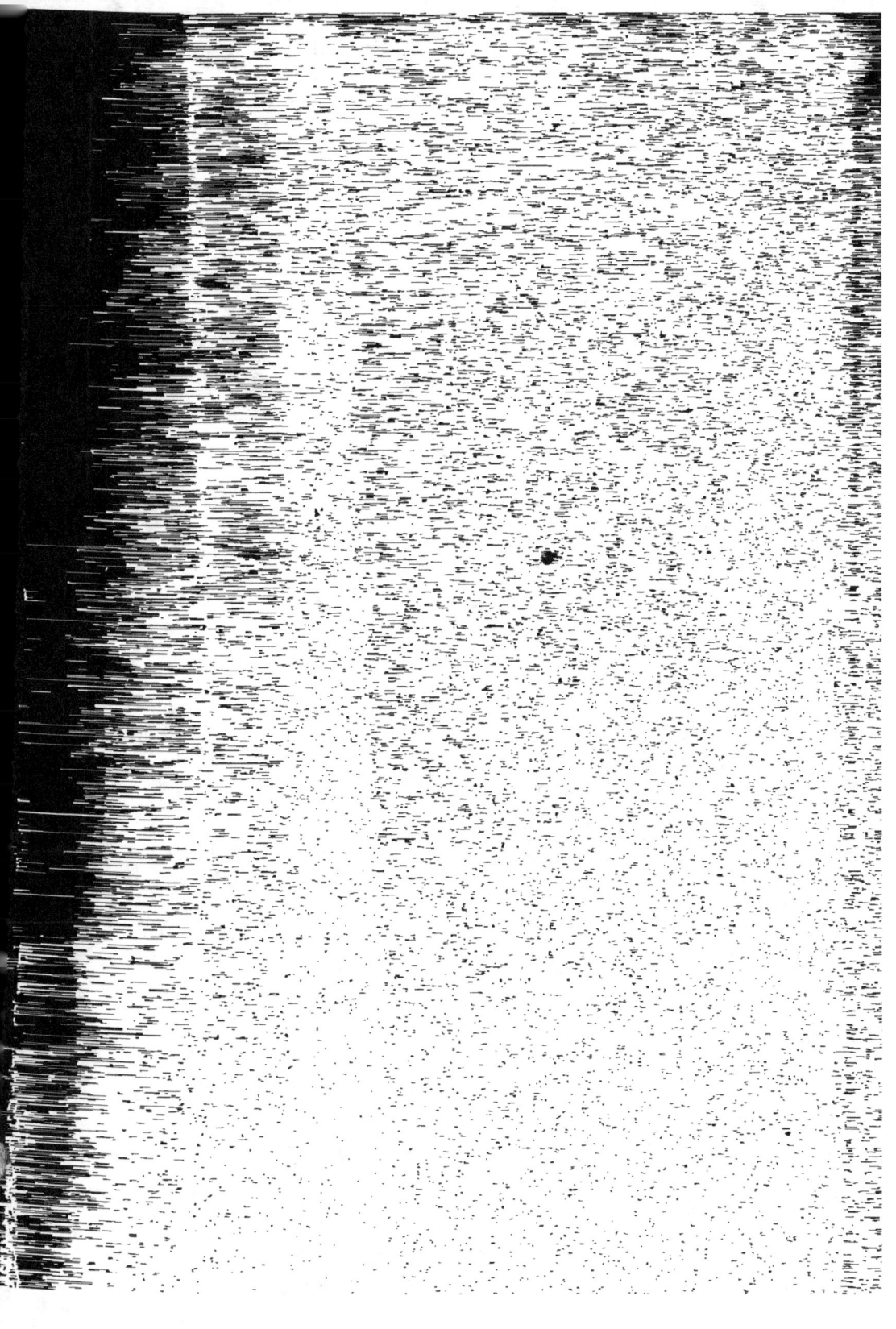